超限較量

俄烏戰爭的內幕故事

OVERREACH

The Inside Story of Putin's War Against Ukraine

Owen Matthews
歐文·馬修斯
Zhou Jian——譯

獻給卡欣妮婭、尼基塔和泰迪

***

迎接他的是浮華壯麗，
掩飾如血似火的兵器，
僱傭的幫凶在合唱：
「你是上帝、法律、國王。
孤獨、羸弱只為你的駕臨——
我們始終恭候強大的國君！
咱們的錢包空空、刀劍陰森，
請賜予我們榮耀、血性和黃金。」

選自英國詩人珀西．比希．雪萊的長詩
《暴政的假面遊行》，1819 年

這個國家需要的，是一場短暫並勝利的戰爭。
選自俄國首席部長維雅切斯拉夫．凡．普列夫致沙皇尼古拉二世，
1904 年

目錄

CONTENTS

第二部　戰爭之路

第三部　玩火之術

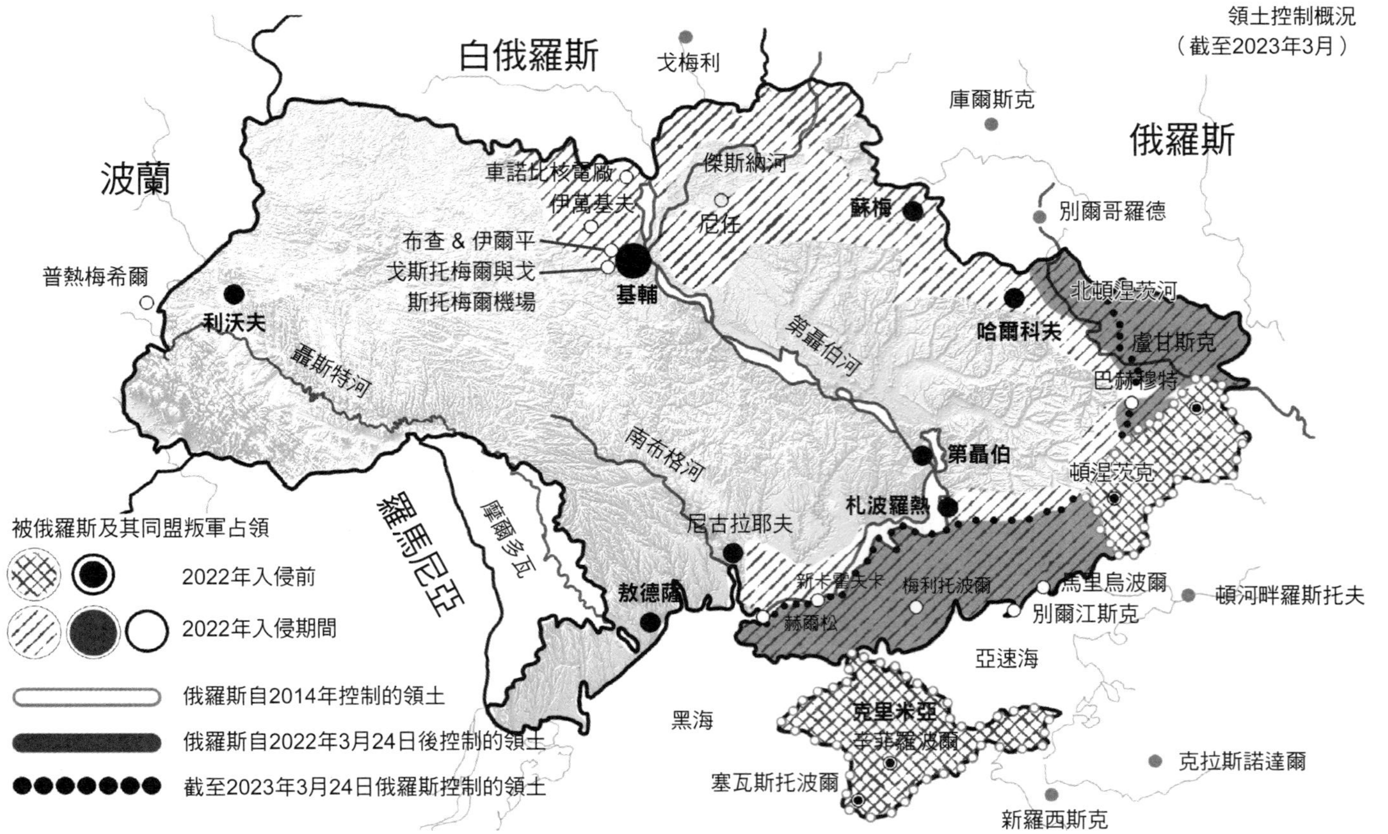
領土控制概況
（截至2023年3月）
白俄羅斯
波蘭
俄羅斯
羅馬尼亞
摩爾多瓦
戈梅利
庫爾斯克
別爾哥羅德
車諾比核電廠
伊萬基夫
傑斯納河
厄任
蘇梅
布查 & 伊爾平
戈斯托梅爾與戈斯托梅爾機場
基輔
普熱梅希爾
利沃夫
聶斯特河
第聶伯河
哈爾科夫
北頓涅茨河
盧甘斯克
巴赫穆特
南布格河
第聶伯
頓涅茨克
札波羅熱
尼古拉耶夫
敖德薩
新卡霍夫卡
梅利托波爾
馬里烏波爾
頓河畔羅斯托夫
赫爾松
別爾江斯克
亞速海
黑海
克里米亞
辛菲羅波爾
塞瓦斯托波爾
克拉斯諾達爾
新羅西斯克
被俄羅斯及其同盟叛軍占領
2022年入侵前
2022年入侵期間
俄羅斯自2014年控制的領土
俄羅斯自2022年3月24日後控制的領土
截至2023年3月24日俄羅斯控制的領土

前言

每個人都必須理解：為了我們的生存，毀滅我們所有敵人的全球戰爭動員已經迫在眉睫。戰爭是我們民族的理念。我們唯一的任務，領袖們唯一的使命，就是向所有俄羅斯人民解釋，使他們信服，這就是我們英雄史詩般的未來。

——俄羅斯作家、頓巴斯（Donbas）志願戰士，札哈爾．普里列平（Zakhar Prilepin），二〇一四年四月[1]

「你會很高興見面的。」我的老朋友箇尼亞（Zhenia）在電話那頭的聲調平淡中帶有謹慎。那是二〇二二年三月二十八日，在烏克蘭的戰爭已經持續一個多月。「你單純只是想見面開心一下，還是來試圖告訴我，為什麼我錯了？」

「或許你能夠告訴我錯在哪裡？這也是我們可以相見的理由，我現在在莫斯科。」

電話中頓時沉寂無聲。

「或許改天吧，」他最終答覆說。「馬上見你，不是個好主意。」

簡尼亞曾經是個叛逆者。在人生的不同階段，他幹過工人和保安警衛，也擔任過民兵組織OMON員警部門的官員，在車臣（Chechnya）打過仗。他曾任職於俄羅斯反對派主辦的獨立報紙《新報》（*Novaya Gazeta*），負責編輯下諾夫哥羅德州（Nizhny Novgorod）區域版面，也曾是革命的「民族布爾什維克黨」（National Bolshevik Party）領導成員。但是當我在法國聖馬洛（Saint-Malo）的一個文學節日活動中與他相識時，簡尼亞已經啟用了新筆名——札哈爾．普里列平（Zakhar Prilepin）——也已成為俄羅斯最偉大、最具爭議性的作家之一。簡尼亞留著光頭、身體強壯，具有威脅性的外觀神態，這導致他捲入了與聖馬洛城區防暴警察的衝突之中。我幫助他擺脫了困境，這成為了我們往來經歷的開端。

札哈爾．普里列平機智敏銳，平時喜好閱讀，行事無所畏懼。他也狂熱信奉自己的理想——這包括了對自己國家神聖偉大的激進信仰，以及對現任俄羅斯領導階層貪贓枉法的極度蔑視。在二〇〇七年於克里姆林宮召開的作家論壇上，他坐在弗拉迪米爾．普丁（Vladimir Putin）對面，無所畏懼地質詢總統，有關反對腐敗和竊盜的履職責任。二〇一四年二月，在克里米亞（Crimea）被併吞之後，克里姆林宮的意識形態開啟了圍繞俄羅斯民族軸心的政治運作，普丁和普里列平發現，他們各自具備了不曾預見的共識：是時候由俄羅斯人拿起武器來公開抗拒自己的敵人了。此後不久，普里列平訪問了烏克蘭東部頓巴斯地區的脫烏反叛共和國，成了叛軍營級部隊的副指揮官。在二〇二〇年，他仿效自己敬仰的英雄——激進主義作家、民族布爾什維克黨創始人愛德華・利莫諾夫（Eduard Limonov）——組建了自己的政黨。這個黨的願景就是：建設強大和戰鬥性充沛的俄羅斯，透過戰爭，來實現自己清洗墮落世界的目標。

儘管普里列平的觀點邪惡、荒謬，無疑也是危險的，但這些卻被他本人誠摯地信奉。不像在俄羅斯權貴階層的許多浮誇愛國者，對自己聲稱熱愛的國家只會巧取豪奪，普里列平實際上冒著生命危險，來踐行自己的信念。他曾經是我的朋友，但現在已成為某種意義上誠實的敵人。

我以普里列平開始我要講述的故事，源於兩個理由。一是我有興趣知道他下一步的作為。現今，克里姆林宮正騎在由正統東正教（Orthodox）所激發的極端民族主義的老虎背上，直到相當近的時期內，這個思潮還只是藏匿於俄羅斯政治的狂妄表象之後。無論由於戰場上的軍事失敗，還是源自對俄羅斯權貴階層或國家安全強勢部門掌控的喪失，如果普丁搖搖欲墜，將會發生什麼情況？如果這種局面出現，普里列平關於自己國家具有新斯巴達叛逆性，無法緩和矛盾，國家武裝化和在崇高正義旗幟下燃放生機的理念，將對俄羅斯可能的未來前景之一，開啟令人恐怖的窺視之窗。

我談及普里列平的第二個原因，是他對我會面邀請的回絕。我始終無法找到他這麼做的理由。可能他神經過敏，害怕在與某些疑是西方間諜人員談話時被抓；也可能他認為，我已經成為一個西方間諜。還可能他假設，我已經被俄羅斯聯邦安全局（FSB）的人員跟蹤；可能他想像自己也被盯梢。或者他可能害怕，從我這裡聽到發生事件的不同真實版本，這將動搖他對自己的理念，即俄羅斯東正教戰神正在與烏克蘭納粹分子浴血奮戰（誠然不可能存在的現實），所具有的堅信之心。

無論他有什麼理由，普里列平顯然是中了當時俄羅斯遍地彌漫的狂熱魔咒，這種狂熱被我大多數的莫斯科朋友、同事、聯絡人所分享。在戰爭爆發的數天裡，病態的狂妄覆蓋了首都之城，就像每個夏天都彌漫在那裡的泥炭沼火災之煙幕那樣，來勢迅猛且令人窒息。也像煙塵一般，這種精神狂熱病揮之不去的惡臭，同樣遮天蔽日，使人無法逃避。

我在駐留和調離之間，總共花費了二十七年時間在俄羅斯採訪報導。首先，作為都市和焦點事務的報導記者，為《莫斯科時報》（*The Moscow Times*）工作，然後成為美國《新聞周刊》（*Newsweek*）駐莫斯科的記者，並兼任其莫斯科辦事處的主任。在超過四分之一世紀的時間裡，可能總共只有六人，因為我是外國人，或者由於他們害怕政府對此類事件的反應，拒絕過與我交談。

然而在俄羅斯開始入侵烏克蘭之後——或者更確切來說，在俄羅斯國家杜馬（State Duma）於二〇二二年三月初頒布了法令，對「傳播有關俄羅斯軍事行動虛假資訊」的人員，可處以最高達十五年監禁的懲罰之後，局勢發生了急遽變化。之後不久，杜馬又重新定義了已經存在的有關「外國代理人」法規，不僅包括實際接受國外資助的俄羅斯個人和組織，也包含那些受到「外國影響」的人士，全都在監管之列。每周更新的「外國代理人」名冊由官方發布，很快就幾乎包括了每個非克里姆林宮認可的記者、電台播音人、部落客和自由媒體分析家。

令我震驚的是，當我在開戰初期開始預報本書的寫作計畫時，我已經認識多年、甚至幾十年的朋友和聯絡人告訴我，他們不能冒險在公共場合會面，或在講話時被錄音；甚至挺克里姆林宮的現任或退休官員，以及重量級愛國媒體和政治人物，都謹小慎微到了荒謬可笑的地步。許多消息來源拒絕與我在公共場合見面，因為他們在與外國記者交談時會被認出；許多最具揭密性的談話發生在餐桌上、度假別墅裡，或是依照傳統的蘇聯方式——在共同朋友的廚房內，而那些熱心安排這種私人聚會的主人，也經常不事先告訴訪客：

我，一個危險的外國人，將會在場。

本書引用的許多資訊來源，必須保持匿名——在某些案例中，是為了保護他們的身分，其他則因為引述的評論來自無紀錄在案的社交場合，或者屬於機密交流。作為讀者，必須信任涉及的任何資訊，這難免令人沮喪，對於必須核實消息的記者來說，也有著同樣的懊惱。但這就是本書報告中，從二〇二二年三月至二〇二三年三月，在莫斯科和基輔（Kyiv），所面對的氛圍。最令我驚訝——同時也警醒的——是俄羅斯社會關閉得如此迅速。在普丁二〇二二年入侵之前，在俄羅斯的政治生態體系中，尚具有政治反對派和言論自由的生存空間，儘管空間狹小，但還是被一系列不言自明的規則所確認，這些規矩被當局所遵守，要比被其破壞更為常見。私下裡的反克里姆林宮政見，甚至在公眾場合或社交媒體上宣洩時，也從未被明令禁言，在二〇二二年二月二十四日之前，在家庭電話上安裝隔音護罩的故事，曾經是來自蘇聯時代的古老傳說。在這之後，我的許多爆料者都堅持在我們談話時，離各自的智慧型手機至少數公尺之遠，或者將它們留在會面場所之外。

恐懼具有傳染性，在一個長期認可的規則已崩潰、新法理尚未形成的世界中，它繁殖得更加迅猛。反對派活動分子和記者曾戲稱：普丁政權為「素食者」，而非食肉類野獸。除了少數明顯的例外事件，當局傾向於威脅而不是毀滅異議人士。克里姆林宮的首席意識形態思想家弗拉季斯拉夫・蘇爾科夫（Vladislav Surkov）——湊巧也是普里列平的朋友和姻親——執掌著基本依據後現代主義、用戶至上觀點，最終輕視意識形態等理念所建構的宣傳體系；一會兒在這裡追隨正統東正教義，一會兒又在那裡重拾對蘇聯的懷舊情結。蘇爾科夫撥弄著理想的琴弦，就像法國作家若利斯・卡爾・于斯曼（J. K. Huysmans）的頹廢派古典小說《逆流》（*À rebours*）中，敲打著可釋放香氣的管風琴鍵盤之樂師。這個相對包容的素食者生態體系，在二〇二〇年二月蘇爾科夫離開克里姆林宮後就分崩離析。我們將會看到，舊系統被頭腦狂熱的前「蘇聯國家安全委員會」（KGB，以下簡稱「蘇聯國安會」）官員獨斷的管控所取代，他們深信，自己面對的西方正在推行阻撓和毀滅俄羅斯的使命。

反普丁人士總是傾向於彬彬有禮，甚至聽天由命來應對自己的安全命運。在二〇二二年二月二十四日入侵烏克蘭之後，很少有人繼續仗義執言——那時，對當局毫不在乎，已經成為膽大包天的行為。使我更加震撼的，是挺普丁人士也突然發現了自己的恐懼。一系列不言而喻、曾制約他們生存世界的「相互理解」，突然被一種新的、陌生的愛國主義及戰爭引力場規範所取代。什麼言行是俄羅斯戰時所批准的，什麼又是被新禁止的作為？無人確切知曉。一位前蘇聯國安會少將、前普丁最資深內閣部長之一的大學同學和私人好友，曾將我帶到寒冬的室外，在鄉間別墅的柴火木棚內談話，只有在那裡他才放心，可以確保無人旁聽、留意我們的對話。與普丁關係密切的一位石油大亨的女兒，也曾兩次要求在莫斯科的白兔餐廳調換座位，因為她不喜歡坐在附近的人可能會偷聽我們的表情。諸如此類，不一而足。

我提及這些現象，並不是為了要給人們這些印象——在莫斯科的採訪報導猶如勒卡雷（John le Carré）間諜小說描述的那樣神祕驚悚；而是要指出，俄羅斯的政治和媒體氛圍，隨著普丁入侵烏克蘭的戰爭風波，已經發生了非常迅速、深刻的變化。有些老朋友轉變為激進好鬥、甚至令人憎惡的愛國者；其他人則意識到，可以假裝享受到開放、富裕歐洲生活方式的俄羅斯，已經不復存在——或者，可能僅存於他們的想像之中。數千名受過最好教育的俄羅斯人開始逃亡海外；但是，只能留下的絕大多數人，選擇了隨波逐流——有些人積極附和，絕大多數則保持沉默。如果戰爭的狂熱類似泥炭的煙火，那麼循規蹈矩就像皚皚白雪，嚴密覆蓋了被裹挾在麻木氛圍中窒息的感官和認知，整個俄羅斯社會就像將人民蜷縮趕入庇護所。有些俄羅斯人在回顧他們蘇聯童年的寬慰文學修辭時，發現了這樣的庇護所；還有人在積極忽略和封閉面臨現實的過程中，找到了心靈的安樂窩。直到九月二十一日，進入戰爭超過六個月之後，莫斯科的生活依舊像處於完全正常的極度強烈幻象中，不允許戰爭來騷擾那裡的寧靜。但是，在九月的那一天，宣布部分動員令的時刻，普丁才算是讓俄羅斯國家——和他自己的權貴階層——大吃一驚。突然之間，一場除了無法目睹、各方面都貨真價實的戰爭，對成千上萬家庭中有適齡參軍男性成員的俄羅斯人來說，突然成為緊密關聯、涉及私密的事件。從那一刻起，沒有任何俄羅斯人可以倖免，這場降臨到自己國家凜冽政治寒冬的襲擾。

巨大社會衝突的定義，是其結果可以造成民族的分裂和世界秩序的重塑。根據這樣的尺度衡量，俄烏戰爭堪稱歐洲自第二次世界大戰以來，最嚴重的地緣政治危機，這也將產生遠比九一一事件巨大的全球性後果。世界的安全架構、食品及能源供應、軍事力量和聯盟勢力的平衡，都將因其而發生永久性的改變。

最好的結局是，普丁陷入僵局的侵烏戰爭，將被證實為在歐洲歷史上擴張性帝國主義的最後掙扎，以及象徵著西方帝國時代的最終滅亡。這也將暫緩中國採用常規軍事力量挑戰自己鄰居的計畫。在開戰的第一周，烏克蘭證明了，壓倒性的裝甲和空降兵力，可以被現代化的步兵便攜武器所擊敗，以此顛覆了傳統冷戰時代有關進攻和防守的計算法則，進而同時震驚了自己的敵人和盟友。世界對俄羅斯入侵的制裁也顯示了真正的經濟力量——

包括了一夜之間毀滅整個經濟體系的強權——已經從民族國家層面移動到民間公司的領域，基於道德和政治考量的公司決定，能夠帶來比政府行為更嚴重的經濟打擊。同時，俄羅斯試圖透過削減對歐洲的天然氣供應來進行反擊，卻令人驚訝地顯示，這表明了能源實際上並不像西方曾經懼怕的那樣具有強勢功效。

在同一時期，由於普丁和他的宣傳同夥，多次將在戰場上或甚至在戰略上使用核武器的概念，從理論範疇穩步推向可能實施的現實，導致烏克蘭戰爭又讓世界陷入更加危險的境地。這也提出了致命性——尚無明確解答——的議題：西方社會在捍衛他們自己奠定的國際準則之名義下，將願意承擔多大的經濟和社會痛苦？

烏克蘭戰爭是蘇聯解體的血腥終極行動。就在我寫作本書時，敵對戰鬥仍持續進行，所以我的故事也必然無法完結。但是，儘管我們對「衝突如何具體結束」缺乏概念，我們卻已知曉，如果戰事繼續將帶來的後果；對俄羅斯和烏克蘭任一方而言，將不存在完全的勝利者。北大西洋公約組織（NATO，以下簡稱「北約」）投入太多，不會允許基輔敗於俄羅斯軍隊；如果普丁任由克里米亞（或同樣性質的頓巴斯的反叛共和國）輸給烏克蘭，他的政權和自己的生命則將休戚相關。他曾經反覆說過，發誓守衛這些地域，如有必要，將主動發起核攻擊。所以，這場戰爭將在談判求和的基礎上最終結束——就像所有最後沒有取得全面勝利的戰爭一樣。

普丁有可能將任何戰爭的最終結果，都宣稱為俄羅斯的勝利，由於他對俄羅斯媒體的控制如此完善，他說服自己的多數同胞來相信自己結論的成功機率頗高。

但是同樣毫無疑問，無論普丁在炮火平息後，想方設法保住了多少前烏克蘭的領土，他試圖扭轉烏克蘭向西方靠攏的趨勢、確立俄羅斯新權威和偉大前程的實踐，已被證實為災難性的失敗。數十年精心安排的經濟計畫被毀滅殆盡，全世界曾經同情相交的盟友避之不及，數十萬俄羅斯最光彩、最優秀的才俊流亡他鄉，俄羅斯國家的戰略獨立性，由於被迫對中國的經濟和政治依賴，遭受到深刻的損害。普丁已經從根基上荼毒了俄羅斯的未來。他自我宣稱的勝利，體現了文盲戰勝知識、僻壤支配大城市、老年人壓制年輕人，以及往昔封閉未來的倒行逆施。

普丁的入侵，也精準創造了自己試圖防範的同樣結局。戰爭團結了烏克蘭人，給予了這個國家真正意義上的立國基礎；戰爭也重新啟動了北約，為它帶來了新的目標、錢財和加盟成員，同時也重申了歐盟在此戰後反威權主義的價值，這正是歐盟一體化初始創立時的基礎。在更加深入的層次上，普丁也提醒了全世界的民主勢力，自由不可能自然來臨——儘管在共產主義制度崩潰後，西方許多人得出了與之相反的宿命論點——現在一切都已經明瞭，必須用戰鬥來獲取和保護人民的自由權利。

本書在戰爭爆發的頭一年期間，幾乎全部於莫斯科和基輔兩地寫作完成。因此，這不是單純的戰爭故事描寫，而是介紹戰爭如何開始之相關歷史的首次素描——講述了衝突如何從俄羅斯的閃電襲擊，經歷了僵持困境，直至烏克蘭開始反攻的階段。我將重點集中在揭示普丁入侵烏克蘭核心運作過程中最扣人心弦的神祕內幕：用暴力塑造更加偉大俄羅斯的理念，如何被詭異的東正教民族主義勢力所支持，在穿越俄羅斯政治邊緣化之後，最後如何成為克里姆林宮官方的核心政策？普丁為何／如何決定了，將數十年精心建設的宏觀經濟事業、外交成就棄如敝屣，如此莽撞和冒險地發動了戰爭，以至於直到入侵行動的最後時刻，他計畫中的全部細節，甚至還對自己最高級別的大多數內閣部長保守機密？誰是在地毯下暗中爭鬥的走狗——如同邱吉爾（Churchill）曾經令人難忘般如此描述過的克里姆林宮內部較量——是誰相互鬥法，最後贏得了普丁的耳根、心胸和意念？以及最為重要的，是普丁決定走向戰爭的真正原因究竟是為了什麼？

於莫斯科，二〇二三年二月二十四日

序曲 戰爭邊緣

莫斯科

新奧加廖沃（Novo-Ogarevo）總統官邸，莫斯科地區，二〇二二年二月二十三日

上午十一點剛過不久，弗拉迪米爾．普丁在他位於距莫斯科市中心西北約三十公里新奧加廖沃區官邸的直升機停機坪上，登上了總統機隊三架Mi-8直升機中的一架專機。出於安全的原因，其他兩架一模一樣蘇聯時期設計的Mi-8飛機也一起升空，排成隊列，加速向東飛往克里姆林宮。

與新奧加廖沃機場的所有其他工作人員一樣，機組人員在與俄羅斯總統（俄語：Pervoe Litso，意指「第一人士」，此稱呼在政府圈子裡用來指稱普丁）近距離接觸之前，一直生活在嚴格的新冠隔離中。自疫情爆發以來的近兩年裡，所有前往新奧加廖沃、瓦爾代湖（Lake Valdai）、索契（Sochi）附近總統官邸的訪客，都被要求在專門改建的飯店內，進行為期一周的隔離和每日的病毒測試。總是保持著嚴謹的私密警衛，普丁多

年來的私人接觸被限制在不超過三十六名圈內人士的小團體內。在新冠疫情期間，這個安全網罩更加大幅縮小，防範得萬無一失。

起飛十五分鐘後，普丁的直升機降落在靠近克里姆林宮東南角、別克列米謝夫斯卡婭塔樓（Beklemishevskaya Tower）附近的停機坪上。他隨後坐進自己專用的ZiL防彈轎車，短駁行駛到克里姆林宮。在疫情期間，普丁幾乎很少到莫斯科，更鮮少在公共場合露面，但這次是他在多日內第三次抵達莫斯科市中心。

第一次訪問是在二月二十一日下午稍早，他出席了從各方面而言都堪稱非比尋常的俄羅斯聯邦安全會議（Russia's Security Council）。會場設在克里姆林宮內的聖凱薩琳大廳（Hall of the Order of St Catherine）裡，那裡有著巨大廊柱結構支撐的廣闊空間，通常被當作官方接見外賓的場所，聯邦安全會議在此開會並不常見，因為參議院宮內空間較小的會議室則是委員會常規的會議地點。已經沒有時間讓委員會的十二名常設成員按要求完成一周的隔離。大廳裡的寬敞空間，可以允許普丁單獨坐在寬大接待桌子之後，來保持與俄羅斯具有最高職位——儘管並不一定是最有權勢——的男性（只有一名女性）的六公尺社交距離。這種場地的選擇，也是為電視轉播需要而特設，具有高度象徵性的姿態，試圖顯示俄羅斯強大自信力的新境界。

關於這次聯邦安全會議召開會議的表面原因，是討論由國家杜馬和其上院——聯邦委員會（Federation Council）上報的提案，要求承認烏克蘭頓巴斯地區兩個宣布分裂共和國的國家地位。據接近普丁發言人德米特里・佩斯科夫（Dmitry Peskov）的消息來源，這次會議的所有參加者都被告知，會議的進程將被電視台現場直播；但這並非事實。與會者觀察的證據表明，實際上在大約五小時後，才播放了會議的影片。佩斯科夫告訴同樣的消息人士，會場上除了普丁之外，只有三個人知道普丁軍事計畫的全部內容——大約七十二小時之後，發動對烏克蘭的全面入侵。一個是國防部長謝爾蓋・紹伊古（Sergei Shoigu）；另一位是尼古拉・帕特魯舍夫（Nikolai Patrushev），他是聯邦安全會議祕書及普丁自一九七五年以來的蘇聯國安會同事；第三人是普丁在聖彼得堡大學的老同學和俄羅斯聯邦安全局局長亞歷山大・博爾特尼科夫（Aleksandr Bortnikov）。

一個接一個，聯邦安全會議成員起立，贊同杜馬的議案，承認頓涅茨克（Donetsk）和盧甘斯克人民共和國（Luhansk People’s Republics）——合併稱為盧頓共和國（LDNR）——為獨立的國家。一位委員——謝爾蓋・納雷什金（Sergei Naryshkin），俄羅斯對外情報局（Russia’s Foreign Intelligence Service）局長——在發言中含糊其辭，受到了普丁的當眾羞辱。[1]

隔天的二月二十二日，國家杜馬適時正式發布了承認的公告。普丁再次來到克里姆林宮，面對駐克里姆林宮內新聞界精心挑選的媒體記者代表，召開了少見的新聞發布會。根據在場的一位人員回顧，普丁看起來「面色蒼白和略顯浮腫，但是精力充沛……不同尋常的情緒堅定和咄咄逼人」。[2]當俄羅斯《工商日報》（*Kommersant*）駐克里姆林宮資深記者安德列．科列斯尼科夫（Andrei Kolesnikov）問道，他是否認為「這個現代世界的任何事情，都能夠透過武力進行解決」時，普丁尖銳地回應：「你為什麼認為好事從來不會用武力作為後盾呢？」他也否認了俄羅斯軍隊將「立即部署」到頓巴斯。[3]

普丁是在說謊。俄羅斯軍力當時已經動員完畢。第一批部隊——駐紮在南方軍區陸軍集團軍的車輛，都塗標了獨特的「Z」字母，以此與相同的烏克蘭裝甲裝備相區分——已經在新聞發布會之後的幾個小時內，跨越了俄羅斯和盧頓共和國之間不復存在的有效邊界。至二月二十三日上午時分，俄羅斯軍隊已經部署到了頓巴斯叛軍與基輔軍隊經過兩個夏天殘酷廝殺、導致一萬四千多人喪生後，於二〇一五年建立的實際控制線全部地段。

二月二十三日（祖國保衛者日）是個重要的蘇聯時代節日，這是好友聚會喝酒、慶祝男性成人（與三月八日的婦女節相對應），以及在電視上共同觀看愛國戰爭影片的日子；更正式地說，這是慶祝俄羅斯武裝力量歷史和現實的日子。勝利日——在五月九日這天慶祝，傳統上會在莫斯科紅場舉行主要的軍事遊行——是更具勝利意義、慶祝蘇聯在偉大衛國戰爭中打敗納粹德國的紀念日。但是在普丁統治的最近十年間，二月二十三日和五月九日都成為克里姆林宮培育精神崇拜的關鍵時節，憑藉第二次世界大戰的記憶，來為現政權的光榮和合法性服務。這兩個紀念日的高潮時刻，是由總統在克里姆林宮牆外燃燒的永恆火焰（Eternal Flame）之處，敬獻紀念無名烈士的花圈。

普丁的車隊從克里姆林宮的斯巴斯克塔（Spassky Tower）大門駛出，穿越了紅場，來到亞歷山大花園（Aleksandr Gardens）精雕細琢的鍛鐵門口。普丁步行走過行注目禮的儀隊——都保持著安全距離——在永恆火焰旁擺放了一個花圈。這是自二〇二一年同一天以來，首次記錄到的，普丁在莫斯科街道上行走的場合。事先錄製的普丁紀念「祖國保衛者日」的談話在全國播放，「尊敬的同志們！」普丁開口就有意回歸到共產黨人的用詞。他只有一次隱晦地提到了，在當天早晨發生俄羅斯軍隊對盧頓共和國的占領行動。「我們國家始終開誠布公對待有誠意和直接的談判……但是我要再次指出：俄羅斯的利益和人民的安全，對我們來說，是不容討價還價的。」[4]

在下午五點回到新奧加廖沃後，普丁與土耳其總統雷傑普．塔伊普．埃爾段（Recep Tayyip Erdogan），進行了事先約定的電話交談。根據官方公布的談話紀錄，普丁「對美國和北約忽視俄羅斯合理合法的考慮和要求，表示了遺憾」。[5]儘管普丁和埃爾段相交超過二十年，互相稱對方為「好友」，在通話中卻沒有談及對烏克蘭迫在眉睫的全面進攻。根據來自土耳其外交部、一位從二〇〇三年起就為埃爾段工作的資深消息來源人士所言，「關於普丁計畫中的任何行動，我們沒有覺察到任何跡象或警告」。[6]

在二月二十三日傍晚的某個時刻，普丁坐在新奧加廖沃的電視攝影棚內，開始為他的人民錄製另一段發言，這是近日來策畫的第二次全國演說。這次他宣布，已經下達了命令，針對烏克蘭開始實施「有限的特別軍事行動」；在次日早晨六點，向全國播報。沿著俄羅斯、白俄羅斯、烏克蘭之間兩千公里長的邊界，一支由至少七十一個營級戰術群（BTG/Battal: on Tactical Group）組成、總計約十六至十九萬人的部隊，投入了戰爭——這是自一九四五年以來，俄羅斯軍隊在歐洲領土上最大規模的部署。[7]

基輔

總統府，基輔，班科夫街（Bankova Street），**二〇二二年二月二十三日**

自二〇二一年十一月以來，美國情報部門就以不斷增加的緊迫感和非同尋常的詳細內容，警告著弗拉迪米爾·澤倫斯基（Volodymyr Zelensky），普丁正在計畫一場全面規模、多線突擊的入侵烏克蘭戰爭，這將牽涉到對基輔的直接進攻。澤倫斯基和他的國家安全團隊對這樣的警報「沒有完全地不屑一顧，但是持懷疑態度」，這是擔任澤倫斯基總統辦公室主任的安德里・葉爾馬克（Andriy Yermak）之說法。「我們並不懷疑普丁有入侵的能力，這沒有任何問題。我們已經處於（與俄羅斯）戰爭狀態八年了。」[8]但是，自從去年春天以來，俄羅斯軍隊在烏克蘭邊境的集結——以及可能入侵的警報——已經成為某種具規律出現的情況。普丁曾在二〇二一年三月至四月間，威脅性地增加過軍隊數量，而且在九月至十月也再次增兵，而後又再次停滯不前。起初的軍力增加，被解釋為對新任美國總統喬・拜登（Joe Biden）的決斷能力測試，二次增兵則被認為是，抗議烏克蘭參加北約在夏天組織的陸海作戰演習。儘管來自高位的安全消息來源和莫斯科高級政府官員的表態，都充滿信心預計不會發生戰爭，這些都不意味著可以清楚解釋，這第三次軍力集結是否將會出大事。

「總有人提出問題，是否這次僅僅是普丁的另一個心理戰運作……來干擾烏克蘭，」馬克葉爾描述道。「一方面，當然有所擔心，每次出現這種事情，都會導致戰爭。另一方面，也有這樣的想法，不能讓普丁每次都透過派遣部隊，靠近我們的邊境演習，將我們帶入慌亂之中。」當美國和英國大使館在二月十二日撤離基輔時，澤倫斯基還說到，「當前，人民最大的敵人就是恐慌」，如果西方強國有「關於俄羅斯即將入侵的任何確鑿證據」，他也「還未看到」。對戰爭可能到來的懷疑如此深刻，以至於烏克蘭國會（Ukraine's parliament）和烏克蘭國家安全局（SBU intelligence service）的高級成員，竟然在推特平台上轉發了英國喜劇演員豆豆先生為背景的動漫畫面，他站在路邊喃喃自語：「我等著俄羅斯的入侵」。[9]

然而到了二月二十三日，事態很明顯，這次是真正不同以往了。前一夜，俄羅斯軍隊已經進入了頓巴斯和盧甘斯克這兩個宣布分裂的共和國境內。俄羅斯部隊曾經在這個區域內，不同程度地祕密行動了多年；但是現在俄羅斯杜馬已經投票承認了他們的獨立，出兵占領該區就是官方公開的行為了。還存在的問題是：普丁會在盧頓共和國停步，還是繼續前行？

二月二十三日的午間，澤倫斯基召開了烏克蘭國家安全與國防委員會（NSDC）會議。會議桌邊圍坐著國家最高層的軍事、情報主管，以及政府的文職部長。其中不乏當了一輩子的軍官和情報官員，也有些是澤倫斯基自幼相識、在演藝圈共事多年的老友。

伊萬・巴卡諾夫（Ivan Bakanov），一個四十七歲、習慣戴藍色眼鏡、身著時髦緊身西裝的年輕人，與澤倫斯基一起在貧困的中部工業城鎮克里維里赫（Kryvyi Rih）長大，之後領導了「九五街區工作室」（Kvartal 95），這名字是由兩人以小時候居住街區命名的。澤倫斯基在二〇一九年八月，任命了他的這個老友、同事和前競選經理人，為安全特勤部門——烏克蘭國家安全局的局長。巴卡諾夫具有律師培訓經歷，以娛樂界主管為職業生涯，完全沒有情報或祕密警察工作的背景，但是對澤倫斯基完全忠誠，這就是關鍵意義所在。巴卡諾夫的使命，就是要改革和馴化在近期歷史上多次試圖干預政府職能的祕密特勤機構——而且該部門還一直被認為藏著數以千計的親俄羅斯同情者。

在風格和背景方面，四十九歲的瓦列里．札盧日內（Valery Zaluzhny）中將，來自與巴卡諾夫截然不同的世界。這位職業軍官也是由澤倫斯基任命的一代新領袖，因為過於年輕而未趕上在蘇聯軍隊服役的機會，札盧日內是第一代烏克蘭軍官之一，接受過烏克蘭北約夥伴國家的訓練，包括了在英國皇家軍營的短暫實習。身材健壯，臉孔圓潤，性格堅毅，他在二〇一五年頓巴斯地區的傑巴利采沃（Debaltseve）戰役中，作為師長，在戰場上嶄露頭角。澤倫斯基在二〇二一年升任札盧日內為烏克蘭軍隊總參謀長，相信他可以將全軍實力提升到北約標準，以及終結已困擾蘇聯和現俄羅斯軍隊至今的偷竊、欺凌與從上到下僵化的指揮體系。

第三個關鍵的與會者，是烏克蘭的對外情報局局長——奧萊克山大．利特維年科

（Oleksandr Lytvynenko）。畢業於俄羅斯聯邦安全局設在莫斯科的密碼、電訊和電腦科學學院（Institute of Cryptography, Telecommunications and Computer Science），以及倫敦的國防研究皇家學院（Royal College of Defence Studies），他在前一年年七月就職於烏克蘭間諜部門負責人，曾引發過爭議。在二〇一五年，利特維年科曾經是遭貶謫的親莫斯科總統維克托・亞努科維奇（Viktor Yanukovych）政府的數千官員之一，他們因此被禁止繼續擔任公職。儘管如此，澤倫斯基做出了決斷，他需要一位像利特維年科那樣，獻身於情報事業的職業官員，來負責回答他們國家面臨的最緊迫安全問題：普丁在入侵烏克蘭方面，是認真的嗎？

在國家安全會議上，「顯現了三種基本觀點，」烏克蘭知名記者、國會議員及曾擔任澤倫斯基幕僚高級顧問的謝爾蓋・列先科（Serhiy Leshchenko）回憶說。「一種意見是，普丁將待在頓巴斯（分裂的自治共和國）內；另一種，是認為他將試圖開創連接克里米亞到頓巴斯的陸路走廊，以及擴大盧頓共和國的領土範圍；第三種，是設想他將繼續行動，發動對烏克蘭的全面入侵，包括從白俄羅斯方向展開進攻。」這意味著對基輔的直接作戰。這三個版本都產生於各種相互矛盾的情報來源和分析判讀。那次烏克蘭國家安全與國防委員會的會議可以說是「沒有得出定論性的結果」，列先科如此總結。

澤倫斯基那天的其他時間，被用來與外國駐烏克蘭大使會面，以及閱讀來自自己情報部門和北約盟國提供的情勢報告，他也起草了直接面對俄羅斯人民的演說稿。在傍晚時分，還是認定普丁尚未決定是否要越過盧頓共和國邊界繼續前進，澤倫斯基一蹴而就完成了自己的演說錄音。

「我希望在今天，向俄羅斯的所有公民呼籲，」澤倫斯基用俄語——他的母語——演說，他通常在公共場合都使用烏克蘭語，很少直接用俄語。「不是作為總統，我僅以一名烏克蘭公民的身分，向俄羅斯公民求助……今天，你們的軍隊集結在邊境線上，近二十萬名士兵和數千台軍用車輛，這將成為在歐洲大陸上一場主要戰爭的開端。任何一絲火花都將點燃戰爭的烈焰……你們被告知，我們是納粹，但是，為了戰勝納粹主義而貢獻了超過八百萬生命的烏克蘭人民，怎麼會反過來支持任何的納粹行徑？我又怎麼會成為納粹分子？可以將這些告訴我的祖父嗎？他在蘇聯軍隊的步兵服役，經歷了完整的世界大戰，然後為獨立後的烏克蘭社會服務，在上校的崗位上殉職。」

澤倫斯基沒有提及自己的猶太人根基，但是他的確談到，於戰前曾去訪問在頓涅茨克的好友，為烏克蘭國家足球隊在那裡的比賽助威喝采，在一個公園內與當地居民共飲啤酒，像烏克蘭族裔同胞一樣地團結與共。他以充滿情感的話語總結了自己的演說，呼籲俄羅斯民眾，「要記住烏克蘭和俄羅斯是不同的，但這絕對不是我們必須成為敵人的理由……你們許多人都到過烏克蘭，你們許多人都有親友在烏克蘭，你們某些人也在烏克蘭大學裡學習過、結識過烏克蘭的朋友。你們知道我們的性格，你們也了解我們的人民，你們還知道我們的原則，你們更明白我們珍愛的情感。所以，請聆聽你自己的良知、理性思考的聲音，遵循常識。傾聽我們的心願，烏克蘭人民希望和平。」

許多澤倫斯基的助理在他錄下這段演說時，「幾乎感動得落淚」、「是來自肺腑之言」；一名顧問回憶說，「他自己寫下了每一個字……這是他曾經做出的最好演說。」[10]

當天晚上，澤倫斯基與夫人歐倫娜（Olena）和孩子——十七歲的奧萊克山德拉（Oleksandra）及九歲的凱里洛（Kirilo），在距基輔市中心南方十五公里處的第聶伯河（Dniepr）右岸邊，位於科茨因（Koncha-Zaspa）區郊外的總統官邸聚會。烏克蘭總統沒有收到即將到來的俄羅斯軍隊進攻之「任何前期警報」，顧問列先科對此確認無疑。澤倫斯基抱著希望準備上床睡覺，期望自己在今晚稍早演說中談及的「常識」將會戰勝邪惡。然而幾個小時過後，這個希望就在世界矚目之下消失殆盡。

別爾哥羅德（Belgorod）

別爾哥羅德州，俄羅斯，二〇二二年二月二十三日

對坎捷米羅夫卡（Kantemirovskaya）坦克師的軍官和士兵來說，祖國保衛者日通常是個重要且期待已久的節日。該師駐紮在距莫斯科郊外七十公里的納羅—福明斯克（Naro-Fominsk）市，正式名稱為：尤里・安德羅波夫（Yuri Andropov）第四近衛坎捷米羅夫卡列寧紅旗勳章坦克師，自史達林格勒戰役期間組成以來，一直是俄羅斯的精銳部隊之一。但是在二〇二二年二月二十三日這天，無人有時間來慶祝節日。命令才剛剛下達，全師部隊被動員展開行動。

在一個月前，坎捷米羅夫卡師已經在別爾哥羅德州內調動，結集於烏克蘭的東北邊界。據官方說法，他們是在舉行軍事演習；然而，對所有部隊成員來說，顯而易見地是他們要在那裡入侵烏克蘭。

「媽媽，我的電話將有一周時間無法使用。我已交出了手機，」二十一歲的中士瓦迪姆・西西馬林（Vadim Shishimarin）在二月二十二日告訴自己的母親柳波芙（Lyubov）。「有人可能告知你，我已經離開俄羅斯，前往烏克蘭。別相信這些。」但是兒子的戰友後來對母親說，部隊指揮官曾向他們確認，「他們只是進出烏克蘭，僅此而已。」[11]

西西馬林看上去並不像個軍人。他身材消瘦、矮小，有著一張娃娃臉。「他並未讓人留下職業軍人的印象，更不要說是一名王牌坦克師的士兵了，」西西馬林的律師維克特·奧夫斯延尼科夫（Viktor Ovsyannikov）後來向媒體講述。他於二〇〇〇年十月十七日出生在烏斯季伊利姆斯克（Ust-Ilimsk）市，一個人口為八萬六千人的工業城市，位於西伯利亞東部，在安哥拉（Angara）河上游，距伊爾庫茨克（Irkutsk）市約七百公里。西西馬林是家中五個孩子的老大，他有兩個弟弟、兩個妹妹，最小的孩子只有四歲，他由親生母親和繼父撫養長大。

與許多調動到烏克蘭的軍人相同，西西馬林也來自俄羅斯最偏遠和貧窮的省分之一。烏斯季伊利姆斯克因它的水電大壩、一座木材加工廠、臭名昭彰的三〇年代古拉格（Gulag）勞改營遺址而出名，自從蘇聯解體後，約四分之一的人口已經遷徙。西西馬林十七歲時從學校畢業，然後在一家職業學校被培訓成機械師。當後來接受記者採訪時，他的父母都無法說出自己兒子的興趣或愛好，「他對什麼著迷呢？」他的父親葉甫根尼（Evgeny）自言自語，父親在西西馬林還幼小時就離開了家人。「我只知道他活著，而且是個勤奮的工人。」[12]

根據他母親的說法，西西馬林離開職業技術學校後，旅行到莫斯科，因為「那裡有更多的工作和受教育機會」。他曾在莫斯科的一家輪胎修理店工作，也找到了女朋友。然後，像數十萬沒有完成全日制教育的年輕俄羅斯男人一樣，西西馬林在二〇一九年度春季募兵時，被徵召參加了義務軍事服務。當地莫斯科區域徵兵辦公室安排他加入了附近的坎捷米羅夫卡坦克師，「他都符合條件，是時候該參軍了，」他母親態度肯定。「這有什麼好說，每個人都要服役。」

到了二〇二〇年一月，西西馬林的一年兵役期已經過去了九個月，他的繼父（一個吊車司機）在烏斯季伊利姆斯克家鄉被害身亡，他的遭遇是「在錯誤的時間，碰上了錯誤地點」，西西馬林的母親柳波芙這樣解釋，「他受到意外槍擊而死亡，我們甚至不清楚肇事者的全名。」柳波芙和自己的孩子淪為「沒有任何可靠收入來源」的受害者家屬，西西馬林因此決定加入俄羅斯軍隊，成為志願的職業士兵，因為這樣就「不需要為住房擔心了」，而且他希望藉此「來幫助我的母親和弟弟妹妹」。對一個來自烏斯季伊利姆斯克的二十歲男人來說，軍隊四萬盧布的薪酬（約每月四百英鎊）聽起來像是很好的就業選擇。「他認定了自己在這裡（烏斯季伊利姆斯克）無事可做，」母親也說道，「這裡確實無所事事。」[13]

到了二〇二二年二月，西西馬林已晉升為中士——這不像英國、美國軍隊表面上相同的軍階，這在俄羅斯軍中是個非常低等的職位。西方士官級別的相等角色，在俄軍中是由準尉軍銜來履行的。儘管如此，西西馬林在由高級中尉加里寧（Senior Lieutenant Kalinin）指揮的排級單位中，領導了一個十人編成的班組。

在二月二十三日傍晚，作為安全預防措施，加里寧收繳了自己團隊列兵和士官的所有手機，所有人也配給了三天的乾糧食物——指揮官認為，這對於他們預計的短期行動來說，綽綽有餘。坎捷米羅夫卡師估算的兩百輛T-80U和T-80BV主戰坦克，以及約三百輛BTR-2步兵戰車，也已經全副武裝，燃料加滿，蓄勢待發。

在翌日凌晨，由西西馬林率領的分隊——坎捷米羅夫卡師第十三近衛坦克團的32010號軍事單位——從他們在別爾哥羅德州周邊的集結地出發，加入了浩浩蕩蕩、規模巨大的裝甲車輛縱隊，向西駛向二十公里外的烏克蘭邊境。在大約上午九時，西西馬林乘坐的戰車在烏克蘭蘇梅州（Sumy province）和烏克蘭第二大城市哈爾科夫（Kharkiv）之間，穿越了俄烏邊界。

莫斯科

俄羅斯新聞社大廈（RIA Novosti Building），**祖波夫斯基大道**（Zubovsky

Boulevard），**莫斯科，二〇二二年二月二十三日**

四十歲的安娜·邦達連科（Anna Bondarenko），是俄羅斯一家國營新聞頻道的資深製作人，她遭遇了噩夢般的一天。就在幾天前，電視台的編輯方針（在每周的詳細計畫會議上，由她的主管與克里姆林宮高層宣傳團隊所敲定）還是：俄羅斯無意進攻烏克蘭，以及普丁的外交努力正在順利推進。[14]要加以宣傳：外交部長謝爾蓋·拉夫羅夫（Sergei Lavrov）是偉大的和平締造者，與北約頑固不化的侵略性相反，俄羅斯全力維持對和平的承諾。大量工作已經安排好，包含策畫新聞報導範圍、指定新聞採訪團隊，也已經預定了連接華盛頓和倫敦的衛星時段。邦達連科的頻道多年來一直在暗示烏克蘭政府充斥著法西斯分子，他們針對頓巴斯地區說俄語的和平民眾，採取了激進的迫害。但是對盧頓共和國區域即將發生的俄羅斯占領行動，並未加以特別宣傳的準備，更別提對烏克蘭全面入侵的報導了。

然而，到了二月二十一日，官方的指導方針突如其來地轉變了。和平論調忽然被封閉，取而代之的，是由政府高層傳達下來，滾動播報的重點新聞頭條：頓巴斯獨立的共和國正在承受烏克蘭法西斯分子的最新進攻。那裡的平民已經被撤離，俄羅斯的通訊社突然間充滿了百姓撤離的影片播報，以及身穿烏克蘭軍裝的士兵屍體，據說是穿越國境的烏克蘭汽車炸彈攻擊的肇事者。被指控為來自烏克蘭方面的暴力升級，作為基輔政府反對盧頓共和國地區人民之不斷更新的「種族滅絕式」侵略行為，展現在俄羅斯公眾面前。

家族祖輩有烏克蘭血統的邦達連科，「看到這些畫面時，義憤填膺，」她回憶說，「烏克蘭人怎麼可以讓自己被這些極端民族主義者所統治？」他們與像自己一樣說俄語的民眾之間，究竟存在什麼問題？邦達連科在俄羅斯電視新聞機構工作了二十多年，她對於克里姆林宮宣傳機器的運作，並不輕易信奉，但是她也認為，當自己觀看收到的原始影片資料時，並無任何理由來懷疑自己目睹的證據。北約正在進軍，她的人民——俄羅斯人民——正在被攻擊，因此克里姆林宮就動員了軍隊來拯救民眾。「過去八年你在哪裡？」是為了救助盧頓共和國居民的軍事行動所設計的新口號，同時還伴隨著「我們絕不放棄自己同胞」的蠱惑。俄羅斯軍隊沒有以帝國侵略戰爭的名義施展鐵腕，反而假借緊急人道主義行動，解救自己親密族人免遭種族清洗的理由，與烏克蘭兵戎相見。

當她在二月二十三日傍晚，將新聞編導崗位交接給夜班人員時，邦達連科向接任的編導做了十分鐘簡報。他們查看了預計接收的新聞來源摘要列表，這些都是來自於俄羅斯新聞社、塔斯社（TASS）和其他俄羅斯國營電視網駐頓巴斯的記者，以及他們自己位於俄羅斯南部、克里米亞和頓巴斯的派駐記者，加上在基輔和哈爾科夫聯絡人的消息管道。新聞內容充斥了俄羅斯軍隊如何保衛盧甘斯克和頓涅茨克共和國，免遭納粹烏克蘭攻擊的報導。

從新聞播報滾動列表上看不到任何跡象，在她自己老闆的意見中也沒有任何暗示，而在莫斯科記者的八卦圈裡也聽不到任何謠言預示著迫在眉睫、直取基輔，或其他類似的主動攻勢。

赫爾松（Kherson），烏克蘭

新卡霍夫卡（Nova Kakhovka），赫爾松州，烏克蘭，二〇二二年二月二十三日

四十四歲的拉麗薩・納高什卡亞（Larisa Nagorskaya）在與自己十一歲的女兒瑪莎（Masha）吃早餐時，從電視上聽到了俄羅斯派軍隊進入盧頓共和國區域的消息。她的第一個想法，就是自己四十二歲的丈夫謝爾希（Serhii）是否會被徵召服兵役。「又開始了，」納高什卡亞回憶當時的想法。「我們已經戰鬥了八年，現在一切又從頭而來。」[15]

新卡霍夫卡是一座典型的蘇聯城市，建於五〇年代中期，專為建設卡霍夫卡水力發電站（Kakhovskaya GES）的工人而建，該水力發電站是蘇聯在第聶伯河上建造的一系列大型水壩之一，旨在利用河流的力量發電。納高什卡亞在那裡已生活至今，她的小女兒瑪莎曾經去過的、離自己家園最遠的地方，就是向西五十公里之外的地區首府赫爾松市。她十九歲的大女兒克瑟妮亞（Ksenia），現正在敖德薩（Odesa）學習，將成為未來的幼稚園教師。儘管新卡霍夫卡僅位於連接烏克蘭與被俄羅斯於二〇一四年占領的克里米亞半島的狹窄地峽北部約七十公里處，她卻從未意識到，她的城鎮——第聶伯河上最靠近克里米亞的地點，以及處於二〇一四年之前提供了克里米亞所用全部水源之運河的連接樞紐位置——將成為戰爭的目標。「我們在電視上聽到普丁要入侵的消息已經好幾個月了，」她說道，「但我們設想，這都是為了頓巴斯，牽涉不到在赫爾松州的我們。」

新卡霍夫卡的人口，就像遍布這個區域、體現種族熔爐的其他蘇聯城鎮一樣，來自兩代人之前的蘇聯各個角落。納高什卡亞與自己的家庭成員，以當地方言交流，是一種俄語和烏克蘭語混合的語言，在赫爾松州內的獨特口音中，包含了主要為俄語發音的混合特點。她的兩個女兒在學校接受純粹烏克蘭語的教育，但是納高什卡亞在家裡的更多時間會講方言或俄語。家人一起在家時，會觀看俄語的電視節目；當女兒單獨在家時，就切換到烏克蘭語的頻道。

與烏克蘭東部和南部的廣大區域一樣，二〇一四年之前的新卡霍夫卡區，民眾通常也強烈支持烏克蘭地區黨（Party of the Region），以及它的領袖維克托・亞努科維奇——他來自頓涅茨克，是一名從刑事罪犯轉變而成的商人，他在捍衛烏克蘭俄語少數群體的權益、宣導與莫斯科更緊密聯繫的基礎上，開創了自己的政治生涯。當二〇一四年二月，亞努科維奇被基輔的親歐洲示威者趕下權力寶座後，納高什卡亞的許多鄰居都心存複雜的感受。「一方面，我們得知亞努科維奇是個竊賊，企圖將我們的烏克蘭賣給普丁，」納高什卡亞說，「另一方面，民眾也認同他的觀點，政府不該歧視講俄語的族群。許多人都害怕，俄語將被完全禁用。」

從個人角度而言，納高什卡亞對政治沒有太大興趣；但是當俄羅斯併吞克里米亞，以及俄羅斯支持的「匪徒」占領了頓涅茨克和盧甘斯克部分地區、引爆了兩年之久的戰爭時，她感到憤怒。「普丁應該讓我們自己來解決這裡存在的問題，」她如此表示，「這與他的事業有何相干？」

在戰爭爆發之前的最近幾個月，在新卡霍夫卡地區發生了一些奇怪的事情。在十二月裡，一個當地的行政官員下令砍伐位於俯視第聶伯河及水壩山丘上風景如畫的松樹林，這引發了當地民眾的抗議，結果政府承諾，將重新種植新的林木，卻沒有給出任何令人信服的解釋，為什麼這些松樹要被砍倒。在此事發生的兩個月前，赫爾松州行政委員會（Kherson Provincial Council）一名位高權重的副主任——亞努科維奇和地區黨的前支持者——突然失蹤，人們傳言，他去了俄羅斯的索契，但是無人知道是為了什麼。

納高什卡亞在當地的供水機構擔任行政管理職務。二月二十三日早晨的辦公室內，她的所有同事都對俄羅斯占領盧頓共和國區域的新聞，表現出「忿忿不平和心驚受怕。」年輕男子的父母們擔心，就像納高什卡亞一樣，他們的男性家人是否會被再次派往前線作戰，與所有的鄰居、同事相同，納高什卡亞只能「祈禱不再有戰爭，這就是我們真正關心的全部事務。除了戰爭之外，任何事情都值得關注」。

牛津郡（Oxfordshire），英國

萬蒂奇鎮（Wantage），牛津郡，二〇二二年二月二十三日

一個漫不經心的錯誤將永遠改變吉米（Jimmy S.）的人生軌跡。剛在自己的家鄉雷丁（Reading）市結束了學業，吉米與玩伴決定為了開心而嘗試紋身，他選了一個皇冠圖案，就像撲克牌上的皇冠，刺在右手，另隻手則紋上了玫瑰。他沒有特別喜歡或琢磨自己的新刺青，但是，當他在幾個月後試圖加入英國皇家陸軍時，卻被告知必須遵守嚴格的規則——不能在手上或脖頸處留有刺青。「這是為了你將來有機會晉見女王預做的準備，」陸軍的招募士官這樣告誡他。吉米一年後又嘗試入伍，但是運氣照舊。作為大男孩，他真

正著迷於戰爭影片和「喜愛軍事事物——槍械、營帳以及出生入死的夥伴」，但是紋身已使他兒時成為英國士兵的夢想無法實現了，「至少在我存夠錢可以去除刺青之前，是沒有希望了。」[16]

吉米身高中等，身體強壯，長相溫雅俊俏，還蓄著流行的鬍鬚，屬於沉默寡言類型的男孩。他無意主動表現、招人喜愛，但是當他沒有埋頭專心玩Tiktok時，還是給人快樂、友善的印象。他並不太關注新聞和政治，他更對足球比賽、與朋友喝酒、搭訕女孩興味盎然，就是那種在英格蘭當地任何酒館中，你可以司空見慣看到的普通年輕小夥子。在加入陸軍的努力失敗後，吉米搬離了雷丁，來到四十英里之外位於牛津郡的萬蒂奇鎮，從事了一系列的「垃圾職業」，如包裝、熱封速食食品及屠宰好的各種肉類。他還找到了一個女孩同居，讓她懷了孕，但是這種關係沒有結出婚姻之果，所以吉米還是離開了女友，居住在另一個朋友家中。他的孩子——一個名叫艾薩克（Isaac）的男嬰——出生於二〇二二年一月，儘管這對男女已不再一起生活，但前女友還是要求吉米經常來為孩子更換尿布，幫忙她照顧嬰兒。

蘭比（Lambie）是吉米的朋友，習慣談論與俄羅斯人之間醞釀的戰爭。蘭比說，他想加入烏克蘭軍隊的志願者部隊，他也認識已經這樣做並樂在其中的一些朋友。豐厚的金錢報酬，許多美麗的烏克蘭女孩渴望與戰爭英雄同床共枕，再加上不需要任何軍事經驗。「我以前從未聽說過烏克蘭，我向你誠實地說，」當我們在二〇二一年七月從利沃夫（Lviv）到基輔的全天火車旅程中，吉米這樣告訴我，「我甚至無法在地圖上找到它。」當我談到烏克蘭曾經是蘇聯的一部分時，他竟然倍感驚訝。

在二月二十三日，蘭比和吉米，以及社交媒體上的其他朋友，分享了俄軍坦克駛入盧頓共和國的影片。「已經開打了，」蘭比寫道，「我要加入戰鬥了，有其他人要跟隨嗎？」

馬里烏波爾（Mariupol），烏克蘭

馬里烏波爾，頓涅茨克州，二〇二二年二月二十三日

在離俄烏邊界僅三十公里的烏克蘭城市哈爾科夫長大，並度過了自己的少年時代，姆斯季斯拉夫．切爾諾夫（Mstyslav Chernov）早就透過學校的課程安排，學會了使用槍械。這事看起來似乎毫無意義，他理性解釋說，因為烏克蘭周邊到處都圍繞著自己的朋友。

切爾諾夫後來成了獲獎的新聞記者和攝影師，先是為烏克蘭新聞機構工作，而後又服

務於美聯社。他採訪報導了伊拉克、阿富汗、納戈爾諾—卡拉巴赫（Nagorno Karabakh）以及頓巴斯等地區的衝突和戰爭。但是當十二月中，美國人及歐洲人將他們的大使館人員撤出基輔市時，切爾諾夫開始仔細查看地圖，他意識到，就在自己的家鄉城鎮對面，俄軍部署了大量軍隊。他唯一的想法就是為「我那苦命的國家」心生哀歎。

當消息傳來，俄羅斯軍隊已經占領了盧頓共和國地區時，切爾諾夫有預感，俄軍兵力將試圖攻占東部的港口城市馬里烏波爾，因為其控制亞速海（Sea of Azov）的地理位置，以及作為在頓巴斯與俄羅斯占領的克里米亞之間創建大陸橋的關鍵地點，這將贏得戰略上的褒獎。所以他利用了二月二十三日整天時間，匆忙從他位於基輔的公寓和辦公室中，收集生活必需品和採訪設備。在當晚，他就與自己長期共事的攝影師葉甫根尼・馬婁萊特卡（Evgeniy Maloletka），駕駛一輛白色的福斯廂型車，開始了大約六小時前往馬里烏波爾的旅程。在途中，切爾諾夫擔心起自己的備用輪胎，當馬婁萊特卡開車時，切爾諾夫在手機發現了一個網路賣家，正好位於他們的路線上，願意在半夜賣給他們一套輪胎。切爾諾夫向賣家及當地二十四小時雜貨店店員解釋說，他們正前往南方報導即將來臨的戰爭，「他們愣住且盯著我們看，好像我們是瘋子一樣。」

切爾諾夫和馬婁萊特卡在二月二十四日凌晨三點三十分開進了馬里烏波爾。九十分鐘後，俄軍的火箭彈開始在切爾諾夫家鄉哈爾科夫的獨立廣場上落地爆炸。

布查（Bucha），烏克蘭

布查市，基輔州，烏克蘭，二〇二二年二月二十三日

某些事情在伊琳娜・菲爾金娜（Irina Filkina）的生活中並非一帆風順。她五十二歲，離婚，體態超重，在布查市中心「藝皮參佐K」（Epitsentr K）購物中心的鍋爐房中，做著低薪酬的勞力工作。但是她有兩個漂亮女兒，朋友和同事都對她友好相待，她充滿自信和快樂，下定決心改變自己的生活。菲爾金娜最近還師從一名布查的專業化妝藝術家，學習美容課程；令她高興的是，她的同學近日買了一些化妝品給她，以便她用來練習自己的新技能。[17]

在二月二十三日早晨，菲爾金娜「高興地活蹦亂跳，因為在她的生活中，第一次有了我們為她買的，屬於她自己的化妝品」，菲爾金娜的化妝課老師阿納斯塔西婭・蘇巴切娃（Anastasia Subacheva）回憶說。「每次，她來到課堂，都是比班上其他同學更專注地坐好和練習自己的功課，」菲爾金娜總是「來到課堂上，談論自己的化妝手法如何被新的男性崇拜者所欣賞，以及今天她為何感到十分開心和愉快！」

布查，也像它的比鄰城市伊爾平（Irpin）一樣，是基輔市郊名副其實的上中產階層居住區，從市中心乘坐通勤火車，只要半小時就可以抵達。這兩個郊區被已經成家立業的年輕專業人士所青睞，他們在這裡可以找到更大的生活空間和新鮮的鄉間空氣。成套的新建公寓（許多還處於建設之中），圍繞著城鎮中心拔地而起，那裡分布著時髦的餐飲店鋪、高級的自行車商店，以及提供牛排、披薩的西式餐館等商業設施。藝皮參佐K購物中心是——或者不如說「曾經是」——占據了整條街區的購物場地，裡面有一個座型花園、許多餐飲店、一個房屋建築材料大賣場，以及一家現金付款、自行提貨類型的食品超市坐落其中。除了在中心前大型停車場上飄揚的烏克蘭和歐盟旗幟，你可在從華沙到杜塞道夫的任何富足歐洲城市郊區，找到與之相同的商業環境。

菲爾金娜居住在相對貧窮的老城區，在位於雅勃隆斯卡婭（Yablonskaya）大街於五〇年代建造的公寓建築內。她的鄰居都是領取養老金的退休者和低薪工人，他們在鎮上的辦公區域負責清潔或擔任低階辦事人員。菲爾金娜一大早就去上班，像往常一樣，騎著自行車出門，她很高興，因為蘇巴切娃幫她新做了專業指甲美容，塗上了鮮豔的深紅色。美麗的指甲豔裝使她歡快雀躍，給予她對自我價值的新鮮自信感。「她握著我的手，告訴我，『活到了這把年紀，我終於明白重要的道理——你必須自己生活，為自己而生活！』」蘇巴切娃回憶道，「我終於能以自己希望的方式來生活！我意識到，你可以依你開心的方式過日子，不是為了男人，而是為了你自己！」[18]

第一部

帝國與血脈

第一章

毒化的根基

小俄羅斯的歷史就像匯入俄羅斯主要歷史江河的支流。小俄羅斯總是一個部落，從未成為民族，更加遜色於——國家。

——俄羅斯文學評論家維薩里昂·別林斯基（Vissarion Belinsky），一八四七年[1]

普丁的歷史觀

在他統治俄羅斯的最近幾年，弗拉迪米爾·普丁自詡擔任了某些歷史學家的角色。自二〇二〇年春季開始防治新冠疫情的嚴格隔離以來，普丁花費了數月時間，致力於撰寫約七千多字的歷史評論文章，在文中，他平鋪直敘了歷史的論點，為之後的戰爭提供了意識形態的進軍指南。對普丁來說，俄羅斯、白俄羅斯和烏克蘭都是「基本上相同歷史和精神空間的組成部分……一個單一的更大民族，一個三位一體國家的基礎根基」。這影響到所有導致戰爭的現實和戰術因素，也成為普丁的歷史認知和使命，這些都是他廣義上借鑒了俄羅斯十九世紀帝國歷史學家的思想，被反覆用來詮釋自己入侵行為的正當性。普丁的願景不是基於帝國主義的掠奪性，而是源自族群民族主義（ethno-nationalism）的優越感。普丁聲稱，對烏克蘭的戰爭並不是為了把外國人民置於莫斯科的麾下，而是要保衛他認為那裡根本上屬於俄羅斯族裔人民的權利。

烏克蘭和俄羅斯「之間的精神、人文和文明紐帶，在數個世紀的歷史周期內形成，他們的根源來自相同的脈絡」，普丁在二〇二一年七月發表的這篇文章中寫道。「他們在共同的鬥爭、收穫和勝利中千錘百鍊，成熟堅強。我們的親屬關係經歷了世代傳承，在現代俄羅斯和烏克蘭生活的人民心上和記憶中，由他們的血脈相連結，使我們數百萬的家庭親密聯合。團結在一起，我們將始終獲得倍增的強大力量，以及贏取更加輝煌的成就，因為我們屬於同一民族。」[2]

這場自一九四五年以來、歐洲最為血腥的戰爭，根據普丁自己的觀點，是圍繞著歷史而戰。或者更特別而言，是圍繞著普丁自我制定的歷史使命，來重新聯合被外國強權干預所導致分崩離析的單一族群，重建歷史記憶的輝煌實踐。

對許多現代烏克蘭人和某些西方評論家來說，回答普丁的「同一民族」論點，可能非常簡單。「最重要的是要知道，烏克蘭人並不是俄羅斯後裔，烏克蘭是一個古老的獨立民族，」以色列歷史學家尤瓦爾．哈拉瑞（Yuval Noah Harari）教授評論說，「烏克蘭具有一千多年的歷史；當莫斯科甚至還不是個村莊時，基輔就已經是主要的都市和文化中心了。」[3]

但是這兩種觀點都存在瑕疵。烏克蘭的民族主義者是對的，他們的確是古老的民族——但在歷史上卻少有獨立性，而且在一九九一年從蘇聯繼承到的邊境內，也從未獨立存在過。普丁也是對的，俄羅斯、白俄羅斯和烏克蘭都是基輔羅斯（Kyivan Rus）政體的傳承後裔，但是在相同的歷史進程中，法國和德國也曾經是近現代查理曼帝國的聯合繼承者，這難以成為證實隨後各國歷史必然統一性的依據。

烏克蘭一直是個國疆國家、一個邊境地帶。在那裡，東斯拉夫民族和東正教世界，與西方和羅馬天主教影響相逢較量；也正是在那裡，俄羅斯帝國與鄂圖曼土耳其王朝的伊斯蘭世界，以及克里米亞劫持奴隸的韃靼人不期而遇。

儘管這兩個鄰國有著共同的歷史，但普丁根本性的錯誤，就是想像說俄語的烏克蘭人，自然地自我認為他們從民族性、政治性來說，都屬於俄羅斯。他的入侵結果，不僅證實了這大部分假設並不符合實際，而且使許多人被迫做出情願保留自己烏克蘭政治身分勝過其俄羅斯族裔背景的選擇。數百萬講俄語的烏克蘭人逃離莫斯科軍隊的控制，數以萬計的烏克蘭人自願參加對抗他們潛在「解放者」的戰鬥。對誕生在烏克蘭中部地區文尼察（Vinnitsa）的俄羅斯族歷史學家斯拉瓦．施韋茨（Slava Shvets）來說，普丁關於「同一民族」的言論，在政治上就等同於一個打老婆的男人，從家門口趕走前來過問的鄰居，並惱羞成怒地辯解，宣稱自己張揚地濫用武力只不過是「內部事務……我們可以在自己家裡，解決我們自己的問題」。[4]

儘管如此，普丁在另一個重要的概念上也說對了。幾乎對每個現代俄羅斯人和烏克蘭人而言，兩國之間的關係不是抽象的政治問題，更不是歷史問題，而是血統和家族的定位。

我們都喜歡相信，大家皆會以理性來思考問題；但是我們意識中的偏遠末梢，在埋藏深處的某個角落，總在用各自的血脈感知來進行思考。

我的母親柳德米拉．比比科娃（Lyudmila Bibikova）在一九三四年誕生在哈爾科夫，一個流行俄語的烏克蘭北部工業城市。她的父親伯里斯（Boris）於一九〇三年在克里米亞的辛菲羅波爾（Simferopol）出生；她的母親瑪莎．謝爾巴克（Martha Shcherbak）則生於一九〇四年烏克蘭西部地區的波爾塔瓦（Poltava）。比比科娃家族並沒有自我認定是烏克蘭人，與此相反，在跨越兩個世紀的時間裡，比比科娃的族人在俄羅斯帝國統治烏克蘭的過程中，扮演了意義非凡的角色，先是成為沙皇的奴僕，後來又出任蘇聯政權的重要官職。這樣的聯繫並不令人賞心悅目。無論我喜歡與否，我家族的故事——我的血統——不僅密切與烏克蘭、俄羅斯相連，而且與俄羅斯帝國的歷史密不可分。

邊緣領土

「烏克蘭」在字義上意味著「靠著邊緣」，衍生自一個古老的俄語詞彙「okraina」，或意味著物體的周邊。在現代俄語中，一個演說者的政治傾向將根據他們對這個詞的語法應用而立見分曉。如果說「*na ukraine*」——字義是「在周邊」——是使用這個詞作為副詞；若說「*V Ukraine*」，意為「在烏克蘭內」，就將這個詞提升為地域名稱。絕大多數俄羅斯人，特別包括普丁，皆運用前者的輕蔑語法，暗示性地將烏克蘭定義為「俄羅斯的邊緣領土」。

okraina一詞首先在十二世紀出現在書寫的詞彙中，但是實際上，現代烏克蘭的領地在這之前的幾個世紀內，就已經成為各種文明的邊緣領土。在黑海的北方海岸，古希臘文明初始遭遇到大草原野人，他們根據其咿呀語音稱其為「蠻族」，「這是後來被稱為西方世界的政治和文化領域的第一個前沿。」歷史學家謝爾蓋・普洛希（Serhii Plokhy）教授這樣寫道，「這是西方開始確認自我，以及區分其他種族的地方。」[5]在西元前第一世紀，古希臘地理學家斯特拉博（Strabo）勾畫出「歐洲」最東邊的邊界——他使用了這樣的詞彙，來描述希臘現存的、向外部世界的擴張——這個地區就是今天與俄羅斯接壤的烏克蘭東部頓河（Don River）流域。更遠處就是亞洲大陸。

基輔羅斯——不僅僅被普丁所認同，也被自十七世紀以來的俄羅斯歷史學者推崇為大斯拉夫國家的發源地——實際上不過是個北歐海盜聚集的公爵國（Viking principality），為了護衛從波羅的海延伸到黑海的貿易口岸而組建立國。這個國家的偉大締造者，基輔的弗拉迪米爾王子（西元九五八年至一〇一五年）當時並未意識到自己名字所產生的現代含義。像自己的伯父——挪威國王哈康・西居爾松（Haakon Sigurdsson）一樣，他講古老的挪威方言，以丹麥王室的封號「沃爾德馬」（Waldemar）稱呼自己；他的祖父母是在俄羅斯歷史上著名的伊格爾王子（Prince Igor）和夫人奧爾佳（Olga），而同輩人則稱他們為英格瓦王子和海爾格王妃（Ingvar and Helga）。

在自己二〇二一年發表的論文中，普丁迷戀的觀點之一，是外國在俄羅斯歷史上的干涉行為。但是基輔大公（Grand Prince，在東正教中稱為聖公爵〔Saint〕）弗拉基米爾大帝——二〇一六年普丁在克里姆林宮外為他矗立了十七公尺高的雕像——本身就是個外國人。從血緣、文化和語言上來說，他不僅是斯堪地那維亞的海盜，而且在位時，就是非基督信仰的異教徒，娶了八百多個嬪妃，還建造了許多異教神廟及雕像。在九八八年，弗拉基米爾建立了一個從波羅的海附近的家鄉諾夫哥羅德（Novgorod）一直延伸到第聶伯河下游的切爾索尼塞斯（Chersoneses，今赫爾松）的王國之後，下令他的斯拉夫子民皈依基督教，作為自己迎娶拜占庭國王巴西爾二世（Basil II）妹妹的代價。[6]他的兒子雅羅斯拉夫一世（Yaroslav the Wise）基輔大公——一個拜占庭國王的外孫、瑞典國王奧洛夫．舍特康努格（Olof Skötkonung）的女婿——引進了斯拉夫版的祈禱文牘，以及在一個世紀前由兩位希臘神學家發明的字母系統書寫的福音書的翻譯版本，這兩位名為西瑞爾和美多德（Cyril and Methodius）的希臘神學作者，都從未訪問過基輔羅斯。古老的斯拉夫語系，是俄羅斯東正教教會有史以來的永久語言，是從保加利亞流傳到羅斯，那裡的統治者對基督教的接受，遠早於基輔的王子們。[7]

基輔羅斯的基督教復興，被普丁引述為俄羅斯世界的奠基時刻。但這也是起始於外國的王子們，他們將外來宗教、外國語言和文字體系，強制推廣到自己的斯拉夫社稷之中，為了將他們的臣民帶入歐洲的基督教世界。就像英國、法國、義大利、西班牙和德國一樣，俄羅斯的歷史和種族特性，並不是由一個民族朝著自己的歷史命運不可阻擋地前進形成的，而是由外來者一波又一波的征服和統治形成的。

由弗拉基米爾大公和後代統治的國土，直到將近九百年之後，才重新被統一在單一的國家之中，新的統治者又是個沒有俄羅斯血統的另一個外國人——索菲亞・馮・安哈特—采爾布斯特（Sophie von Anhalt-Zerbst），這就是更被人所知的女皇凱薩琳大帝（Catherine the Great）。在穩定疆土的過渡期間，現代烏克蘭的領土上戰亂頻繁，先後被蒙古、韃靼和波蘭—立陶宛聯邦（Polish–Lithuanian Commonwealth）所占據。在其北疆，混戰中的各俄羅斯公國最終被莫斯科大公國（Muscovy）所統治，進而在十五世紀末決定性地擺脫了蒙古侵略的枷鎖。正是在這一時期，我母親家族中第一位載入史冊的成員——誕生在名為比比科（Bibik Beg）、當時已經是金帳汗國內的一名韃靼軍閥——加入了獲勝的陣營，於一四七七年宣誓效忠莫斯科大公國的王子伊萬三世（Ivan III）。這個剛被冊封的俄羅斯貴族，用俄語將自己的姓氏定為比比科夫。與普丁族群民族主義敘述的，俄羅斯族群民眾不可阻擋的崛起相反，在十六世紀末期，將近三分之一的俄羅斯貴族階級實際上起源於韃靼族裔。

隨著蒙古勢力的崩潰，莫斯科大公國在烏克蘭土地上最強大的對手，轉為來自西方的立陶宛大公國（Grand Duchy of Lithuania）及他的繼承者：波蘭—立陶宛聯邦，以及南面的鄂圖曼帝國和它的韃靼盟友。烏克蘭中部缺乏易守難攻的自然邊界，就成為了爭議不斷的無人之地。由克里米亞韃靼人（入侵中亞的土耳其族後裔）發起的奴隸掠奪行動，將草原變成極度危險的無人棲息區。在十六到十七世紀之間，約有一百五十萬到三百萬的烏克蘭和俄羅斯人，被賣到屬於鄂圖曼帝國領地的克里米亞半島的奴隸市場上。一位烏克蘭的奴隸女孩——羅克塞拉娜（Roxelana，一五〇四年至一五五八年），先是成為蘇萊曼大帝的妾，後來成為他的正式妻子。

獵取奴隸的危險和缺乏任何形式的政府集中管理，意味著只有最強悍、最孤注一擲的人，才敢在第聶伯河下游窪地定居。首批出現的哥薩克人（Cossacks）——這個詞源自於土耳其語，意指自由人或強盜——就是由脫逃在外的奴隸組成的遊牧幫派，以漁獵、陷阱狩獵和盜竊維生。「他們有些是在逃避家長的權威管制，或者擺脫奴役的命運、官役的攤派、犯罪的追究（官方的懲罰）以及債務的逼迫，」專攻十六世紀前期編年史的歷史學者米哈爾隆·立陶納斯（Michalon Lituanus）寫道，「也有人被更豐富的獵物和更廣闊的空間所吸引。」[8]哥薩克在歷史的流行記述中，最著名的描述就是：羅斯沙皇最忠誠、最反動的騎兵突擊部隊。但最初的哥薩克人主要講烏克蘭語，他們逃脫了在波蘭—立陶宛聯邦富豪和貴族巨大莊園農場中的繁重勞役，在現今烏克蘭中部危險的草原上過著自由但不穩定的生活。

如今的現代烏克蘭大部分地區曾經屬於波蘭—立陶宛聯邦的時間，比它屬於俄羅斯帝國的時間還要長。到了十七世紀，位於烏克蘭中部的哥薩克人，這些最初出現於社會邊緣並反對既有政權的人，已成為了具有自身政治、軍事力量的勢力。在隨後的努力中，哥薩克人試圖建立一個獨立的國家，他們既與鄰國波蘭人、莫斯科人和鄂圖曼人建立共同目標，也反抗過他們。在一六一〇年及一六一八年，哥薩克軍隊自身作為波蘭軍力的一部分占領了莫斯科，但是到了一六五四年，札波羅熱哥薩克（Zaporozhian Cossacks）的首領——波格丹・赫梅利尼茨基（Bohdan Khmelnytsky）卻背叛了他的波蘭主人，宣誓對莫斯科大公國的沙皇阿列克謝・羅曼諾夫（Aleksei Romanov）效忠。三個世紀之後，此事件被烏克蘭出生的蘇聯領袖尼基塔・赫魯雪夫（Nikita Khrushchev）大肆慶祝，稱之為烏克蘭和俄羅斯「兄弟民族」的「重新聯合」，但雙方都需要翻譯才能互相理解，哥薩克人清楚地認為，這項誓言是結盟而不是屈服的行為。[9]

赫梅利尼茨基對羅曼諾夫的效忠宣誓，為烏克蘭與俄羅斯的關係定下了模式，這一模式持續了數世紀，甚至延續到二十一世紀——即交易性的關係，並在外部勢力的壓力下，由權宜之計所主導。確實，於一六七四年在基輔的洞窟大修道院（Monastery of the Caves）印刷出版的俄羅斯歷史教科書，將基輔稱譽為莫斯科大公國沙皇的「第一首都」，以及賦予其莫斯科大公國東正教誕生地的稱號，但實際上，這是基輔正在預備防範鄂圖曼的進攻，以及面臨波蘭正要求莫斯科大公國歸還領土時的緩兵之計。《斯拉夫—羅斯民族起源，以及神聖保衛基輔之城之第一王子的歷史紀實年譜》（*The Chronicles of the Origin of the Slavo-Rossian Nation and the First Princes of the Divinely Protected City of Kyiv*），是在絕望乞求莫斯科的軍事支持、以對抗基輔敵人的氣氛下，緊急完稿出書，這本創立了如今大多數俄羅斯人仍接受的關於基輔起源的民族神話的書，實際上是馬洛羅西亞（Malorossiya，意指「小俄羅斯」，正如作者對烏克蘭人的描述）的一個早期嘗試，旨在扭曲歷史以服務當時的政治需要。從這個意義上來說，本書為普丁的二〇二一年論文提供了直接的先行論據。

到了一七〇八年，為了反抗俄羅斯沙皇彼得大帝（Peter the Great），由伊萬・馬澤帕（Ivan Mazepa）酋長領導的最後一次哥薩克大起義時，烏克蘭的酋長們對他們所謂的共同歷史有了截然不同的態度。「莫斯科，就是大俄羅斯民族，總是對我們的小俄羅斯民族心懷憎恨，」馬澤帕酋長在一七〇八年十二月寫道，「在他們惡毒的意識中，早已決定了要將我們的種族推向滅亡。」馬澤帕的反叛——儘管受到了俄羅斯宿敵鄂圖曼帝國的支持——最終還是被殘酷的鎮壓所粉碎。隨著馬澤帕的死亡，烏克蘭人最後一次認真地、企圖創建自己獨立國家的嘗試也無疾而終，直到兩個世紀之後，俄羅斯帝國自身也在第一次世界大戰的尾聲中轟然倒塌。

血脈與帝國

女皇凱薩琳大帝對俄羅斯的帝國願景，包括征服所有鄰近的對手和競爭者，諸如波蘭人、哥薩克人、鄂圖曼人，並將現在大部分的烏克蘭納入莫斯科的統治；將半獨立的馬澤帕哥薩克政權的殘餘勢力，以及其他自治體大公國全面結合、融入俄羅斯帝國，這是女皇於一七六二年廢黜了自己丈夫彼得三世（Peter III）沙皇之後的初始優先國策之一。「小俄羅斯（烏克蘭）、利沃尼亞（Livonia，立陶宛和白俄羅斯北部地方）以及芬蘭，是根據確定特權管轄的省分，」凱薩琳在一七六四年寫道，「這些省分，以及斯摩稜斯克（Smolensk），應該盡可能以適宜的方式實行俄羅斯化，因此他們將不再看上去像森林中的惡狼……當酋長們從小俄羅斯消失後，要盡所有努力根除這個時期和酋長帶來的記憶，更不要指望將任何人再提升到以前的那個官位。」

凱薩琳任命了自己最偉大的將軍和執政官，同時也是自己的情人和祕密丈夫——格里高利・波坦金王子（Prince Grigory Potemkin），負責從鄂圖曼帝國手中征服超越小俄羅斯疆界的土地。這片邊緣沿著黑海岸線延伸，從東面的頓河沃土到西邊的現代摩爾多瓦（Moldova）地界，加上克里米亞本身的區域，就成為了著名的「新俄羅斯」（Novo-Rossiya）。

在女皇凱薩琳的統治下，比比科夫家族開始了與烏克蘭的緊密聯繫。亞歷山大・亞歷山德羅維奇・比比科夫（Aleksandr Aleksandrovich Bibikov）是俄羅斯帝國軍隊總司令的兒子，在一七六七年，幼齡兩歲的他就被註冊加入了近衛軍的伊茲梅洛夫斯基團隊（Guards Izmailovsky Regiment），被授予士官軍銜。在一七八三年夏天，年輕的比比科夫上尉已成為伴隨女皇首次巡視烏克蘭西南方新被征服領土的俄羅斯軍官之一。在克里米亞，凱薩琳女皇大膽地（也是明智地）將自己的安全託付給由新克里米亞韃靼臣民組成的儀仗警衛。[10]

在克里米亞夏日的惡劣熱浪和風塵中，儘管自己在厚重毛呢製作的近衛軍服下汗流浹背，亞歷山大・比比科夫還是在盡職護衛女皇之餘，欣賞到新俄羅斯的偉大國土——現在已安全遠離了韃靼人的奴隸劫掠——成為肥沃、空曠的草原，瓜熟蒂落般等待著自己的國民前來安家置業。頓河谷地後來以「頓巴斯」而聞名於世，不久將成為俄羅斯帝國的狂野西部，成千上萬說俄羅斯語的遷徙者被鼓勵搬遷到那裡、耕種肥沃的田野。來自鄂圖曼帝國的希臘、保加利亞、摩爾多瓦的族裔，以及來自普魯士的門諾派教徒（Mennonites from Prussia），也被給予土地、減免稅負及其他權益，獎勵到此安家移居。就像英格蘭、蘇格蘭的新教徒農民，被奧利弗・克倫威爾（Oliver Cromwell）帶領向愛爾蘭遷徙，或者如同美國湧入中西部大平原的「捷足先登者」，這些移民者各異的非烏克蘭身分，隨著時間變遷，已成為未來衝突的根源之一。

新俄羅斯非常不同於舊俄羅斯，就像波蘭人和摩爾多瓦人一樣，這些也被凱薩琳納入俄羅斯帝國的烏克蘭人，與他們的新國民並無相同的語言。烏克蘭語與俄羅斯語的差異，就像英語與荷蘭語之間的差異——兩者有三五％的語言差異（根據你的觀點不同，也可以說有六五％的相似性）——這使得兩種語言相似，但並不能互相理解。

同樣重要的是，沙皇的俄羅斯是奴隸和奴隸主共存的社會；而在酋長統治下的烏克蘭，則是自由自耕農及莊園主組成的體系，很少見到蓄奴現象。黑海的港口敖德薩——這是波坦金王子創建的眾多偉大城市之一——早已是俄羅斯與地中海、黎凡特（Levant）地區連接的國際貿易港。頓河河谷在十九世紀也成為工業建廠和移民工人聚集的地域，具有企業家精神的威爾斯採礦工程師在那裡挖掘煤炭，為俄羅斯遲到的工業革命提供動力。如此而言，新俄羅斯並不是舊俄羅斯的延伸，它是舊俄羅斯通向南歐與現代化的窗口。

比比科夫家族成了俄羅斯在烏克蘭占權勢地位的領銜家族——作為凱薩琳大帝願景規畫的執行者，致力於將帝國的最新角落早日俄羅斯化。在一七八三年五月，凱薩琳頒布了法令，禁止近三十萬名居住在貴族領地的農民離開自己的家鄉村莊，並迫使他們為地主提供無償的勞工服務，實際上將農奴制強加於烏克蘭的大部分農民身上。透過財產繼承和來自慷慨女皇的贈禮，亞歷山大・比比科夫將軍曾擁有過一萬個「靈魂」（souls，即「成年男性農奴」），這意味著超過兩萬五千人是他的私人財產。

正如後來的烏克蘭民族主義歷史學家所指出，俄羅斯的統治並不是赤裸裸地直接殖民占領。許多烏克蘭權貴的成員最終被納入帝國的精英階層，並在一段時間後開始統治這個帝國，比如亞歷山大・別茲博羅德科（Oleksandr Bezborodko）誕生於烏克蘭酋長國首相的家庭，畢業於基輔學院（Kyivan Academy），成為凱薩琳女皇最資深的外交官之一。帝國中，烏克蘭醫生的數量是俄羅斯的兩倍，在十八世紀的最後二十年間，超過三分之一的聖彼得堡師範學院學生來自於老酋長國的土地——換句話說，就是來自烏克蘭的中部地區。

從那時起，烏克蘭就為俄羅斯和之後的蘇聯權貴階層輸送了大比例的人才——包括了蘇聯領導人尼基塔·赫魯雪夫、列昂尼德·布里茲涅夫（Leonid Brezhnev，前述這兩人都出生在烏克蘭的俄羅斯農民家庭），以及具一半烏克蘭血統的米哈伊爾·戈巴契夫（Mikhail Gorbachev）。就像一七〇七年將英格蘭和蘇格蘭聯合在英國王室和西敏寺議會下的《聯合法案》一樣，烏克蘭被併入俄羅斯帝國，也為兩個民族帶來了充分文化和語言上的接近，使雙方的權貴階級可相互交換，但同時也保持了適當的距離，當帝國的重心吸引力躊躇無力時，「較小的、劣勢的夥伴」也能夠要求恢復歷史賦予自己的獨立稟性。[11]

普丁為弗拉基米爾大帝樹立雕像，以象徵兩個斯拉夫民族的聯合，此概念並非創新之舉。尼古拉一世（Nicholas I）沙皇的基輔總督執政官——德米特里·葛爾羅維奇·比比科夫（Dmitry Gavrolovich Bibikov），也是亞歷山大·比比科夫的姪子——就曾經在一八五三年，於第聶伯河岸邊為弗拉基米爾建造了巨大的紀念碑。[12]基輔重新規畫了新古典主義的大街，同時猶太人被禁止進入該市。俄語成為行政、教育使用的官方語言，也成為烏克蘭日益多元化的城市人口之通用語言。到了一八九七年，進行了第一次（也是唯一一次）的俄羅斯帝國人口普查，今日構成現代烏克蘭大部分地區的省分中，大約八五％為烏克蘭族裔——但在城市中，俄羅斯人則占據了多數。[13]

對俄羅斯化的反思，在羅曼蒂克民族主義時代的興旺時期，呈現出時髦化的趨勢，這種努力曾聚焦在重新推廣烏克蘭的語言、民俗文化和歷史紀錄。在一八四〇年的聖彼得堡，一位孤兒出身的農奴兒子塔拉斯．謝甫琴科（Taras Shevchenko），出版了以烏克蘭語寫成的詩集《科布札爾》（Kobzar，意為「吟遊詩人」），他的主要詩意是將「烏克蘭種族」的概念聯繫到農民反抗壓迫的鬥爭。[14]「不要太在意俄羅斯人，讓他們隨心所欲地寫，也讓我們按自己的喜好寫，」謝甫琴科寫道，「他們是有自己語言的民族，我們也與之相同。最好讓人民來判定優劣輸贏。」

在基輔，總督比比科夫蔑視了謝甫琴科的忠言。在臨近的波蘭，民族文化復興卻與反叛活動聯手來對抗莫斯科的統治，比比科夫下定決心，要防止在小俄羅斯發生同樣的事件，他擴建了俄羅斯語學校的社會網路，並致力於摧毀西瑞爾和美多德兄弟會（Cyril and Methodius Brotherhood），這是一個熱衷於烏克蘭語言與歷史的團體。然而，笑到最後的是謝甫琴科。十九世紀時，基輔的中央大道在一八五五年被命名為比比科夫將軍大道，但是布爾什維克將其更名為塔拉斯謝甫琴科大道，用來紀念這位烏克蘭偉大的民族主義詩人。

另一位比比科夫將軍（從一七六〇年到一九四二年，在這個家族的近親中共出現過十一位將軍），在一八五三年到一八五六年的克里米亞戰爭中，參加過與圍困克里米亞塞瓦斯托波爾（Sevastopol）港口的英法聯軍戰鬥。在克里米亞的失敗是個慘痛的證據，揭示了封建的俄羅斯在現代世界角逐中無能為力的本質。在隨後的五年中，銳意改革的亞歷山大二世（Aleksandr II）沙皇廢除了農奴制的社會結構，將兩千三百萬人從財產般的奴隸制度中解放出來；相較之下，亞伯拉罕・林肯的《解放奴隸宣言》（*Emancipation Proclamation*）只解救了四百萬的有色靈魂。然而，猶太人仍然被嚴格的配額制度排除在主要城市的教育之外，而且他們的居住區域被限制在從烏克蘭西部經波蘭延伸到拉脫維亞。當地的俄羅斯人時常被鼓勵參與一系列的排猶暴動（pogroms），在這些暴動中，猶太人常成為搶劫和強姦的對象，導致數千人死亡。包括像列夫・大衛諾維奇・布隆斯坦（Lev Davidovich Bronshtein）這樣的憤怒青年，他後來以革命家列夫・托洛斯基（Lev Trotsky）的名字聞名。

蘇聯帝國

正是與我的外祖父伯里斯・利沃維奇・比比科夫（Boris Lvovich Bibikov）有關，我家族與烏克蘭的關係開始變得更加鮮明且具有個人色彩。他的父親列夫（Lev）透過選擇自己的婚姻，對反猶太人的家族進行了羞辱，他娶了索菲亞．納烏莫夫娜（Sofia Naumovna），一位克里米亞麵粉製造富商的財產繼承人，她的父母像許多烏克蘭猶太人一樣，為了實現自己的社交雄心，已經皈依了俄羅斯東正教。他們的第一個兒子伯里斯於一九〇三年出生在克里米亞的首府辛菲羅波爾。在伯里斯十四歲時，沙皇帝國在第一次世界大戰失敗的壓力下垮台，在一九一七年十月，布爾什維克政變推翻了臨時政府。隨著帝國的崩潰，之前被俄羅斯王朝管控的民眾，從突厥斯坦（Turkestan）到烏克蘭，認為他們擺脫帝國統治的時刻已經到來。

在一九一八年一月，革命性的烏克蘭議會——中央拉達（Central Rada），由社會主義和左派政黨主導，並由烏克蘭最著名的歷史學家米哈伊洛．赫魯舍夫斯基（Mykhailo Hrushevsky）領導，宣布建立烏克蘭人民共和國（Ukrainian People's Republic）。同時宣稱統治今天大部分的烏克蘭，包括頓巴斯，但實際上並未有效控制這些地區，而且未包括當時仍在奧匈帝國統治下的西烏克蘭地區。[15] 作為回應，布爾什維克創建了自己的烏克蘭蘇維埃社會主義共和國，首都定於哈爾科夫。莫斯科還創了一個名義上獨立的社會主義傀儡國，被稱為頓涅茨克－克里沃．羅格蘇維埃共和國（Donetsk–Krivoy Rog Soviet Republic），包括了流行俄語的頓巴斯大部分地區。

烏克蘭人民共和國是自從兩個世紀前的酋長國以來，第一次成為一個民族自治的國家。也像酋長們一樣，這個新興國家的領導人也求助於外部勢力以抵抗俄羅斯的壓力。烏克蘭的中部和西部曾被德國所占領，然後又陷入波蘭軍隊之手。親布爾什維克、親沙皇和無政府主義分子之間的交叉戰爭，在烏克蘭的土地上針鋒相對，此起彼落。從俄羅斯軍隊於一九一七年底潰敗，到一九二〇年八月布爾什維克最終勝利，基輔的控制權先後易手達十六次之多。

二〇二二年二月二十一日，在承認頓涅茨克和盧甘斯克人民共和國獨立的演說中，普丁宣稱，「現代烏克蘭是完全由布爾什維克的俄羅斯所締造的……列寧和他的盟友們，以對俄羅斯極其艱難的方式——透過隔離或割捨原本歷史上屬於俄羅斯的土地，開創了烏克蘭的未來。」普丁表示，現代烏克蘭國家「可以被正確地稱為『弗拉迪米爾．列寧的烏克蘭』，他是當之無愧的締造者和設計師。」

從技術上來說，普丁是對的——列寧的確規畫了烏克蘭蘇維埃共和國（Soviet Republics of Ukraine）、白俄羅斯、俄羅斯蘇維埃社會主義共和國（Russian Soviet Socialist Republic）的初始邊界。正是這三個名義上獨立國家的正式結盟，在一九二二年創建了蘇維埃社會主義共和國聯盟（蘇聯；USSR/Union of Soviet Socialist Republics），也正是這些共和國，在一九九一年十二月於別洛韋日國家森林公園（Belovezhskaya Pushcha）決定解散這個聯盟，宣告了蘇聯的滅亡。但是普丁忽略了，列寧為什麼在一開始就創建獨立烏克蘭共和國的最基本理由。在俄羅斯內戰後期，烏克蘭的獨立願望是如此強烈，以至於確保其某種程度的自治權力，以及賦予其在蘇聯體制內與俄羅斯對等的地位，對於布爾什維克保持對烏克蘭的控制來說，是至關重要的基本條件。[16]確實，在蘇聯權力下的第一個十年間，烏克蘭語在烏克蘭蘇維埃社會主義共和國內，成為了政府和教育使用的官方語言。數以百計的書籍（包括了歷史著作）以烏克蘭語出版，語言本身也被編碼入冊，第一次被賦予了官方認可的語法規則。

儘管（或者說，或許是故意違抗）他出生於一個顯赫的俄羅斯貴族家庭，伯里斯・比比科夫竟成為了一位熱情的共產黨人。伯里斯和他的兩個弟弟為何加入布爾什維克，其確切原因尚不清楚，但他們絕不是同代人與自身階級中如此選擇的唯一代表。菲力克斯・捷爾任斯基（Felix Dzerzhinsky）是蘇聯祕密警察的創始人，就是出身於波蘭伯爵家庭，而列寧本人則是世襲貴族。

比比科夫在一九二四年加入了共產黨，於一九二六年至一九二八年則在紅軍中擔任政委，然後成為黨的組織者，因此，他成為了新蘇聯政府面臨的最緊迫、生死攸關問題的前線人物。烏克蘭當時是帝國的糧食基地，也是積極和消極反共抵抗的溫床。蘇聯快速增長的新城市需要烏克蘭的穀物，但是烏克蘭的農民——比他們的俄羅斯同類具有更強烈的獨立意識，也更加富裕——卻抵制早期強迫他們放棄私人財產並進入集體農場的嘗試。更為嚴重的，是布爾什維克黨的新星領袖約瑟夫·史達林，不認同列寧權宜性安撫烏克蘭民族主義的政策，對史達林而言，烏克蘭的獨立身分是對偉大蘇聯事業的致命性威脅。

史達林對烏克蘭問題的解決方法有三個部分。肥沃和富饒的烏克蘭可耕地被轉變為「糧食工廠」，照列寧的話來說，這是為了供應大城市的糧食需求，並賺取外匯購買外國製造的機械設備。其次，農民也被迫走向集體化，來整治他們對私人財產和資本主義企業運作的反動性依附和崇拜。最後，烏克蘭東部的煤炭和鋼鐵生產區將大規模擴展，透過大量俄羅斯族工人的流入，以及機械化農業釋放出來的烏克蘭農民。這些新工廠中的工作，將使落後的烏克蘭農民轉變為「誠實的俄羅斯無產階級」。

在一九二九年，史達林發表了他的第一個五年計畫，要將蘇聯的農業和工業強行躍進到二十世紀。其中心項目之一，是在哈爾科夫建造一個巨大的新型拖拉機製造廠，這就是廣為人知的「KhTZ」。伯里斯·比比科夫被任命為工廠的負責人。

伯里斯穿著條紋軍用襯衫，並以一副虛張聲勢的無產階級形象示人，儘管他住在豪華的四房公寓中，有隨身僕人伺候，並經常開著美國的帕卡德大型轎車在哈爾科夫城裡兜風。他的夫人，瑪莎・普拉托納夫娜・謝爾巴克（Marfa Platonovna Shcherbak），是個來自烏克蘭東部波爾塔瓦的農民女兒。當比比科夫的第一個女兒（我的姨媽）在一九二五年出生時，他虔誠地以革命領袖列寧的名義為她取名為列寧娜（Lenina）。作為哈爾科夫拖拉機廠的黨委書記，他負責編輯工廠出版的報紙，並組織了伴隨銅管樂隊的「風暴之夜」活動，以應對克里姆林宮狂熱規畫者施加的嚴苛建設日期。在一九三一年，當工廠於創紀錄時間內完工後，他因為工作出色被授予列寧勳章。那年他才二十八歲。

對伯里斯和哈爾科夫拖拉機廠的其他建設者來說，烏克蘭廣袤的田野和巨大的嶄新工廠，就是鍛造奇蹟的鐵砧，在那裡，一種新型社會結構被錘鍊成形。他們建造的拖拉機將使百萬農民擺脫鄉村生活的枯燥乏味、無知愚昧，以及酗酒陋習和邪惡私欲。雖然伯里斯可能會對這樣的比較感到不悅，但他無疑已經成為了比比科夫家族長期以來一個延續的角色，繼續將莫斯科的進步和文明視角強加於烏克蘭土地上。

然而，有個問題。新的集體農場並未如預期般運作，農民們激烈地反抗他們的蘇聯新主人，土地、糧食和牲畜必須在槍口下強行徵收。一九三〇年的蘇聯政府檔案，記錄了一萬三千七百九十四件「恐怖事件」和一萬三千七百五十四次「聚眾抗議活動」，根據祕密警察部門——蘇聯人民委員會國家政治保衛總局（OGPU）的說法，這些事件是由於農民反抗集體化所引起的。[17]農民們寧願宰殺、吃掉自己的牲畜和馬匹，也不願意將之拱手交給集體農莊。一九三一年春季播種時，由於極度短缺的糧食、馬匹和拖拉機，農業生產受到嚴重阻礙。然而，史達林和莫斯科的中央計畫人員還是繼續堅持，烏克蘭必須生產出不切實際的小麥配額，其中大部分是為了出口，以便購買機械設備，來刺激自己捉襟見肘的工業化進程。在一九二九年，蘇聯出口了十七萬噸穀物，一九三〇年則是四百八十萬噸，到了一九三一年又增加到五百二十萬噸。[18]

結果就造成了史達林最可怕的罪行——「大饑荒」，這在烏克蘭現代歷史上，被記載為與二戰德國對猶太人大屠殺類似的種族滅絕事件。「那是一種極其不人道、難以想像的悲慘情況，一場可怕的災難，讓人幾乎無法理解，似乎超出了意識的範疇，」俄羅斯文學家伯里斯．巴斯特納克（Boris Pasternak）在一次訪問烏克蘭後寫道，當時他目睹了這場人為的大饑荒。年輕的匈牙利共產黨員阿瑟．庫斯勒（Arthur Koestler）也發現，「寬闊的土地上覆蓋著沉默的氣息」。卡車徘徊在哈爾科夫、基輔和第聶伯羅彼得羅夫斯克（Dnipropetrovsk）等城市的大街上，收集饑餓農民死去的屍體，他們虛弱得只能在城市街道上爬行以搜尋食物。到了一九三三年冬天，四百萬到七百萬之間的烏克蘭農民死於饑餓。

伯里斯．比比科夫一定知道，每天都有巡邏隊在哈爾科夫街頭收集那些虛弱的農民屍體，無情的紅軍部隊被派遣去從饑餓的人民手中強行奪取最後一顆糧粒；他也必定會想方設法，為自己在這場噩夢中扮演的角色進行辯解。他可能相信，自己偉大的拖拉機工廠最終將會生產出足夠的食物，來餵養史達林所承諾的閃閃發光新城市——但是現在恐怕已太遲了，無法幫助到在自己周圍上百萬瀕臨死亡的人民。正因如此，伯里斯．比比科夫，這位一直忠誠於蘇聯帝國的黨派領袖，最終做出了關鍵的、致命的選擇——他決定反抗史達林。

隨著大饑荒的不斷擴散，伯里斯．比比科夫和許多烏克蘭共產黨的高層成員，選擇了對史達林的政策發出反對聲音。伯里斯出席了一九三四年在莫斯科召開的第十七屆黨代表大會，這也被稱為「勝利者大會」，意味著這將是公開反對史達林的最後一次場合。像許多烏克蘭同僚一樣，伯里斯支持了謝爾蓋．基洛夫（Sergei Kirov），他是史達林的主要對手，並主張放緩集體化的步伐。在一九三四年十二月，史達林下達密令暗殺基洛夫，當伯里斯聽到消息後，根據他女兒列寧娜的回憶，他癱倒在沙發上，痛哭失聲。「我們失敗了，」我的外祖父不得不承認。他說對了。從一九三七年一月到一九三八年五月，約三分之一的烏克蘭共產黨員——十六萬七千人——遭到逮捕。[19]參加十七屆代表大會的一千兩百七十七名代表中，表態過反對史達林的八百多人（其中許多是烏克蘭人）都死於史達林在一九三七年發動的黨內大清洗運動中。伯里斯・比比科夫就是其中之一。

我的外祖母瑪莎・普拉托納夫娜・謝爾巴克，在她丈夫被逮捕後不久也被捕，被遣送到位於哈薩克的古拉格勞改營，罪名是「人民的敵人」之妻子。她在那裡待了十五年，最後變得精神失常。比比科夫的孩子們，我的母親柳德米拉和她的姊姊列寧娜，起初被關到兒童監獄，後來又被送到維爾赫內—第聶伯羅夫斯克的孤兒院，柳德米拉在那裡因患上骨結核病險些死亡。「謝謝，史達林同志，給予了我們幸福的童年，」是我母親在孤兒院中學會的歌曲之一。

從蘇聯國家的觀點來看，大饑荒和紅色恐怖都是相同革命運動的組成部分。階級敵人、持不同政見的黨員和烏克蘭民族主義者都在「挑起反對蘇聯權力的戰爭」，正如史達林在一九三三年春天寫給未來諾貝爾獎得主米哈伊爾・蕭洛霍夫（Mikhail Sholokhov）的信中所表述的那樣。[20]這樣的人阻擋了蘇聯偉大運動的道路，必須從歷史的進程中予以根除，「他們沒有一個人是有罪的，」忠誠於史達林的記者伊利亞・愛倫堡（Ilya Ehrenburg）寫道，「但他們屬於一個有罪的階級。」[21]甚至當數百萬的鄉村農民饑寒交迫時，蘇聯的祕密警察還在有系統地圍捕烏克蘭的知識、政治精英們，以及教授、作家、藝術家、牧師、神學家、公職人員和官僚——任何推廣烏克蘭語言或烏克蘭歷史，甚至與一九一七年短暫的烏克蘭人民共和國有牽連的人員，都是逮捕的對象。創造了「種族滅絕」一詞的波蘭猶太裔律師拉斐爾·萊姆金（Raphael Lemkin），用烏克蘭語描述了那個時代，作為表達他所發明詞彙概念的「經典案例」：「這是一個種族滅絕的例證，它所毀滅的，不僅限於個人，而是對於一種文化和一個民族的摧毀。」[22]

當希特勒的高級幕僚開始討論一九四〇年秋冬期間入侵蘇聯的計畫時，最令他們的經濟規畫者感興趣的，是烏克蘭的財富。烏克蘭中部的穀物，以及頓巴斯與哈爾科夫地區的煤炭、鋼鐵、工廠是納粹戰爭機器運轉的基本資源，還有那裡肥沃的黑土農田將為雅利安遷徙者提供充裕的生存空間。「如果整個德國國防軍的糧食，能夠在戰爭的第三年裡都來自俄羅斯，我們才能贏得這場戰爭，」負責食品和農業事務的納粹官員赫伯特·巴克（Herbert Backe）下過如此的結論。但是巴克也同時計算出，只有俄羅斯人口被全面剝奪食品供應，國防軍才可以得到足夠的供應。[23]就像之前的史達林一樣，希特勒也計畫以大規模饑荒作為對付蘇聯人民的武器；巴克正式冠名為「饑餓計畫」的目標，就是策畫讓大約三千萬民眾「滅絕」。

巴巴羅薩行動（Operation Barbarossa）伴隨著深入蘇聯腹地的一系列遠程轟炸襲擊，拉開了帷幕。由詩人伯里斯．科維涅夫（Boris Koynev）作詞的蘇聯戰時流行歌曲描述道：「在六月二十二日拂曉；四點剛到；基輔受到轟炸；我們才被告知；戰爭開始了。」[24]然而在八十二年之後的二〇二二年二月二十四日清晨，上百萬的俄羅斯人和烏克蘭人也被幾乎相同的震撼新聞所驚醒，炸彈再次落到了基輔。

希特勒的閃電戰（blitzkrieg）準備工作，早已被至少十九名來自華沙、柏林、東京的蘇聯特務廣泛透露，史達林——就像二〇二二年二月的烏克蘭領袖一樣——拒絕相信這些戰情報告。蘇聯空軍被大規模的空襲所震驚，其大量飛機來不及升空就被摧毀，那些設法起飛迎戰的飛機，包括由伯里斯的弟弟以撒．比比科夫（Isaac Bibikov）駕駛的Po-2（Polikarpov Po-2）雙翼式戰鬥機，也迅速被更加現代化的納粹空軍所擊落。在兩周之內，德國的裝甲師團已到達基輔城門口。撤退的蘇聯軍隊決心不給入侵者留下任何戰利品，他們甚至在烏克蘭首都的主要街道——卡拉什迪克大街（Kreshchatik Boulevard）上布滿了地雷。東方更遠處的哈爾科夫城裡，工兵們也準備好要炸毀哈爾科夫拖拉機工廠。

在多年的饑荒、大規模驅逐流放和政治恐怖鎮壓之後，一些烏克蘭人希望新的德國占領將像一九一八年經歷的那樣溫良無害。他們很快就被證明錯判了局勢，因為海因里希．

希姆萊（Heinrich Himmler）的親衛隊（SS）很快就開始對猶太人、游擊隊員和共產黨幹部展開持續的清除運動。儘管如此，一些烏克蘭人還是選擇了與納粹聯手，共同作戰來反對蘇聯的統治。

斯捷潘・班德拉（Stepan Bandera）是被稱為烏克蘭民族主義者組織（OUN）最激進派系的領袖。在戰爭爆發時，班德拉因為被指控攻擊在一戰後由華沙管轄烏克蘭西部地區的波蘭族人，正在波蘭的監獄中服刑。一九四一年二月，班德拉與阿勃維爾（Abwehr，德國的軍事情報組織）的領導人達成交易，從烏克蘭民族主義者組織的各級支持者中，招募了兩個「特種行動部隊」。其中一個營名為「夜鶯」（Nachtigall），是最早進入利沃夫市的德軍部隊之一。利沃夫是一九三九年納粹—蘇聯條約下被蘇聯併吞的前波蘭領土之一，這座城市於一九四一年六月二十九日被德軍占領。[25]

德國與班德拉的合作很快就解體了。在德國占領了利沃夫一天之後，烏克蘭民族主義者組織的班德拉派系就正式宣布了烏克蘭的獨立。對於新占領領地有著截然不同規畫的納粹最高統帥部，下令在基輔和其他烏克蘭城鎮，逮捕、槍殺了數百名民族主義者組織的成員。班德拉本人也在柏林城外的薩克森豪森（Sachsenhausen）集中營，度過了第二次世界大戰的剩下時光。到了一九四二年初，烏克蘭民族主義者組織的各派力量都處於與德國占領軍的交戰之中。

班德拉自從於一九四一年夏天被德國人逮捕後，從未回到烏克蘭，然而他的名字將永遠與蘇聯和俄羅斯的宣傳聯繫在一起，與形成「烏克蘭反抗軍」（UPA/Ukrainian Insurgent Army）核心的烏克蘭民族主義者組織派別有關。儘管該軍隊最重要的指揮官，之前都曾在夜鶯營裡效力，但他們都認為德國人才是自己的主要敵人。然而在實際上，他們用絕大多數的時間與蘇聯力量作戰。到了一九四四年夏天，烏克蘭反抗軍的兵力達到十萬人，這些不規則部隊活躍在蘇聯後方，破壞紅軍的通信，攻擊蘇聯軍事目標、波蘭抵抗戰士，以及波蘭和猶太平民。烏克蘭反抗軍的鐵血部隊繼續在白俄羅斯和烏克蘭的森林中進行游擊戰，並持續對抗蘇聯政權，直到五〇年代。

除了幾百名曾在短命的夜鶯營服役的班德拉追隨者之外，約有近兩萬名烏克蘭人加入了親衛隊第十四武裝擲彈兵師（Waffen-SS Grenadier Division），其又稱為加利西亞師（Division Galizien）。據估計，曾有約一百萬前蘇聯公民加入德國輔助部隊——即所謂的「志願者」（Hilfswillige）——其中四分之一是烏克蘭人；當中許多人是從德國的戰俘營中徵召的，有些人甚至被派去波蘭的納粹死亡集中營擔任守衛。戰後，超過十八萬烏克蘭人被逮捕和流放到西伯利亞，罪名是因為被指控與納粹合作或與民族主義地下組織有關聯。[26]最後一位被帶上法庭的，是索比堡滅絕營（Sobibor）的守衛約翰·德米揚魯克（John Demjanjuk），他來自烏克蘭西部的文尼察州，於二〇一一年被德國法院以協助殺害兩萬七千九百名猶太囚犯而定罪。

兩代人之後，當獨立的烏克蘭轉向西方、遠離莫斯科控制時，烏克蘭所謂與納粹的合作記憶，成為俄羅斯宣傳攻勢中日趨明顯的中心主題，在普丁二〇二一年的歷史論述中寫道，在獨立之後，烏克蘭的「激進分子和新納粹分子受到了官方權勢和地方寡頭勢力的包庇縱容」。俄羅斯二〇二二年入侵所宣示的目標之一，就是對烏克蘭「去納粹化」，以及將人民從被認為由「法西斯分子」主持的烏克蘭政府手中解放。[27]

然而歷史的事實是，絕大多數的烏克蘭公民，在偉大的衛國戰爭中支持了蘇聯的戰鬥。在一九四一年到一九四五年間，超過七百萬烏克蘭蘇維埃社會主義共和國的公民（總人口約三千四百萬名）在蘇聯軍隊的各個級別服役，他們中間就有弗拉迪米爾·澤倫斯基的猶太裔祖父，他隨蘇軍一路前進，直至柏林。如同下一章會詳細討論到，有關斯捷潘·班德拉遺留事宜的辯論——對烏克蘭民族主義者而言是英雄，對許多人則視為侵略者合作的叛徒——將成為隨著烏克蘭獨立而來的文化戰爭爆發點。但是對幾乎所有的現代烏克蘭人來說，像周圍的俄羅斯鄰居一樣，他們幾乎無一例外地在與希特勒德國的抗戰中喪失過親友，因此普丁試圖將烏克蘭民族主義與法西斯主義畫上等號的做法，無疑是極為冒犯的。

從一九三九年到一九四五年，烏克蘭損失了約七百萬人口——其中約一百萬人是猶太人——這相當於超過戰前人口的一六％。在納粹閃電戰和蘇聯的焦土戰術之間，國家工業基礎的大部分都喪失殆盡，但是蘇聯打敗希特勒的全面勝利，也替史達林帶來了對整個東歐地區的主宰權。史達林合併了三個主要流行烏克蘭語的省分——之前在波蘭和奧匈帝國控制下的加利西亞（Galicia）、沃里尼亞（Volhynia）和波多里亞（Podolia），並將它們納入蘇聯烏克蘭的版圖。這些地區的居民使用更接近波蘭語的烏克蘭語言，他們也更傾向於信奉羅馬天主教或希臘天主教，這種信仰使用相似於東正教教堂流行的宗教儀式，但仍遵從羅馬教宗的權威。甚至在今天，這些地區的建築風格和文化依然不僅顯著地與俄羅斯不同，甚至可以說與蘇聯也有明顯區別。烏克蘭於一九九一年獨立之後，西烏克蘭就成為最強烈反俄的政治力量之一。

儘管史達林在一九三〇年代對烏克蘭身分進行了血腥的打擊，他仍堅持要求烏克蘭和白俄羅斯與蘇聯一起成為聯合國的創始成員國。在一九四五年四月舊金山舉行的成立大會上，它們以獨立國家的身分加入了聯合國組織。在戰後的歲月中，烏克蘭的黨員數量多於蘇聯的任何其他加盟共和國，正是在烏克蘭盟友的幫助下，頓涅茨克出生的尼基塔．赫魯雪夫於一九五四年脫穎而出，成為史達林的接班人。

在那年的一月，赫魯雪夫舉辦了盛大的紀念儀式，慶祝赫梅利尼茨基於一六五四年發表「烏克蘭與俄羅斯重新聯合」誓言的三百周年慶典。更為致命的是，一個月之後，他竟將克里米亞半島的行政管轄權，從俄羅斯蘇維埃社會主義聯邦轉移到烏克蘭蘇維埃共和國。在一九四四年，史達林曾因懷疑其與德國人合作，而驅逐了整個克里米亞韃靼裔人口，結果導致了克里米亞約七一％的人口為俄羅斯族裔。半島與俄羅斯大陸被克赤海峽（Kerch Strait）所阻隔，但是經由狹窄的多塊陸地相連通道與烏克蘭接壤。赫魯雪夫計畫，與烏克蘭的結合將方便克里米亞的戰後經濟恢復。在蘇聯的框架結構內，這個轉移除了行政意義，並沒有多少其他影響，但是隨著時間和歷史的演變，它在後蘇聯時期烏克蘭獨立的情況下，將轉變成名副其實的定時炸彈。[28]

在赫魯雪夫和同樣出生於烏克蘭的繼任者——列昂尼德．布里茲涅夫領導下，烏克蘭發展成為蘇聯航空、國防和核工業的心臟地帶，全歐洲最大的導彈生產設施建造在烏克蘭的第聶伯羅彼得羅夫斯克城。正是布里茲涅夫來自第聶伯羅彼得羅夫斯克的親信，在六〇、七〇年代形成了蘇共政治局的權力核心。巨大的建設項目，從第聶伯河上的水電大壩到頓巴斯的煤礦和工廠，將全蘇聯各地的數十萬民眾吸引到烏克蘭，這進一步削弱了烏克蘭身分與蘇聯身分的區別。

但是烏克蘭內部日益增長的地下異議運動，開始在民主民族主義的旗幟下聯合壯大。大多數牽涉的人員屬於國家的知識分子，他們的靈感來自於波羅的海共和國和波蘭的反共人士，這些人將蘇聯視為一個殖民壓迫者。從這個意義上來說，他們是十九世紀親烏克蘭知識分子的直接繼承者，對他們而言，語言獨立就是非俄羅斯的、後帝國時代新烏克蘭的關鍵標誌。一九八六年四月二十六日的車諾比（Chernobyl）核電站爆炸事件及隨後蘇聯政府的掩蓋行為——其中包括米哈伊爾．戈巴契夫親自堅持要求在附近的基輔舉行五一遊行，無視當地烏克蘭黨首弗拉迪米爾．謝爾比斯基（Volodimir Shcherbitsky）的懇求——成為烏克蘭與俄羅斯關係中的一個重大轉折點。當戈巴契夫根據自己宣導的公開化解放運動，開始允許地方選舉時，烏克蘭的民主民族主義者，在前異議分子和知識分子的領導下大獲全勝。

即將到來的蘇聯解體已拉開了序幕，毫無疑問帶給了俄羅斯羞辱。無論普丁如何混淆有關歷史的理論觀點，唯有一個事實確鑿可鑒。如果有任何一個歷史事件可作為二〇二二年入侵烏克蘭的根本原因，那既不是基輔羅斯的傳統，也不是酋長部落的後果，更非第二次世界大戰的遺禍，而是烏克蘭在奠定蘇聯帝國滅亡時所發揮的作用。這樣的解體深深傷害了一整代的俄羅斯人，包括普丁自己。正如美國當時在莫斯科的大使羅伯特・施特勞斯（Robert Strauss）所指出，「對於俄羅斯來說，一九九一年最具革命性的事件，可能不是共產主義的崩潰，而是失去了俄羅斯各政治派別認為是其自身政治體制的一部分，並且接近心臟的東西——烏克蘭。」[29]如果歷史在普丁決定入侵時起了任何作用，那麼首要的便是一九九一年基輔獨立背叛的歷史報復。

第二章 「莫斯科現在靜悄悄」

沒有烏克蘭，俄羅斯將止步於自己的帝國之路。

——茲比格涅夫・布里辛斯基（Zbigniew Brzezinski），美國國家安全顧問（一九七七年至一九八一年）1

人民的力量

在一九八九年十二月十五日傍晚，有超過數千人的群眾聚集在東德德勒斯登市（Dresden）寶策納大街（Bautzner Straße）的國家安全部（又稱「史塔西」〔Stasi〕）祕密警察總部大樓外。幾周之前，柏林圍牆已倒塌，但是東德共產黨政權還掌握著權力。「我們就是人民！」人群中有人大聲呼喊。感覺到了「私刑暴徒鬧事的氣氛」，於是國家安全部指揮官霍斯特・波姆（Horst Boehm）不得不為蜂擁而來的示威者打開了辦公大樓的門，甚至開放了監獄，當時的民主活動分子赫伯特・瓦格納（Herbert Wagner）回憶道，波姆「被帶著穿過了牆內的庭院。群眾對他百般羞辱，對他吐口水和踢打，他被迫跪在地上，我站在他面前試圖保護他」，瓦格納說，「如果他完全倒下，肯定會被踩踏而死。」[2]現場群眾發現了許多匆忙中被撕碎、銷毀的祕密檔案，但仍有八公里長的書架上存放著完好無損的檔案，那裡包含了詳細記錄德勒斯登居民生活的各種資訊、監視和審訊報告。

一小群由十五至二十名示威者組成的人，奔向了附近的蘇聯國安會總部，那是位於安赫里卡大街（Angelikastraße）四號一棟有著藝術雕塑外牆的兩層樓別墅，要「將它關閉時，在門口的看守立即躲進了房內」，人群中一位叫齊格菲・丹納斯（Siegfried Dannath）的示威者回憶說，但是不久之後，「一名官員出現了，他個頭矮小、情緒激動，對我們團隊說，『別試圖闖入這個地方。我的同袍們帶著武器，而且他們有權在緊急情況下使用武器。』」[3]這個官員就是當年三十七歲的蘇聯國安會少校——普丁。示威人群馬上就分散消失了。但是正如普丁後來回憶，他曾打電話給紅軍一個坦克部隊的司令部請求保護，他收到的回應卻是一個毀滅性的、改變一生的震驚回答。

「我們沒有收到來自莫斯科的命令，所以無法做任何事情，」蘇聯坦克部隊的軍官在電話中回答，「而莫斯科現在靜悄悄，保持沉默。」

在安赫里卡大街的對峙是那樣的微不足道，以至於德勒斯登的當地報紙在第二天都沒有刊登任何報導；但這個故事在普丁二十年後掌權時，卻變成了傳奇般的故事。「約有五千多個人衝進了蘇聯國安會總部，一些喝得爛醉，手持啤酒瓶，」NTV電視新聞頻道在二〇〇二年報導，「普丁出現後，才將他們壓制驅趕。」所謂「莫斯科現在靜悄悄」的時刻，是「理解普丁的關鍵事件」，普丁的德文傳記作家伯里斯・賴特舒斯特（Boris Reitschuster）曾經說道，「如果沒有他在東德的經歷，我們將會看到另一個普丁和另一個俄羅斯。」[4] 普丁在德意志民主共和國（東德）垮台時的親身經驗，讓他對政治精英的脆弱性產生了深刻的焦慮——以及當中央威權在面對民眾力量時失去勇氣，如何輕易地被推翻。在隨後的兩年中，普丁親眼目睹了蘇聯政權的崩潰，這一切源自維爾紐斯、基輔、莫斯科以及他的家鄉列寧格勒（今「聖彼得堡」）的大規模示威。在二〇〇四及二〇一四年，他也再次目睹了自己的盟友——烏克蘭總統維克托・亞努科維奇，遭遇到相同命運。

在一九九〇年三月，蘇維埃立陶宛宣布脫離蘇聯而獨立。此舉引起了蘇聯領袖米哈伊爾・戈巴契夫的警覺，他開始協商達成新的聯盟條約，希望能夠挽救蘇聯帝國。但是在一九九〇年十月二日清晨，幾十名來自基輔、利沃夫、第聶伯羅彼得羅夫斯克的學生聚集在基輔市中心的「十月革命廣場」（之後被改名為「獨立廣場」）開始了絕食抗議。根據蘇聯的標準衡量，這些參與者大多是享有一定權利的中產階級家庭成員，並受到東德、波蘭、捷克斯洛伐克、匈牙利在前一年十一月、人民力量推動下的共產主義垮台啟發。他們的訴求包括要求總理辭職，並要求烏克蘭退出有關新聯盟條約的談判。

當地政府組織了忠於共產黨的團體，上街以驅散示威者，但五萬名基輔市民走上街頭，前往廣場保護這些學生。之後不久，城市的所有大學都開始了罷課遊行。示威者來到國會所在地，占領了國會建築前的廣場，他們得到了烏克蘭最高蘇維埃（議會）新當選主席列昂尼德・克拉夫丘克（Leonid Kravchuk）的支持。在來自街頭的壓力下，克拉夫丘克和新成立的議會迫使蘇聯當局做出讓步。被稱之為一九九〇年十月的「首次獨立廣場」事件，成為反對莫斯科支持勢力的三場政治革命運動的首次開場，在之後的三十多年中，這段歷史不僅確立了烏克蘭的政治格局，也影響了俄羅斯的政治走向。[5]

普丁後來宣稱，是外國的干涉迫使了蘇聯的解體。在自己的二〇二一年文章論述中，他指出，「烏克蘭被拖進了危險的地緣政治遊戲之中，目標就是將烏克蘭轉變為俄羅斯和歐洲之間的壁壘，成為外國勢力反對俄羅斯的跳板。」[6]但是一九九一年的事實是，美國雖然確實支持讓波羅的海三國獨立，但是也強烈支持烏克蘭與蘇聯的其他共和國保持聯盟關係。當時的美國總統喬治・布希在一九九一年八月一日訪問過基輔，在烏克蘭國會發表演講時，布希站在了戈巴契夫一旁，警告他們要放棄「自殺性質的民族主義意識」和避免「將自由與獨立混為一談」。由於他的軟弱，沒能支持烏克蘭民選代表們的獨立意願，美國的媒體當時戲稱這場演說是布希的「基輔懦夫談話」。[7]

無視布希的反對，在一九九一年八月十九日，莫斯科強硬派分子政變未遂後，烏克蘭壓倒性地選擇了脫離俄羅斯，走向自由。「繼續我們在烏克蘭建立國家的千年傳統，」在當年八月底，由前政治犯、時任國會議員的列夫科・盧基揚年科（Levko Lukianenko）起草了獨立宣言公告，「烏克蘭蘇維埃社會主義共和國最高蘇維埃隆重宣布，烏克蘭即日起實現獨立。」這個蘇聯時代的國會，就像俄羅斯蘇維埃社會主義共和國的議會一樣，都是按照俯首聽命的橡皮圖章模式所設立的，只用來表面上批准黨的決定，不具任何憲法權威。但是烏克蘭議員們還是對獨立宣言進行了投票表決，三百四十六位代表投票贊成，五人棄權，只有兩人反對。這一決定的影響將是震撼性的，烏克蘭不僅會很快舉行公投，成為一個自由國家；而且，作為直接後果，俄羅斯將難以繼續帝國夢想。「那些參與了公民投票的人民，不僅改變了自己的命運，也扭轉了世界歷史的走向，」哈佛大學烏克蘭史教授謝爾蓋．普洛希寫道，「烏克蘭因此解放了還在依靠莫斯科的其他蘇聯加盟共和國。」[8]

我在一九九一年八月十八日有機會到訪剛改名為聖彼得堡的列寧格勒，那是由蘇聯國安會死硬派醞釀的反戈巴契夫政變發生的前夜。第二天，我從冬宮裡的窗戶向外張望，看到冬宮廣場（Palace Square）上擠滿了人，展現了由不同臉龐和標語牌匯聚的洶湧海洋。在聖以撒廣場附近，我幫助學生用長椅和鐵棒在街道上搭起路障。涅瓦大街（Nevsky Prospekt）兩側的街道延展到視線所及之處，五十萬人聚集在一起，抗議那個塑造了他們三代人生活幾乎所有方面的體制。[9]同一天在莫斯科，鮑利斯．葉爾欽（Boris Yeltsin）出現在俄羅斯蘇維埃聯邦社會主義共和國政府所在地的莫斯科白宮之外，站在一輛坦克車頂，向聚集在那裡保衛白宮的群眾發表談話。

鮑利斯．葉爾欽對許多人來說，已成為追求民主的英雄，但是他對後蘇聯時期俄羅斯在改革後聯盟中角色的構想，依然展現出明顯的帝國主義色彩。在烏克蘭宣布獨立，並且在他自己成功擊敗政變者之後，葉爾欽表露了令人不安的徵兆。他宣稱，俄羅斯將具有「就自己的邊界事端，向這些前加盟共和國重新質詢的權利」，因為他們採取了單方面與蘇聯分離的行動，「克里米亞和烏克蘭東部，包括了頓巴斯煤炭產區（有可能成為）有爭議的區域，」葉爾欽的新聞祕書曾如此闡明。如果烏克蘭堅持獨立，分裂的威脅將會出現，這一點及時地被葉爾欽的繼任者普丁全盤利用，而且更進一步帶來了致命的後果。

葉爾欽的威脅，就像喬治・布希之前的警告，在烏克蘭都碰上了聾子的耳朵，無人理睬。在一九九一年十二月一日，烏克蘭人舉行了公投，決定是否繼續留在改革後的蘇聯，還是選擇脫離它。投票率達到八四%，超過九〇%的選民支持獨立。即便在克里米亞，根據一九八九年蘇聯時代最後一次人口普查結果，當地六六%為俄羅斯人，二五%為烏克蘭人，五四%的選民仍然支持獨立（但值得注意的是，在兩個月前舉行的另一場公投中，高達九四%的克里米亞選民支持重建克里米亞自治蘇維埃社會主義共和國，這表明他們實際上希望的不僅是擺脫蘇聯的控制，還包括脫離烏克蘭的統治）。烏克蘭的公投結果基本宣告了蘇聯的結束。一九九一年十二月二十五日，克里姆林宮元老院（Senate Palace）上懸掛的蘇聯國旗落下，取而代之的是新的俄羅斯三色旗。

獨立後的烏克蘭第一任總統克拉夫丘克，拒絕了葉爾欽簽署新聯盟條約的提議，取而代之的是，這兩人與白俄羅斯的斯坦尼斯拉夫・舒什克維奇（Stanislaŭ Shushkevich）一起，創建了獨立國家聯盟（CIS/Commonwealth of Independent States），這是一個新的國際體制，屬於中亞的幾個共和國在十二月二十一日也都加入了這個聯邦。蘇聯從此就不復存在了。在普丁的二〇二一年文章中，他宣稱，「一九九一年，所有這些領土，甚至更重要的是那裡的人民，突然發現自己在一夜之間超越了之前的國界，這次可謂是千真萬確，自己被從自身的歷史祖國分離帶走。」[10]但他忽視了一個關鍵事實——這些「領土」並不是被剝奪的，而是壓倒性地選擇了脫離它，新獨立的波羅的海國家、白俄羅斯和烏克蘭，並無意繼續在莫斯科名下的統治。

地緣政治的災難

「蘇聯的解體是二十世紀最大的地緣政治災難，」普丁在二〇〇五年向俄羅斯議會和國家最高政治領導團體的成員發表國情咨文時這樣說。這可能是普丁唯一為人所知的語錄，但是很少有人記住了這句話的內涵，普丁談到的「真實悲劇」其實是意指俄羅斯人民：「數千萬我們的同胞和國人，發現自己處於俄羅斯領土的邊緣之外。」[11]

普丁與蘇聯遺產的關係，實際上比簡單的懷舊情感更為複雜和矛盾。在他的二〇二一年文章中，普丁寫道，「一九三〇年代初的集體化和饑荒，是一場共同的悲劇」，對俄羅斯人和烏克蘭人來說都是災難。他也批評了布爾什維克將「俄羅斯人民當作他們社會實驗的無窮素材。」[12]在二〇〇七年，當他於史達林大清洗的紀念日，在莫斯科附近的布托沃（Butovo）鎮，向蘇聯國安會受害者的大規模殉難墓地敬獻花圈時，普丁追憶說，「數十萬、數百萬的人，他們被殺害、被送入集中營、被槍決和拷打，這些人擁有自己的觀點，他們不畏懼發表自己的想法。他們是國家的精英。」普丁表示，這樣的「悲劇」之所以發生，是因為「表面上具吸引力但空洞的理念被置於基本價值之上，這些價值包括人命、權利和自由」。[13]

但是，與他後來對蘇聯制度的批判相反，普丁在自己人生的二十多年間，不僅效忠於蘇聯政權，而且還任職於當中最具暴力、狂熱信仰特徵的分支機構——蘇聯國安會祕密警察部門。他無疑是大多數俄羅斯人中的一員，這些人在蘇聯解體後的生活，比以前顯得糟糕、落魄許多。在一九九〇年初，普丁被從德勒斯登的職位調回時，帶回一輛伏爾加汽車——它曾經是奢華的象徵；但是當他以中校軍階從蘇聯國安會榮譽退休後，由於缺錢，甚至不得不做兼職計程車司機。「我們像所有人一樣過日子，但有時我不得不賺點外快……當私人司機，」普丁在二〇二一年十二月曾這樣在俄羅斯「第一頻道」（Russian Channel One）的紀錄片中講述，「說實在話，談到這些並不愉快，但不幸的是，這些就是實際發生的情況。」[14]

有幾十本已經出版的書籍，致力於解釋普丁世界觀的最深層祕密，然而，我認為這些都是吸引世人眼球多過於對普丁的解讀。在他近四分之一世紀的執政生涯中，普丁被西方評論家描述為一個偉大的策略家、操縱者和地緣政治大師；但是對於理解他的事業生涯軌跡、他對權力無止境地青睞，以及走向二〇二二年戰爭路徑的最重要、更基本的因素在於：普丁在許多決定性事務中的作為，不過就是個俄羅斯的凡夫俗子。更準確地說，他是比普通俄羅斯人更聰明、更健康、更清醒的一個版本——那種大多數俄羅斯人希望成為的人，或他們希望擁有的父親、丈夫、女婿的類型。

普丁的顯著特徵是他的普通，而不是非凡。像大多數同代人一樣，普丁在自己人生的前四十年裡，認為自己生活在世界上最偉大、最強盛的國家。他在蘇聯戰後物質匱乏的條件下長大，接受國家提供的教育，並加入了國家最具特權的機構之一，當時他認為這將是一傷終生的工作。普丁與大多數同胞的區別在於，他在東德的任職使他得以近距離觀察蘇聯強權的崩潰，但與他的同代人一樣，他無疑也感受到了「身體力行」的物質和道德屈辱，正如俄羅斯人所說的那樣。

出自在蘇聯社會根植心中的虛偽本性，普丁既痛恨九〇年代蘇聯的腐敗和盜竊，但又在有機會的時候參與其中——就像他這代人中所有其他成員的行為一樣。一九九一年六月，列寧格勒選出了年輕的自由派法律教授作為市長，阿納托利・索布恰克（Anatoly Sobchak）很快成為普丁的政治新導師，他聘用了三十七歲的前蘇聯國安會人員為自己的助理。這裡搞點賄賂，那裡來些回扣——普丁在自己的新職位上，作為聖彼得堡（一九九一年九月，由列寧格勒更名）深度犯罪化的商業世界與市長辦公室之間的聯絡人，普丁只不過是在高級層面上，做著每個俄羅斯人正在做的事情，或者如果有機會的話，大家都會做的事情。

最重要的是，甚至在普丁採取靈活策略規避風險時，他也堅持著具有俄羅斯特色、忍辱負重的愛國主義理念，這形成了忍受痛苦和驕傲精神雙面共存的風格；儘管俄羅斯被心懷惡意、自恃高傲的西方國家所迫，並遭遇到各種形式的屈辱，但它無論如何都仍保持著偉大國家的威嚴。基輔的烏克蘭民粹主義周刊《鏡周刊》（*Zerkalo Nedeli*）總編輯尤利婭·莫斯托瓦雅（Yulia Mostovaya）解釋說，「一個人可能發現自己酗酒、破產，但至少他可以安慰自己，知道這不是他的錯，而是敵人所為。他可能毆打過自己的妻子，也可能在路邊牆下爛醉如泥，但是無論他有多少個人缺點，他深知不管命運奪去他什麼，都永遠無法奪走他的俄羅斯身分，他是偉大民族的一分子。」[15]

我在九〇年代的大部分時間都生活在莫斯科。我所了解的俄羅斯，已經感染了這個世紀混亂的病毒。對於俄羅斯人來說，這種體系崩潰的震驚，遠超過蘇聯體制曾帶給他們的任何痛苦——即使是大清洗，甚至是第二次世界大戰；至少這兩場災難有著容易理解的敵人故事——外有敵人，內有敵人。但如今，俄羅斯人所面對的是一個完全無法解釋的情況——不再是敵人，而是意識形態的真空和令人眩暈的經濟崩潰。在一九九二年的上半年，俄羅斯人民的平均收入下降了七〇%，經濟萎縮了四〇%。

葉爾欽統治的初期出現過持續性——有時也充滿血腥味的——與反動的民族主義者和共產黨人的戰鬥，這兩者都要求重建蘇聯以往的偉大輝煌。在一九九三年的國會選舉中，獲取了二三%席位的最大政黨，是由極端民族主義者弗拉迪米爾·吉里諾夫斯基（Vladimir Zhirinovsky）所領導，他曾號召俄羅斯士兵「去印度洋刷洗自己的軍靴」。在人民代表大會中，死硬的共產黨人和民族主義者，一再拒絕批准兩年前簽署的《別洛韋日協議》（*Belovezhskaya Pushcha Accords*），該協議象徵著蘇聯的解體。石油資源豐富的共和國，如韃靼斯坦（Tatarstan）和巴什科爾托斯坦（Bashkiria），以及車臣、印古什（Ingushetia）和盛產寶石黃金的雅庫特（Yakutia）等共和國的領導人，都在尋求脫離俄羅斯的完全獨立。時任俄羅斯副總統的亞歷山大·魯茨科伊（Aleksandr Rutskoy）批評葉爾欽的市場改革政策為「經濟上的種族滅絕」，在一九九三年十月，還親自帶領武裝分子占領了白宮，這正是葉爾欽於兩年前曾站在坦克上發表演說的地方。這次，葉爾欽則動用了坦克，將叛亂者轟擊至屈服。

次年，隨著油價暴跌，葉爾欽為了填補國庫，急迫地出售大量國有資產——特別是石油、鋼鐵、鋁和鎳金屬的生產設施，以及電視和通訊行業的基礎設施，透過安排好的拍賣，被一小群現在稱為行業寡頭的富豪們所巧取豪奪。他還派出俄羅斯軍隊，進入反叛的車臣共和國首府格羅茲尼（Grozny），用武力將該國重新納入莫斯科的控制之下；然而，這場攻勢以慘敗告終。一九九六年，葉爾欽戰勝了共產黨人，再次當選為俄羅斯總統，這場選舉基本上是透過動員俄羅斯所謂的獨立媒體（在表面自願的基礎之上），讓他們支持克里姆林宮來實現的。到了一九九八年時，俄羅斯的財政已瀕臨破產，無法償還國債，並且在國際貨幣基金組織提供的兩百二十億美元援助中，大都被倒閉的俄羅斯銀行寡頭金主們劫掠一空。一年之後，北約軍隊轟炸了俄羅斯歷史盟友塞爾維亞共和國的首府貝爾格勒（Belgrade），結束了塞族人對科索沃阿爾巴尼亞族人的種族滅絕殺戮。這讓葉爾欽極為憤怒，並且也顯示出北約現在認為俄羅斯在戰略上的無足輕重——莫斯科並未被諮詢。

對整個一代的俄羅斯人——包括普丁——來說，九〇年代是充滿屈辱、失敗和貧困的十年，這一時期在普通民眾和經歷過這段歷史的政治階層身上留下的深深創傷，是理解他們後來支持普丁積極推動恢復俄羅斯在世界上地位的關鍵。並不是普丁發明了這種民族主義敘事，「我們俄羅斯人是一個重要的力量——能夠抵抗外界敵對勢力和敵對影響——這種信念是我們集體身分的一部分，」莫斯科獨立的列瓦達中心（Levada Center）民意調查組織主任列夫・古德科夫（Lev Gudkov）說道，「對蘇聯和俄羅斯獨特權威的信仰，以及我們是一個特殊文明的信仰——這些彌補了人們在私人生活中感受到的依賴、貧困和屈辱。」在一九九九年葉爾欽總統任期屆滿時，列瓦達中心主持了一個民意調查，受訪者對他們的新總統有兩個主要的期望：結束經濟危機，以及恢復俄羅斯超級強國的地位。葉爾欽曾試圖將俄羅斯人民拉向民主、資本主義和言論自由的方向，但是到了他第一任期的最後一年，他的政績滿意度已跌到了一〇％。相反地，普丁從未試圖把他的人民帶到他們不願去的地方，他只是帶領他們走向他們希望去的地方——朝向繁榮和國家偉大的目標。[16]

普丁的崛起

在葉爾欽總統任期的最後幾年，他的家族成員（無論是字面上的家人，還是那些控制著俄羅斯大量財富的寡頭朋友）都在尋找一個既能夠承擔總統職責的堅定人物，又要足夠忠誠、不會利用新獲得的權力來攻擊那些把他推上權力頂端的人。普丁——謙遜且低調，帶著隱藏內在強硬意志的害羞微笑——似乎正是這個角色的最佳人選。葉爾欽總統辦公室主任亞歷山大・沃洛欣（Aleksandr Voloshin）在一九九七年將普丁從聖彼得堡市長辦公室挖來，並帶到莫斯科，擔任自己的副手。「普丁頭腦的一半屬於蘇聯國安會和蘇聯，另一半則富有進取性，」沃洛欣曾這樣告訴過我。[17]這讓普丁看起來是舊世界與新世界之間的完美妥協——稱職、冷靜，擁有一雙「安全的手」，了解葉爾欽時期俄羅斯權力運作的「規則」。在葉爾欽「家族」的重要寡頭之一伯里斯．別列佐夫斯基（Boris Berezovsky）的支持下，普丁被提升為蘇聯國安會的繼任者——聯邦安全局的局長，並升任總理。「我對人的判斷不好，」別列佐夫斯基在被迫流亡倫敦後對我說，「我對普丁的看法是錯了。他可以對任何人說任何話。他看上去謙遜而溫和、行為不偏不倚，但實際上，他不過就是個街頭混混。」[18]

然而，普丁的崛起，除了葉爾欽家族的支持外，還有一個更為關鍵的因素——戰爭。普丁關於車臣戰爭的強硬言論，和他在一九九九年九月發動的打擊反叛共和國的第二次戰爭中，採取隨心所欲的殘酷手段，為俄羅斯帶來了自一九六八年鎮壓捷克斯洛伐克叛亂以來的首次軍事勝利。在那場戰爭期間，我曾與車臣反叛分子及親莫斯科的車臣戰士度過了六個月時間。在二〇〇〇年一月，我站在車臣首府格羅茲尼北郊一棟九層樓建築的屋頂上，親眼目睹了五個俄羅斯步兵師的炮火，震撼著早已被摧毀的城市廢墟，目的是將最後殘餘的少數反叛者逐出市區。我計算著每分鐘超過六十次的爆炸聲——其中包括低空飛行的Su-24戰鬥轟炸機投下的半噸重炸彈。當飛機呼嘯越過我們頭頂時，親莫斯科車臣部隊的一名指揮官貝斯蘭・甘特米羅夫（Beslan Gantemirov）露齒大笑，像個開心的孩子，向空中揮舞著雙手、歡呼雀躍；隨著爆炸聲一波波傳來，感覺就像巨大的地獄之門在大地深處猛烈撞擊。

俄羅斯在烏克蘭的行動正是那次衝突的重演。「我發現幾乎無法移開視線，目睹俄羅斯軍隊對被占領的烏克蘭城鎮所造成的屠殺畫面，」拉娜・埃斯蒂米洛娃（Lana Esteimirova）寫道，她的母親娜塔莉婭（Natalia）在二〇〇九年被俄羅斯士兵綁架、殘忍殺害之前，曾是車臣地區最敢於直言的人權事務活動家。「我能想到的是，『他們以前就已經這樣做了，現在又再次故技重施。』無差別對平民的炮擊、搶劫、強姦婦女、拷打折磨和槍殺的證據，在所有這一切之上的，是他們犯下這些罪行時表現出的狂熱情感，是如此令人痛心和似曾相識……在布查和伊爾平慘案之前，還有薩馬斯基（Samashki）屠殺，一九九五年四月七日，俄羅斯軍隊在那裡發起了『清剿』行動，士兵們任意向民眾開槍、姦淫婦女和焚燒民房。至少有一百零三人在那一天被殺害。」[19]

在車臣和烏克蘭戰爭中，不僅使用的軍事手段相似，連相應的宣傳敘事論點也一脈相承。在一九九九年九月準備入侵車臣之際，克里姆林宮的電視台也大肆談論車臣內部「對俄羅斯人的種族滅絕」，「俄羅斯在車臣的行動手法，被當作克里姆林宮在之後二十年中軍事、政治戰略的實施藍圖，」埃斯蒂米洛娃進一步寫道，「這是一種恐怖的策略，旨在打破反叛人口的意志，追求其帝國利益。在那之後的歲月中，我們已經看到從茨欣瓦利（Tskhinval，南奧塞梯）到阿勒坡（Aleppo，敘利亞）、從克里米亞到中非共和國，俄羅斯在全球舞台上肆無忌憚地使用暴力……作為一個車臣人，我與烏克蘭人民血肉相連。他們的勝利將是普丁政權每一位受害者的勝利。」

到了二〇〇〇年二月，俄羅斯軍隊運用了與後來對烏克蘭馬里烏波爾和北頓涅茨克（Severodonetsk）地區所採取的相同壓倒性且不分區的火力，徹底擊潰了自一九九四年就開始背離莫斯科的車臣反叛政府。在同年三月的總統選舉中，早已就任代理總統的普丁，以五三·四%的得票率輕易戰勝了對手。這是第一次，也是僅有的一次，普丁面對真正意義上的選舉競爭。

對普丁來說，第二次車臣戰爭的教訓簡單直白，根據一位曾與普丁共事八年的高級政府部長回憶，「俄羅斯的實力和帝國確實可以透過軍事侵略來恢復——這對我們所有人來說，都是毋庸置疑的事實，」官員說道，「同時也很清楚，俄羅斯選民對軟弱不屑一顧，只認同強勢武力。」[20]

車臣經過血腥鎮壓終於被征服，然而，舊蘇聯帝國的其他區域還是分成了三個不同的陣營。波羅的海三國已經在加入歐盟和北約的道路上捷足先登，遠遠超出了被俄羅斯掌控的範圍；中亞各國則依賴蘇聯時代的天然氣管道系統與俄羅斯保持經濟和政治聯繫，這些管道對它們的繁榮至關重要；白俄羅斯透過選舉產生了亞歷山大・盧卡申科（Aleksandr Lukashenko）這位懷念蘇聯的政治強人，傾向於和莫斯科密切合作。但是烏克蘭、亞塞拜然、亞美尼亞和喬治亞則依然處於曖昧的中立地帶，既受到領袖和人民期待與西方建立更緊密關係的願望所吸引，又在經濟上依賴莫斯科。

在這些國家中，烏克蘭無疑是最大且最具政治重要性的。烏克蘭擁有超過俄羅斯邊界的最大俄語人口，並且占據了橫跨整個南俄的戰略位置。更重要的是，克里米亞的塞瓦斯托波爾港——俄羅斯黑海艦隊的基地，擁有三百多艘軍艦和兩萬五千多名軍人——並非俄羅斯的主權基地，而是從基輔租賃的，租約條款會根據政治氣候有所變化。這是克里姆林宮無法放棄的關鍵軍事與戰略資產，從未準備拱手讓給烏克蘭，更遑論讓北約染指了。

拔河雙方的較量

烏克蘭獨立後的首個十年，與俄羅斯的情況一樣動盪不安，也經歷了經濟崩潰、由腐敗統治者縱容而崛起的寡頭階層，他們奪取了國家資產，同時也出現極端民族主義（ultra-nationalism）在政治邊緣崛起。正如在俄羅斯的情況，許多烏克蘭受過良好教育、充滿動力的公民選擇移民；當中有七八％的猶太人口，包括PayPal的共同創辦人（馬克斯・列夫琴〔Max Levchin〕）和WhatsApp的共同創辦人（楊・庫姆〔Jan Koum〕）。在一九八九年至二〇〇一年之間，烏克蘭的人口減少了近五％。[21]

一九九一年後，前蘇聯戰略核武器儲備大約有一半都被俄羅斯之外的繼承國家所接管。正式來說，烏克蘭、白俄羅斯和哈薩克所留下的武器由獨立國家聯盟（CIS）控制；然而，實際情況是，特別是在烏克蘭議會拒絕批准獨聯協議之後，烏克蘭發現自己已成為世界第三大核武國，擁有約一千七百枚核彈頭。華盛頓對政治不穩定的國家控制戰略核武感到憂慮，故說服三個後蘇聯時代僥倖成為核強國的政府，銷毀核武器及其設施。作為交換，一九九四年十二月，美國、俄羅斯和英國簽署了《布達佩斯安全保障備忘錄》，為基輔提供安全保障，並承諾「尊重烏克蘭的獨立、主權及現有邊界」。[22]二十年後，當普丁入侵克里米亞時，所謂的烏克蘭安全保證國卻完全忽視了他們在布達佩斯的承諾。

但從短期來看，烏克蘭在裁軍方面的合作以及作為非核、親西方國家的新地位確實帶來了回報。一九九四年，基輔與歐盟簽署了合作協議，這是歐盟首次向後蘇聯國家提供此類協議。同年，烏克蘭加入了北約的「和平夥伴關係」協議，並在一九九七年透過《特殊夥伴關係憲章》將其升級，這是邁向最終完全成為成員國的多個步驟中的第二步。葉爾欽強烈反對，但根據解密的檔案顯示，他在一九九四年九月二十七日與美國總統比爾・柯林頓於白宮的私人會議中獲得保證：「北約的擴張並不是為了反俄羅斯，也不是有意識將俄羅斯排除在外，且沒有迫切的時間表……更廣泛、更高的目標，是為了歐洲的安全、團結與一體化——此目標我知道你也認同。」[23]

在二〇二一年十二月的記者會上，普丁聲稱西方曾一再承諾俄羅斯，北約不會擴張，這時卻背棄了他們的承諾。普丁說：「他們極力地、明目張膽地欺騙我們。北約正在擴張。」他聲稱，美國國務卿詹姆斯・貝克（James Baker）在一九九〇年曾告訴戈巴契夫，「北約不會再向東推進半吋。」[24]然而，在二〇一八年解密的一系列美國國務院紀錄中，並沒有任何跡象顯示有過這樣的正式承諾，儘管貝克從未明確否認他曾私下說過這句話。但無論如何，美國顯然在耍兩面手法；雖然沒有公開承諾北約不會擴張，但顯然地，美方做出了不少保證，表示擴張不會對俄羅斯構成威脅。[25]一九九七年，美國資深外交官喬治・凱南（George Kennan）譴責北約擴張是「在整個後冷戰時期，美國外交政策上最致命的錯誤」。[26]

顯然，如果普丁想要阻止烏克蘭和喬治亞加入北約，他就必須從基輔和第比利斯（Tbilisi，喬治亞首府）下手，而非透過與華盛頓談判。普丁第一次有機會（許多機會之一）在烏克蘭安插一個親莫斯科的政府是在二〇〇三年，當時烏克蘭第二任總統列昂尼德·庫契馬（Leonid Kuchma）的權力開始因大規模貪汙指控和一位知名記者的謀殺案而動搖。克里姆林宮在基輔權力核心中的人是維克托·梅德韋丘克（Viktor Medvedchuk），他是一位著名的蘇聯時代律師，後來成為能源大亨，並曾擔任庫契馬總統辦公室的主任。當庫契馬的內閣總理維克托·尤申科（Viktor Yushchenko）與上司決裂並開始準備自己的總統競選時，梅德韋丘克領導了接下來的政治鬥爭，努力削弱尤申科的支持。梅德韋丘克得到了來自莫斯科「政治技術專家」團隊的幫助——這些專家都是選舉勝利的老手，他們曾在葉爾欽一九九六年的選舉和普丁二〇〇〇年的選舉中積累了經驗。

「我們的任務很清楚——就是阻止（尤申科）取得政權，並推舉一位支持與莫斯科建立更緊密關係且尊重講俄語人口權利的候選人，」克里姆林宮的輿論操控專家格列布·帕夫洛夫斯基（Gleb Pavlovsky）回憶道。他們的手段是「和我們在俄羅斯選舉中使用的一樣。透過名譽管理、掌控敘事、宣傳，說服當地媒體報導我們需要的故事」。[27]

正是普丁派出的政治技術專家，首先提出了將烏克蘭民族主義者稱為「法西斯分子」

的想法。二〇〇三年十月，維克托・尤申科訪問了頓涅茨克——這裡是他在翌年總統選舉中的對手、當地富商、前罪犯維克托・亞努科維奇的支持重鎮。尤申科目睹了亞努科維奇的地區黨所設立的標語牌，上面寫著「烏克蘭的俄羅斯運動：反對法西斯！反對民族主義！支持友誼與協議！」[28]亞努科維奇在頓涅茨克的青年宮（Palace of Youth）舉行了數千人的集會。頓涅茨克攝影師謝爾蓋・瓦加諾夫（Sergei Vaganov）回憶道：「某一刻，從兒童遊戲『我們的隊伍對抗法西斯』中傳來一聲嘲弄。人群開始高喊尤申科是『法西斯』，這個詞的使用如此粗俗，遠超過了體面和道德的底線，以至於我感到生理上的厭惡。」[29]

在西方，「法西斯」一詞因過度濫用和其嘲諷含義，其影響力有所削弱；但在後蘇聯社會中，這仍然是最嚴重的侮辱之一。然而，次年在電視辯論中，亞努科維奇開始稱他的對手為「納粹」，對於尤申科來說，這一侮辱尤其令人難以接受，因為他的父親曾是蘇聯紅軍士兵，並在奧斯威辛（Auschwitz）集中營被囚禁，而他的母親在第二次世界大戰期間冒著生命危險藏匿猶太難民。[30]然而，這一侮辱依然發酵。二十年後，推翻烏克蘭所謂的「法西斯」領導階層，成為普丁入侵的核心理由之一。[31]

二〇〇三年十一月，克里姆林宮在其前帝國的另一個角落遭遇了嚴重挫敗。在喬治亞經過一場舞弊選舉後，為期二十天的街頭抗議活動在第比利斯市中心達到了高潮，憤怒的人群衝進了國會大樓。抗議活動由熱情親西方的反對派領袖米哈伊爾・薩卡什維利（Mikheil Saakashvili）領導，他手持一束玫瑰花，這束玫瑰成了這場抗議運動的象徵——玫瑰革命。[32] 喬治亞腐敗的總統愛德華・謝瓦爾德納澤（Eduard Shevardnadze）被推翻，薩卡什維利當選為新總統，新政府宣布將歐洲和歐洲大西洋（Euro-Atlantic）一體化作為其主要優先事項，這使得喬治亞與莫斯科的關係陷入衝突。[33]

普丁無法允許同樣的情況發生在烏克蘭。二〇〇四年三月，四個前蘇聯衛星國（保加利亞、羅馬尼亞、斯洛伐克和斯洛維尼亞）以及三個前蘇聯加盟共和國（愛沙尼亞、拉脫維亞和立陶宛）加入了北約；同年十一月，波蘭、匈牙利、捷克共和國、斯洛伐克、斯洛維尼亞和三個波羅的海國家也加入了歐盟。烏克蘭總統候選人維克托・尤申科競選的核心政綱，就是希望烏克蘭也能跟隨這些國家的步伐。

隨著親西方的尤申科和克里姆林宮支持的亞努科維奇之間的鬥爭加劇，梅德韋丘克不僅成為普丁在烏克蘭政治內部事實上的使者，也成了普丁的私人好友；二〇〇四年初，普丁成為梅德韋丘克女兒達麗婭（Daria）的教父。梅德韋丘克後來堅持認為，他從未同意普丁關於烏克蘭和俄羅斯應該重新統一的觀點。「普丁說我們不是兩個民族，而是一個民族，」梅德韋丘克在二〇一九年告訴美國電影製片人奧利佛·史東（Oliver Stone）。「我和他進行過長時間的討論……我支持烏克蘭的主權，並認為一九九一年所選擇的道路是正確的。我們的對手稱我們為親俄羅斯，但這是錯誤的。我們代表的是那些希望與俄羅斯做朋友、反對以激進的反俄羅斯情緒和恐慌支持政府權力的人民。他們希望與我們的鄰國建立正常的關係。」[34]然而，在接下來的十年裡，梅德韋丘克將在普丁的計畫中扮演核心角色，試圖將烏克蘭的戰略方向從西方轉向莫斯科。

選前民意調查顯示，烏克蘭選民中有一小部分人偏好尤申科的親西方政策，而非亞努科維奇的親俄羅斯主張。隨著尤申科領先，他的敵人轉向更激進的手段，試圖阻止他成為總統。二〇〇四年九月五日，在基輔與高級幕僚（包括烏克蘭安全局副局長弗拉基米爾·薩特尤克〔Volodymyr Satsyuk〕）共進晚餐後，尤申科突然嚴重生病，表現出明顯的中毒症狀。他被送往維也納的魯道爾菲納豪斯（Rudolfinerhaus）診所，醫生發現他體內的TCDD戴奧辛濃度是正常水準的一千倍，這種毒藥曾在蘇聯國安會的實驗室中研製。[35]尤申科倖存下來，但他的臉部留下了可怕的疤痕。薩特尤克是雙重國籍的俄羅斯和烏克蘭公民，當時與他一同在場的另外兩人，事後也都逃到了俄羅斯。

首輪選舉中，兩位候選人以三九%的支持率打平，尤申科略微領先。隨著國家準備於二〇〇四年十一月二十一日進行決選，即將卸任的庫契馬政府加速運作，確保亞努科維奇獲勝。選舉當天，國內外的選舉監察員報告表示，尤其是在亞努科維奇的家鄉區域——頓巴斯，發生了大規模的選票舞弊現象。民調結果顯示尤申科領先十一個百分點，但官方結果卻顯示亞努科維奇以三個百分點的差距獲勝。根據對亞努科維奇競選團隊成員間通話的竊聽顯示，他們竄改了國家選舉委員會的伺服器，將偽造的計票結果傳到了基輔選舉中心。[36] 後來，梅德韋丘克成為烏克蘭國家安全局針對選舉舞弊指控進行詢問的高層官員之一，但最終並未提出任何正式指控。[37]

數以千計的烏克蘭人拒絕接受選舉結果。基輔市中心的獨立廣場聚集了憤怒的示威者，他們揮舞著尤申科政黨的橘色旗幟，場面讓人想起一九九一年導致蘇聯政權崩潰的抗議，以及前一個冬天在第比利斯爆發的玫瑰革命。全國各地爆發了地方抗議、全面罷工和靜坐。[38] 克里米亞、頓涅茨克、盧甘斯克以及其他頓巴斯地區的親亞努科維奇反示威活動，要求半獨立，甚至要求脫離基輔（烏克蘭政府的統治）。

經過兩周的政治動盪，烏克蘭最高法院宣布原來的決選結果無效，並重新投票，最終尤申科以五二％的得票率贏得選舉，亞努科維奇則為四五％。對普丁而言，他在一九八九年在德勒斯登目睹的那場噩夢再次重演——首先是在喬治亞，現在是在基輔。橘色革命讓克里姆林宮感到「恐懼、憤慨、憤怒」，當時一位擔任高級政府職位的官員回憶道，「普丁深信，這是西方干涉的直接結果……他們希望將烏克蘭變成一個反俄羅斯的國家。」尤申科的親西方政府在基輔成立，被視為「最高級別的緊急事件」。[39]

烏克蘭加入北約的概念，成為「俄羅斯精英（不僅是普丁）所認為的最嚴重的紅線」，當時美國駐莫斯科大使威廉・伯恩斯（William Burns）於二〇〇八年寫信給美國國務卿康朵麗莎・萊斯（Condoleezza Rice）說。「在與俄羅斯關鍵人物的兩年半對話中，從克里姆林宮深處的武力支持者到普丁最尖銳的自由派批評者，我尚未遇到任何一個人否認在北約中的烏克蘭是對俄羅斯利益的最直接挑戰。」[40]

克里姆林宮的第一個動作，就是根除西方國家在俄羅斯內部激發尋求獨立示威運動的可能性。普丁的首席輿論控制專家弗拉季斯拉夫・蘇爾科夫（我們稍後將更詳細地探討他的職業生涯）被安排負責創立與蘇聯共產主義青年團相似的愛國青年組織。蘇爾科夫的「青年民主反法西斯運動」被稱為「Nashy」（即「我們的」），透過舉辦思想教育夏令營，以及青年節慶和音樂會，吸引了數十萬俄羅斯青少年和年輕人參加。該組織的成員還系統性地騷擾、起哄質疑英國駐莫斯科大使安東尼・布萊頓（Anthony Brenton）及主要的反對派人物。[41]在二〇〇六年夏天的一次政治教育活動中，克里姆林宮的顧問格列布・帕夫洛夫斯基曾斥責Nashy成員「缺乏殘酷性……你們必須準備好解散法西斯示威，並且用武力防止任何顛覆憲法的企圖」。[42]

克里姆林宮的另一個主要目標是抹黑尤申科的親西方言論，並透過使烏克蘭在經濟上盡可能地依賴俄羅斯，來削弱他微弱的多數支持。天然氣供應將成為普丁的紅蘿蔔和棍子，透過選擇性地中斷供應，以及與烏克蘭重要的政治人物——特別是尤申科的副總理兼盟友尤利婭．季莫申科（Yulia Tymoshenko，橘色革命中的金髮「女神」）之甜蜜交易，俄羅斯天然氣公司（Gazprom）及其烏克蘭子公司，系統性地腐化了基輔的政治階層。烏克蘭對便宜的俄羅斯天然氣，以及來自俄羅斯天然氣通過蘇聯時代管道的過境收入之依賴，意味著尤申科必須小心應對。「普丁為了達到目的，所願意採取的極端手段非常明確，」尤申科回憶道，「但我仍需要試圖與他保持可行的合作關係，作為我們東邊鄰國的領袖。」[43]

在來自烏克蘭西部民族主義政治基礎的強大壓力下，尤申科宣布將斯捷潘．班德拉定為烏克蘭英雄，此舉激怒了莫斯科。列昂尼德．庫契馬在一九九八年設立了每年的大饑荒紀念日（Holodomor Memorial Day），但尤申科將其升格為國家哀悼日，並禁止所有娛樂節目在全國媒體播出。但同時，尤申科小心翼翼地避免將這場悲劇歸咎於俄羅斯民族，

「我們呼籲每一個人，首先是俄羅斯聯邦，對他們的兄弟保持真誠、誠實和純潔，譴責史達林主義和極權蘇聯的罪行，」尤申科在二〇〇八年對一群在基輔帶著鮮花和象徵性麵包禮物來到大饑荒紀念碑前的人群說道。「我們曾一起處於同一個地獄。我們拒絕那種無恥的謊言——將悲劇歸咎於某一個民族。這是不真實的。只有一個罪犯：那就是帝國主義的、共產主義的蘇聯政權。」44

掠奪性的官僚統治

尤申科還有另一個避免直接與普丁作對的理由——那就是俄羅斯入侵的威脅。在被認為是西方煽動的玫瑰革命和橘色革命之後，普丁開始認為俄羅斯在全球舞台上的主要角色是創造一個「多極化」的世界，並對抗美國及其盟友的戰略霸權。普丁在二〇〇七年的慕尼黑安全會議（Munich Security Conference）上表示，冷戰結束後，世界「留下了現成的子彈，借喻來說」，這些「意識形態的刻板印象、雙重標準和冷戰思維中其他典型的方面」就是「活彈藥」。普丁指責未受到挑戰的西方「創造了新的分裂、新的威脅，並在世界各地傳播動亂……這是個只有一個主人、一個主權的世界。」

慕尼黑的演講「讓人們不再懷疑普丁是俄羅斯帝國主義者」，波蘭外交部長拉多斯瓦夫・西科爾斯基（Radosław Sikorski）在二〇二二年告訴我。[45]事實上，這次演講還有更微妙的含義，除了抨擊美國外，普丁還呼籲歐洲領導人走出美國的陰影，與俄羅斯達成自己的安全協議。

但是，如果普丁希望透過激進的言辭來遏制俄羅斯周邊國家加入北約的願望，那麼他完全錯了。在二〇〇八年四月的布加勒斯特（Bucharest）北約峰會上，喬治亞大力遊說，希望能加速其加入北約的進程，並提出「正式成員國行動計畫」（MAP／Membership Action Plan）。美國和波蘭支持這一提議，而以德國、法國為首的其他國家則拒絕了，擔心此舉會激怒俄羅斯，因此喬治亞的會員行動計畫提案被否決。但北約最終發表了一份具有重大意義的聲明，向喬治亞人民保證，一旦他們滿足了會員國的要求，喬治亞最終將加入北約。

喬治亞總統米哈伊爾・薩卡什維利相信，北約模糊的意向書將為他提供北約對抗俄羅斯入侵的保護。但他錯了。二〇〇八年八月，正值北京奧運期間，薩卡什維利發動了一場不明智的軍事行動，試圖占領南奧塞梯，這是蘇聯解體後於一九九二年脫離喬治亞的小型共和國，並自此成為事實上的俄羅斯保護國。薩卡什維利走入了陷阱。作為對喬治亞小規模入侵的回應，俄羅斯軍隊進軍南奧塞梯，並越過控制線，直逼喬治亞首都第比利斯四十公里處。北約強烈譴責了這次入侵，但未採取任何行動。俄羅斯軍隊最終撤回至戰前邊界。然而，莫斯科承認了南奧塞梯及其同樣脫離的阿布哈茲共和國（Republic of Abkhazia）為獨立國家，並占領了這兩個地區。這對喬治亞加入北約的希望來說是致命一擊，因為北約的規定是，禁止任何擁有「未解決邊界爭端」的國家成為成員。

普丁的下一個挑戰是阻止烏克蘭朝北約成員國的方向發展；他的機會出現在尤申科總統任期結束的二〇一〇年。選民因為橘色革命未能帶來任何實質的利益，而感到憤怒和失望。橘色候選人尤利婭．季莫申科，因與俄羅斯天然氣公司的交易而被指控貪汙，這使她的形象、名聲受損。普丁的希望寄託於親俄候選人維克托．亞努科維奇身上，儘管他在二〇〇四年選舉中的舞弊嘗試以慘重失敗告終，但他依然在說俄語的東部和中部烏克蘭，擁有廣泛的支持。

亞努科維奇擁有一個重大優勢，那就是擁有價值一億五千萬美元的選舉資金，他利用這筆資金聘請了美國的政治顧問。[46]當中最為重要的是保羅．馬納福特（Paul Manafort）——一位資深的共和黨選舉顧問，後來成為唐納．川普（Donald Trump）的競選經理。其他受亞努科維奇僱用的美國人還包括：馬納福特的長期副手瑞克．蓋茨（Rick Gates，後來成為川普的副競選經理）、泰德．戴文（Tad Devine，後來負責管理參議員伯尼・桑德斯〔Bernie Sanders〕的二〇一六年美國總統競選），以及亞當・斯特拉斯伯格（Adam Strasberg，曾在參議員約翰・凱瑞〔John Keny〕的二〇〇四年美國總統競選中工作）。這些高效能的美國顧問比起二〇〇四年的俄羅斯公關、輿論操控專家更有成效，最終幫助亞努科維奇在二〇一〇年烏克蘭總統選舉中以四八・九五％的選票，擊敗季莫申科的四五・四七％，成功當選。[47]

在許多方面，亞努科維奇證明自己是普丁形象的總統。他透過迫使國會讓步，將更多權力集中在總統手中，重新編寫了《憲法》。在二〇一一年夏天，他因為季莫申科與俄羅斯的天然氣交易而將她囚禁。亞努科維奇還效仿普丁的官僚——寡頭團隊，從事大規模的腐敗運作；亞努科維奇的兒子亞歷山大（Aleksandr），在父親任內成為國內最富有的人之一，他的生意在二〇一四年一月獲得了幾乎一半的國家招標。而根據後來經過許多功夫、被艱苦拼湊出來的財務紀錄（這些紀錄曾被助理們試圖銷毀）顯示，亞努科維奇將高達七百億美元的資金，轉入由其家人、隨行人員持有的外國帳戶中。然而，亞努科維奇與普丁的不同之處在於，他對權力的執著，以及從烏克蘭經濟中獲取的數十億美元財富的欲望，最終將超越他對莫斯科的忠誠。

在二〇一一年秋季，普丁準備在四年的空檔後恢復總統職位。在此期間，他曾因《憲法》規定的兩屆任期上限，而將總統職位交給了時任總理德米特里．梅德維傑夫（Dmitry Medvedev）。普丁有著雄心壯志的計畫，而被他的對手們輕蔑地稱之為「第二個沙皇時代」，其中之一就是他所設想的歐亞聯盟，普丁希望這個聯盟能夠與歐盟形成競爭。「我們不是在談論以某種方式恢復蘇聯，」普丁在一份選舉前的宣言中寫道，「我們提出的是一個強大的超國家聯盟的模式，它能夠成為當今世界的其中一個極點，並且在此基礎上成為連接歐洲與充滿活力的亞太地區的有效橋梁。」[48]

普丁宣布將重掌權力的決定，引發了激烈反應，這令克里姆林宮感到措手不及。二〇一一年十二月十日，十萬人集結於莫斯科的博洛特納亞廣場（Bolotnaya Square），抗議他重返權力核心。隨後，該月稍晚，又一場更大規模的示威活動在莫斯科的薩哈羅夫院士大街（Academician Sakharov Prospekt）舉行，該地點以曾幫助推翻蘇聯的物理學家命名。大規模人群中的憤慨情緒，讓我強烈回想起一九九一年聖彼得堡的冬宮廣場。這一比較——以及與玫瑰革命和橘色革命的對比——並未被普丁忽視，他在博洛特納亞廣場發生第三次抗議時畫下了底線，這場抗議活動被數千名準軍事警察防暴部隊（OMON）殘暴鎮壓。在博洛特納亞廣場的抗議之後，「一切都變了」，一位普丁的前內閣部長說。他認為這是「一個西方陰謀，旨在將他從權力中移除……一次直接的政變嘗試」。這是一個只能以

「激烈的——甚至是武裝的——反擊」來回應的挑戰，這場反擊針對的是國內及近鄰國的民主派和西方代理人。[49]

歐亞沙皇

普丁擴展其歐亞聯盟的計畫——最終旨在打造一個以俄羅斯主導，而且反西方的經濟、政治與軍事聯盟——成為了克里姆林宮的優先任務。但就像俄羅斯和蘇聯帝國之前的情況一樣，若不包括烏克蘭，這樣的聯盟將毫無意義。普丁的親密盟友、白俄羅斯的亞歷山大・盧卡申科簽署了這一計畫的略微重新命名版本，現在稱為「關稅聯盟」（Customs Union）。同樣地，哈薩克也加入了這個聯盟，該國對莫斯科天然氣管道的依賴，使得其獨裁總統努爾蘇丹・納札爾巴耶夫（Nursultan Nazarbayev）幾乎別無選擇，只能同意。

然而，在二〇一二、二〇一三年的談判過程中，亞努科維奇固執地拒絕加入。儘管他在競選時提出加強與俄羅斯的關係，並且得到了莫斯科的大力支持，但歐盟提出了另一個可能更具吸引力的提議。布魯塞爾提出了一個《聯合協議》（Association Agreement），其中包括烏克蘭與歐洲之間設立的自由經濟區、承諾兌現國際投資、烏克蘭公民可免簽證前往歐盟以及未來可能的入會。對於亞努科維奇來說，歐洲的提議在選民中極受歡迎，因此他開始了正式的談判。

在二〇〇〇年與「莫斯科回聲」（Echo Moskvy）廣播電台總編輯阿列克謝・韋內迪克托夫（Aleksei Venediktov）的談話中，普丁區分了對手和叛徒。「對敵人，你要與之作戰，盯著他的眼睛，面對面開火，」普丁這樣告訴韋內迪克托夫，「然後，最終你可以簽署一個和平協定，開始化敵為友。敵人其實是高貴的同輩，但是一個叛徒會毫無廉恥地在你背後開槍。」[50] 按照普丁的定義，亞努科維奇因為與歐盟談判，已被歸類為叛徒。

在二〇一三年六月二十七日，普丁訪問基輔，慶祝基輔羅斯的洗禮周年紀念日——這是他最後一次訪問烏克蘭。「我們都是一千零二十五年前在這裡發生的事情之精神繼承人，」普丁對基輔的觀眾說，「從這個意義上來看，我們（烏克蘭人和俄羅斯人）毫無疑問是同一民族。」[51] 這是一個完全不合時宜的言論，對於數百萬烏克蘭裔人民來說，這話聽起來像是對他們文化、歷史和語言的否定。普丁同樣對烏克蘭總統表現出輕蔑，他與亞努科維奇僅見了十五分鐘，隨後將他兩天行程的其餘時間花在與老朋友維克托・梅德韋丘克位於克里米亞的豪華別墅度過——而僅僅九個月後，普丁的軍隊將會攻占這片土地。[52]

普丁交給經濟顧問謝爾蓋・格拉濟耶夫（Sergei Glazyev）一項任務，那就是提出一個讓亞努科維奇無法拒絕的反制歐盟提案。誘餌是向烏克蘭政府提供一筆一百五十億美元的貸款，以拯救這個陷入財政困境和腐敗的政府，從債務違約的困境中解救出來。[53]懲罰則是禁止烏克蘭商品進口到俄羅斯，而這將摧毀烏克蘭經濟。這些計畫在二〇一三年八月被洩漏給烏克蘭媒體，並引起了轟動。[54]

在格拉濟耶夫笨拙地試圖強迫烏克蘭拒絕簽署歐盟的《聯合協議》後，公眾對簽署該協議的支持急遽上升。亞努科維奇承受著巨大壓力，必須做出最終決定。在預定於二〇一三年十一月二十八日與歐盟峰會同時舉行的簽署儀式前一周，亞努科維奇宣布他已經向歐盟請求延遲簽署。

在峰會前夕，亞努科維奇出席了烏克蘭寡頭伊格．蘇爾吉斯（Igor Surkis）的生日派對，蘇爾吉斯是「基輔迪納摩足球俱樂部」的所有者，也是梅德韋丘克的商業夥伴和朋友。[55]其他嘉賓還包括許多烏克蘭的頂級寡頭，包括德米特里．菲爾塔什（Dmitry Firtash）和伊霍爾．科洛莫伊斯基（Ihor Kolomoisky），這些人都是自橘色革命後成立的「烏克蘭管理委員會」成員。亞努科維奇在聚集的寡頭面前宣布，他將徹底取消歐洲一體化計畫。基輔的調查記者索尼婭．科什金娜（Sonia Koshkina）寫道：「所有亞努科維奇的支持者，都對他如此徹底地改變了關於歐盟一體化的立場感到震驚。」那些曾公開質疑歐盟協議的地區黨成員，被排除在黨外並逐出議會，甚至有些人還遭到起訴。而現在，亞努科維奇自己卻改變了主意。[56]

歐盟領袖們也對亞努科維奇的決定感到震驚，因為他不僅拒絕在維爾紐斯簽署歐盟協議，還提議讓俄羅斯加入談判。據說亞努科維奇曾對德國總理安格拉．梅克爾（Angela Merkel）和立陶宛總統達利婭．格里包斯凱特（Dalia Grybauskaite）說：「我希望你們聽我說，三年半來，我一直是孤軍奮戰，面對一個極為強大的俄羅斯，這是一個非常不公平的競爭環境。」[57]最終，亞努科維奇陷入了兩難的境地，既未簽署與歐盟的合作協議，也沒有加入普丁的海關聯盟。

著火的冬天

一小群示威者，主要是學生，於亞努科維奇首次宣布延遲簽署協議的當晚，紮營在基輔的獨立廣場。接下來的一周，示威者陸續加入，並透過社交媒體動員。亞努科維奇擔心會重演橘色革命，於是命令防暴警察在二〇一三年十一月三十日夜晚驅散在獨立廣場的學生。這場殘酷的鎮壓導致數十人住院，並達到了與亞努科維奇原本意圖完全相反的效果。第二天，超過五十萬名基輔市民，其中一些是被警察毆打的學生的父母和親屬，來到獨立廣場。他們在接下來的九十六天中，不斷集結，面對日益升級的對抗和暴力，依然不願解散。

後來烏克蘭人稱之為「尊嚴革命」的事件，將來自不同政治派別的力量團結在一起，從主流政黨中的自由派到激進派和民族主義者。最初的目的是要求加入歐洲，最終演變成為烏克蘭人民力量革命的第三次（在幾十年來的第三次）。隨著這場革命的發展，普丁及其宣傳者將其稱為西方支持的「政變」。克里姆林宮電視頻道不斷重複的一個象徵性時刻，就是二〇一三年十二月十六日，美國助理國務卿維多利亞・紐蘭（Victoria Nuland）和參議員約翰・馬侃（John McCain）訪問基輔，紐蘭向獨立廣場的示威者分發餅乾。

「我們來這裡是為了支持你們的正義訴求——烏克蘭擁有自由和獨立決定自己命運的自主權利，」馬侃對揮舞著歐盟和美國國旗的歡呼人群說道，「你們所追求的命運就在歐洲。」[58]當時馬侃處於對抗歐巴馬政府的反對黨立場，但這一點對於烏克蘭廣場的人群和克里姆林宮來說並不重要。他們聽到的是，美國與示威者站在一起，支持他們與俄羅斯的鬥爭。

馬侃的演講被俄羅斯總理德米特里・梅德維傑夫譴責為「粗暴干涉烏克蘭的政治」。普丁的發言人德米特里・佩斯科夫告訴俄羅斯政治作家米哈伊爾・齊格爾（Mikhail

Zygar）：「亞努科維奇的錯誤被華盛頓的挑釁加劇了。」佩斯科夫繼續說，美國人「帶著資金飛來，而白天和黑夜所有的窗戶都亮著燈。所有的一切都按計畫進行。這是對俄羅斯安全的直接挑戰」。[59]

為了回應所謂的美國干涉，克里姆林宮準備進行更粗暴的干涉。俄羅斯的軍事顧問開始抵達基輔，還有狙擊手和有經驗的準軍事警察，這些人曾參與鎮壓街頭抗議活動。二〇一四年一月中旬，在幾周的和平抗議之後，政府僱用的暴徒——「蒂圖什基」（titushki）或挑釁者——與示威者之間發生了血腥衝突。活動人士占領了獨立廣場上的工會大樓，並開始築起三層樓高的路障。事態升級並未幫助亞努科維奇，反而造成佩斯科夫後來形容的「失控墜落」的局面。

更多看似美國不義的證據出現於二月十五日，當美國與俄羅斯在索契冬奧會上進行冰球比賽時。冰球一直是普丁著迷的愛好，他經常與自己最親近的顧問們一起參加比賽。索契冬奧會也是歷史上最昂貴的冬季奧林匹克賽事，成本高出十倍。對普丁來說，索契冬奧會是他的驕傲——俄羅斯的奧運冰球隊也是如此。在至關重要的美國對俄羅斯比賽中，兩隊在加時賽中以二比二打平，俄羅斯前鋒費多爾．秋金（Fyodor Tyutin）攻入第三個進球，但美國裁判布萊德利．梅爾（Bradley Mayer）因為球門被撞開而判定進球無效。更讓普丁憤怒的是，最終俄羅斯在點球大戰中落敗，並且輸掉了比賽。[60]「真可惜裁判沒有早點注意到被撞開的球門，因為如果裁判看不見的話，防守方總是會受益。」普丁以他那種典型的被動攻擊式語氣對記者抱怨，「但裁判也會犯錯，我不會將錯誤歸咎於他，只是說我們才是更強的一方。」[61]對普丁來說，美國的虛偽與作弊再次暴露無遺。

獨立廣場上的暴力事件於二〇一四年二月十八日達到巔峰，當時約有兩萬名示威者試圖遊行到國會大廈。示威者還衝進了位於利普斯卡（Lypska）大街的亞努科維奇區域黨總部，亞努科維奇及其俄羅斯顧問決定，該是以任何必要手段鎮壓叛亂的時候了。梅德韋丘克和克里姆林宮在亞努科維奇的決策中發揮了關鍵作用，根據烏克蘭情報部門截獲的電話紀錄，梅德韋丘克與亞努科維奇在二〇一三年十二月到二〇一四年二月間，共通話了五十四次。[62]

金鵰特種部隊（Berkut）的成員——以普丁的準軍事警察防暴部隊（OMON）為模型建立，其領導官員以亞努科維奇支持者為主——使用橡膠子彈和霰彈槍首先開火。後來，狙擊手們也使用了威力更大的軍用步槍，向獨立廣場附近的人群射擊。在之後的三天內，至少有七十七人被打死，當中包括了九名警察和六十八名示威者。[63]根據烏克蘭安全局後來的調查，開火並造成多人死亡的狙擊手都來自俄羅斯。

刺刀上的王位

被震驚的歐洲，派出了德國、法國和波蘭的外交部長——法蘭克．史坦麥爾（Frank-Walter Steinmeier）、洛朗．法比尤斯（Laurent Fabius）和拉多斯瓦夫．西科爾斯基——企圖化解危機。普丁也派出了最近退休的俄羅斯人權總監弗拉基米爾．盧金（Vladimir Lukin）作為自己的官方代表，以及弗拉季斯拉夫．蘇爾科夫作為他的非正式代表，前往烏克蘭斡旋。

克里姆林宮也開始為亞努科維奇統治的全面崩潰做準備。二月十八日，當基輔的警察開始驅散獨立廣場上的示威者時，莫斯科將來自南方港口城市新羅西斯克（Novorossiysk）的俄羅斯特種部隊，調往加強俄羅斯黑海艦隊在塞瓦斯托波爾港口的軍事基地。兩天後，駐克里米亞的兩萬五千名俄軍接到了克里姆林宮的命令，準備封鎖整個半島上的烏克蘭軍事設施，以「防止血腥衝突」——雖然當時還未發生任何此類衝突。此時，俄軍仍待在軍營內，克里姆林宮等待著亞努科維奇、反對派領袖和歐盟外交部長們的談判是否能成功。

二月二十日傍晚，烏克蘭議會（拉達）召開了緊急會議——由於烏克蘭共產黨和大約八成的地區黨成員抵制，出席的議員數量極少——最終以兩百三十六票對兩票通過了決議，譴責最近的暴力行為，禁止對示威者使用武力，並撤回對示威者開火的軍隊和警察。內務部隊、烏克蘭武裝部隊、烏克蘭國家安全局（SBU）及其他政府機構的指揮官，被禁止進行任何「反恐行動」。亞努科維奇的親密盟友，對與反對派的談判能否挽救他們的領袖或自己的命運並不抱太大希望。二月二十日，歐盟代表團抵達基輔的同一天，六十四架載有政府官員及其家人、現金和貴重物品的私人飛機，從基輔的波里斯皮爾（Boryspil）國際機場起飛。[64]

在烏克蘭總統亞努科維奇、歐盟和議會反對派代表之間進行了兩天緊張的談判後，達成了一項協議，根據這項協議，亞努科維奇將繼續執政，直到十二月的選舉。亞努科維奇在此期間與普丁保持了密切聯繫，在簽署旨在讓他至少執政到年底的協議之前，他還在與克里姆林宮通電話。

前世界重量級拳擊冠軍、著名的議會反對派領袖維塔利．克利欽科（Vitali Klitschko）走上獨立廣場，試圖向仍在那裡集結的數萬名示威者，推銷他和其他反對派人物與亞努科維奇達成的推遲選舉之提議；但群眾有不同的想法。反對派活動家弗拉迪米爾．帕拉斯尤克（Volodymyr Parasyuk）指著克利欽科，憤怒地喊道：「我們的領袖和謀殺犯握手！」「真丟臉！不要亞努科維奇。如果明天早上十點之前，我們的政治家不要求亞努科維奇立即辭職，我發誓我們會攻占政府大樓！」獨立廣場的群眾開始高喊「罪犯下台！」就在那時，幾名在前幾天暴力衝突中喪生的示威者棺材被抬到廣場，所有反對派領袖，包括克利欽科，都跪了下來。[65]

在次日早晨，所有的金鵰部隊都撤出了基輔市中心，實際上讓亞努科維奇和他剩餘的支持者處於無保護的狀態。至少七十名金鵰員警的高級官員擔心被報復而逃往頓巴斯。亞努科維奇致電普丁確認他已經簽署協議，並打算前往相對安全的講俄語城市哈爾科夫。

「你想去哪裡？」普丁在電話中向亞努科維奇叫嚷，根據與齊格爾面談的一位前克里姆林宮高級官員回憶。「安靜坐好吧！你的國家已經失控了。基輔現在處於幫派和強盜的支配之下，你難道瘋了嗎？」

「所有一切都在掌控之中，」亞努科維奇回覆。

「我從來沒有想像到，他是如此膽小的一堆狗屎，」普丁告訴在場的助手。[66]

隨著議會反對他、鎮暴警察已撤離基輔市中心且市中心掌握在獨立廣場示威者手中的情況下，亞努科維奇帶著他的情婦柳博芙・波列札耶（Lyubov Polezhay）撤退到位於首都郊外的私人豪宅梅日希里亞（Mezhyhirya）。監視器的畫面顯示，亞努科維奇的工作人員在前幾天已經將財物裝載進一車車的小型巴士和轎車中。

與此同時，烏克蘭軍隊和烏克蘭國家安全局中的親亞努科維奇勢力，正在準備發動一場大規模的軍事反攻，計畫收復基輔，並動員東部烏克蘭的軍隊前往首都。強烈支持亞努科維奇的克里米亞軍官，決定無視議會對使用武力鎮壓示威者的禁令，並派遣了一支主要部隊——包括烏克蘭第二十五傘兵旅、第一海軍陸戰旅、第八百三十一反襲擊作戰單位和第二海軍陸戰特種部隊——從塞瓦斯托波爾港的科扎契灣（Kozachia，烏克蘭黑海艦隊的總部）出發前往基輔。這些部隊的指揮權轉交給國家安全局，並開始進行針對獨立廣場示威者的「反恐行動」。[67]

他們來得太遲了。面對兩種選擇——在基輔與示威者開戰；或是逃往他在東烏克蘭的選舉根據地——亞努科維奇選擇了逃亡。烏克蘭政治顧問奧萊西亞．亞赫諾（Olesya Yakhno）說：「亞努科維奇今天在烏克蘭是個被憎惡的人，但他值得肯定的是，他選擇了不引發內戰。他意識到，唯一能讓他繼續掌權的方式，就是依賴俄羅斯的刺刀。他決定了放棄，因為那裡已經有太多的鮮血。」[68]

在二月二十一日的晚上，亞努科維奇召集了自己的辦公室主任、議會拉達的發言人，以及留下的地區黨副手們，前往他位於梅日希里亞的郊外官邸，共進告別晚餐。地區黨發言人雷巴克（Rybak）遞交了自己的辭呈；其他人則同意，要在哈爾科夫建立分庭抗禮的新國會。在晚餐期間，亞努科維奇討論了如果基輔拒絕賦予東部省分足夠的自治權，他將考慮分裂烏克蘭的想法。

「我們該怎樣稱呼這個新國家？」亞努科維奇詢問自己最親近的政治盟友，根據一位接受記者索尼婭．科什金娜採訪的目擊者回憶。

「中國，」其中一人開玩笑地說。

「早就有一個中國了，」另一個人回答。

「你們都在取笑我嗎？」亞努科維奇怒火中燒。即使對於該地區最強大的政治領袖來說，東烏克蘭獨立的想法仍然顯得荒謬。[69]

在晚餐之後，亞努科維奇與自己剩下的忠實支持者一起搭乘一隊吉普車，駛往哈爾科夫。幾小時後，龐大的抗議人群就趕到了梅日希里亞的大門口，試圖攻占這個象徵著舊政權腐敗的私人宮殿。

第三章

流血的神像

我們尊重烏克蘭的語言和傳統。我們也尊重烏克蘭人民希望看到他們的國家自由、安全與繁榮的願望。

——弗拉迪米爾·普丁，《關於俄羅斯和烏克蘭的歷史統一性》，二〇二一年七月[1]

「這看起來就是一場革命」

許多在二〇一四年二月二十二日早晨來到亞努科維奇在梅日希里亞官邸的示威者，是從基輔獨立廣場的路障區域直接趕來的。他們頭戴礦工安全帽以及壓在厚毛線帽上的蘇聯時期金屬頭盔，身著五花八門迷彩服、工作服等各種自製裝扮，還攜帶著棍棒、鐵製盾牌、獵槍等器械。他們發現大門沒有上鎖。那裡的六百五十名駐軍，來自同樣的金鵰防暴警察組織，這支部隊曾經試圖以武力清除獨立廣場的示威者，但最終未能成功；他們和他們的主人一樣，已經在夜裡逃離了。

示威者發現了一個巨大的宮殿複合體，這個宮殿在官方資料上從未存在過。在政府檔案中，亞努科維奇的總統官邸只是一個小型的、幾乎全是木頭搭建的別墅，簡樸得被稱為「椿屋」（House on Stumps）。

梅日希里亞莊園的資產以辦公場地為由，登記在總統於杜拜註冊的公司「Tantalit」名下。實際上，亞努科維奇在二〇一〇年掌權不久，就啟用了整套建築，作為豪華的私人物業。主要的住所是一幢三層樓的木製建築，在德國建造，然後分解並運送到基輔組裝。由於其奇特的預製外觀，這座房子被賦予了「Honka」綽號，這是芬蘭一家生產經濟型現成木屋的公司名稱。

室內裝潢完全不是廉價的風格，即使是電梯內部，也覆蓋著馬賽克和玻璃鏡面。地面鋪設的是佛羅倫斯風格的皮特羅杜羅（pietro duro）切割石材。一樓套房裝飾有新中世紀風格，包括重現的盔甲、橡木新哥德式牆板，以及牆上描繪騎士場景的馬賽克。在總統情婦的私人套房裡，更衣室的軟橡木地板上留下了大量的凹痕，顯然是她穿著高跟鞋所造成的。柳博芙．波列札耶留下了一堆平裝本浪漫小說，其中一本名為《為什麼我們需要男人？》（*Why Do We Need Man?*）；有許多書有啃咬的印記，顯然是小型寵物犬所為。她還留下了她的純種貓，牠被關在房間裡，在地毯和沙發上隨意拉屎撒尿。

在總統亞努科維奇的臥室套房中，放著一打手工製作的鞋撐，每個鞋撐上都有相同的木製補丁，對應著總統的腳趾外翻。在書房裡，有一整套世界文學經典作品，從馬基維利到叔本華，看起來從未被翻開過；然而一本關於俄羅斯體育的平裝書，卻似乎被翻閱得相當頻繁。我曾考慮親自解救一本亞努科維奇的書《通往成功的道路》（*The Road to Success*）英文版，但我懷疑他的建議會有多大幫助。在鑲嵌哥德式鑲板的私人電影廳裡，擺放著一對相配的棕色皮革按摩椅，還有大量的ＤＶＤ和藍光光碟，其中包括《求愛馬拉松》（*Run Fatboy Run*）。

在這片土地上，有個私人動物園，豢養著鴕鳥和各種珍稀鳥類；還有一座高爾夫球場，並收藏了大量的古董摩托車、汽車和船隻；此外，還有一個家犬養殖中心，配備了獸醫手術室和犬類運動機器。最重要的是，在湖邊的餐廳旁，有一艘形狀像海盜船的建築，水面上漂著上千份文件，這些文件後來被示威者和志願潛水人員回收，其中包括現金賄賂的收據、反對派記者的檔案，以及總統與普丁在莫斯科會晤的紀錄等。

一名來自烏克蘭東南部別爾江斯克（Berdyansk）的財務分析師尤利婭・凱皮卡（Yulia Kapica），在獨立廣場事件後的最初幾天，便在宮殿的湖中撈取文件，並用吹風機將它們烘乾，然後掃描這些文件並提交給財政部、司法部的辦案員警。「對我來說，獨立廣場的抗議不僅是關於歐盟協議，更是讓我們的人民重新發現自己的烏克蘭身分。」凱皮卡這位三十多歲的金髮女性，後來成為自我推薦的總統官邸「人民監護人」，該宮殿最終會作為「貪汙博物館」對外開放。她將頭髮編成傳統的烏克蘭辮子，並戴著一條由藍色和黃色塑膠花製成的髮帶。「在獨立廣場運動之前，人們對自己是烏克蘭人感到羞愧；但抗議結束後，他們感到驕傲，因為他們為自己挺身而出。」

一位來自利沃夫的三十四歲雜貨銷售人員佩提亞（Petya），穿著傳統的烏克蘭刺繡農民襯衫，肩上披著班德拉時期烏克蘭反抗軍（UPA）的紅黑旗，快速地在宮殿空曠的長廊中來回走動，組織志願者的值班表，負責照看這些被遺棄的財物。他說：「這就是革命的模樣。」他透過窗戶望向外面，看到來自基輔的群眾，他們來這裡觀看舊政權的奢華無度。[2]

二月二十二日早晨，亞努科維奇已經抵達哈爾科夫。他得知他心愛的梅日希里亞宮殿已被人群占領，因此錄製了電視談話，將廣場革命描述為「黑幫行為、破壞活動和政變」。[3]隨後，他驅車前往哈爾科夫體育宮（Palace of Sport），準備參加計畫中的新國會會議。然而，當他步出吉普車，走向會場大門時，接到了一通手機來電。支持獨立廣場運動的足球迷突破了會場周圍的警戒線，準備闖入會議。亞努科維奇立刻轉身、重新上車，開車四小時南下前往頓涅茨克機場，他的私人獵鷹號專機正在那裡待命出發。然而，頓涅茨克的空中交通管制人員拒絕批准他飛往俄羅斯南部羅斯托夫（Rostov）的航班計畫，他只好又乘車前往克里米亞海岸，最終被一架俄羅斯直升機接走。[4]

當示威者在梅日希里亞宮殿中漫遊、走進倒台的烏克蘭總統臥室時，普丁位於郊區的官邸——新奧加廖沃，則充滿了高度的緊張氣氛。在亞努科維奇逃離基輔後的二十四小時內，普丁所做出的決策，不僅為克里米亞的併吞奠定了基礎，還為二〇二二年的入侵烏克蘭埋下了伏筆。

普丁「邀請了我們特種部隊、國防部的領導人，在二月二十三日傍晚前往克里姆林宮」，在二〇一五年時，他這樣告訴國營「俄羅斯-1頻道」（Rossiya-1）的電視記者安德列・孔德拉紹夫（Andrei Kondrashov）。參加會議的人員都是普丁領導核心圈內成員，包含國防部長謝爾蓋・紹伊古、聯邦安全會議祕書長尼古拉・帕特魯舍夫、聯邦安全局局長亞歷山大・博爾特尼科夫，以及總統辦公室主管謝爾蓋・伊萬諾夫（Sergei Ivanov），來自克里姆林宮新聞記者團的消息如此報導。[5]會議的第一項議題是「確定解救烏克蘭總統生命的任務，否則他將會被輕而易舉地清洗出局」，普丁對「俄羅斯-1頻道」解釋；第二項議題是對克里米亞實行軍事占領，目的是為了保護當地居民，避免遭受親獨立廣場運動分子的「反俄」暴力傷害。

尼古拉·帕特魯舍夫和謝爾蓋·伊萬諾夫，在聯邦安全局局長亞歷山大·博爾特尼科夫的支持下告訴普丁，由國家特種警衛局進行的私人民調顯示，克里米亞人口以壓倒性多數支持加入俄羅斯的計畫。他們也指出，烏克蘭國家現在實際上處於無領袖狀態，殘留的政府組織分裂為親／反亞努科維奇的派系。當時沒有總司令可以授權烏克蘭軍隊捍衛克里米亞；而且，烏克蘭的軍隊和安全部隊本身就分裂為親俄與反俄的派系——這在一定程度上是由於莫斯科的特務進行了大量的影響力和賄賂操作。然而，紹伊古較為謹慎，他列出了反對的理由，其中包括可能會涉及北約的干預和國際經濟制裁。[6]他還指出，當時並無具體的軍事或政治計畫來進行接管及其後續的政治處理，這意味著重大的戰略決策將不得不在倉卒中拍板定案。

經過數小時的討論，由帕特魯舍夫和普丁本人領導的鷹派最終占了上風。普丁在二〇一五年對「俄羅斯-1頻道」表示：「我們大約早上七點結束。當我們分開時，我告訴所有同事，『我們不得不開始將克里米亞歸還給俄羅斯的工作。』」然而，普丁顯然是故意記憶失常。實際上，在克里姆林宮最終決定動手的幾周前，克里米亞就已經成為俄羅斯的一部分，而不是像南奧塞梯和阿布哈茲共和國那樣理論上已經獨立的傀儡國家。

儘管此前曾表示反對，最終還是由國防部長紹伊古負責克里米亞的行動，他被告知必須「極度謹慎」地行事。[7]幾個小時後，紹伊古指派了他多年的老友、長期擔任副部長的奧列格・別拉文采夫（Oleg Belaventsev）海軍中將，作為他的政治特使前往塞瓦斯托波爾港。占領克里米亞的軍事行動正式開始。

帝國大業，自衛應急或借機開拓？

鮑利斯・葉爾欽早在一九九一年八月，當烏克蘭國會（拉達）宣布脫離蘇聯獨立之後，就曾經威脅要從烏克蘭手中收回克里米亞。極端民族主義的火爆人物弗拉基米爾・季里諾夫斯基（Vladimir Zhirinovsky）在九〇年代不時提出這一問題，與此同時，雄心勃勃的莫斯科市長尤里・盧日科夫（Yury Luzhkov）也曾試圖在一九九九年接替葉爾欽，但未能成功。然而，收回克里米亞從未是普丁的言辭之一。關於跨克赤海峽建造橋梁以連接俄羅斯南部與克里米亞的協議，最初由亞努科維奇與梅德維傑夫於二〇一〇年簽署；然而，在隨後的四年裡，莫斯科對這一橋梁工程的興趣索然，甚至對克里米亞本身也缺乏關注，以至於根本未進行可行性研究。克里米亞的脫烏問題，也從未在當地成為特別受歡迎或重要的議題；亞努科維奇的親莫斯科地區黨曾享有強大支持，但明顯支持獨立的政黨選票只不到五個百分點。

在普丁於二〇一四年成功併吞克里米亞與八年後全面入侵烏克蘭之間，普丁確實發展出對神祕民族主義及俄羅斯帝國偉大歷史正當性的某種迷戀。然而，莫斯科對克里米亞的政策和行為，在二〇一四年二月二十二日至二十七日最終危機之前，強烈顯示克里姆林宮的優先目標是保持對整個烏克蘭的俄羅斯影響力，而非將該國分裂、割走領土。直到二〇一三年至二〇一四年冬季中期，隨著亞努科維奇顯然失去對政權的掌控，克里姆林宮才開始討論實際占領克里米亞的可能性。

克里米亞區域議會主席弗拉基米爾．康斯坦丁諾夫（Vladimir Konstantinov），為這一計畫奠定了基礎。當獨立廣場危機在基輔越演越烈時，康斯坦丁諾夫數次到訪莫斯科。在二〇一三年十二月，他參加了由普丁最親密的盟友——前俄羅斯聯邦安全局局長和克里姆林宮最高安全官員尼古拉．帕特魯舍夫主持召開的俄羅斯聯邦安全會議。康斯坦丁諾夫告訴帕特魯舍夫，如果亞努科維奇被推翻，克里米亞將準備好「回到俄羅斯」。根據記者米哈伊爾・齊格爾的採訪回憶，帕特魯舍夫當時對這個消息「感到了愉快的驚喜」。在隔年一月底，由東正教億萬富翁康斯坦丁・馬洛費耶夫（Konstantin Malofeev）撰寫的政策聲明，列舉了占領克里米亞的實施方案，並開始在克里姆林宮高級顧問之間流傳。這份文件於二〇一五年二月被《新報》取得，並向俄羅斯政府提供了在亞努科維奇被罷免以及烏克蘭分裂情況下的策略，也詳細說明了併吞克里米亞及東部地區的計畫，這些計畫與後來的實際事件高度契合。馬洛費耶夫和他的合著者還概述了一個公關運動計畫，旨在為俄羅斯的行動提供正當性。8

普丁後來解釋克里米亞行動是一次先發制人的打擊，目的是防止烏克蘭新政府可能加入北約，這將導致俄羅斯黑海艦隊失去其在塞瓦斯托波爾港的歷史性總部。他告訴俄羅斯電視台：「我聽到基輔方面宣稱，烏克蘭很快將加入北約。」但事實上，這樣的結果在二〇一四年是極不可能的。英國、法國和德國在二〇〇八年明確拒絕了基輔和第比利斯的北約成員國申請，而普丁隨後對喬治亞的入侵更是加強了這一立場。而亞努科維奇的當選，則不僅讓烏克蘭的北約雄心被擱置，還在二〇一〇年通過了一項法律，禁止烏克蘭參與任何軍事聯盟，將其實現北約入會的可能性變得非法。

沒錯，亞努科維奇執政下的烏克蘭確實繼續參與一些北約的軍事演習，並向北約的反海盜行動提供了一艘軍艦。如果普丁是真心擔心北約的擴展，那他顯然疏忽了向美方提及這一問題。邁克爾．麥克福爾（Michael McFaul）曾擔任美國總統歐巴馬從二〇〇九年到二〇一二年的俄羅斯事務特別助理，並在二〇一二年至二〇一四年初擔任美國駐莫斯科大使，參加了歐巴馬與普丁或梅德維傑夫的所有會議（除了其中一次缺席），並聽取了歐巴馬與克里姆林宮的所有電話對談。麥克福爾回憶道，在這些交流中，他「一次也不記得討論過北約擴展問題」。[9]亞努科維奇的突然被推翻及可能繼任的強烈親西方政府，確實對未來構成了戰略性擔憂。但在普丁發動克里米亞行動的前夕，北約接受烏克蘭加入的可能性並不大，更不用說當時已有明確和即時的威脅。據一位高級軍事人士向美國加州大學洛杉磯分校教授丹尼爾．特瑞斯曼（Daniel Treisman）透露，在二〇一五年克里姆林宮主辦的瓦爾代（Valdai）國際辯論俱樂部會議上，俄羅斯高層官員「並不擔心烏克蘭加入北約」，但「他們確實擔心烏克蘭會取消（俄羅斯）對塞瓦斯托波爾港的租約，並驅逐黑海艦隊」。[10]

但是，二〇一四年二、三月發生的事件，提供了第三種（也是最具說服力的）解釋來說明普丁的戰略決策。他對克里米亞的占領是一次機會主義的行動，並非事先計畫，而是根據對快速變化的事態進行即時評估所做出的決定。正如普丁在二〇一五年十月告訴特瑞斯曼，這次占領半島的行動是「自發性的」，並且「根本沒有事先計畫」。[11]首先做出了決策，然後再找出正當性。

正如英國前首相溫斯頓．邱吉爾最著名的評論所說，中文中的「危機」一詞由「危險」和「機會」兩詞組成。對於那個二月夜晚聚集在克里姆林宮的人群來說，「危險」是指塞瓦斯托波爾軍港未來可能面臨的威脅，而「機會」則是基輔的混亂局勢，這意味著俄羅斯必須立刻發動攻擊，否則將永遠失去這個機會。

背叛

除了計算過的機會主義外，強烈的情感也在發揮作用，那就是對西方所謂背叛的憤怒。在克里姆林宮的壓力下，亞努科維奇已經按北約外長的要求做了所有事情，但最終仍被推翻。「他簽署了協議，命令撤回警察，並且仍然留在國內。」憤憤不平的佩斯科夫在二〇一五年告訴記者齊格爾，「歐洲的調解人承諾確保協議的貫徹執行；但發生的事情簡直令人震驚，而且完全是前所未見。」[12]

對普丁而言——在蘇聯國安會度過一生，無法想像一群憤怒的群眾會自發行動，而非依照某些更高級的操控者指令——烏克蘭獨立廣場運動的勝利，是一次個人的轉折點。普丁在他總統任期的頭十四年，一直按照西方的規則行事；他曾恭敬地出席過G8峰會，甚至自豪地在自己家鄉聖彼得堡主持過一次；他經常與西方領袖交談，不斷強調俄羅斯對其安全利益的要求應該得到重視。然而，俄羅斯——尤其是普丁個人——卻屢次被忽視，並且在他看來，遭到了無法容忍的羞辱。

一位從小就認識普丁的親密家族朋友如此說道，「他很高興能坐在桌旁，但又因為覺得有人在鄙視他而感到憤怒。」[13]普丁自己也在二〇〇七年接受《時代》雜誌訪問時，確認了自己深深的個人委屈及抱怨，當時該雜誌將他選為「年度人物」。普丁表示：「有時會覺得，美國似乎不需要朋友。有時我們會認為，你們需要一些輔助性質的國家來指揮。」他進一步表示，對美國人而言，俄羅斯人「還有點野蠻兇殘，或許剛從樹上爬下來，你知道的，可能需要梳理頭髮、修剪鬍子，還要把鬍鬚和頭髮裡的灰塵洗掉。」[14]在西方被認為在獨立廣場運動中背信忘義之後，普丁認為時機終於來臨，該展示俄羅斯人並非野蠻人，而是一個決心要贏得尊重的國家。當「莫斯科回聲」電台總編輯阿列克謝·韋內迪克托夫向普丁指出，併吞克里米亞違反了國際法時，普丁的回應頗具意味，「不公平，是嗎？那麼這樣做對嗎？」普丁對韋內迪克托夫說，「從本質上而言，克里米亞就是俄羅斯的。所以，我們正在做正確的事。」[15]

所有後來促使普丁於二〇二二年發動入侵的因素——對外來侵犯的恐懼、對西方虛偽的憤怒、帝國的野心——在亞努科維奇倒台後的幾小時和幾天內逐漸形成。對普丁而言，西方大國所謂策畫獨立廣場運動勝利的真正目標，不是亞努科維奇，而是普丁自己。佩斯科夫在接受齊格爾訪問時說，廣場革命「對俄羅斯構成了直接威脅」，西方的「目標是擺脫普丁，他們不喜歡他。俄羅斯在普丁領導下過於固執，不願做出讓步。他們願意採取任何方法來除掉他。甚至早在烏克蘭之前，我們就有這種感覺；但在烏克蘭之後，情況變得不同了。在烏克蘭獨立之後，外交面具已被撕破。在那之前，衝突還被包裹在外交的塑膠包裝裡；但現在，塑膠包裝被撕掉了。」[16]從二〇一四年二月二十三日開始，普丁就自我認定，與集體化的西方已經處於戰爭狀態之中。

克里米亞是我們的

俄羅斯海軍中將奧列格．別拉文采夫於二〇一四年二月二十三日中午左右，抵達克里米亞的辛菲羅波爾機場。他是俄羅斯國防部長謝爾蓋．紹伊古的長期助手，別拉文采夫既是海軍將領，也是普丁、帕特魯舍夫、博爾特尼科夫、伊萬諾夫等人的前蘇聯國安會職業軍官；他曾在蘇聯駐倫敦大使館擔任間諜，後來管理與紹伊古有關的一些爭議性企業。[17]

儘管他在情報工作、軍事指揮、克里姆林宮內部運作和官僚商業領域擁有豐富經驗，但他對克里米亞的政治局勢卻知之甚少。在考慮並排除了兩位經驗豐富的克里米亞政治人物後，他最終找到了他所需要的人來帶領克里米亞脫離烏克蘭，回歸俄羅斯。

謝爾蓋・阿克肖諾夫（Sergei Aksyonov）是克里米亞鮮為人知的「俄羅斯統一黨」領袖，他並不是一位老派的政治機器人物，而是一位前拳擊手和親俄商人，普遍以其黑幫綽號「哥布林」（Goblin）為人所知。普丁在次年對俄羅斯電視台表示：「克里米亞議會的發言人告訴我，阿克肖諾夫是我們的切・格瓦拉（Che Guevara）。」他補充道，「這正是我們所需要的。」阿克肖諾夫將成為克里姆林宮僱用的首位地下世界老大，這些人被用來確保俄羅斯在烏克蘭新領土的控制。

為了扶植阿克肖諾夫上台，克里姆林宮派遣了來自聯邦安全局（FSB）和軍事情報局（GRU／格魯烏）的「顧問」前往辛菲羅波爾。其中一位是伊戈爾・吉爾金（Igor Girkin），他是前聯邦安全局官員和熱衷的軍事重演者，他在使用新的戰名「伊戈爾射手」（Igor Strelkov）後，很快就背離正軌，開始在頓巴斯地區發動自己的私人戰爭。克里米亞議會召開的緊急會議，迅速定於二月二十六日，拒絕參加的議員被聯邦安全局的便衣人員從家中綁架、強行押送到會議現場。隨著謠言四起，稱克里米亞最高議會將要求普丁將該省納入俄羅斯聯邦，議會大樓外爆發了打鬥事件，俄羅斯人（包括聯邦安全局便衣人員）出來支持，而克里米亞韃靼人則進行抗議。隨後的衝突中，有兩人死亡——當中一人被踩死，另一人因心臟病發作死亡。

紹伊古此時終於找到了進軍的藉口，表面上是為了防止進一步的動盪。一夜之間，十架俄羅斯軍機降落在辛菲羅波爾，運載了來自普斯科夫（Pskov）的第七十六近衛空降師（76th Guards Division）的空降兵。[18]第二天早晨，穿著無軍階標誌的俄羅斯軍人，迅速占領了克里米亞的地方議會及其他重要政府大樓，他們還控制了半島的兩個機場，並向辛菲羅波爾和塞瓦斯托波爾的街道擴散。普丁和紹伊古公開且反覆否認這些人是來自莫斯科的部隊，「任何人都可以在商店裡買到俄羅斯軍服，」普丁在俄羅斯電視台上帶著他的標誌性微笑說。國營的俄羅斯媒體接受了這一說法，興高采烈地將這些神祕的軍人稱為「小綠人」和「禮貌的人」。

在二月二十八日，又一架俄羅斯依留申-76（Il-76）軍用運輸機降落在辛菲羅波爾，機上載著一些平民志願者，這些志願者將證明比之前抵達的俄羅斯精銳部隊更具威脅性。首批一百七十名俄羅斯志願者大多是阿富汗和車臣的退伍軍人，也包括一些運動員、摩托車幫派成員和「愛國俱樂部」的成員。他們是由杜馬議員弗朗茨・克林特塞維奇（Franz

Klintsevich）組織動員的，克林特塞維奇是「阿富汗退伍軍人聯盟」的領袖，也是紹伊古的長期朋友。與幾天前被派遣的聯邦安全局、軍事情報局小組類似，他們的任務不是作戰，而是扮演克里米亞普通民眾的角色，進行抗議並要求俄羅斯重新掌控該半島。

總共花了四天時間，克里米亞的占領行動迅速完成，過程相對無血（唯一的例外是少數反對派活動人士被綁架、毆打甚至殺害），而且大多數民眾支持這一過程。然而，即便克里米亞已經處於俄羅斯軍事控制之下，普丁仍然猶豫不決。儘管他後來對俄羅斯電視台表示，並非在二月二十三日就決定「將克里米亞歸還俄羅斯」，事實上，當克里米亞議會在二月二十七日投票決定於五月二十五日舉行公投時，選項仍是保持現狀，或是允許克里米亞成為「一個自給自足的國家……在各種條約和協議的基礎上，還是屬於烏克蘭的一部分」。

在三月一日至二日的夜晚，普丁與歐巴馬進行了長達一個半小時的通話。歐巴馬後來對記者表示：「俄羅斯不能肆無忌憚地將軍隊派到克里米亞，並且違反全球公認的基本原則。」美國威脅將抵制原定於六月在索契舉行的G8峰會，並採取「外交措施」來「孤立俄羅斯」。[19]普丁發現，自己再次被自己軍事行動的趨勢進程所困。若克里米亞在烏克蘭內部獲得獨立，那將意味著基輔軍隊的回歸和俄軍的撤退——這無疑會是在美國總統的譴責下做出的屈辱性退讓。普丁拒絕接受這樣的局面。

普丁也發現自己成了俄羅斯愛國主義宣傳運動的囚徒（但這並非最後一次），這股宣傳在俄羅斯媒體中如火如荼地爆發開來，「對克里米亞的狂喜情緒是如此強烈，」俄羅斯國營電視台編輯安娜．邦達連科回憶道，「克里米亞是我們度過童年假期的地方。每一位年紀稍長的俄羅斯公民都知道並愛著它。那就像是我們俄羅斯人的天堂，現在又能重歸故里了。」即使是普丁的長期批評者，也發現自己認同克里米亞確實是「我們的」。邦達連科說：「二十年來，我們（俄羅斯人）被全世界的人忽視和取笑；現在，俄羅斯終於站了起來。新聞編輯室裡的人都在哭，這真是讓人無比激動。」普丁的支持率飆升至八七％以上。汽車滿載揮舞著俄羅斯國旗的人們，在莫斯科的花園環路（Garden Ring）上巡遊，喇叭聲震耳欲聾。俄羅斯人民欣喜若狂，普丁是他們的領袖，他必須跟隨他們的腳步。

在三月四日的記者會上，普丁公開否認俄羅斯計畫併吞克里米亞，儘管事實上，這一決定早已做出。普丁透過談論科索沃來為此鋪路，科索沃是南斯拉夫的一個省，經過北約於一九九九年對貝爾格勒的轟炸後獲得了獨立。「任何人都無法排除一個民族尋求自我獨立的權利，」他對記者說；反向解讀，普丁的意思是，儘管他確實沒有計畫直接併吞克里米亞，但如果克里米亞人民希望加入俄羅斯，他會接受其請求。這是一個典型的普丁雙重語言（doublespeak）策略：字面上是正確的，但在精神上卻是極大的謊言。

到了三月十六日，匆忙舉行的公投結果顯示，克里米亞有九六．七七%的居民支持加入俄羅斯。兩天後，普丁簽署了正式條約，將克里米亞接納為俄羅斯聯邦的一部分。這一模式，他在二〇二二年九月再次重複，當時在俄國占領的烏克蘭各州：盧甘斯克、頓涅茨克、赫爾松、札波羅熱（Zaporizhzhia），舉行了倉卒的公投，隨後迅速進行了併吞。隨後的一天，普丁迎來了自己的「神格化」，這是克里姆林宮版的羅馬皇帝凱旋儀式。在一場精心編排的典禮上，克里姆林宮聖喬治大廳的金色大門緩緩打開，普丁自信地走上階梯，兩側是穿著拿破崙時代制服的克里姆林宮儀隊。等待他的是超過一千名來自俄羅斯政治、軍事、文化精英的成員，包括俄羅斯上下兩院的所有議員、各州州長，以及一大批影星、導演、體育名人、效忠的記者和藝術家，每個人都在歡呼和鼓掌。

在他的演講中，普丁將責任完全推給了北約，指責北約迫使俄羅斯採取行動。「他們不斷試圖將我們逼入死角，因為我們有獨立的立場，因為我們堅持自己的立場，並且因為我們說的是真話，而不是偽善，」普丁在熱烈的掌聲中訴說，演講中斷了二十七次——最後兩次是全場起立鼓掌。「但一切都有底線。關於烏克蘭，我們的西方夥伴已經越過了這條界線，扮演了熊的角色，並且不負責任、不專業。他們隨心所欲地行事：這裡那裡，他們對主權國家使用武力，並且根據『如果你不站在我們這邊，就是反對我們的敵人』這個原則組建聯盟……北約仍然是一個軍事同盟，我們反對一個軍事同盟在我們的家門口及歷史領土上駐紮、扎根。」除了這些熟悉的抱怨，普丁還發出了令人不安的新警告，「一些西方政治家不僅以制裁威脅我們，還威脅到我們在國內面臨越來越嚴重的問題。」隨後他問道，「我想知道他們腦中究竟想些什麼？難道希望第五縱隊——這個一群國家的叛徒趁機展開行動？」然而，普丁也給出了重要警告，明確排除了進一步併吞領土的可能性。「不要相信那些試圖用俄羅斯來嚇唬你們的人，也不要聽信那些大喊克里米亞之後、其他地區也將加入的言論……我們不需要這些。」然而，他自己的後續行動則證明了他在撒謊。二〇二二年九月三十日，在同樣的大廳，普丁會再次召集俄羅斯的精英，批准他併吞更多的烏克蘭土地，並宣稱這些州像克里米亞一樣，將「永遠成為俄羅斯的一部分」。

在普丁演講結束後，整個大廳的與會者起立並齊聲高喊「俄羅斯！俄羅斯！」和「普丁！普丁！」在他離開時，車臣總統拉姆贊．卡德羅夫（Ramzan Kadyrov）以洪亮的男中音高唱俄羅斯國歌。他對一位熟人開玩笑道：「好，接下來是什麼？阿拉斯加？」[20]

一周後，聯合國大會以一百贊成、十一反對的票數決議宣布——克里米亞公投及併吞無效。顯然，普丁並不在乎。西方國家也提出抗議，但抗議的力度並不大。波蘭的外交部長拉多斯瓦夫・西科爾斯基直言，克里米亞的併吞是一次「試圖依照民族劃分重新劃定歐洲版圖……歐洲是建立在超越邊界的原則聯合，而非在重新劃地劃界的原則上」。西科爾斯基將普丁與希特勒相提並論：「無人擁有單方面更動邊界的權利，來回應所謂的民族怨恨。我們早就看到了，當一位歐洲領袖試圖這麼做時發生了什麼：當時蘇聯人民為此付出了巨大代價。」

然而，美國和歐盟所採取的唯一具體行動，就是宣布對普丁的幾位親近盟友實施個人制裁。就像普丁在喬治亞入侵後所預測的那樣，對俄羅斯國家或企業並未立即採取任何嚴厲的懲罰。而正如普丁所預言的那樣，西方對併吞克里米亞的反應，無非是相當於溫和打手腕的力度。

流血的神像

烏克蘭的俄語少數民族在亞努科維奇逃亡後感到震驚和憤怒，因為亞努科維奇自詡為他們的保護者和開路先鋒。隨著他的離去，在俄語地區的城市，如盧甘斯克、哈爾科夫、敖德薩、第聶伯羅彼得羅夫斯克、頓涅茨克，爆發了大規模抗議。示威者手持標語，上面寫著「要防暴警察！」和「不要法西斯！」[21]頓涅茨克大學歷史系學生謝爾蓋・費多連科（Sergei Fedorenko）回憶道，「你們在基輔有你們的獨立廣場，這是我們的獨立廣場。」[22]

到二〇一四年四月初，烏克蘭東部和南部顯然有強烈支持地方自治——如果不是完全的分裂主義和戰爭——的情緒。在克里米亞行動、相對平靜但不安的幾周過後，一些小規模但暴力的親獨立運動在烏克蘭東部的斯拉夫揚斯克（Sloyansk）、盧甘斯克、頓涅茨克等城市爆發，這些運動由一群手持各式各樣武器的非法武裝分子領導。他們與克里米亞被部署的無徽章、紀律嚴明的俄羅斯常規軍隊完全不同。頓涅茨克市區一家婦女服飾店的老闆索菲亞・伊夫麗娃（Sofia Ivleva）回憶道：「這些人看起來像一群土匪。他們來到當地政府大樓，叫警衛滾開。他們臉上蒙著布，看起來像銀行搶匪。」[23]

最著名的叛軍領袖都是俄羅斯公民，與莫斯科安全勤務部門有著深厚聯繫，許多人是在二月底由中將別拉文采夫帶來的「志願者」，他們飛抵烏克蘭。前面曾提到的伊戈爾・吉爾金，通常以他的戰名「伊戈爾射手」為人所知，曾是聯邦安全局的官員，他帶領叛亂者占領斯拉夫揚斯克。

根據吉爾金自己的說法，發動頓巴斯武裝起義的決定是他個人做出的，而非克里姆林宮的指令。「起初，沒人想打仗，」吉爾金在極端民族主義報紙《明日報》（*Zavtra*）中說，「是我開啟戰爭的序幕。如果我們的隊伍沒有越過邊界，這一切就會像哈爾科夫或敖德薩的起義那樣以失敗告終，會有幾十人被殺、燒傷或被逮捕，然後一切都會結束。是我們的隊伍啟動了戰爭的飛輪。我們把政治桌上的所有牌都重新過牌了。」

吉爾金在撒謊。雖然未必直接來自普丁，但莫斯科確實有指導。在二〇一六年八月，烏克蘭國家安全局公開了從二〇一四年二月起的電話截聽紀錄，這些紀錄是俄羅斯總統顧問謝爾蓋．格拉濟耶夫和俄羅斯杜馬獨聯體事務委員會第一副主席康斯坦丁．札圖林（Konstantin Zatulin）之間的對話。

「我們已經資助了哈爾科夫，也資助了敖德薩，」札圖林在電話中被聽到對格拉濟耶夫說。「小額的，兩千、三千……我有四份撥款由（自我宣布就任的塞瓦斯托波爾市長）沙利（Chaly）簽署的請求，金額是五萬。」

「所以你就付錢了，」格拉濟耶夫回話說，「你必須要做個費用估算。我要將數字轉告負責人，請他們在這個估算基礎上辦事。」

札圖林在接受「商業FM」電台訪問時確認了這些通話確實存在，但他表示這些錄音被「斷章取義」了。[24]在其他通話中，格拉濟耶夫被記錄到，指導新上任的克里米亞領袖謝爾蓋．阿克肖諾夫如何擬定全民公投的措辭；而最為嚴重的是，錄音顯示格拉濟耶夫直接指示當地的組織者，如何發動武裝政變、推翻當地政權。

格拉濟耶夫對來自敖德薩的親俄活動分子說：「經過特訓的人應該把班德羅維奇（Banderovtsy，烏克蘭新納粹分子）趕出（地區）議會大樓。」他接著說：「然後他們應該安排一個地區政府會議，召集執行機構……就像在哈爾科夫那樣。在哈爾科夫，人們把所有班德羅維奇趕走，還找到了當地的軍火庫，分發武器給親俄民眾。他們會召集地區政府行政人員，然後也會向我們的總統（普丁）提出請求。」[25]格拉濟耶夫一再強調，組織者應該極力保持示威活動看起來是「當地的」而且是「自發性的」。[26]他還承諾，當地活動分子會得到來自俄羅斯的支援，包括「派我們的傢伙進去」。[27]

在格拉濟耶夫的「傢伙」中，吉爾金因其紀律性和軍事風範，迅速成為最具知名度的分裂主義領袖。吉爾金留著修剪整齊的小鬍子、穿著整齊的軍裝，並以細心的魅力自我塑造為一名前革命時期的沙皇軍官。他禁止自己一千名自稱為「地方防衛隊」的隊伍罵髒話，並下令立即處決兩名因為搶劫而犯錯的隊員。此外，亞歷山大．波洛岱（Aleksander Borodai）是一位當地商人，曾在九〇年代初期領導過頓涅茨克分支的MMM金字塔龐氏金融騙局計畫，也從當地黑幫中徵召了不少力量，成為烏東地區的重要分裂勢力。

在烏克蘭全國的俄語城市中，民眾對反叛分子的支持，以及在獨立廣場運動後對臨時政府的憤怒情緒，在五月底將舉行的新總統選舉前不斷升高。在敖德薩，反獨立廣場運動的帳篷營地於一月二十六日在市中心的庫利科沃廣場（Kulykove Pole）建立，根據與當地政府的協議，此營地計畫在五月二日拆除。但隨後，一群激進的反獨立廣場運動示威者（其中包括與格拉濟耶夫有過聯繫的活動家）占領了附近的工會大樓。兩派之間爆發了街頭衝突，警方對此幾乎未加制止。有人故意在工會大樓一樓縱火，數百名示威者被困在樓內。這場大火造成了四十六人因吸入煙霧和槍擊而喪生。

在頓巴斯，叛軍與自由作戰的烏克蘭民族主義民兵之間發生了一系列未決的軍事衝突，這使得頓涅茨克和盧甘斯克的分裂區域越來越明顯，只有透過全面的軍事干預，才能將其重新納入基輔的統治之下。彼得．波羅申科（Petro Poroshenko）於五月當選為總統，他是一位巧克力業界大亨，並在不久後宣布對頓巴斯叛軍發起一場「反恐行動」。

與烏克蘭常規軍隊並肩作戰的是一群匆忙組建的「愛國人民民兵營」，這些民兵大多來自於基輔獨立廣場運動血腥衝突中鍛鍊過的民族主義戰士。這些民兵營被簡稱為「營」，他們進行了最早、最激烈的戰鬥。基本上，他們是私人軍隊，有些由烏克蘭商人資助，譬如著名的第聶伯羅彼得羅夫斯克寡頭（也是猶太活動家）伊戈爾．科洛莫伊斯基

（Ihor Kolomoisky），他資助了名為「第聶伯-1」（Dnipro-1）的營，以及後來的「亞速營」（Azov Battalion，後來更名為「Azov Regiment」，也可稱為「亞速團」）。還有一些民兵營則是單打獨鬥的角色，像是奧列．利亞什科（Oleh Lyashko）的極端民族主義「烏克蘭營」，利亞什科因為駕駛裝甲車巡遊東部城鎮，綁架當地市長遊街，直到市長同意簽署效忠基輔政府的誓詞才罷手，他也因此聲名狼藉。還有少數民兵組織，如右翼區域（Right Sector）的武裝分支，是自稱為隸屬政黨的軍事分支機構。戰爭的最初幾個月，這些民兵都不受烏克蘭政府和軍隊的直接控制。

許多自由行事的兵團（包括由科洛莫伊斯基資助的）與烏克蘭的極右勢力有聯繫。像「右翼區域」這樣的烏克蘭極端民族主義政黨，在國家選舉中從未獲得超出百分比一位數內的選票；然而，他們在戰場上的突出表現孕育了一則神話，這則神話被俄羅斯迅速武器化——即基輔政府是由「法西斯」勢力主導的。「右翼區域最初是一個組織，涵蓋了從極端激進派到自由派的所有人，」該黨副主席波利斯拉夫．貝列札（Boroslav Bereza）在基輔的一家咖啡館裡向我解釋，這家咖啡館裝飾著班德拉時期烏克蘭反抗軍的黑紅色旗幟。「最初，像白旗（White Hammer）、班德拉論壇（Trizub Bandery）、烏克蘭愛國者（Patriots of Ukraine）等極端派系也都加入其中。這些組織都想要烏克蘭獨立，而『右翼區域』將他們聯合起來。有些人改變了自己的理念，變得更主流；但有些人沒有——像白旗，他們不守紀律，現在也不再是右翼區域的一部分。」為了加劇這種意識形態上的混亂，貝列札把手伸進襯衫裡，取出掛在脖子金鏈上的猶太教大衛星。「我是猶太人，但我是烏克蘭猶太人，」他對我說，「這是我的祖國，我愛她，也希望我的孩子們能在這裡生活。烏克蘭法西斯主義是俄羅斯政治技術專家的捏造。」[28]

到了二〇一四年六月，烏克蘭軍隊開始奪回頓巴斯地區的城市，包括馬里烏波爾，這座城市在前一個月曾被叛軍短暫占領。吉爾金於七月五日撤離斯拉夫揚斯克，並退回到頓涅茨克，這時他竭盡全力挑起的大規模衝突，正在自己周圍醞釀著致命後果。包括吉爾金在內的叛軍領袖們，開始激烈批評普丁拋棄了他們的獨立運動。作為回應，克里姆林宮派遣了由俄羅斯軍隊操作的重型武器，這些武器被臨時「退役」，提供給叛軍使用，其中包括至少一套「山毛櫸」（Buk）地對空導彈系統。七月十七日，「山毛櫸」成功擊落一架烏克蘭運輸機；之後，操作人員誤將一架馬來西亞的波音777客機誤認為軍機並將其擊落，導致機上兩百九十八人全部罹難。

飛機的殘骸——餐桌、行李箱、機上雜誌、頭頂行李櫃、繫好安全帶的指示燈、廁所門、餐車、毛毯、耳機、大衣、休閒服飾和男女鞋襪——散落在三個村莊的各處，走過這些飛機殘骸物件，是我二十五年戰地生涯中最恐怖的經歷之一。西方國家感到震驚與憤怒，而克里姆林宮竟厚顏無恥地謊稱客機是被烏克蘭戰機擊落的。隨後，西方對俄羅斯國營公司進行了更嚴厲的制裁，禁止它們在國際上籌集資金——但這些制裁顯然沒有足夠的嚴厲性，並不足以遏止普丁加強對頓巴斯叛軍的隱祕支持，儘管（檯面上）始終沒有正式動用俄羅斯軍隊。

在二〇一四年七月，烏克蘭軍隊與新成立的頓涅茨克人民共和國（DNR）叛軍，在距離頓涅茨克約六十五公里的薩武爾—莫柬拉（Savur-Mohila）巨大蘇聯戰爭紀念碑周圍爆發激烈戰鬥。這個位於頓涅茨克山脊上的戰略高地，因為是史前墓地的所在地，因此被稱為「薩武爾墳場」——在一九四三年，這裡曾是德軍與前進的蘇聯紅軍進行驚天對決的場所。超過十五萬名蘇聯士兵被埋葬在那裡，他們的犧牲在一九六三年由一座兩百七十七公尺高的混凝土方尖碑紀念，方尖碑上裝飾著一座超現實比例的蘇聯戰士銅像。這座紀念碑卻被烏克蘭戰機和叛軍的榴彈炮炸成碎片，留下了一片破碎的混凝土場地，以及高如房屋的扭曲鋼筋。一條宛如迷宮般曲折的戰壕從山頂蜿蜒而下，偶爾能見到沉寂的未爆彈頭反射出死氣沉沉的光芒，還有新修建的叛軍戰士墳墓，墳墓上懸掛著橘黑兩色相間的聖喬治勳帶。

此役之後，烏克蘭軍隊挺進到頓涅茨克的郊外，摧毀了最近建成的最先進機場設施和足球體育場。八月，頓涅茨克地區博物館遭到火箭攻擊，摧毀了一側建築，也炸死了附近一輛小巴內的三個路人。在博物館庭院內，矗立著一排古老的斯基泰（Scythian）生育神像，至少有三千年的歷史——全都是臀豐厚、乳房下垂、戴著尖頂帽或可能是盤繞髮型的女性。其中一座被炮擊斬首，其他的也都布滿了彈片的損傷，這將它們日晒雨淋黑色外觀下的淺色砂岩暴露在世人面前，看上去就像在流血受難。

顯然，頓涅茨克人民共和國的非正規軍和俄羅斯志願者，無法單靠自己抵擋烏克蘭人的進攻。對烏克蘭的致命打擊來自偽裝的俄羅斯正規軍和炮兵部隊之參戰，他們在八月二十四日至二十六日，於伊洛瓦伊斯克（Ilovaisk）的戰役中擊潰了烏克蘭的進攻力量。歐洲領袖迫使波羅申科與叛軍進行停火談判，而普丁則堅持俄羅斯並未參與這場戰爭。

與此同時，頓巴斯共和國在戰後廢墟上，開始無奈地認同正常化的假象——既不再是烏克蘭的一部分，也不是俄羅斯的一部分。大約三分之二的戰前頓涅茨克和盧甘斯克的人口逃離，其中大多數前往了烏克蘭。新成立的政府由當地的黑幫頭目、前共產黨官員以及一群極端宗教分子和極端民族主義者組成，其中既有當地人，也有俄羅斯人。

頓涅茨克人民共和國的副國防部長費奧多爾・貝雷津（Fyodor Berezin），是一位穿著講究、年約五十的男子，擁有整潔的白色鬍鬚、半月型眼鏡及和藹微笑。他穿著別致的美式軍服（是富裕的叛軍上層人物的制式服裝），肩膀上繫著一條華麗的聖喬治勳帶，看起來，他像是肯德基爺爺和寇茲上校（電影《現代啟示錄》中越戰老兵角色）的結合體。在之前的生活中，貝雷津曾是一位作家，撰寫了二十二本未來軍事科幻小說，特別描繪了重新崛起的蘇聯和敗落的美國之間的史詩級戰鬥。令人驚訝的是，貝雷津於二〇〇九年所著的小說《二〇一〇年戰爭：烏克蘭戰線》（*War of 2010: Ukrainian Front*）之封面，描繪了一架民航客機被地對空導彈擊落的情景。他的《第三次世界大戰：火焰中的世界邊緣》（*World War III: On the Threshold of a World in Flames*）的簡介寫道：「克里米亞的武裝衝突有擴散到整個歐洲的威脅！而俄羅斯並未置身事外。未來戰爭的關鍵戰場將是——烏克蘭前線！」

貝雷津的一些觀點很古怪，例如他認為人類生活在一個由複雜電腦程式控制的矩陣中；其他觀點則或多或少與普丁的觀點一致。「第三次世界大戰始於二〇〇一年九月十一日，」貝雷津在我們坐在頓涅茨克的哈瓦那香蕉夜總會時告訴我，這是一間以古巴為主題、裝潢奇異的地下室酒吧，老闆用自己特製的大份馬丘比丘節日零食招呼顧客。「帝國主義者並未調查這次襲擊是由中央情報局（CIA）還是由真正的恐怖組織所為；相反地，帝國主義決定，地球上的自然資源是有限的，而我們不在乎為了爭奪它們而與任何人開戰。這場戰爭始於伊拉克，然後蔓延到敘利亞、利比亞，現在它來到了烏克蘭……只有俄羅斯才是與之抗衡的力量。俄羅斯說——不！也許最終西方會說，好吧，我們會集中精力發展自己的資源，而不是再去竊取別人的資源。」[29]

在意識形態光譜的另一端，是伯里斯·利特維諾夫（Boris Litvinov），他是頓涅茨克人民共和國最高蘇維埃主席（該叛軍立法機構自稱如此）。他比大多數叛軍領袖年長一代，已經六十歲，畢業於莫斯科的馬克思列寧主義學院，以及頓涅茨克音樂學院，他在那裡學習了低音大提琴，並且在一個爵士和搖滾樂隊中彈奏貝斯；他還曾經做過六個月的煤礦工人。對他來說，這場叛亂給了頓涅茨克一個機會，以一種嶄新、更優化的形式重振蘇聯。「在過去的二十五年裡，烏克蘭的宣傳對蘇聯描繪了非常負面的形象，」他在晚上十一點仍坐在頓涅茨克政府大樓的辦公桌前告訴我，「他們強調了大清洗和饑餓，但他們忘記了蘇聯的社會正義、在第二次世界大戰中的偉大勝利、太空的征服、我們科學家和學者的偉大。他們忘記了我們總是充滿信心地展望明天。這就是我們對頓涅茨克人民共和國的願景。」

他認為，俄羅斯的偉大使命是拯救世界脫離狹隘的民族主義和法西斯主義。利特維諾夫說：「倒不如說，俄羅斯民族主義並不存在，我們談論的是國際主義。這正是我們革命的根本原因。所有早期的烏克蘭總統……只為烏克蘭人執政；俄語遭到歧視，歷史和記憶被竄改。但頓巴斯和哈爾科夫是不同的，我們是年輕的地區，不像基輔；我們是在工業革命期間成立的，只有一百五十年的歷史。人們從世界各地來到這裡，蘇聯就是國際主義的大家庭。我們頓涅茨克人民在傳統上和精神上，都是國際主義者。」

利特維諾夫相信，這個新的革命共和國應該實行「戰時共產主義」（war communism）——意味著將私人工業企業和土地國有化，並創建蘇聯形式的集體農莊。我試探地指出，烏克蘭上次嘗試這樣做的結果並不理想，利特維諾夫回答：「當然，大饑荒是令人遺憾的，但我們需要從過去吸收所有最好的實踐，指導我們奔向未來！我們是從零開始的，甚至是從零以下！」[30]

第四章
屬於我的明天

遲早，這無止境的場面將結束。
到時，我們將復仇；毫不留情。

——俄羅斯思想家亞歷山大・杜金（Aleksandr Dugin）1

神化的崇拜

從二〇一四年克里米亞被占領到二〇二〇年新冠疫情爆發的六年間，代表著普丁的受歡迎程度與權力的巔峰（神格化）時期。這段期間也為一種致命膨脹的個人／國家自信奠定了基礎，最終直接導致了二〇二二年對烏克蘭的入侵。

克里米亞回歸俄羅斯，使普丁在民調中威望飆升，並引發了全國範圍的狂喜，這股熱潮不僅席捲了民族主義者和保守派，甚至令俄羅斯的大量自由派知識分子也為之振奮。即便是普丁的資深對手阿列克謝・納瓦爾尼（Aleksei Navalny）也同意克里米亞人民有權加入俄羅斯——儘管他不同意普丁在實現這一目標時的手段。

確實，烏克蘭最終的命運還處在懸而未決的交戰之中。俄羅斯支持的頓巴斯起義，已成功將略少於一半的頓涅茨克省和三五%的盧甘斯克土地從烏克蘭版圖切割。但兩次的俄羅斯正規軍隊直接介入並與烏克蘭軍隊在戰場上交鋒——其一是二〇一四年八月的伊洛瓦伊斯克地區戰鬥，二是次年夏天的傑巴利采沃戰鬥——似乎證實了俄羅斯在軍事上的壓倒性優勢。隨著普丁將資金投入軍事建設，這種數量和技術上的優勢在戰爭期間逐漸增長；與此同時，也滋生了一種信念，認為下一次若選擇全力投入全面入侵，俄羅斯將輕易獲勝。

然而，至關重要的是「新俄羅斯」的夢想——將在蘇聯解體後、被困在烏克蘭的俄羅斯族群帶回偉大俄羅斯聯邦的計畫——在當時依然存在於一群接近克里姆林宮的俄羅斯東正教民族主義者心中，儘管他們尚未成為普丁計畫與思維的核心人物。從二〇一四年到二〇二〇年，透過武力建立偉大俄羅斯的意識形態，已從邊緣擴展到政治主流領域，最終進入了官方政府政策的核心。這一轉變主要是由三位關鍵思想家的推動——一位哲學家、一位億萬富翁和一位僧侶——以及他們在克里姆林宮內部的幾位具影響力盟友共同完成的。

法西斯主義哲學家：亞歷山大・杜金

自八〇年代以來，哲學教授亞歷山大・杜金就一直相信，俄羅斯的天命是成為一個基督教東正教信仰與帝國強權結合的大國，這個國家與西方自由主義完全不同，並且與之對立。杜金本人那張粗獷、蓄鬍的面容，以及他充滿自信的氣質，使他看起來像是托爾斯泰小說中一位轉世重生的聖者（starets）。然而，他那種充滿激情的教條主義——經常用德國哲學家馬丁・海德格（Martin Heidegger）和德國地緣政治家卡爾・豪斯霍費爾（Karl Haushofer）的長篇引述，並且在講話時用手戳向對方胸膛——也十分體現了晚期蘇聯知識分子習慣性地將資訊與知識、現實與真理混為一談的特徵。像他那一代的許多思想家一樣，杜金將那種不容妥協的狂熱意識和自我信仰固執，偽裝成知識辯論的外衣。

杜金的職業生涯反映了他國家意識形態的歷程，從蘇聯帝國垂死歲月裡的知識混亂，到普丁後期年代的激進復仇主義。他作為一名受過學術訓練的哲學家，在八〇年代成為了反共異議人士。然而，與許多異議人士不同的是，他拒絕了俄羅斯應該走向西方自由民主化道路的觀點；相反地，他主張一種俄羅斯族群民族主義的願景，並與神祕的宗教情感相結合，構成了他獨特的俄羅斯法西斯主義品牌基礎。一九八八年，杜金創立了一個極端民族主義、反猶太的政治團體，名為「記憶社」（Pamyat/Memory），該團體認為神聖的、上帝賦予使命的俄羅斯帝國，被無神論的布爾什維克猶太人所劫持、破壞並最終摧毀。在後蘇聯時代充滿意識形態狂熱漩渦的政治形勢下，儘管杜金公開表現出反猶立場，他仍為新改組的俄羅斯共產黨組織編寫政治綱領。

一九九三年，杜金說服了激進作家愛德華·利莫諾夫，加入一個新的、更具革命性的運動，他們將其命名為「民族布爾什維克黨」（NBP）。此組織的象徵標誌，是紅色背景下、白色圓圈內的黑色鐮刀和錘子——這是俄羅斯法西斯主義的新萬字符號。四年後，杜金出版了兩本關鍵著作，其中一本是《地緣政治基礎》（*Foundations of Geopolitics*，其書名本身就是在向納粹歐亞主義思想家卡爾·豪斯霍費爾致敬），這本書後來被俄羅斯總參謀部的軍事學院採納為教科書[2]；另一本是《法西斯主義——無限的紅色疆界》（*Fascism-Borderless and Red*），雖然這本書並非由官方正式承認或採用，但它最終成為了普丁主義最後階段的意識形態藍圖。杜金在書中描述了俄羅斯從一種腐敗西方形式的自由資本主義轉型為一種「國家資本主義」，並進一步轉變為在俄羅斯實現的「真正的、徹底的、革命性的、一致的法西斯主義」。[3]

在杜金的願景中，「俄羅斯法西斯主義是自然的民族保守主義與對真正變革的熱切渴望之結合。」脫離了西方自由派所強加的腐敗，俄羅斯將能夠自由地追求其真正的帝國命運。他在二〇一二年寫道：「我們這些保守派希望擁有一個強大、穩固的國家，渴望秩序和健康的家庭、積極的價值觀，強化宗教和教會在社會中的重要性。」那時，杜金已經在與克里姆林宮合作了，「我們要愛國的廣播與電視、愛國的專家、愛國的俱樂部，我們要能夠表達民族利益的媒體。」[4]他也強烈反對推行網路——「這種現象值得禁止，因為它沒有為任何人帶來任何好的東西」——並呼籲「所有東正教俄羅斯人……在俄羅斯總統周圍團結起來，參與這場善與惡的最後決戰，效仿伊朗和北韓，戰勝西方邪惡勢力。」[5]

杜金個人對普丁抱有理想化的看法，儘管他反對圍繞在普丁身邊的克里姆林宮技術官僚所推行的自由經濟政策，「普丁無處不在，普丁是一切，普丁是絕對的，普丁是不可或缺的，」杜金在二〇〇七年告訴我。[6]然而，在二〇一二年初之前，杜金和其他民族布爾什維克黨人一樣，一直視自己為克里姆林宮的激進民族主義反對派的一部分。但隨著普丁重新當選總統（第三個總統任期），莫斯科和聖彼得堡爆發了大規模抗議活動，克里姆林宮的首席意識形態家弗拉季斯拉夫・蘇爾科夫決定，將杜金激烈的言辭納入普丁新意識形態表演的有用道具。杜金受邀在二〇一二年二月參加由蘇爾科夫精心策畫的「反橘色」

（anti-Orange）大規模集會，並表達對親西方抗議活動的反對。

「美國這個全球帝國，千方百計將世界所有國家都置於自己的控制之下，」杜金在二〇一二年告訴親克里姆林宮的集會人群，他們大多數人都是蘇爾科夫「Nashy」運動的資深成員。

這些帝國主義者透過第五縱隊展開活動，他們認為這樣就可以允許自己掠奪自然資源，以及統治其他國家、人民和大陸。他們已經入侵了阿富汗、伊拉克、利比亞，敘利亞和伊朗也在他們的計畫範圍內；但是他們的終極目標是俄羅斯。我們是他們建立全球罪惡帝國道路上的最後障礙。他們在莫斯科博洛特納亞廣場和我們政府機構內的代理人，無惡不作地從各方面來削弱俄羅斯，企圖將我們陷入徹底的外部掌控之中。為了反抗這種最危險的威脅，我們必須團結一致，全面動員！我們必須牢記，我們是俄羅斯人！幾千年來，我們能夠保衛自己的自由和獨立。我們曾經歷血海，揮灑我們自己和其他人的鮮血，開創了俄羅斯的偉大歷史。俄羅斯將再現偉大和輝煌！否則它將根本無法存在。俄羅斯就是一切！其他的一切，一切都不是！[7]

杜金嘴裡說出的每一個論點，在二〇一二年似乎都是如此激進；但到了二〇二一年卻被普丁本人所採納——而且大多是一字不差地全盤接受。

到了二〇一四年初，杜金已深度參與實際政治，儘管大部分時間仍保持著與克里姆林宮的獨立關係。他的主要計畫是將其激進政策推動到親莫斯科的烏克蘭圈子中。奧列格·巴赫季亞洛夫（Oleg Bahtiyarov）是杜金所創立的「俄羅斯歐亞青年聯盟」（Eurasia Youth Union of Russia）運動成員之一，他於二〇一四年三月被烏克蘭國家安全局逮捕，原因是他組織培訓了一支兩百人的反獨立廣場運動小組，該小組正策畫占領基輔的烏克蘭最高議會（拉達）及其他政府建築。烏克蘭國家安全局截獲的Skype通話顯示，杜金正向烏克蘭南部、東部的分離主義者提供指導。當時，杜金還未完全與克里姆林宮在意識形態上步調一致。二〇一四年七月，他與伊戈爾·吉爾金共同激烈批評普丁，指責他未能支持頓巴斯的分離主義者，以至於他們在烏克蘭正規軍的攻擊下接連敗退。根據杜金的說法，克里姆林宮未能對頓巴斯發動全面入侵，是因為有一個他稱之為「第六縱隊」的團體在作祟——這些人是普丁身邊的官員，表面上看似忠誠，但實際上與那些公開叛國的親美「第五縱隊」反對派活動分子一樣可惡，是「同樣聽命於美國的一丘之貉」。[8、9]最終，將杜金帶入政治主流的弗拉季斯拉夫·蘇爾科夫在二〇二〇年才驚訝地發現，自己竟然也是被杜金指責的「第六縱隊」祕密叛徒之一。

在二〇二二年八月，杜金因其將俄羅斯帶入戰爭的角色，而獲得了悲劇性的報應——一枚汽車炸彈炸死了他三十歲的女兒、唯一的孩子達莉婭・杜金娜（Daria Dugina）。杜金和俄羅斯電視台將這起事件歸咎於烏克蘭國家安全局，並將達莉婭描述為一位「殉道者」，稱她是「為俄羅斯獻身的英雄」。[10]烏克蘭方面則宣稱這是俄羅斯聯邦安全局策畫的栽贓陷害行動。但無論如何，沒有人懷疑達莉婭是為了父親的理念，付出了最高昂的代價。

基督寡頭：康斯坦丁・馬洛費耶夫

自二〇一五年起，杜金就不需要依靠克里姆林宮批准，才能在國家媒體上進行政治曝光了。一位來自極端民族主義基督教右派的政壇新星——富有的商人康斯坦丁・馬洛費耶夫，決定創建一個新的私營國家電視台，取名為「沙皇格勒電視台」（Tsargrad TV）。杜金受僱擔任電視台的第一總編輯和意識形態導師。

馬洛費耶夫與許多在蘇聯帝國崩潰時成長的聰明一代人一樣，憑藉資本主義賺取了財富。但與那些將銀行和私募股權賺來的財富轉換為遊艇、情婦及倫敦不動產的人不同，他決定將資金用於資助一場拯救國家免於道德、政治墮落的十字軍東征。

如果說杜金的極端俄羅斯民族主義之路是一條知識性道路，那麼馬洛費耶夫則更具靈性。與杜金不同，馬洛費耶夫是神授君主制和創造論的熱情信徒。但兩人共同之處在於，他們都在俄羅斯東正教帝國主義的理念仍處於政治邊緣時，就成了這一思想的擁護者。在他們的積極推動下，普丁核心圈內的許多關鍵成員開始向他們靠攏——也隨之轉向了克里姆林宮的意識形態。成為馬洛費耶夫思想早期擁護者的克里姆林宮內部重要核心人士中，包括：俄羅斯鐵路局局長及普丁的長期盟友弗拉基米爾．亞庫寧（Vladimir Yakunin）；普丁的校友、曾任俄羅斯電信部長的伊戈爾．斯切戈萊夫（Igor Shchegolev）；以及最為關鍵的、普丁的親密商業夥伴和聖彼得堡時期的摯友尤里．科瓦爾丘克（Yury Kovalchuk）。

馬洛費耶夫的不同之處在於，不像普丁許多與蘇聯國安會有關的老一輩人脈，他擁有豐富的跨國經驗，並且能說一口流利的英語。在他的私募股權時期，馬洛費耶夫與許多西方公司有密切合作，包括了法國保險公司安盛（Axa）和美國基金保羅資本（Paul Capital）。[11]但與杜金所貶低的「全球主義精英」不同，馬洛費耶夫卻被西方政治極右翼吸引，並從中學習，這些包括了美國的福音派傳教運動，以及法國的瑪麗娜．勒龐

（Marine Le Pen）和奧地利的海因茨・斯特拉赫（Heinz-Christian Strache）等極右政治人物。

馬洛費耶夫與西方傳統基督教右派的關係，奠定了與克里姆林宮首次官方交流的基礎。普丁的歐亞經濟聯盟旨在恢復俄羅斯對前蘇聯帝國的領導地位。然而，克里姆林宮的輿論操控專家也試圖進一步擴展俄羅斯的軟實力，將普丁重新包裝為「世界保守主義的新領袖」，這一術語是由與克里姆林宮有關的智庫——戰略傳播中心（Centre for Strategic Communications）所創造，這一理念的目標是創建一種類似於一九二〇年代的共產國際。如同共產國際一樣，這個新的保守國際運動旨在將莫斯科推向世界極端保守主義的領導地位，並利用這些力量來破壞、削弱俄羅斯在西方的敵人。

莫斯科的宣傳機器以及一個在巴黎、華盛頓設立總部的新智庫網絡，支持蘇格蘭和加泰隆尼亞的民族主義者、美國的反墮胎主義者、英國的脫歐活動家，也支持波蘭、法國和義大利的反移民運動，甚至任何在西方的反建制保守派團體。在二〇一三年十二月，普丁在向俄羅斯議會發表的年度國情咨文中，向全球保守派保證，俄羅斯準備並願意捍衛「家庭價值」，對抗一股來自西方的自由主義、親同性戀的宣傳潮流，「我們不會毫無疑問地接受他們的觀點，而不去質問善與惡的平等及對錯」，普丁承諾，俄羅斯將「捍衛那些已成為每個國家文明精神與道德基礎的傳統價值，而這些價值已維繫了數千年」。

許多歐洲各地的人物公開支持普丁的保守主義訊息，包括：崛起中的義大利民族主義者馬泰奧・薩爾維尼（Matteo Salvini）、法國國民陣線領袖瑪麗娜・勒龐、英國的政治家奈傑爾・法拉奇（Nigel Farage）、自稱「古保守主義者」的美國評論員帕特・布坎南（Pat Buchanan）。布坎南作為雷根時代「道德多數派」運動的其中一位策畫者，這場運動象徵著基督教右翼作為政治力量的崛起，對普丁表達了支持。他在二〇一四年的一篇部落格文章中寫道：「雖然美國和西方媒體將他視為威權主義者和反動者，但具有復古意識的普丁或許比美國人更清晰地看見未來。」[12]而當馬洛費耶夫於次年創辦了自己的（類似於美國福斯新聞風格的）基督教民族主義電視網時，他聘用了前福斯新聞的製作人傑克・漢尼克（Jack Hanick）來管理營運。

像杜金一樣，馬洛費耶夫在克里米亞被併吞後，對烏克蘭講俄語地區的動盪也發揮了直接作用。根據他自己的說法，他的靈感來自於神聖的啟示。二〇一四年一月底，馬洛費耶夫與俄羅斯東正教會教宗基里爾（Patriarch Kirill）一同旅行，帶著一批古老的基督教聖物巡遊俄羅斯、烏克蘭和白俄羅斯。這群人的飛機因為一場冰風暴意外，在塞瓦斯托波爾停飛，這次停留並非計畫中的行程，但有十萬居民——占克里米亞人口的三分之一——聚集在一起，與聖物一起祈禱。「那是來自所有人民的共同祈禱：祝願塞瓦斯托波爾能再次成為俄羅斯的一部分，」馬洛費耶夫回憶道，[13]「這就是上帝的旨意。」

兩位頓巴斯叛軍的未來關鍵領袖曾是馬洛費耶夫的員工。亞歷山大·波洛岱（Aleksander Borodai），後來成為自稱的頓涅茨克人民共和國總理，在離開後曾擔任馬洛費耶夫的公關顧問，隨後擔任克里米亞新任親俄總理謝爾蓋·阿克肖諾夫的政治顧問。此外，伊戈爾·吉爾金也曾為馬洛費耶夫工作——儘管馬洛費耶夫否認自己仍在「支付他們薪水」或「我們還在做相同的生意」；然而，他確實承認曾向頓巴斯送出了約一百萬美元，他堅稱這是「人道援助」。儘管如此，二〇一四年七月，烏克蘭內政部宣布，已對馬洛費耶夫展開刑事調查，指控他資助「非法武裝組織」，指責他為「恐怖主義的贊助人」。[14]

東征中的傳教士：大主教濟洪

沙皇格勒電視台的關鍵人物之一，也是克里姆林宮與東正教民族主義分子之間的另一個重要聯絡人——大主教濟洪（Metropolitan Tikhon），本名為格奧爾基·舍夫庫諾夫（Georgiy Shevkunov）。在成為神職人員之前，他的職業是影視編劇，並自一九九五年起擔任莫斯科斯雷琴斯基修道院（Sretensky Monastery）的院長，直到二〇一八年，他在那裡創立了俄羅斯東正教會最大的出版社，以及最受歡迎的網站「pravoslavie.ru」。根據與克里姆林宮有聯繫的銀行家、參議員謝爾蓋．普加喬夫（Sergei Pugachev）的說法，他在九〇年代末介紹濟洪認識普丁；[15]而濟洪本人的說法是，普丁是自己「出現在斯雷琴斯基修道院門口」。無論實情如何，這開拓了兩人之間密切且公開的合作關係。傳教士濟洪曾陪伴普丁數次國際出訪，並引發了關於濟洪是否已成為普丁的精神導師——即「精神父親」的傳聞，雖然濟洪既未證實也未否認這一點，但他強調「我不是干政的紅衣主教黎塞留（Cardinal Richelieu）。」[16]但是在二〇〇九年，濟洪曾公開為普丁祈禱：「愛俄羅斯並希望其繁榮的人，應該只為弗拉迪米爾祈禱，他是由上帝意志安排在俄羅斯頂端的領袖。」[17]濟洪的雙關語有意識地將弗拉迪米爾一世大帝與弗拉迪米爾．普丁相提並論，這是普丁自己都非常認真看待的歷史對照，最後促使他為這個在十世紀與自己同名的大帝、緊靠著克里姆林宮豎立起一尊雕像。

無論普丁的私人靈性動機如何，與濟洪的結盟對於公共關係也有其正當性。俄羅斯東正教會是俄羅斯最受信任的公共機構之一——僅次於總統和軍隊——而濟洪則是其最受矚目的明星傳播者之一。他製作、編寫、導演了一部名為《帝國的衰落——拜占庭的教訓》

（*The Fall of an Empire – the Lesson of Byzantium*）的受歡迎紀錄片，這部影片更新了數世紀以來的說法——莫斯科是羅馬帝國的精神繼承者，並且是保護真正基督教價值的唯一守護者。他的二〇一二年自傳《每日聖徒與其他故事》（*Everyday Saints and Other Stories*）成為當年俄羅斯的暢銷書，甚至擊敗了全球暢銷小說《格雷的五十道陰影》俄語版。而在二〇一五年之後，隨著馬洛費耶夫的沙皇格勒電視台成為他的發聲平台，濟洪也成為了俄羅斯國家級的顯赫人物。

二〇一七年，濟洪被基里爾教宗任命去領導一個調查委員會，負責調查一九一八年沙皇尼古拉二世（Nicholas II）及其家族在葉卡捷琳堡（Yekaterinburg）被害的案件。濟洪的結論是，這次殺戮「是一場具特殊意義的儀式性謀殺，對於布爾什維克指揮官雅科夫・尤羅夫斯基（Yakov Yurovsky）來說尤其如此」——這是含蓄的暗示，將罪責歸咎於執行死刑的分隊指揮官之猶太人血統。[18] 在二〇二二年入侵烏克蘭的前夕，濟洪大力倡導烏克蘭是俄羅斯東正教的精神家園，並且認為俄羅斯有責任清除基里爾教宗所稱的「邪惡力量」，這些力量「對俄羅斯人民和教會的團結構成敵對」。根據濟洪自己的說法，他在入侵前夕與普丁討論過此事，「根據我與普丁的討論，我可以說，如果他不認為有某些至關重要的原因會對俄羅斯人民造成迫切危險，他是絕不會展開這場行動的，這場行動是不可或缺的，」濟洪在二〇二二年四月八日的一場布道中告訴他的信徒，「如果他不現在做，而是以後再做，俄羅斯將會遭到攻擊，並且有可能造成數百萬人喪命的風險。」[19]

民族主義的官僚：謝爾蓋．格拉濟耶夫

另一位將東正教極端民族主義右翼與克里姆林宮聯繫起來的關鍵人物是謝爾蓋．格拉濟耶夫，他是一位經濟學家和俄羅斯國家科學院成員，曾在葉爾欽時期擔任對外經濟關係部長。與杜金類似，格拉濟耶夫在普丁初期的統治中，也曾是民族主義反對派的一員。二〇〇三年，兩人都曾是「祖國黨」（Rodina）的創黨成員，該黨由杜馬外交事務委員會的鷹派主席德米特里．羅戈津（Dmitry Rogozin）領導。[20]格拉濟耶夫甚至在二〇〇四年的總統選舉中與普丁競爭，提出基督教的價值觀、增加俄羅斯在近鄰國的影響力，站出來挑戰美國的世界霸權。

到了二〇一二年，正如我們已經談到的，格拉濟耶夫（出生於蘇聯烏克蘭）接受了普丁的任務，運用經濟手段使亞努科維奇放棄了與歐盟的合作協定，相反誘使他加入歐亞聯盟的陣營。根據當時與他合作的一位政治顧問回憶，在向克里姆林宮高層官員傳播馬洛費耶夫提出的支持併吞克里米亞、分裂烏克蘭的政策文件中，格拉濟耶夫也發揮了關鍵作

用。這位顧問表示，格拉濟耶夫「跑在克里姆林宮的火車頭前」，而且「他總是在挑戰事務的極限，尋找鋌而走險的突破口……他總希望自己來設置討論的議程」。[21]

在隨著獨立廣場運動後的混亂中，正如先前所提，格拉濟耶夫也積極參與指導親俄示威活動，這些示威活動發生在敖德薩、哈爾科夫和其他城市。到了二〇一七年，格拉濟耶夫再次預見了克里姆林宮未來的強硬立場，他說：「今天烏克蘭已是被占領的領土……沒有合法的權力，沒有人可以對話，也沒有能夠負責執行政治協議的人。」對格拉濟耶夫來說，基輔當局「只是美國侵略者的僕人，他們從美國大使館那裡接收指令，並且獲得資金來服務美國在烏克蘭的利益」[22]。二〇一九年，隨著普丁對格拉濟耶夫的重視和意識形態的親近，格拉濟耶夫被晉升為歐亞經濟聯盟的整合與宏觀經濟部長。

灰衣主教：弗拉季斯拉夫・蘇爾科夫

蘇爾科夫是普丁克里姆林宮中最矛盾、最引人注目的人物，既體現了克里姆林宮核心年輕成員的後現代精緻感，也展現了他們無邊無際的玩世不恭。蘇爾科夫於一九六四年出生在北高加索，父親是車臣人，母親是俄羅斯族人，原名阿斯蘭貝克・杜達耶夫（Aslambek Dudayev）。一九六九年，在父親拋棄家庭後，他改姓母親的姓氏，並和母親搬到俄羅斯中部的梁贊（Ryazan）地區。進入一九九〇年代，蘇爾科夫已是一位專業劇場導演，並被寡頭米哈伊爾・霍多爾科夫斯基（Mikhail Khodorkovsky）聘為負責廣告和公共關係部門的主管；他未來的妻子也是霍多爾科夫斯基的員工。在霍多爾科夫斯基於二〇〇三年因詐騙被捕並入獄之前，蘇爾科夫因其卓越的公關技巧而被總統府挖角。

在二〇〇三年至二〇〇四年間，第比利斯和基輔爆發的顏色革命後，蘇爾科夫在創造「主權民主」這一術語上發揮了關鍵作用——這是一個聽起來宏大、響亮的口號，實際上卻描述了其自身的對立面，即將民主交由國家掌控。蘇爾科夫的「Nashy」青年運動，運用了時髦的管理學和個人成長術語來掩飾該組織的真實目標：對俄羅斯青年洗腦，使他們仇恨並抵制西方同齡人的潮流、價值觀。在葉爾欽時期的俄羅斯意識形態真空中，蘇爾科夫巧妙地創造了一種包羅萬象的國家意識形態，這種意識形態足夠廣泛，能夠包含所有俄羅斯人對未來的希望和夢想。這一意識形態是由偉大衛國戰爭史詩電影中的天真理想主義、東正教民族主義和蘇聯懷舊情結混合而成，旨在創造一種後現代的國家自豪感，讓從電玩迷到老奶奶都能夠支持。正如蘇爾科夫在他以筆名納坦・杜波維茨基（Natan Dubovitsky）所寫的小說《幾乎為零》（*Almost Zero*）中所說，這種新意識形態「隨時都準備好表演悲劇、田園牧歌或某種模稜兩可的東西，在任何環境中都能運用自如」。[23]小說中的主角是蘇爾科夫向妻子納坦莉亞・杜波維茨基致意的姿態，他是一位熱愛詩歌、擅長公關的天才，在冷酷的資本主義後蘇聯俄羅斯中，成功地在地下黑市以無法無天的姿態出版盜版為生。

蘇爾科夫晉升至副總理，幫助塑造了俄羅斯普丁時代的媒體文化，一個充斥著陰謀操縱理論等相對主義觀念的世界，在那裡，按照俄羅斯作家彼得・波梅蘭采夫（Peter Pomerantsev）值得回味的名言所述：「沒有什麼是真實的，一切皆有可能。」他與一批來自一九九〇年代自由媒體界的電視台高層密切合作，這些人和蘇爾科夫一樣，進入了克里姆林宮的圈子。在康斯坦丁・恩斯特（Konstantin Ernst，曾是自由派電視製作人和邪典電影導演）的領導下，俄羅斯第一頻道（Channel One Russia）模仿了義大利前總理西爾維奧・貝盧斯科尼（Silvio Berlusconi）那種自我感覺良好的電視民族主義品牌和福斯新聞的強烈黨派立場。蘇爾科夫的偶像是美國饒舌歌手圖帕克・夏庫爾（Tupac Shakur）和垮掉派詩人艾倫・金斯堡（Allen Ginsberg），他們的照片曾裝飾在他克里姆林宮的辦公室裡。他也曾為流行音樂組合阿格塔・克利斯蒂（Agata Christie）撰寫歌詞，並於二〇一〇、二〇一三年出席倫敦政治經濟學院的激烈辯論——在那裡他承認，莫斯科博洛特納亞廣場的示威者是俄羅斯的「創意階級」，他們的意見應該被重視。但儘管他英語流利，並且崇拜美國反文化運動的英雄，蘇爾科夫與西方傾向的自由派距離仍然很遠。普丁選擇蘇爾科夫與格拉濟耶夫並肩工作，並領導克里姆林宮公關部門，在二〇一三年成功遏阻了亞努科維奇對歐盟獻媚的合作企圖。

蘇爾科夫的工作是確保未來的烏克蘭會像忠誠的、由莫斯科控制的白俄羅斯一樣，而不是像反叛的、傾向西方的波羅的海國家。他在二〇二〇年說過：「沒有烏克蘭，只有烏克蘭性。」他表示，「這是一種特定的精神病症……奇怪的是，我也是其中的『烏克蘭樂觀主義者』。換句話說，我認為烏克蘭現在還不存在，但它會隨著時間的推移而形成。」蘇爾科夫的意思是，現在還不算太晚，可以防止烏克蘭凝聚成一個緊密結合的獨立國家，避免其成為西方支持的「反俄羅斯」幫凶。

獨立廣場運動的慘敗，對蘇爾科夫作為政治技術專家和公關奇才的名聲造成了嚴重打擊；但普丁給了他第二次機會，並迅速在二〇一四年四月重新任命他為克里姆林宮負責所有烏克蘭事務的政策總管。隨著克里米亞和頓巴斯行動後，堅定的反莫斯科政權在基輔上任，蘇爾科夫的挑戰就是如何從外部削弱烏克蘭的西向道路。因此，克里姆林宮與他共謀了拖延破壞戰術——利用頓巴斯的叛軍共和國讓基輔陷入一場低強度的持久戰爭，透過不斷討論是否（以及如何）將這些分裂的共和國重歸烏克蘭控制之無休止討論，來擾亂烏克蘭政治和國家機器的正常運轉。波羅申科於二〇一四、二〇一五年在歐盟支持和普丁幕後推動下，與俄羅斯簽署的《明斯克一號協議》與《明斯克二號協議》的背後理念，就是將頓巴斯保留在烏克蘭內，作為一個制衡力量，並拖延烏克蘭加入北約和歐盟的任何嘗試。

普丁持續既拒絕承認盧頓共和國的主權，又遲遲不像對待克里米亞那樣，將它們併入俄羅斯。但是正如蘇爾科夫二〇二〇年所承認的，俄羅斯暗示的頓巴斯各共和國應該重新加入烏克蘭的立場，完全是出自錯誤的信念。「我無法擁有足夠的想像力來預見」盧頓共和國能夠順利返回烏克蘭政府的控制之中，蘇爾科夫開誠布公說道，「頓巴斯不該忍受這樣的羞辱，烏克蘭也不配享有這樣的榮耀。」[24]

克里姆林宮的天然氣武器

儘管在併吞克里米亞後，盧布貶值約四成，並且對普丁核心成員、國有企業實施了個人制裁，但西方團結一致的立場卻在一個本可以產生實際影響的領域——能源——上被分化瓦解了。俄羅斯的天然氣、石油並未被納入在任何制裁措施之內，然而，在二〇一五年一月初，俄羅斯的天然氣巨頭——俄羅斯天然氣公司將通往歐洲的管道供應削減了一半，並將延遲歸咎於歐盟的制裁（到了二〇二二年七月，俄羅斯天然氣公司又採用相同策略，對歐洲發起新的、更為嚴重的天然氣戰爭，並再次以技術問題為藉口，停止供氣）。

在二〇一五年，這一策略奏效了。當時的德國總理安格拉·梅克爾無視美國的壓力，與俄羅斯簽署協議，建設一條經過波羅的海、直接相連俄羅斯與德國的第二條主要管道——這就是俄羅斯天然氣公司耗資九十七億歐元的「北溪二號」（Nord Stream 2）。儘管荷蘭對前一年夏天馬來西亞航空MH-17航班被擊落一事感到憤怒，荷蘭皇家殼牌（Royal Dutch Shell）仍然參與了「北溪二號」的建設，同樣行動的還有德國的尤尼珀（Uniper）能源公司、溫特沙爾（Wintershall）油氣公司，以及法國的Engie能源集團。即便歐洲譴責普丁併吞克里米亞，但歐洲仍繼續加強對俄羅斯天然氣的依賴。與此同時，梅克爾也施壓烏克蘭總統波羅申科，要求他簽署兩項《明斯克協議》，有效確定了反叛的頓巴斯地區作為自治實體存在的合法性——儘管名義上仍屬於烏克蘭的領土。

在二〇一五年，沒人能預測到烏克蘭戰爭將導致三條「北溪」天然氣管道在二〇二二年九月遭到破壞，這一事件由身分和動機不明的破壞者所為；然而，當時克里姆林宮得出的結論卻是顯而易見的，幾乎肯定是俄羅斯人自己所為。首先，減少對歐洲的天然氣供應，能夠集中西方政客的注意力、奇蹟般迅速地改變主意；其次，不論他們對俄羅斯行為的道德顧慮如何——甚至包括謀殺數百名無辜的歐洲公民——歐洲對天然氣的需求永遠會超越道德原則。合乎邏輯的是，普丁的核心圈認為，當他們計畫二〇二二年的入侵時，西方將依然如以往般分裂且自利。

敘利亞

在二〇一五年，普丁進一步提升了他的軍事形象，這次是在國際舞台上。敘利亞的復興黨（Ba'ath）與伊拉克的意識形態相近，長期以來是蘇聯的盟友達數十年之久。蘇聯的政治與經濟崩潰，使得蘇聯的盟國在非洲、中東、中美洲和加勒比海地區陷入困境。然而，當巴夏爾．阿塞德（Bashar al-Assad）政權在二〇一一年親民主的阿拉伯之春運動之後、遭到起義叛軍進攻時，手握資金的俄羅斯政府看到了重返國際舞台的機會，並作為蘇聯式的權力掮客身分再次發揮作用。自敘利亞內戰爆發以來，普丁便開始向阿塞德提供武器和顧問。二〇一五年九月，應敘利亞政府的正式請求，要求對抗叛軍的空中支援，克里姆林宮決定加碼，加大了軍事介入的力度。俄羅斯空軍隨即派遣一個由三十六架戰機組成的編隊，並配備約兩千三百名地勤人員支援作戰，進駐拉塔基亞（Latakia）附近的赫梅米姆（Khmeimim）空軍基地，立即扭轉了戰爭的局勢，讓阿塞德政權的戰況朝有利方向發展。

俄羅斯首先對伊斯蘭恐怖組織發動空襲（美國及其聯盟夥伴也曾轟炸過），包括了：伊拉克和黎凡特伊斯蘭國（ISIL）、敘利亞基地組織（al-Qaeda in Syria）以及征服軍（Army of Conquest）。二〇一六年六月，俄羅斯空襲迫使「伊拉克和黎凡特伊斯蘭國」放棄沙漠城市帕米拉（Palmyra）後兩周，克里姆林宮的輿論操控專家安排了世界著名俄羅斯指揮家瓦列里・葛濟夫（Valery Gergiev）在該市的羅馬劇場舉行音樂會。葛濟夫指揮了巴哈、俄羅斯作曲家普羅高菲夫（Prokofiev）和謝德林（Shchedrin）的作品，並且在一群俄軍士兵、政府部長以及記者的面前演出。這一幕，象徵著俄羅斯將文化帶回到這片中東的毀滅之地，無疑是一場精彩的政治劇場。

普丁的戰機隨後開始進攻由美國支援的組織，例如敘利亞民族聯盟（Syrian National Coalition）和沿土耳其邊界活動的庫德（Kurdish）族集團。俄羅斯的空軍毀滅了殘餘的叛軍據點，包括阿勒坡和伊德利卜（Idlib）等城市，同時俄羅斯軍事顧問和瓦格納集團（Wagner Group）的傭兵（他們的活動將在之後的章節再詳細討論）在地面戰場上與阿塞德軍隊和伊朗革命衛隊（Iranian Revolutionary Guard）並肩行動。華盛頓、布魯塞爾強烈批評普丁替阿塞德贏得了戰爭，但除了對瓦格納部隊進行過幾次空襲外，並未採取任何更多措施來制止他的行為。在二〇一七年十二月，俄羅斯宣布它在赫梅米姆的空軍基地和位於敘利亞塔爾圖斯（Tartus）港的小型蘇聯時代的海軍基地，成為其永久的海外軍事領地。

敘利亞之戰是普丁第四次取得勝利的戰爭，排在車臣、喬治亞、克里米亞之後。更重要的是，這是俄羅斯在一代人之後，再次成為一個主要的國際角色，能夠在自家後院及全球範圍內投送武力；而且與美國不同，俄羅斯展示了自己能夠果斷地贏得一場中東戰爭。西方曾經預測俄軍的慘敗和陷入困境；不過，與之相反，普丁改革後的陸軍、空軍在中東明顯成功取勝，而美國在那裡花費了上兆美元的反恐戰爭，卻基本以失敗告終。

美國的俄羅斯門事件

不足為奇的事情再次發生，嶄新自信的俄羅斯決定繼續反擊美國的世界主導地位，透過嘗試它迄今為止最大的政變計畫——影響二〇一六年美國總統大選的結果。初始方向是對希拉蕊・柯林頓（Hillary Clinton）進行打擊，由於她作為歐巴馬政府的國務卿，堅定支持了阿拉伯之春和後來的獨立廣場運動，已成為克里姆林宮的心頭之患，而非計畫協助尚未宣布參選的川普。從二〇一五年開始，兩組分工明確的駭客高手，包括了由聯邦安全局（FSB）和軍事情報局（GRU）從黑社會犯罪世界招募的電腦程式設計人員，發動了一系列的「網路釣魚」攻擊，用含有惡意軟體程式的假電子郵件，輪番襲擊了美國民主黨全國委員會（Democratic National Congress）的網站，這樣就能夠駭入伺服器的電子郵件紀錄系統。這些駭客行動收穫了大量令人尷尬的電子郵件，雖然這些郵件並不特別具危險性，但在二〇一六年大選的前夕，它們被公布於眾。在二〇一六年十一月選舉的準備期間，軍事情報局的駭客也進入了某些控制電子投票的網路連線系統。

另一方面的攻擊，是一場由普丁的親密盟友、億萬富翁餐飲業者葉夫根尼．普里格津（Yevgeny Prigozhin）發起的社交媒體運動——他同時也是瓦格納傭兵集團的創始人和資金提供者。普里格津在聖彼得堡設立了一個「網軍農場」，僱用了數百名年輕駭客，請他們設立虛假的推特和臉書帳號，並利用社交媒體發布一系列贊助、捏造的貼文，攻擊希拉蕊．柯林頓。

美國聯邦調查局（ＦＢＩ）早在二〇一五年十一月初就開始調查俄羅斯駭客攻擊，儘管隨著俄羅斯干涉選舉的全面細節被揭露後引發了美國各界的群情激憤，但並沒有證據直接表明克里姆林宮的干預改變了選舉的實際結果。然而，正是激憤本身構成了普丁的勝利。在二〇一七年一月，美國國家情報總監辦公室公布了一份解密後的報告，代表了聯邦調查局、中央情報局、國家安全局的調查結果，結論表示：「普丁總統命令發起一場影響活動……旨在干預美國總統選舉。俄羅斯的目的是削弱美國人民對民主過程的信任，詆毀國務卿柯林頓女士，以及危害她的當選可能性和潛在總統任職機會。我們進一步評估，普丁和俄羅斯政府對當選的川普總統，發展及孕育了明確的偏好。我們有高度的信心，認可這些判定的真實性。」[25]感謝「俄羅斯門事件」（Russiagate），在整個美國媒體眼中，普丁已從一個「區域性強權的領袖」（正如歐巴馬輕蔑地指稱他）變成了危險的全球事務操縱者，有能力在自己敵人首都的心臟地帶，播撒引起分裂與狂躁的種子。

俄羅斯門駭客行動使俄羅斯國家花費了「以百萬美元為單位、個位數級別」的費用，一位在當時經常可見到普丁的俄羅斯政府高級官員這樣評價，「但是產生的效果，卻比我們在國防上花費的任何數十億美元都要強大……這是一個極其有效的運作。一個經典的柔道技、順勢招數……你使用敵人的弱點來戰勝敵人。」[26]普丁的干涉，實際上不是導致川普當選的決定性因素；但一些美國媒體持續認為它是決定性因素——這恰如其分地滿足了普丁的需求。

二〇一六年十一月八日，在莫斯科波塔波夫斯基巷（Potapovsky Lane）的聯合國旗酒吧（Union Jack Pub）舉辦了一場派對，慶祝美國大選之夜。當計票結果表明川普即將迎來勝利時，慶祝轉化為刺耳的狂歡。一群年輕的俄羅斯婦女，其中有些是國營電視台的員工，開始呼喊「USA！USA！」模仿著川普集會的場景，每個人都喝得酩酊大醉。活動主持位置上懸掛著三幅英雄式的手繪肖像，分別是：普丁、川普、俄羅斯民族主義右派的另一位寵兒瑪麗娜·勒龐——她的法國民族陣線組織也從克里姆林宮有關係的銀行，接受了超過一千一百萬歐元的貸款，包括了在二〇一四年，與第一捷克俄羅斯銀行（First Czech Russian Bank）的交易。[27]現場還有許多美國人，有的戴著經典的紅色「讓美國再次偉大」（Make America Great Again）棒球帽；還有一些人戴著特製的帽子，上面寫著「讓俄羅斯再次偉大」（Make Russia Great Again）。來賓中包括前福斯新聞製作人傑克·漢尼克，他現在為馬洛費耶夫的沙皇格勒電視台工作；一群俄羅斯電視新聞的攝影機，整晚都圍繞著漢尼克。「儘管希拉蕊承認自己是基督徒，但她所有的政策實際上都偏離了相關立場，」漢尼克對著鏡頭表示，美國「正在喪失自己的道德核心和內涵……俄羅斯正在走向基督教世界，而美國則偏離了基督教」。在二〇二二年，美國司法部正式指控漢尼克違反了美國制裁令，以及在為馬洛費耶夫工作的相關事宜上做偽證的行為。[28]

那場選舉之夜派對的興奮氣氛，同時也代表克里姆林宮對自身日益增長權力的認識及里程碑，並且深信俄羅斯的團結和意識形態之一致性，將會戰勝那些軟弱、致命分裂的西方。「世界正朝著我們的方向發展，這是無法否認的！」「俄羅斯-1頻道」《六十分鐘》（*60 Minut*）時事討論節目的製作人葉卡捷琳娜．陶卡瑞娃（Ekaterina Tokareva）說，她正是邀請我參加那場派對的人。[29]正是這種無敵感，以及對西方批評空洞的確信，將成為俄羅斯未來在西方所做一切行為的基礎——包括二〇一八年三月，在英格蘭的索爾茲伯里（Salisbury），對軍事情報局（GRU）叛逃人員謝爾蓋．斯克里帕爾（Sergei Skripal）和其女兒尤利婭（Yulia）實施的毒殺事件。

宏大的幻覺

事實上，俄羅斯的「新強大」很大程度上是虛幻的——或至少是有限的。第一個幻覺是，俄羅斯在二〇一四年至二〇一五年間，於伊洛瓦伊斯克、傑巴利采沃戰役中，擊敗了烏克蘭軍隊，顯示出莫斯科的軍事壓倒性優勢。但實際上，俄羅斯之所以能夠在這兩場戰役中取勝，是因為他們祕密地部署了毀滅性的裝甲部隊和火炮，對抗的則是一直以來僅與輕武裝的叛軍作戰並取得勝利的烏克蘭軍隊。莫斯科的介入猶如帶著槍來參加刀戰——這一介入迅速且具決定性，但並未能持久證明他們能在與烏克蘭軍隊的大規模戰爭中，取得同樣的勝利。

俄羅斯在二〇一五年的能源脅迫，或許在促使停滯的「北溪二號」天然氣管道啟動上，極為殘酷且有效；但同樣地，它也引發了西方對歐洲依賴廉價俄羅斯天然氣的危險性之重大戰略辯論。前德國總理格哈德·施羅德（Gerhard Schröder）和他的繼任者安格拉·梅克爾認為，將俄羅斯與歐洲經濟整合，將有助於緩和普丁的侵略性，而不是加劇它。另一方面，美國和英國則強烈反對此舉，而且華盛頓威脅，將對任何參與該計畫的西方公司實施制裁，迫使俄羅斯天然氣公司獨自出資為北溪二號建設。這條管道在入侵烏克蘭之前，從未獲得德國政府批准啟用，甚至在二〇二二年九月二十六日神祕爆炸、洩漏三億立方公尺的天然氣到大氣之前，北溪二號就已成為波羅的海底部一塊極為昂貴的廢鐵。

敘利亞也是一個突出的案例，展示了少數現代化軍用飛機如何摧毀一個沒有自己航空軍力的敵人——尤其是當這種空中力量在不顧平民傷亡的情況下使用時。但與美國在伊拉克的行動不同，俄羅斯從未介入敘利亞的地面戰爭，而是透過支持一個現存政權來干涉局面，並非冒風險推翻統治勢力。此外，俄羅斯的軍事力量之所以能夠扭轉戰爭局勢，首先是因為美國選擇避免介入這場衝突。正如俄羅斯在二〇二二年烏克蘭戰爭中所發現的那樣（自己付出了代價），當面對一支同樣裝備精良的空軍和現代化防空系統時，俄羅斯的空中力量並沒有發揮太大的威懾作用。

俄羅斯干預美國選舉的真實規模和影響，也被隨後川普當選所引發的文化戰爭過度誇大。普丁操控美國民主的邪惡力量成為反川普媒體的試金石——這種信念無論是有意識或無意識的，都是基於不願接受美國選民可能在沒有外來惡意干預的情況下，選擇支持川普。但實際上，克里姆林宮在以下事務中都未扮演決定性角色，包括：川普的勝利、英國脫歐公投、加泰隆尼亞單方面獨立公投（關於脫離馬德里）、瑪麗娜·勒龐在法國政壇的重新崛起，或者任何關於普丁曾被牽涉的重大干預陰謀。

俄羅斯軍事與外交實力在全球的復興或許是一場幻覺——但它卻是一場強大的幻覺。在大多數俄羅斯人的看法中，普丁最終幫助他們的國家從幾十年的屈辱中站起來。「克里米亞效應」讓克里姆林宮明白，軍事勝利是提升普丁人氣的祕訣；而且，致命的是，它使得推動克里米亞行動的鷹派人物認為，這一手法未來可以在更大規模上重演。

背叛烏克蘭

《明斯克協議》讓烏克蘭的處境比四分五裂還糟糕——它讓這個國家陷入了孤立，並且基本上被西方背叛。儘管在併吞克里米亞和頓巴斯戰爭期間，西方曾口出強硬言辭，聲稱這樣的行為是不可接受的，並且俄羅斯將被迫付出代價，但顯然地，無論是歐盟還是歐巴馬政府，都不願真正幫助烏克蘭抵抗俄羅斯。德國為北溪二號工程開啟的綠燈，說明了西方的真正利益所在。「本質上，烏克蘭人被他們如此熱愛的西方出賣了，」一位我稱為基里爾・莫羅第（Kirill Molody）的國營電視台高層在二〇一五年幸災樂禍地對我說，「他們在獨立廣場揮舞著歐洲旗幟，然後歐洲來了說，『好吧，你們現在可以放棄了，我們需要的是俄羅斯的天然氣。』」[30]

彼得・波羅申科在二〇一四年五月依據鼓吹烏克蘭民族主義的平台，贏得了後獨立廣場時期的總統選舉，他承諾繼續致力於申請北約和歐盟的成員國資格，並堅持反對腐敗的鬥爭；但實際上，他未能達成任何目標。在二〇一五年二月，波羅申科聘用了喬治亞前總統米哈伊爾・薩卡什維利——他對北約的熱情和魯莽奪取南奧塞梯的舉動，曾在二〇〇八年引發了俄羅斯的入侵——擔任敖德薩州州長，開始清理烏克蘭的腐敗。但薩卡什維利於一年後辭職。「這一地區不僅被移交給腐敗的權勢，而且還落在烏克蘭的敵人手中，」薩卡什維利抱怨道，指責波羅申科私下支持了「敖德薩的腐敗集團」。[31]波羅申科政府的表現，似乎也陷入了與他名譽掃地的前任亞努科維奇同樣的腐敗習慣。

烏克蘭持續的腐敗現象正適合克里姆林宮。一個腐化的烏克蘭就是脆弱的烏克蘭，「我向你保證，他們（烏克蘭的權貴）並不需要從我們這裡學習教訓，」那位國營電視台高層莫羅第對我開玩笑說，他的電視頻道詳細報導了烏克蘭政府腐敗的情節，「如果你想知道世界水準的大師級詐欺和賄賂手法，問任何一個烏克蘭州長就行。」[32]俄羅斯系統性地利用腐敗作為蓄謀已久的工具，來對這個國家的權貴階層進行勒索和分化，透過他們在俄羅斯境內和頓巴斯被占領地區廣泛的商業利益，誘使這些寡頭大老與克里姆林宮互通款曲。

演員和執政寡頭

「世上沒有任何地方像烏克蘭那樣，存在著那麼多討厭的政治家，」一位擅長發掘波羅申科腐敗題材的烏克蘭演員和劇作家觀察到，「在俄羅斯也有腐敗……但是他們的政治家還持有某些核心價值——國家主義意識的概念。這就是為什麼俄羅斯政客以及他們的意識形態都認為，烏克蘭的政治家不具備任何價值。他們願意承諾任何事，只要能幫助他們保持權力。」[33]烏克蘭統治階層普遍地玩世不恭，不僅使國家陷入貧困，實際上也妨礙了國家從根本上履行自己的職責。

這個演員決定編寫一個關於外省教師的電視諷刺劇，劇中的教師因反對政治腐敗的憤怒咆哮而在網路上迅速走紅，出乎意外地將他推上了烏克蘭總統的寶座。這個電視系列劇名為《人民公僕》（*Servant of the People*），此劇的主演和編劇決定註冊成立一個真實政黨，出於自己的玩世不恭，也以電視劇的名稱為自己的黨命名。其策畫人的名字就是——弗拉迪米爾・澤倫斯基。

澤倫斯基是在烏克蘭中部最大城市克里維里赫、一個講俄語猶太知識分子家庭中的唯一孩子，他的父親奧革克山大（Oleksandr）是位電腦科學家，在當地大學擔任技術教授，而母親瑞瑪（Rymma）則是位工程師。他的祖父謝苗（Semyon）是家中四位兄弟中唯一在第二次世界大戰與納粹戰鬥生還的男丁——他升遷到上校，後來成了克里維里赫市的警察局長。澤倫斯基的曾祖父母在德國人摧毀他們居住的鄉村時，都慘遭殺害。與其他多數烏克蘭猶太人相比，澤倫斯基的家庭幾乎毫髮無傷地躲過了二十世紀的恐怖劫難；然而他的族裔背景和家庭歷史，卻使普丁後來指控澤倫斯基為納粹的言論更加荒謬，且具有挑釁色彩。

在學校，澤倫斯基展現了幽默和表演的天賦，他和朋友們組成了一支隊伍，參加名為「KVN」（或稱「幽默與創意俱樂部」）的業餘學生喜劇比賽。《KVN》是廣受喜愛的蘇聯傳統娛樂節目，甚至在蘇聯解體後也生存下來，在莫斯科舉辦的決賽，包括了所有來自前蘇聯帝國各地的入圍團隊，向全國觀眾進行電視直播。他們將自己的團隊命名為「九五街區工作室」，根據澤倫斯基在克里維里赫市長大的街道名稱而命名。

從當地大學的法學院畢業後，澤倫斯基進入了娛樂圈，在一系列流行喜劇節目和在俄羅斯播放的《KVN》比賽中，參與了表演和製作。在二〇〇六年，澤倫斯基和他的同伴贏得了烏克蘭版的《舞動奇蹟》（*Strictly Come Dancing*）真人秀大獎；在二〇一〇年，澤倫斯基和他的九五街區工作室團隊，受聘參加總統亞努科維奇六十歲生日宴會的娛樂節目，這場宴會在克里米亞福羅斯（Foros）的國家度假勝地舉行。

澤倫斯基的幽默按西方的標準而言，略顯粗俗，甚至非常不政治正確。在他最著名的諷刺喜劇中，他曾假扮男性生殖器彈奏鋼琴，以及在另一場戲扮演同性戀警察與司機調情；他的戲碼也表現出強烈的政治性——經常將嘲諷目標瞄準俄羅斯和普丁本人。在二〇一四年春天，他身穿一套驚世駭俗的粉紅色服裝，模仿傳說中的、普丁的體操運動員出身之情婦阿麗娜．卡巴耶娃（Alina Kabaeva），為了自己情人晚歸一事大動肝火。驚惶失措的普丁向情婦解釋，他因為與謝爾蓋．紹伊古討論向克里米亞派兵而遲到，「別騙我！」澤倫斯基扮演的卡巴耶娃回覆，「我看了俄羅斯電視，在克里米亞沒有任何俄羅斯軍隊！」一年後，九五街區工作室推出了《人民公僕》第一季，該劇從此成為烏克蘭最流行的電視喜劇節目。

具有孩童般的露齒笑容、身材矮小以及作為天真理想主義者的喜劇形象，澤倫斯基是個容易被低估之人。俄羅斯的宣傳機器和他的烏克蘭政敵，都在不遺餘力地取笑澤倫斯基為小丑、毒癮者和不認真對待政治的業餘人物。普丁及其核心成員也致命地將澤倫斯基所扮演的角色與他本人混為一談。「一個煩人的小猶太人在玩弄政治，」莫羅第如此形容澤倫斯基，莫羅第是主要的俄羅斯電視台負責人，並與克里姆林宮合作超過二十年（他使用的詞語是極度種族歧視的「vyazky zhidenok」），他說：「他是為了某些常見的寡頭利益而存在的傀儡。」[34]

澤倫斯基迅速成為烏克蘭最受歡迎的演員之一，並且成為該國最大、最盈利的電視製作公司的領導人。安德里．博赫丹（Andriy Bohdan）後來成為澤倫斯基的首任幕僚長，他聲稱自己是第一個發現澤倫斯基政治潛力的人。博赫丹曾與亞努科維奇政府關係密切——事實上，他曾是由總理米克拉．阿札羅夫（Mykola Azarov）領導的政府代表團成員，並於二〇一三年十一月飛往聖彼得堡，與俄羅斯進行關於加入歐亞聯盟的談判。[35]博赫丹是烏克蘭最富有的寡頭之一伊霍爾．科洛莫伊斯基的私人律師和高級顧問，科洛莫伊斯基的三十億美元商業帝國跨越烏克蘭、俄羅斯、羅馬尼亞和斯堪地那維亞，涵蓋了金屬合金、金融、石油產品、航空公司、金屬和石油、報紙和電視台等業務——其中包括播出九五街區工作室節目的一加一媒體集團（1+1 Media Group）。[36]科洛莫伊斯基還是一位老練的政治生存者，最初支持亞努科維奇的地區黨，後來轉而支持獨立廣場運動。在二〇一四年二月底，後獨立廣場時期的過渡政府，還任命科洛莫伊斯基為他家鄉「第聶伯羅彼得羅夫斯克州」州長。

發現將《人民公僕》轉化為真正政治平台的潛力後，博赫丹於二〇一五年建議澤倫斯基在科洛莫伊斯基的支持下，參選第聶伯羅彼得羅夫斯克州一個地區市長的職位。澤倫斯基拒絕了——實際上，根據九五街區工作室成員的說法，他曾開玩笑對同事說：「他們想讓我的表演，變成真實生活中的現實。」[37]《人民公僕》中一個反覆出現的情節是，一群像龐德電影中的反派大亨，試圖收買那位理想主義的教師，結果意外造就了總統瓦西里．戈洛博羅德科（澤倫斯基飾演的教師名字）。

但是，隨著波羅申科的總統生涯日益陷入腐敗危機、眾望盡失，在澤倫斯基的圈子內出現了越來越多的討論——是否可以真正讓生活仿效藝術。根據烏克蘭政治評論家謝爾蓋．魯登科（Serhii Rudenko）描述，博赫丹陪澤倫斯基前往日內瓦和特拉維夫（Tel Aviv）——那是科洛莫伊斯基在烏克蘭之外的兩處住所——與寡頭開始了認真的討論。博赫丹鼓勵澤倫斯基進入政界，背後也有他的個人動機；波羅申科將博赫丹從他所在政黨的總統候選人名單中除名，並對他提起了刑事案件。科洛莫伊斯基也與波羅申科有私人恩怨，因為波羅申科在二〇一五年三月將他解除第聶伯羅彼得羅夫斯克州長職位；隨後，波羅申科又將科洛莫伊斯基的徒弟從烏克蘭石油管道運輸公司（UkrTransNafta）總裁一職上撤職，這促使科洛莫伊斯基派遣私人保全控制了該公司的總部，並驅逐了新政府任命的管理層。[38]

科洛莫伊斯基的普里瓦特銀行（Privat Bank）也面臨來自波羅申科政府、歐盟調查機構的法律攻擊。該銀行的拉脫維亞分行在義大利銀行發現其違反洗錢法規後被關閉，數十億美元的低息貸款被發放給科洛莫伊斯基七名高層和兩名下屬所擁有的公司。烏克蘭中央銀行前主席瓦萊里婭·洪塔瑞娃（Valeria Hontareva）表示：「銀行股東和管理層大規模、協調性的詐騙行為，造成了至少五十五億美元的國家損失」，這筆金額約占所有私人銀行存款的三三%。二〇一八年，普里瓦特銀行被國有化，並且獲得了來自國際貨幣基金組織的五十六億美元貸款進行紓困。

面對破產和可能的刑事起訴，科洛莫伊斯基逃離了烏克蘭，直到二〇一九年才回國。這位失勢的寡頭「正在尋找一位能夠推翻他的死敵（波羅申科）並保護他個人利益的候選人」，一位九五街區工作室的成員表示，「他認為自己在澤倫斯基身上找到了這個人……他以為我們和國內那些政客娼妓一樣，是可以被收買的。」[39]

《人民公僕》繼續每周播放，成為澤倫斯基政治理念的宣講平台——嘲諷政治階層的腐敗，以及抨擊烏克蘭商業寡頭對國家政治、媒體的束縛。澤倫斯基在二〇一八年新年前夜，正式宣布自己要參選總統。「我不是在開玩笑」，這句競選口號隨即在全國的廣播、看板上出現。40

科洛莫伊斯基控制的電視頻道和報紙媒體，開始動員支持澤倫斯基的候選人身分。但是澤倫斯基競選的關鍵時刻，來自於他邀請波羅申科參加現場辯論——不是在電視台攝影棚，而是在基輔足球場面對著大群觀眾。澤倫斯基對波羅申科發出了影片挑戰，要求他出席公開辯論，成為了一場經典的政治戲劇。澤倫斯基在廣告中，就像一個準備比賽的拳擊手，在體育場的走廊上行走，進入了場地，然後誇張地召喚自己的對手在這裡相會——如果你有膽量的話。在辯論場上，澤倫斯基更是立於自己的天生基礎之上：置身舞台中央，聚光燈照耀，攝影機和觀眾如搖鈴般自如。澤倫斯基對波羅申科的致命一擊，體現在優雅並激情充沛的語句之中，這導致他之後成為世界媒體的寵兒——「我不是你的對手，」澤倫斯基在辯論場上高聲疾呼，「我是你的判決。」

根據當時的反對派政客謝爾蓋．蓋達伊（Serhiy Haidai，後來被澤倫斯基任命為盧甘斯克州州長）回顧，波羅申科相信「選民就是個膚淺的人，很容易忘記自己從一場選舉到另一場投票，得到過哪些承諾，而他們希望在競選期間聽到特定的謊言。選舉就是由騙子之間的某種競爭所構成的遊戲，人民不過是選出了其中最具天賦、最大膽的說謊者」。[41]

可能是波羅申科說出了錯誤的謊言，或者沒能具有說服力地說出謊言；或者更有可能是烏克蘭人民厭倦了連年戰爭和與莫斯科的對抗，他們更傾向於澤倫斯基的承諾，為頓巴斯帶來和平，以及扭轉對烏克蘭俄語使用者的歧視政策。在二〇一九年四月二十一日，無論何種因素，最終都導致澤倫斯基以史無前例的壓倒性優勢贏得了總統選舉，獲得七三％的選票，而波羅申科的得票率只有二五％。

「他之所以會贏得選舉，是因為他讓我們看到了我們屬於這個二十一世紀。我們存在，就在這裡，現在。獨立且強大。」澤倫斯基的新聞祕書尤利婭・孟德爾（Iuliia Mendel）這樣說，「澤倫斯基讓我們看到，我們可以與過去不同：自信、強大，在談判桌擁有一席之地。」[42]根據謝爾蓋・魯登科的分析，澤倫斯基的勝利背後其實還有一個更平凡的原因——對舊有政治階層腐敗的深刻反叛。無論如何，僅僅八年時間，澤倫斯基從總統亞努科維奇的生日宴會表演者，到在電視上扮演虛構的總統，最後榮登成為現實中的總統，完成了這一驚人的轉變。

電視下的真人秀

在《人民公僕》第一季中，有這樣一個場景：初出茅廬的虛構總統瓦西里・戈洛博羅德科，幻想著雙手各持一把機關槍衝進議會，將那些挫敗他所有改革計畫的舊勢力掃蕩乾淨。現實中的澤倫斯基也嘗試過類似的行動——只不過沒有像《疤面煞星》（*Scarface*）中的機關槍那樣具戲劇性；他要求烏克蘭國安局局長、國防部長、總檢察長，以及一大批政府高官立即辭職。澤倫斯基的第一屆內閣大部分成員年齡不到四十歲，而且只有一位——資深的內政部長阿爾森・阿瓦科夫（Arsen Avakov）——曾經擔任過部長。澤倫斯基的第一任總理阿列克謝・貢恰魯克（Oleksiy Honcharuk）第一天上任時，騎著電動滑板車，穿著polo衫、牛仔褲和運動鞋。

澤倫斯基的首要問題是，議會還是由敗選的波羅申科黨派成員所主導。在二〇一九年四月，知道自己命運不長的拉達議會，通過了一項有爭議的法案：要求所有公務員、軍人、醫生和教師必須在工作時使用烏克蘭語。這是一系列立法中的最新法案，試圖將烏克蘭語強加給這個以俄語為母語的四〇%人口國家，澤倫斯基本人也是其中之一。該法立即引發了來自烏克蘭使用俄語的東部地區以及境外各方面的嚴厲譴責，尤其因為這項新立法似乎違反了《歐洲語言憲章》，該憲章旨在保護少數語言使用者的權利。

在對法案最直言不諱的批評者當中——億萬富翁維克托·梅德韋丘克慷慨陳詞，「現政府最大的戰略錯誤，就是試圖為一個說不同語言、信仰不同宗教、對歷史有不同觀點的國家，推行一個單一民族的身分認證，」梅德韋丘克在二〇一九年這樣告訴美國的製片人奧利佛·史東，「這種（單一）的認同在全國範圍內永遠無法建立。」[43]他的批評是不公平的，澤倫斯基後來做出了顯著努力，來平息成為政治敏感話題的語言紛爭，而且自己也用俄語發表了一些重要的政治演說。這項法案並非由他的政府所推動，而是被跛腳鴨式的議會所批准——澤倫斯基隨後立即啟動了解散該議會的程序，在二〇一九年七月舉行了臨時議會選舉。

在這些選舉中，澤倫斯基預期他的「人民公僕」政黨能夠贏得大約四百五十席中的八十席[44]；結果，他們獲得了兩百五十四席，這使得大約一百五十四個議會席位沒有即時的合格候選人來填補；澤倫斯基不得不迅速找到志同道合的人來實現他對現代烏克蘭的新願景。他的競選口號是「不要權力中的裙帶和朋友關係！」然而，實際上，他最終匆忙提名了小學到大學的朋友、一大群九五街區員工和合作夥伴，以及攝影師、派對策畫師、知名餐廳老闆和電視台高層等，來擔任議會和政府的職位。其中一位童年朋友和商業夥伴，成為了烏克蘭國家安全局局長；前九五街區的演出總監，從即興表演的現場秀，轉變成議會副議長、烏克蘭國家安全和國防委員會的顧問。九五街區工作室的律師安德列・耶爾馬克（Andriy Yermak）取代博赫丹成為總統辦公室主任，而該公司的前創意製片人和編劇則擔任他的副手，諸如此類。「波羅申科家族被澤倫斯基家族所取代，」謝爾蓋・魯登科指出，「更準確地說，是由九五街區工作室取而代之……這些人，如果沒有澤倫斯基，絕不會發現自己能與烏克蘭的政治結緣。」[45]

在克里姆林宮，澤倫斯基的當選引發了複雜的反應。一方面，澤倫斯基被視為「小丑和笑話」，俄羅斯電視製作人安娜・邦達連科回憶道。「（上頭老闆）說，對這個傢伙多加點戲弄。我們非常開心地重播了他所有最搞笑的片段……穿著高跟鞋，用他的老二彈鋼琴，並與他試圖看起來嚴肅、像總統的樣子形成對比。」[46]澤倫斯基的表面弱點讓他成為克里姆林宮再次發起影響力操作的理想對象——而他表示願意與俄羅斯合作尋求和平的立場，也提供了反俄的波羅申科執政時期無法實現的緩和機會。另一方面，澤倫斯基的當選也被視為美國主導的計畫中最新的一步，旨在奪取烏克蘭並將其作為對抗俄羅斯的工具。「這個演員是被僱用來完成他的工作的，」當時是聯邦委員會國際事務委員會委員的奧列格・莫羅佐夫（Oleg Morozov）告訴我，「華盛頓將自己的傢伙安插進來，推動他們一貫的計畫……創造一個反俄羅斯的傀儡政府。」47

克里姆林宮在調查缺乏經驗的澤倫斯基弱點方面，並非孤軍作戰。在二〇一九年七月，川普打電話給澤倫斯基，要求他調查杭特．拜登（Hunter Biden）——當年十一月美國總統競選中對手拜登的兒子——在烏克蘭的商業活動，並要求澤倫斯基協助川普的夥伴（前紐約市市長的）魯迪．朱利安尼（Rudy Giuliani）調查有關親俄烏克蘭寡頭干預二〇一六年大選的指控。雖然（具有爭議的）通話並未保留逐字紀錄，但白宮後來被迫公開的通話摘要顯示，川普強烈暗示，若澤倫斯基合作，美國將會提供烏克蘭進一步的軍事援助作為交換條件。

「國際媒體後來聲稱，川普試圖安排一個利益互惠的交易……烏克蘭（不幸地）被呈現為長期盟友作為滿足私利的犧牲品，」澤倫斯基的新聞祕書尤利婭．孟德爾回憶說，「對於一個國家，尤其是我們的國家，形象一向是自力更生和強大的，卻不得不為支持我們的軍隊而懇求援助，這對烏克蘭來說是個困難的抉擇。」澤倫斯基本人陷入了兩難境地。「杭特的父親——喬．拜登，可能很快就會成為下一任總統，所以這確實不符合我們的利益，在美國樹立新的敵人，」孟德爾繼續解釋。在美國國會召開聽證會，就川普的敲詐企圖進行彈劾追究時，澤倫斯基本人堅稱：「我從未站在互惠交易的立場上與川普總統談話。那不是我的風格……我不希望我們看起來像乞丐。」[48]最終，並未在杭特・拜登身上發現任何有損的證據，並且四億美元的美國軍事援助也被如期交付給烏克蘭。然而，澤倫斯基作為川普試圖脅迫盟友的犧牲品角色，卻削弱了他的國際聲譽。

根據尤利婭・孟德爾的說法，澤倫斯基新當選的現實「人民公僕」們，像是「瘋狂的印表機」，每周都會推出新的法令。然而，根據謝爾蓋・魯登科回憶，安德里・博赫丹則認為「澤倫斯基在選舉中的勝利只不過是他個人的成就。」[49]博赫丹被任命為澤倫斯基總統府的辦公室主任後，開始將那些可能威脅到科洛莫伊斯基利益的官員一一清除，其中包括烏克蘭檢察總長、烏克蘭國家銀行行長。當澤倫斯基的首任總理阿列克謝・貢恰魯克試圖削弱科洛莫伊斯基對國有電力公司的控制時，也被總統炒魷魚了。

到澤倫斯基執政的第一年結束時，看起來他的政府——儘管一開始懷有理想主義——卻正在滑入那個他曾經強烈反對的腐敗泥沼。二〇一九年十月，烏克蘭反腐敗檢察機構對十四名國會議員展開了刑事調查，其中十一人是人民公僕黨黨員，因為他們被指控每人收受三萬美元的賄賂，為了反對一項旨在消除房地產估值腐敗行為的法案而投票。最終，這些嫌疑人都無人被判有罪入獄，而且也都沒人辭去人民代表的公職。另一位人民公僕黨的國會議員亞歷山大・特魯欣（Alexander Trukhin）儘管因酒駕釀成車禍，但最終也逃過了監禁的懲罰。[50]

諷刺的是，儘管澤倫斯基後來對俄羅斯入侵表現出堅定的抵抗態度，在他總統任期的初期，卻經常因為過於願意與克里姆林宮打交道而受到攻擊。這確實是事實：澤倫斯基決心實現他的主要競選承諾──結束俄烏戰爭並解決俄羅斯支持的分離主義運動。二〇一九年六月，他任命烏克蘭第二任總統列昂尼德・庫契馬──一位與莫斯科有著長期聯繫的談判老將──作為烏克蘭在三方聯絡小組中的代表，該小組旨在解決衝突。七月，他與普丁進行了第一次電話會談，並敦促他參與由歐洲國家斡旋的新一輪談判。他還請求普丁考慮將三十五名俄羅斯戰俘，與三十五名被俄羅斯囚禁的烏克蘭士兵、水手進行交換──其中包括電影製片人奧列格・先佐夫（Oleg Sentsov），他在二〇一五年八月被俄羅斯法院以策畫恐怖主義行動罪，判處二十年監禁。

在二〇一九年九月最終達成的囚犯交換協議，本有可能成為通往持久和平的重要一步；但一個假冒澤倫斯基的俄羅斯推特帳號爆料即將進行的交換消息，隨即引發俄羅斯在最後一刻提出要求，再增加一名囚犯：來自烏克蘭東部的分離主義戰士弗拉迪米爾・策馬赫（Vladimir Tsemakh），他是二〇一四年七月由俄羅斯導彈擊落馬航MH-17航班的關鍵證人。負責調查此慘案的荷蘭政府要求澤倫斯基拒絕；然而，澤倫斯基已陷入困境──既然即將交換的消息已經洩漏，他已無法收回這個決定。[51]澤倫斯基試圖與莫斯科建立的脆弱和解，幾乎在剛開始就遭遇了支離破碎的命運。

普丁在囚犯交換上最後時刻的霸凌行徑，是「促成澤倫斯基第一次覺醒的時刻，讓他真正理解到，我們正在與克里姆林宮內什麼樣的人打交道」，一位直接參與囚犯交換談判的澤倫斯基高級顧問這樣回憶。[52]

儘管如此，澤倫斯基還是堅持不懈，直接與頓巴斯的叛軍領袖開始了談判。二〇一五年簽署的《明斯克二號協議》其中一項關鍵措施，是要在盧頓共和國舉行公投，看反叛共和國內的人民是否希望繼續留在烏克蘭。然而，主要的障礙在於波羅申科政府拒絕允許反叛地區政府來組織這樣的投票活動，而傾向於由基輔政府組織此類選舉。但是在二〇一九年十月，澤倫斯基宣布，他已經與分離主義分子達成了初步意向，烏克蘭政府將尊重在頓巴斯舉行的投票，作為交換，俄羅斯必須撤出其便衣軍隊。[53]有關公投的模式在二〇一六年由當時的德國外長法蘭克．史坦麥爾起草制定，並包括由歐洲安全與合作組織（OSCE）的獨立代表監督投票。如果歐洲安全與合作組織判定投票情況自由和公正，選舉結果是傾向於保持在烏克蘭境內，隨後烏克蘭就將給予反叛地區特別自治政府的地位，將行政控制權歸還給這些地區民選的政府。

澤倫斯基批准了史坦麥爾的方案，盧頓共和國和俄羅斯也沒有異議；無濟於事的是，被占領的頓巴斯分離主義媒體宣稱，澤倫斯基簽署協議是「頓涅茨克和盧甘斯克人民共和國對烏克蘭的勝利」。[54]但對澤倫斯基比一倡議的最激烈反對則來自死硬派的烏克蘭民族主義分子。上千名示威者聚集在基輔的獨立廣場，並高喊「不投降！」口號。[55]更具威脅的是，包括當時正在頓巴斯的盧甘斯克區域作戰的亞速營在內的幾支烏克蘭民族主義民兵組織，拒絕接受協議。極右翼的國家軍團黨領導人、亞速營首任指揮官安德里·比列茨基（Andriy Biletsky）指控澤倫斯基「不尊重」退伍軍人，並指他是在為克里姆林宮代言。[56]澤倫斯基會見了比列茨基及其他民兵領袖，試圖說服他們交出未註冊的武器並接受和平協議，他們拒絕了，公投計畫也因此瓦解——隨之消失的，是在頓巴斯地區實現和平的任何真正機會。

即便在三年後，二〇一九年十月錯失的持久和平機會，仍然是澤倫斯基政府高層非常敏感的話題。一位總統顧問坦承，澤倫斯基的反對者「說他變成了極端民族主義者的人質——說實話，這其中確實有些真實」，他接著說：「澤倫斯基是為了帶來和平而當選的。但雙方都有武裝力量，還沒準備好做出必要的妥協……他們寧願戰鬥，也不願讓步，哪怕只有一公分。」[57]反對與克里姆林宮妥協的民族主義獨立廣場運動之威脅，粉碎了澤倫斯基在二〇一九年尋求和平的企圖——並且在二〇二二年戰爭的最後階段，繼續成為任何未來談判和平的重大威脅。

儘管《明斯克一號協議》與《明斯克二號協議》的實施進展緩慢，澤倫斯基仍然敦促法國和德國，促成他與普丁的私人和平對話。兩位領袖於二〇一九年十二月九日首次（也是唯一一次）在巴黎會面。在會見的最初時刻，澤倫斯基明顯表現出緊張神態；在會談前的正式合影時，澤倫斯基不小心站到了普丁的位置，隨後轉身與記者交談，不經意間還將烏克蘭談判立場的文件展示給攝影師。普丁一如既往地遲到。合影結束後，普丁向澤倫斯基靠近說：「等所有人都離開後，我們就開始談判。」俄羅斯總統如此明顯的表示，是為了證明他在場的主導地位。[58]

公開場合上，澤倫斯基表示他希望恢復和平對話。但他和普丁都知道，十月的「不投降」抗議活動已顯示出澤倫斯基在國內的妥協空間是多麼有限。普丁則打算測試烏克蘭總統重新開啟談判的過程，是否能夠被克里姆林宮利用，並滿足其利益需求。

澤倫斯基和普丁的會面沒有取得任何政治進展——也根本無法取得進展，因為澤倫斯基已在十月做出了重大讓步，但最終被自己國內的民族主義反對勢力所阻撓。普丁咄咄逼人的強硬態度也無助於談判進程。祕書孟德爾回憶：「普丁知道如何發號施令，但他不懂如何談判。二十多年來，沒人敢反駁他，也沒人願意帶給他壞消息。這讓普丁成為一位拙劣的談判者；相反地，他只好使用勒索和各種戰爭手段來進行談判。」[59]

但這次會談至少達成了停火協議。即便在巴黎峰會之前，根據烏克蘭總參謀部和盧頓共和國自己的報告[60]，沿著頓巴斯雙方實際控制線間歇交火導致的死亡人數，已遠低於戰爭初期的激烈戰鬥——二〇一七年，雙方共計死亡六十人，三百零八人受傷；二〇一八年，五十一人死亡，三百零四人受傷；二〇一九年，三十六人死亡，一百二十九人受傷。在巴黎協商達成後，傷亡人數下降至個位數——停火則一直持續到二〇二二年二月。

但澤倫斯基領導下的烏克蘭，逐漸成為普丁的棘手問題。克里姆林宮一直以來控制基輔政府的傳統手段——例如天然氣戰爭、賄賂政府官員以及利用寡頭媒體影響——已不再奏效，因為澤倫斯基開始削弱寡頭的權力，包括他曾經的贊助人科洛莫伊斯基。最具決定性的是，澤倫斯基還開始強化烏克蘭與北約的紐帶，加速獲取成員國資格的進程。對克里姆林宮來說，這進一步證明了澤倫斯基就是華盛頓的傀儡。澤倫斯基希望將烏克蘭從西方的軍事、政治盟友，轉變為與西方聯盟全面一體化的正式成員國，而這正是克里姆林宮最深的恐懼。

第二部

戰爭之路

第五章

開戰途徑

戰爭總是某種程度上的誤判，或是完全地誤判。你誤判了自己的實力，也誤判了敵人的弱點。你誤判了戰爭將會有多容易、成本將會有多低，而利益又是多麼巨大。

——普林斯頓大學歷史學教授史蒂芬．考特金（Stephen Kotkin）1

克里姆林宮塔樓林立

各種導致克里姆林宮決定在二〇二二年入侵烏克蘭的因素，分別早在數年前（甚至數十年前）就已存在、醞釀。對北約東擴的抱怨，以及對美國主導的「單極世界」之反對，自一九九〇年代以來就是俄羅斯政治言論的常見標籤。克里姆林宮威脅要肢解烏克蘭的言論，早在葉爾欽於一九九一年八月試圖透過「重新考慮」克里米亞地位來威脅烏克蘭最高蘇維埃時，就已存在了。關於反俄「法西斯分子」將在基輔奪權的想像，正如我們所見，最早是在二〇〇三年由親俄宣傳家提出的。數百萬俄羅斯族民眾在蘇聯垮台後被拋棄在俄羅斯境外的挫敗感，是普丁在二〇〇五年向國會發表演講時所說的「地緣政治悲劇」。對西方試圖透過支持民主運動來顛覆並削弱俄羅斯的偏執狂想，從二〇〇三年至二〇〇四年的顏色革命以來，已成為克里姆林宮國內政策的核心支柱。普丁在二〇二二年二月二十四日早晨宣布開戰時充滿敵意的演說，除了重複他和自己隨從鼓吹多年的論點之外，並無任何其他的理論創意。

有些故事，當你顛倒過來看時，會顯得更有道理。因此，值得問的問題不是為什麼普丁在二〇二二年發動全面入侵烏克蘭，而是——為什麼他沒有更早動手？從二〇一四年（當時普丁選擇不對頓巴斯和其他烏克蘭的俄語區域進行全面軍事併吞）到最終在二〇二二年做出入侵決定的這段時間發生了什麼變化？

答案可分為以下三類因素。

首先，普丁周邊隨行人員意識中的首要觀點是，到二〇二一年底，西方在烏克蘭和俄羅斯的影響力所帶來的威脅，已變得過於嚴重、無法再忽視——所有試圖透過操控烏克蘭政治來控制這一局勢的努力，都已失敗。

其次，一小部分的蘇聯國安會人員認為，「入侵」對經濟造成的負面影響是可以接受的，但他們對俄羅斯經濟的真正運作方式知之甚少。他們認為，十多年來精心積累的六千五百億美元戰爭儲備，以及歐洲對俄羅斯天然氣的依賴，足以度過並減弱西方的反戰抗議。

最後一個因素是「機會」。西方在經歷了阿富汗的恥辱性撤軍、梅克爾卸任歐洲資深政治家、澤倫斯基選舉上的弱勢，以及俄羅斯軍隊的重組後，似乎出現了一次千載難逢的機會，現在正是結束數十年來西方影響力逐漸擴張的時刻，也是使俄羅斯重返世界強權的時刻。不出手就是將烏克蘭交給西方，並且致命地暴露俄羅斯於日益逼近之現存的、蠶食漸進式的政治和軍事威脅之中。

這些就是背後推動戰爭的戰略考量。但克里姆林宮的政策並非單純依據抽象的戰略因素來制定，而是由人來決策——在像「普丁的俄羅斯」這樣一個極端封閉、牢固的領導圈體制中，決定發動戰爭的是一小群與普丁有直接接觸的人。這些內部政局成員中，有些自一九七〇年代起便是普丁的同事和朋友；自二〇〇〇年以來，他們都在普丁的政府中擔任過各種高級職位。

在這些年中，普丁的政府曾有過不同的異議聲音、競爭的利益和願景。用俄羅斯的俗語來描述——「克里姆林宮內塔樓眾多」（the Kremlin has many towers）。各種當時流行的理念曾經出現並消逝過——包括將俄羅斯轉型為科技強國、重新定位與美國的關係、實現世界保守派的意識形態領導地位，甚至積極創建並支持「忠誠」的自由派反對黨及媒體勢力。然而，到了二〇二〇年初，支持這些創新提議的最後一位思考家——那些本能地看見即將到來的災難，並能使普丁和其強權夥伴遠離戰爭的有識之士——都已遠走高飛。只剩下一座塔樓，裡面是普丁最早結交、最信任的盟友，而且——對於俄羅斯和烏克蘭來說，最為悲催的——他們是鷹派以及最狂妄、偏執的盟友。房間裡已經沒有人能夠反對這種致命的集體思維，只剩下認為「戰爭不但不可避免，而且令人嚮往」的集體夢魘在塔樓中迴盪。

正如美國記者兼作家鮑勃．伍德沃德（Bob Woodward）在《進攻計畫》（*Plan of Attack*）一書，對美國在二〇〇一年到二〇〇三年伊拉克戰爭之路的紀實解說中證明，沒有一個政治體制可以免受集體思維的感染。甚至在先進的民主政體內，政府的官僚主義（尤其是情報機構），也有與生俱來的傾向，只搜尋符合自己領袖預設觀點的事實。到了二〇二〇年，俄羅斯的政治體系——由冷戰時期的蘇聯國安會成員組成的老年政治團體領導，他們甚至連網路都不使用，顯得格外脆弱，也更容易受到集體決定的綁架。「沒人願意將壞消息帶給沙皇，」曾在總統行政部門工作到二〇一六年的前官員說道，「（官方）的路線很明確……顧問和機構之間的競爭，就是看誰能在實現沙皇計畫上最為熱誠地完成。」[2]

對於那些策畫並推動二〇二二年入侵的戰爭人士來說，首先，這場戰爭是一場先發制人的打擊，旨在拯救俄羅斯免於來自西方、迫在眉睫的戰略威脅；但它同時也是一場決定俄羅斯未來命運的戰鬥——以及關於強權家族的未來，他們希望確保在普丁結束總統任期後，自己的權力還能夠延續。他們的任務就是創造一個俄羅斯，在那裡，未來不可能出現受西方激勵的莫斯科博洛特納亞廣場示威活動。根據這樣的理念，在二〇二〇年八月對反對派領袖阿列克謝・納瓦爾尼的謀殺，以及對烏克蘭的入侵，都是全力對抗較量戰略任務的一部分——保護俄羅斯免於外國的干涉，因此也保護了他們自己的權力和財產。

在二〇〇〇年被任命為俄羅斯聯邦安全局局長後不久，尼古拉・帕特魯舍夫描述這個安全機構是「俄羅斯的新權貴」。俄語中的「權貴」一詞，字面上就是皇宮或朝廷的成員，在那裡，授予權力的唯一來源就是沙皇本人。二十年後，作為俄羅斯聯邦安全會議祕書的帕特魯舍夫，以及其他國家安全情報組織的領導人，不僅完成了前現代社會忠心奴僕的主管職能，也為普丁王朝的延續效盡了犬馬之勞。

新權貴的子女憑藉本身的權利背景，紛紛被任命為部長和主要國營公司的負責人。例如，尼古拉・帕特魯舍夫的兒子德米特里（Dmitry），只有銀行工作經歷的他，在二〇一八年被任命為俄羅斯農業部長。聯邦安全局局長亞歷山大・博爾特尼科夫的兒子鄧尼斯（Denis），擔任了俄羅斯第二大金融機構VTB銀行的副總裁。前總理米哈伊爾・弗拉德科夫（Mikhail Fradkov）的兒子——在聯邦安全局學院念書時，是博爾特尼科夫小兒子安德烈（Andrei）的同學——是普羅姆斯維亞茨銀行（Promsvyazbank）的負責人，這是克里姆林宮用來資助軍火採購的主要銀行。他們之間進行了家族聯姻，已經生育出普丁時代權貴階層的第三代後起子孫，到時候他們預計也將接掌俄羅斯及其中的一切權益。普丁在統治初期，清除並剝奪了那些敢於挑戰他的、葉爾欽時代商業寡頭的權力；但他同時也創造了新的政商寡頭集團，這些人只效忠於他。

晚期普丁主義的意識形態，其實就是效法布里茲涅夫時代的蘇聯國安會，這造就了當今領導階層機構的意識形態。根據俄羅斯詩人和評論家德米特里・貝科夫（Dmitry Bykov）所描述：「特勤部門總是在為往日服務。他們的主要任務就是停止時光的流逝。他們持之以恆地獵取新事務的蹤跡，因為未來總是在超越、對抗他們的往日情懷……他們運用自己的權力無所不為，只是為了防止自己被時代廢棄。」[3]所有老人統治政權的現存恐懼都在於，新的世代將不可避免地挑戰他們及其價值觀，「保守不可能創新，你無法天長地久地保持過往記憶，或永遠保存對未來的擔憂。」[4]

在十九世紀末期，面對來自現代化日益逼近的生存挑戰，俄羅斯的沙皇將社會團結在「東正教義、專制和民族主義」的抽象意識之下——這一理念是建立在創造一個社會內部存在著邪惡「他者」的神話基礎上，而這個「他者」便是猶太人。儘管奉行社會保守主義，但蘇聯卻是在擁抱未來的基礎上、自相矛盾而組建的政體。在表面上，這個新國家要求它的人民，為即將到來的、充滿光明的集體化共產主義世界而犧牲奉獻；然而，已經復活並鑲嵌在普丁竊國式威權政體之中的沙皇時代理論說教，對新一代信仰無神論、精通網路、天生推崇資本主義和網路社交的俄羅斯年輕人而言，吸引力確實有限。與中國或蘇聯不同，俄羅斯沒有高度發達的政府和政黨結構、沒有強大且長期建立的集體繁榮國家意識形態，也不存在太空領域探險的卓越成就，或令世界驚豔的城市與科技發展，足以凝聚國民的團結意願。

儘管普丁的西羅維基（siloviki，意指「強力部門」）——甚至連極端保守主義的哲學家亞歷山大·杜金——可能都不會以這種方式表達，他們只相信，一場民族自救的戰爭將是唯一足夠強大的力量，來制止現代世界的蠶食逼近，以及激進式地有效實現國家與西方的分離。美國和俄羅斯在古巴導彈危機期間的最後一次關鍵對抗時，兩國的領導人都是二戰的退伍老兵，並且因個人的經歷，對戰爭擁有深刻的恐懼。與此相反，普丁那一代的人未經歷過偉大的愛國戰爭（即二戰），卻是在電影銀幕的英雄神話感召中長大的，這些電影宣揚的是——在對抗邪惡勢力的正義戰爭中所帶來的團結、高貴和淨化。他們認為，戰爭將在愛國主義和犧牲精神的基礎上，創造一個新的俄羅斯，而非自私追求舒適、繁榮的國家。最重要的是，它將創造一個需要有權力者來領導的俄羅斯。「在戰時，你不會想到宜家（ＩＫＥＡ）產品，或想購買新的汽車，」俄羅斯的電視台主管莫羅第說道，「戰時，你會只想到勝利，和將你的國家從敵人手中解救出來的領袖……在和平時期，你會想到如何讓生活變得更好；在戰爭中，你想到的是一切可能會變得多糟糕。」[5]

並沒有任何明確、卑劣的陰謀，刻意利用戰爭將時鐘倒回，創造一個孤立的、反動的俄羅斯，允許統治者毫無挑戰地永久掌權。與此相反，引導俄羅斯進入二〇二二年戰爭的人們堅信：他們毫無選擇，只能針鋒相對地做出反應，以反擊西方無休止地、對俄羅斯戰略空間的蠶食鯨吞。進一步來說，普丁和帕特魯舍夫都宣稱，他們並不是要奪取任何東西，而只是在索取俄羅斯古老歷史賦予的自我權利。但實際上，這場戰爭代表了年老俄羅斯戰勝了年輕俄羅斯，代表了偏執的蘇聯思維陰謀論者戰勝了後蘇聯、後現代的實用資本主義一代。

大權在握的男人

四位男士——其中三人是前任或現任的聯邦安全局局長——在引領俄羅斯走向戰爭中，發揮了決定性的作用：普丁、尼古拉・帕特魯舍夫、亞歷山大・博爾特尼科夫、謝爾蓋・紹伊古。當中，帕特魯舍夫和博爾特尼科夫是主要的政治推動者，紹伊古則是某些時候略有遲疑的計畫執行人。此外還存在著稍微擴大的私人密友圈，其中所有人都與普丁有蘇聯國安會或一九九〇年代聖彼得堡共青湖別墅區集體社團（Ozero dacha）的關聯，那裡在一九九〇年代居住著城市商界、政府的權貴人士及精英，與普丁建立起源遠流長的關係，在他周圍形成了異口同聲的核心圈。但是，根據一位接近克里姆林宮發言人德米特里・佩斯科夫的消息來源表示，他們對入侵的全部細節和實際規模並不知情。這第二圈的普丁私人親信密友群中，包括了億萬富翁尤里・科瓦爾丘克；對外情報局局長謝爾蓋・納雷什金；普丁的前私人保鏢和俄羅斯國家近衛軍總司令維克托・佐洛托夫（Viktor Zolotov）；前克里姆林宮辦公室主任和前蘇聯國安會人員謝爾蓋・伊萬諾夫；普丁在東德時期的蘇聯國安會同事和俄羅斯國家技術集團總裁謝爾蓋・切梅佐夫（Sergei Chemezov）；曾任蘇聯國安會官員的俄羅斯國營石油公司總裁伊格爾・謝欽（Igor Sechin）；以及專長石油交易的億萬富商阿爾卡迪・羅滕貝格（Arkady Rotenberg）。

其他高層官員在執行層面發揮了重要作用，但在普丁私人親信圈的決策過程中並無發言權，且並非普丁的私人朋友。這群忠誠的執行官員包括：外交部長謝爾蓋．拉夫羅夫、聯邦安全局負責鄰國關係事務的謝爾蓋．貝塞達（Sergei Beseda），以及克里姆林宮駐烏克蘭頓巴斯地區首席特使德米特里．科札克（Dmitry Kozak）。

帕特魯舍夫

在普丁二十年的統治期間，克里姆林宮「灰衣主教」（grey cardinal）的頭銜只授予少數幾位顯要的人物——最著名的是意識形態專家弗拉季斯拉夫．蘇爾科夫，以及俄羅斯石油公司總裁伊格爾．謝欽。然而這個頭銜應該更屬於尼古拉．帕特魯舍夫，他從一九九〇年代末期以來，已持之以恆地成為普丁核心圈內最重要、最具權勢的人物。

像克里姆林宮高層精英中的大多數成員一樣，帕特魯舍夫於一九五一年出生在列寧格勒，正好比普丁早一年。帕特魯舍夫是蘇聯海軍軍官的兒子，他曾在列寧格勒造船學院學習，並短暫擔任海軍工程師，之後於一九七五年被蘇聯國安會招募。與此相對，普丁並未被祕密警察主動徵召，而根據他自己的說法，他曾多次主動向蘇聯國安會提出申請，直到最終被錄取。[6]兩位年輕的軍官在列寧格勒的蘇聯國安會相遇，但在兩人中，帕特魯舍夫才是那位出類拔萃的高層。帕特魯舍夫曾就讀於明斯克的蘇聯國安會學校，後來進入莫斯科的蘇聯國安會高等學院深造，之後加入了列寧格勒蘇聯國安會的反走私和反貪腐部門。相比之下，普丁的職業生涯則顯得相當平凡——他於一九八八年被派駐到蘇聯國安會的德勒斯登辦公室，這是一個位於友好社會主義國家的職位。曾在八〇年代於倫敦蘇聯國安會駐外機構（rezidentura）服務的前蘇聯國安會少將回憶：「那些高層人物被派往資本主義國家，或負責經濟犯罪的工作；而德勒斯登是個偏僻的地方，普丁就像一隻灰蛾，根本不為人知，他在蘇聯國安會的職業生涯完全平庸。」正是帕特魯舍夫（而非普丁）才是「八〇年代蘇聯國安會的新星之一」。[7]

在一九九〇年，普丁才是個三十八歲的少校，而蘇聯國安會決定讓他退役。他同時被晉升為中校——這樣就可以體會到別人稱之為「資深校官」時的重要榮耀感——這其實只是退休前的形式性程序，讓他能夠領取稍微高一些的退休金。而帕特魯舍夫則與之相反，甚至在蘇聯垮台後仍繼續服務於祕密警察，在俄羅斯北部的卡累利阿共和國（Republic of Karelia）擔任安全部長，並從一九九四年起，擔任新命名為「聯邦反間諜局」（俄羅斯聯邦安全局的前身）的對內安全總局（Directorate of Internal Security）局長。一九九七年三月，當普丁從聖彼得堡市長辦公室被徵召到莫斯科的總統辦公室後，他並未忘記來自列寧格勒的舊同事。隨後在五月，普丁晉升為總統辦公室的第一副主任——並將他曾經的同事帕特魯舍夫帶入，讓他接任自己曾任的克里姆林宮總監察部（Main Supervisory Department）主任一職。

到了這時，兩人的角色已發生了逆轉，年輕、級別較低的普丁成了高層人物。當普丁在一九九八年七月再次晉升為聯邦安全局局長時，他很快就將帕特魯舍夫引薦作為副局長，並擔任重要且獲利豐厚的經濟安全總局（Directorate for Economic Security）局長。普丁的驚人崛起——在克里姆林宮幕僚長沃洛欣和寡頭伯里斯．別列佐夫斯基的支持下——隨後又獲得晉升，成為俄羅斯聯邦安全會議（Security Council）祕書長，並將他原來的聯邦安全局局長職位交給了帕特魯舍夫。普丁在一九九九年八月被選為葉爾欽的總理，成了葉爾欽的可能接班人。在一九九九年跨年之夜，當葉爾欽突然宣布普丁將接任他成為俄羅斯代理總統時，帕特魯舍夫和普丁與他們的妻子一起飛往車臣，以鼓舞俄軍的士氣，在直升機上飛越戰區時還喝著香檳慶祝。[8] 二〇〇〇年三月，普丁授予他的舊友帕特魯舍夫俄羅斯最高的榮譽——俄羅斯英雄勳章（Hero of Russia）。

普丁在二〇〇〇年當選後曾對一群蘇聯國安會退伍軍人開玩笑說：「接管最高權力階層的特別行動已經成功。」[9] 該年十二月，帕特魯舍夫發表了關於安全部門是俄羅斯「新權貴」的言論。在解釋為何克里姆林宮中有如此多前聯邦安全局官員時，帕特魯舍夫告訴《共青團真理報》（*Komsomolskaya Pravda*），俄羅斯行政團隊迫切需要「注入新鮮血液」……這些新鮮血液不該是無力的理想主義者，而是能夠理解國內外政治發展、正視出現的矛盾與威脅的堅韌實用主義者。[10] 帕特魯舍夫沒有浪費任何時間與自己認定的敵人作戰，並在二〇〇六年發生的前蘇聯國安會告密者及叛逃者亞歷山大・利特維年科（Alexander Litvinenko）在倫敦被毒殺事件中，扮演了關鍵角色。「聯邦安全局殺害利特維年科的行動，很可能得到了帕特魯舍夫、普丁總統的批准。」英國對該謀殺事件的公共調查得出了這樣的結論。

在二〇〇八年，普丁任命帕特魯舍夫為俄羅斯聯邦安全會議祕書長，這是他在十年間第五次接管普丁曾任職的職位。帕特魯舍夫在推動俄羅斯日益強硬的外交政策和內部安全打壓行動中，扮演了關鍵角色。隨著基輔的廣場革命事件後，帕特魯舍夫對美國的看法更加強烈，他認為美國「寧願俄羅斯根本不存在」，這一信念促使他在東歐進行越來越激進的影響力操作——包括二〇一六年十月一次由聯邦安全局支持的未遂政變，目標是蒙特內哥羅（Montenegro）。

帕特魯舍夫一直是普丁核心圈中最健談、最具知名度的成員之一，負責向俄羅斯媒體和公眾解釋和闡揚克里姆林宮的官方政策。這明確顯示了他在普丁心中的高位，以及普丁對他的個人信任。

在他的許多訪談中，帕特魯舍夫不僅透露了極高的偏執心態，還表現出願意相信一些極為離奇的陰謀論。例如，在二〇一五年，帕特魯舍夫曾表示：「美國人認為我們非法且不當控制（我們自己的天然資源），因為在他們看來，我們並未如應該的那樣使用這些資源。」為了支持這一說法，他引用了美國前國務卿馬德琳・歐布萊特（Madeleine Albright）的話，聲稱歐布萊特曾說過「遠東和西伯利亞不屬於俄羅斯」；事實上，歐布萊特從未說過這樣的話。這句話實際上來自一位由聯邦安全局聘用的通靈師，他聲稱在催眠狀態下讀取了歐布萊特的思想。[11]在二〇二二年四月，帕特魯舍夫宣稱，一個「逃離烏克蘭的犯罪集團」正在「大規模販賣從烏克蘭被帶出的孤兒」。他聲稱，西方政府故意唆使、支持這種販賣孤兒的行為；而且，這些政府也在祕密「重啟從烏克蘭弱勢群體中購買人體器官的黑市，並為歐洲病人進行祕密移植手術」。[12]

在二〇二〇年六月，帕特魯舍夫進行了一次長時間且令人不寒而慄的訪談，他在其中概述了將成為兩年後入侵烏克蘭基礎的世界觀。根據帕特魯舍夫的說法，西方試圖「破壞我們國家的社會政治局勢」之努力正在加劇。他解釋道：「外國龐大的非營利組織

（NGO）網絡和依附於它們的國內公共機構，正在俄羅斯領土上建立旨在實施所謂符合西方國家利益的民主計畫和專案。」他還指出：「西方團結並資助（俄羅斯的）非體制內反對派……干預俄羅斯的聯邦和地方選舉。」帕特魯舍夫引用了「我們掌握的數據」，宣稱美國支持的顛覆勢力正在俄羅斯境內活動：

預計他們將加強工作……激發民族主義和分離主義的情緒。計畫採取措施加強對俄羅斯的資訊壓力，以侵蝕構成我們國家基礎的俄羅斯精神、道德、文化和歷史價值觀，削弱我們國民中的「俄羅斯人一體」之身分認同感。他們的主要任務是分裂俄羅斯社會，強加對他們有利的價值觀和發展模式，並操控公眾意識。

他特別點名了美國國務院、各種美國民間社會的非政府組織，以及喬治・索羅斯（George Soros）的開放社會基金會（Open Society Institute），作為華盛頓持續攻擊俄羅斯國家主權的代理機構。帕特魯舍夫還聲稱，從二〇一五年到二〇一九年，俄羅斯實體和個人共收到超過四十億盧布（約合四千萬英鎊），用於資助「針對俄羅斯的顛覆活動」。

對帕特魯舍夫來說，西方支持的顏色革命在俄羅斯的威脅是真實的、即時的，並且正在增長。他透露，這個美國陰謀依賴於新一代——「那些在蘇聯解體後才成年的，因此對蘇聯沒有親身經歷或真實了解的人」。根據帕特魯舍夫的計算，這一代人將「自然而然」在二〇三六年前後成為俄羅斯的高階管理層——儘管他指出，喬治亞和烏克蘭的經驗表明，「敵視俄羅斯的精英階層的形成過程……可以被人工加速。」[13]換句話說，這一代後蘇聯時期的人逐漸崛起，而且最容易受到美國宣傳的影響，對俄羅斯的國家安全構成了直接挑戰。帕特魯舍夫認為，採取果斷行動「中和這一威脅」和「對抗正在展開的反國家過程」，不僅是一場與時間賽跑的戰鬥，更是關乎俄羅斯生存的問題。

即使在帕特魯舍夫於二〇二〇年六月對《爭議與事實》（*Argumenty i Fakty*）雜誌發表談話時，一支由聯邦安全局局長亞歷山大．博爾特尼科夫指揮的特務小組，正在準備對抗被西羅維基視為美國在俄羅斯最危險的特務——反對派領袖阿列克謝．納瓦爾尼。飛行紀錄顯示，特務們全年都在跟蹤納瓦爾尼，監視他在全國各地的旅行；他還組織支持者，支持一項新的策略投票計畫（Smart voting），這項計畫威脅將推翻執政的統一俄羅斯黨在地方選舉中的席位。二〇二〇年八月十九日，一支特務小組闖入他位於西伯利亞托木斯克（Tomsk）的旅館房間，根據他們的說法，他們將諾維喬克（Novichok）神經毒劑塗抹在納瓦爾尼內褲的縫線處，並將其放在抽屜裡。第二天，納瓦爾尼在回莫斯科的飛機上昏迷不醒，如果機師沒有緊急降落在鄂木斯克（Omsk），他將死於機上。

對聯邦安全局來說，納瓦爾尼幸運地倖存於這次中毒事件——然而，他在二〇二〇年十二月自願返回俄羅斯，隨即被逮捕，並很快因詐欺被定罪。在俄羅斯領先的反對派人物安全入獄後，帕特魯舍夫開始著手為烏克蘭問題擬定一個永久解決方案。在二〇二一年五月，帕特魯舍夫協調並發布的「俄羅斯國家安全戰略」更新版中，明確規定俄羅斯國家可使用「強制手段」來「阻止或避免威脅俄羅斯聯邦主權和領土完整的敵對行為」。換句話說，對外使用軍事力量的行為，在事實上已獲得預先授權。這成了未來入侵的法律藍圖。

博爾特尼科夫

亞歷山大·博爾特尼科夫，生於一九五一年，出生於烏拉爾地區的彼爾姆市，曾在列寧格勒的鐵路工程學院學習，並於一九七五年被招募進入列寧格勒的蘇聯國安會，在那裡他首次遇見了普丁。像帕特魯舍夫一樣，博爾特尼科夫也一直留在蘇聯國安會及其後來的組織——聯邦反間諜局（FSK）和聯邦安全局（FSB），並於二〇〇三年六月升任聖彼得堡及列寧格勒州聯邦安全局局長。一年後，他被調到莫斯科，接替帕特魯舍夫的舊職位，擔任聯邦安全局經濟安全服務部（著名的「K部門」）的負責人，並成為該機構的副局長。儘管「K部門」這個名字聽起來無害，但實際上它是俄羅斯祕密警察中最強大、最令人畏懼的部門之一。根據獨立的莫斯科雜誌《新時代》（*The New Times*）的調查，博爾特尼科夫曾在當時的聯邦安全局局長帕特魯舍夫的指示下，負責監督二〇〇六年在倫敦對亞歷山大・利特維年科進行毒殺的行動。[14]

當帕特魯舍夫於二〇〇八年五月升任聯邦安全會議祕書長時，博爾特尼科夫緊隨其後，接管了他舊上司的職位，成為聯邦安全局局長——這個職位至今仍由他擔任。根據一位在莫斯科的財務顧問透露，在帕特魯舍夫的領導下，聯邦安全局已經成為「俄羅斯最大的商業結構」，這位顧問曾與現任及前任的聯邦安全局成員合作過，並參與各種國際投資計畫。他不以任何激動的語氣，只像在解釋物理基本法則一樣說道：「能把人關進監獄的權力，可以讓你賺錢；而錢則能幫助你保持權力，只要你把錢交給對的人，並且不貪心。」[15]那裡的各級官員因為經常以調查、關押進而威脅經商人士，直到迫使他們將生意轉交給聯邦安全局或其合夥人才罷手，導致了臭名遠揚——這種做法被稱為「reiderstvo」或稱為俄羅斯式的「企業掠奪」。

一系列的醜聞——包括由聯邦安全局主導的對「Tri Kita」連鎖家具超市和「Evroset」手機零售網絡的大規模敵意收購——登上了俄羅斯報紙的頭版，令克里姆林宮感到尷尬。

顧問表示，博爾特尼科夫希望聯邦安全局「再次成為俄羅斯國家的劍與盾，就像（祕密警察創始人）捷爾任斯基所期望的那樣」。博爾特尼科夫個人「厭惡把（國家安全官員）視為小偷和骯髒商人」，他特意獎勵並晉升那些積極尋找顛覆團體，以及清除「外國間諜」、記者、人權活動家和挑戰克里姆林宮歷史觀的歷史學家之年輕官員。「他不喜歡那些破壞祖國的人，」這位曾在二〇〇八年至二〇一五年間與博爾特尼科夫有過多次私人會議的消息來源表示。[16]

博爾特尼科夫是一位可靠且不懈的攻擊犬，他將聯邦安全局重新轉變為蘇聯時期那樣積極的政治審訊機構——並且努力恢復該機構的名聲。在二〇一七年蘇聯首個祕密警察成立一百周年之際，博爾特尼科夫告訴《俄羅斯報》（*Rossiiskaya Gazeta*），檔案顯示「史達林在一九三〇年代大清洗中，有相當一部分刑事案件是有其客觀根據的」。但他同樣認真對待的不僅是政治安全，還有實際的國家安全問題。二〇一八年，他與對外情報局局長謝爾蓋．納雷什金和軍事情報局局長伊戈爾．柯洛博夫（Igor Korobov）一起前往華盛頓，與中情局局長邁克．蓬佩奧（Mike Pompeo）討論伊斯蘭國武裝分子從敘利亞回到俄羅斯和中亞的威脅。作為對其忠誠服務的回報，普丁於二〇一九年授予博爾特尼科夫「俄羅斯英雄」勳章，並任命他為陸軍上將，這是俄羅斯最高的軍事軍階——使這位國家祕密警察的首領有了與國防部長紹伊古平起平坐的身分。

紹伊古

在背景和性格上，紹伊古是普丁核心圈中的異類（局外人）。普丁和他的大部分老友都來自樸實的背景，他們的社會和職業流動性完全來自於在蘇聯國安會的服務。另一方面，紹伊古則出生於蒙古邊境的圖瓦共和國（Republic of Tuva）省級黨內精英家庭。他的圖瓦族父親是一名報紙編輯，後來晉升為當地的黨委書記，而他的俄羅斯母親則是圖瓦地區人民代表大會的副代表。

多虧了父親的黨內關係，紹伊古——一位受過土木工程訓練的專業人士——於一九九〇年被任命為俄羅斯蘇維埃社會主義聯邦建築與建設委員會的副主席，在那裡，他的職位與上升中的政治新星鮑利斯・葉爾欽相等。次年，隨著蘇聯機構的崩潰，葉爾欽作為新當選的俄羅斯聯邦總統，任命紹伊古擔任俄羅斯救援隊（Russian Rescue Corps）的負責人，該隊成立的目的是取代蘇聯國防部的舊民防部隊。該隊後來改名為俄羅斯聯邦緊急情況部（Ministry of Emergency Situations），它是一個準軍事機構，最終負責消防、災難應對和民防，並成為俄羅斯第三大準軍事力量。當時已晉升為少將的紹伊古，協調了在一九九二年未能成功之行動——從喀布爾撤離蘇聯支持的阿富汗總統穆罕默德·納吉布拉（Mohammad Najibullah）一事。次年，他負責在一九九三年十月莫斯科的政變未遂期間，從民防物資庫中分發武器給葉爾欽的支持者，在粉碎政變後聲名鵲起；一九九九年，葉爾欽利用紹伊古救援生命者的聲望和名氣，將他推舉為支持總理普丁崛起為總統的親政府統一黨（Unity Party）的領袖之一。紹伊古因其政治服務而被授予「俄羅斯英雄」稱號。

無論是作為一位部長還是政治人物，他都展現了自己是一位稱職、忠誠且安全的人選——但關鍵是，他似乎並無任何個人的政治野心。普丁與紹伊古建立了深厚的私人友誼，這基於他們共同對在俄羅斯荒野中騎馬、狩獵和射擊的熱愛。普丁是個個子矮小、體弱的都市孩子，他的整個職業生涯都在辦公室度過；對普丁來說，與紹伊古這個狂野、男人味十足且未被馴服的西伯利亞世界之深厚個人聯繫，具有深刻的吸引力。普丁裸露上半身騎馬的那張二〇一七年著名照片，就是在一次釣魚旅行中拍攝的，當時他們倆正一同前往紹伊古的故鄉圖瓦。從個人角度來看，紹伊古與那些圍繞普丁、陪伴他長時間攀爬官僚權力陡坡的權謀者不同。曾與紹伊古一同狩獵的前葉爾欽時代高級官員表示：「紹伊古是個非常正直、誠實的人，他不是個陰謀家。與他在一起，言行一致……他不是那種試圖告訴普丁他想聽的話的人。」17

二〇一二年十一月，普丁因一系列涉及俄羅斯國防部長阿納托利・謝爾久科夫（Anatoly Serdyukov）的高調醜聞，將他解職，這些醜聞涉及從謝爾久科夫擔任俄羅斯最高稅務官員開始的計畫，該計畫旨在詐騙國家、偷竊私營企業繳納的稅款。其中一項詐騙最終導致了二〇〇七年的揭發者——律師謝爾蓋・馬格尼茨基（Sergei Magnitsky）被逮捕並在獄中死亡，而且引發了美國和歐洲首次對涉案官員的制裁。普丁周圍的核心「聖彼得堡集團」的西羅維基還為了讓自己的人接任謝爾久科夫積極遊說，藉此將俄羅斯的軍隊納入已由前蘇聯國安會集團控制的權力部門。然而，普丁最後選擇了紹伊古——部分原因是因為他已證明了自己能夠果斷處事，以及他對普丁本人的忠誠度，還有部分原因是為了平衡競爭派系的權力。

紹伊古毫不猶豫地將謝爾久科夫時代稅務部門的舊部屬從國防部的高層職位上解職，並任命軍官取而代之；就像聯邦安全局的博爾特尼科夫一樣，紹伊古認為俄羅斯的權力部門首先存在的目的是保衛祖國，而不是成為部長和將軍的榨取工具。他還加速了改革，增加專業合約志願兵在過去由徵兵制度主導的軍隊中的比例，並創建了更多的營級戰術群（BTG），這是新的摩托化（motorised infantry）步兵基本作戰單位。他還設立了特種作戰部隊指揮部，以便在俄羅斯的「近鄰國」發生衝突時迅速介入。在紹伊古的領導下，到二〇二〇年，俄羅斯軍事開支已吸納了俄羅斯國內生產毛額的七%，而大多數北約國家的軍事開支僅占不到二%，俄羅斯軍隊正被打造為高度組織化的備戰狀態，為可能的重大衝突做準備。

二〇二〇：政治板塊的位移

當對烏克蘭的攻擊從「可能」轉為「大概會發生」的時刻，正好被兩個事件所框定：首先，是克里姆林宮在二〇二〇年初意識到，所有試圖改變烏克蘭向西方靠攏的努力都已經失敗；接著，是澤倫斯基在二〇二一年三月，決定讓烏克蘭參與包括黑海在內的主要北約軍事演習。

普丁與澤倫斯基於二〇一九年十二月的巴黎會談達成了停火協議——但這也讓克里姆林宮意識到，頓巴斯之類的假想國家未能達成其預期目標；頓巴斯的政治領導層證明了其極度腐敗且無法控制。自二〇一四年以來，盧頓共和國內數十名當地官員，已被解職或在一片腐敗指控的泥淖中暴力死亡。[18]在軍事方面，數年的低強度衝突，實際上加強了烏克蘭的國家地位和自我認同，而不是像克里姆林宮幻想的那樣，將其分裂並磨耗殆盡。最重要的是，在澤倫斯基於二〇一九年十月遭遇「不妥協」小型獨立廣場示威的羞辱之後，顯而易見，反叛的共和國將永遠不會像克里姆林宮所期望的那樣，作為半獨立的區域，重新加入烏克蘭。

這一失敗被歸咎於弗拉季斯拉夫・蘇爾科夫，這位自二〇一三年以來一直是克里姆林宮在烏克蘭的代表。蘇爾科夫自二〇〇三年以來，可能一直處於克里姆林宮意識形態政策的核心，但他從未成為真正的內部人。他年輕、更聰明、更具國際視野，而且比那些與普丁關係密切的年長一代克里姆林宮強人更為憤世嫉俗。在成功調解克里姆林宮、總統辦公室、聯邦安全局與軍方之間的派系鬥爭多年後，蘇爾科夫最終在二〇二〇年二月從這條職業生涯走鋼絲的路上墜落。[19]

蘇爾科夫職業生涯中真正致命的誤判，並非關於烏克蘭，而是他決定公開討論後普丁時代的俄羅斯會是什麼樣子。在二〇一九年二月初發表於《獨立報》（*Nezavisimaya Gazeta*）的文章〈普丁的長期統治〉中，蘇爾科夫小心翼翼地強調，即使普丁卸任，未來許多年「俄羅斯仍將是普丁的國家」，他並聲稱普丁主義是「未來的意識形態」。[20]他傳遞給普丁的資訊是，普丁不必擔心權力過渡問題，因為他創造的假設穩定性政權，將會在創始人退休後繼續存在。蘇爾科夫對圍繞普丁周圍的精英發出的信號是，他們也沒有理由重蹈晚期共產主義時期的災難，那時病重的領導人被迫繼續在位直到死亡。相反地，有序的權力過渡將意味著一切照舊，保留他們之間競爭的權力基礎和利益的微妙平衡。蘇爾科夫還向俄羅斯人民保證，這個光鮮的「主權民主」外表將繼續無縫延續，因為他聲稱人民的利益與統治者的利益是一致的。

蘇爾科夫可能是對的。如果普丁的核心權力圈中有更多務實、更多富有想像力且較少偏執的人，一個順利過渡到能夠維持現狀的繼任者之過程是有可能的。但西羅維基得出的結論恰恰與蘇爾科夫所建議的相反，他們並沒看到穩定，他們只看到，將後普丁時代的俄羅斯視為一個致命脆弱的國家，容易受到西方無情顛覆的威脅，這一點深深困擾著像帕特魯舍夫和博爾特尼科夫這樣的人。正如蘇爾科夫不夠圓滑地指出的那樣，普丁統治的結束確實在逼近，不管他是否患有重病，稍後會有更詳細的討論；但基本事實是，普丁將在二〇二二年十月滿七十歲——或許對美國領導人來說還算年輕，但已經比大多數俄羅斯男性的平均壽命多活了三年，不論普丁身體健康與否，他不可能永遠活著。前蘇聯領導人列昂尼德．布里茲涅夫——雖然他是個吸菸且食量大的人——在執政十八年後，於七十六歲生日前一個月去世。在大約五年後，普丁將變成跛腳鴨（即將下台的領導人），對掌權者而言，這意味著找出解決西方侵略決定性方案的時間所剩無幾；這也意味著必須一勞永逸地解決烏克蘭問題。

蘇爾科夫於二〇二〇年二月底辭職，並以「對烏克蘭政策的分歧」為由，他表示：「可以說，情勢已經改變。」[21]他的俄羅斯駐頓巴斯主要負責人職位被來自烏克蘭的德米特里・科札克取代，科札克是一位經過考驗的問題解決專家，曾處理過如司法改革、麻煩的北高加索等棘手之行政問題。

隨著蘇爾科夫的離職，克里姆林宮在烏克蘭的政策開始穩步走向對抗。然而，他的辭職在更深層次上具有重要意義，代表克里姆林宮中的高層決策者們，真的相信這些神話是蘇爾科夫的夢幻機器製造出來的。「主權民主」最終建立在與現實和意識形態的憤世嫉俗和交易關係的基礎上。在蘇爾科夫的世界裡，東正教的反啟蒙主義可以和蘇聯愛國主義及受害者文化的言辭結合，並以光鮮亮麗的加工後價值外表呈現給公眾。在每年的Nashy夏令營中，民族主義被包裝成自我探索，是一場發現內心愛國者的旅程。蘇爾科夫長期擔任克里姆林宮的首席意識形態思想家時，精心安排了各種花樣以維持選民的滿意度；然而關鍵是，重大決策的權力掌握在現實主義的技術官僚手中。像長期擔任財政部長的阿列克謝・庫德林（Alexei Kudrin），他曾是普丁的私人好友，像他這樣的專業經理人，負責管理穩健的宏觀經濟政策；然而，到了二〇二〇年初，這些技術官僚的最後一批成員——例如總理米哈伊爾・米舒斯京（Mikhail Mishustin）——都被降級到局限的管理職位，遠離了真正的決策核心。

事實上，克里姆林宮內所謂的「自由派」人物，雖然與西羅維基爭鬥了二十年，但其實並不特別自由，更不用說親西方了。然而，像庫德林、蘇爾科夫以及前總理謝爾蓋・基里延科（Sergei Kiriyenko）和德米特里・梅德韋傑夫這樣的人物，至少可以明顯辨識為後蘇聯時代的分子。與西羅維基不同，這些技術官僚屬於一個曾經被美國總統喬治・布希的助手諷刺性形容為「現實主義根基的社群」成員。所謂自由派的共同特徵，是認識到自蘇聯解體以來，俄羅斯的繁榮依賴於其參與西方的銀行、投資、貿易和經濟體系，以及西方的技術和專業知識。即便過了三十年，俄羅斯依然未學會製造出世界其他地方想購買的東西（除了軍火武器，儘管這些也依賴於進口的電腦晶片）。使俄羅斯運作的一切，從手機路由器到網路伺服器，再到由西門子製造的高速列車引擎，以及波音和空中巴士生產的飛機——這些都由西方及其亞洲盟友發明並大規模製造。即便在二〇一四年後，俄羅斯為擺脫進口依賴而採取的全國性努力，也未能生產出完全由俄羅斯製造的手機、筆記型電腦，甚至是電腦處理器，更不用說一架客機了。

但到了二〇二〇年初，克里姆林宮決策核心圈剩下的已經不是技術官僚，而是蘇聯時代的幻想家和偏執狂——是那些普丁信任的人，唯一的理由就是他們在四十五年的工作關係中，已經證明了對普丁的個人忠誠。克里姆林宮的思維正在封閉。而就在這個關鍵時刻，發生了一個黑天鵝事件，這個事件將使這種封閉變成具體的現實。二〇二〇年一月三十一日，兩名中國公民在西伯利亞檢測出感染了一種危險的新病毒。

地堡求生的心態

新冠疫情對俄羅斯造成了重創。根據官方資料，疫情已造成該國近三十一萬人死亡，這是全球第九高的死亡率；但真實的死亡人數可能遠高於此。政府的統計數據顯示，從二〇二〇年十月到二〇二一年九月，俄羅斯人口減少了九十九萬七千人，這是俄羅斯在和平時期歷來最大的年度人口下降。

在二〇二〇年三月初，普丁最初試圖淡化疫情的危險，隨後便消失於公眾視野。是當地領袖，如莫斯科市長謝爾蓋．索比亞寧（Sergei Sobianin），開始實施嚴厲的隔離措施，這些措施包括從三月三十日起，僅允許莫斯科市民在特定的日子、特定的區域內外出。全俄各地的學校、劇院、博物館及國際邊界都被封閉。

隨著疫情在四月加劇，普丁從他位於莫斯科郊區、經常居住的新奧加廖沃區官邸撤退，前往位於莫斯科與聖彼得堡之間、瓦爾代湖附近更為偏遠的總統居所。根據一位在克里姆林宮新聞組工作超過十年的記者透露，一小群官方的平面與動態攝影師被要求與家政、祕書人員一同隔離在新奧加廖沃官邸的服務人員居住區內，每天都經病毒檢測。[22]「大家都以為（總統）幾天後就會回來，」這位仍在克里姆林宮工作的記者回憶道，「外面的人根本不被允許接近住所。」然而，普丁直到五月九日才回到莫斯科，並且只有短暫地、在極高的疫情防護條件下，才公開在亞歷山大花園的永恆之火紀念碑前敬獻花圈，因為原定的公眾慶祝活動已被取消。

在新奧加廖沃和瓦爾代兩處官邸，約有八千五百萬美元被用來建造員工和訪客的隔離住宿設施，以及購買最先進的病毒測試設備。[23]任何與普丁接觸的人都必須遵守嚴格的個人隔離規定，在現場隔離觀察至少一周。剛從東京奧運勝利歸來的俄羅斯獎牌得主被告知，必須隔離一周才能與總統會面，並且被禁止與彼此互動，「我仍然無法相信我必須在一個房間裡待七天，」體操金牌運動員安吉麗娜・梅利尼科娃（Angelina Melnikova）在社交媒體上寫道。[24]

莫斯科於二〇二〇年六月九日正式結束封鎖，餐廳於六月二十三日重新開放，隔天，延期的勝利日閱兵在紅場盛大舉行。俄羅斯媒體宣布疫情已得到控制，並普遍避免了西方媒體當時那種不斷報導、渲染恐慌的做法。由於政府的壓力，關於新冠的死亡數字也被調整過，報告死亡時採用嚴格的標準，只報告由新冠直接導致的死亡，而非感染新冠但死於其他原因的病例。結果，根據民調機構列瓦達中心表示，約五〇％的俄羅斯人表示他們「對新冠不以為意」（儘管在關於俄羅斯悲觀主義的評論中，二七％的受訪者表示他們知道有人死於新冠）；六一％的俄羅斯人也表示他們相信新冠病毒是生物武器。

然而，普丁仍將自己保持在封鎖狀態，他對病毒的警惕已到極端，甚至到達了偏執的程度，直到兩年後依舊如此。二〇二二年二月，法國總統馬克宏拒絕了克里姆林宮的要求，當他抵達莫斯科會見普丁時，不願接受俄羅斯的新冠檢測。根據馬克宏隨行團隊的兩位消息人士透露，法國安全顧問曾警告自己的總統，不要讓俄羅斯掌握他的ＤＮＡ。[25]（普丁本人多年來也對自己的ＤＮＡ保持高度警惕，甚至在所有國外出訪期間，都攜帶隨身的化學廁所）。因此，在他們的克里姆林宮會晤中，馬克宏和普丁坐在一張至少六公尺長的巨大白色桌子兩端，這引發了社交媒體上的大量諷刺性評論。

為什麼普丁如此害怕新冠病毒？一個開放資料調查小組提出的解釋是，普丁可能正遭受慢性病的折磨。二〇二二年四月，新聞調查網站Proyekt.media發表了一項詳細研究，是根據俄羅斯頂尖癌症醫生在普丁於二〇一六年至二〇二〇年從公眾視野消失期間的航班飛行軌跡所做的詳細研究。自二〇一九年以來，普丁每次出行都由至少九名醫療人員陪同，其中他的醫療小組負責人還被任命為總統辦公室副主任；陪同普丁的醫生中，有來自中央臨床醫院的神經外科醫生團隊，以及專門治療老年人甲狀腺癌的著名腫瘤學家葉夫根尼·斯拉夫諾夫（Evgeny Silovanov）博士，他在三十六次會面中與普丁共度了一百六十六天。Proyekt研究團隊分析，普丁可能在二〇二〇年九月接受過癌症手術。[26]此後他浮腫的外表，也被歸因於治療癌症所使用的類固醇。二〇二二年五月，美國電影製片人奧利佛·史東（他在二〇一五年到二〇一九年曾多次採訪普丁）聲稱普丁「曾患有這種癌症」，但他認為「他已經戰勝了病魔」。[27]

然而，本書所訪問的所有消息來源，都無法確認普丁在封鎖期間或之後是否患有慢性病。負責協調普丁於封鎖期間在電視媒體露面的莫羅第表示：「普丁並未生病。我看過數十小時的原始畫面，他比以往任何時候都更健康……但他一直對自己的健康格外保護。」[28]二〇二二年七月，美國中央情報局局長威廉·伯恩斯（William Burns）也表示，他未找到任何普丁的患病證據，甚至講起尷尬的俏皮話，普丁「整體上太過健康」。[29]

克里姆林宮在封鎖期間的行為，也反駁了關於普丁時日無多的猜測。相反地，一場全國範圍的公投，在經歷了新冠疫情相關的延誤後，於二〇二〇年七月一日舉行，旨在批准一系列憲法修正提案，包括允許普丁再競選兩個六年的總統任期（還包括了憲法禁止同性婚姻，以及將憲法置於國際法之上等條款）。這與蘇爾科夫在二月所寫的文章中建議的路線完全背道而馳。普丁的領導核心圈似乎並未為權力過渡做好準備，而是在鋪設政治基礎，讓他能夠持續在位直到去世。

普丁一向保持極度的私密性，數年來，他的私人接觸僅限於少數三十六名內部人士；在新冠疫情期間，這個圈子縮得更小了。在二〇二〇年至二〇二一年的大部分時間，俄羅斯的最高層官員只能透過視訊見到總統，只有最親近的私人朋友、盟友才能來到普丁身邊。所有人在會見總統時，每次都逃不過要在自己的日程表中空出一周時間，實行必要的隔離。

在他「隔離且無法接觸外界」的疫情地堡中，普丁與「意識形態者及阿諛奉承者」為伍，根據前《工商日報》政治編輯米哈伊爾・齊格爾的說法，普丁發展出一種「深信必須恢復俄羅斯對烏克蘭的統治」之信念。[30]或者，正如中央情報局局長伯恩斯在二〇二二年四月所說的，「隨著普丁對俄羅斯掌控的加強，他的風險偏好也在增加。他親密顧問的圈子日益縮小，而在這個小圈子裡，質疑他的判斷或他那幾乎帶有神祕色彩的信念——認為他的命運是恢復俄羅斯的勢力範圍——從來不是一個有助於職業發展的做法。每天，普丁都在展示，衰敗的權力能夠像崛起中的權勢一樣，造成顛覆性的破壞。」31

在長達兩年的隔離期間，普丁發展出對歷史理論的持久熱情，這股熱情最終在二〇二一年七月發表的、關於俄羅斯與烏克蘭的文章中達到頂峰。根據電視台高層莫羅第的說法，這篇論述「完全是（普丁）自己的作品……他當然有諮詢過自己的顧問，但這的確是經過大量研究與深思熟慮的結果」。在這段深思過程中的同伴是普丁的一位老友——尤里・科瓦爾丘克，他願意放下自己的生意，並在普丁的新冠地堡王國中度過一段時間。

科瓦爾丘克

如果尼古拉・帕特魯舍夫是普丁最有權力的「西羅維基」同僚和盟友，那麼尤里・科瓦爾丘克則是他來自商界中最有權力的朋友。對普丁來說，帕特魯舍夫是一位年長且備受尊敬的前上司，同時也是他與蘇聯國安會的最緊密聯繫。科瓦爾丘克則是普丁職業生涯中另一個階段的朋友——那個充滿商業、共產黨和有組織犯罪利益交織的世界，而普丁在聖彼得堡市長阿納托利・索布恰克的顧問角色中，巧妙地駕馭了這些複雜關係。根據一位俄羅斯政府官員——我將稱他為謝爾蓋・萊茲（Sergei Ryzhy），這位長期以來是前總理的朋友和同事，並且仍在克里姆林宮的「垂直權力」頂端位居高層——所言，帕特魯舍夫對普丁來說是「蘇聯國安會正義的理想象徵」，並且是不屈不撓的「時刻警惕的愛國主義者」。但是他與科瓦爾丘克的關係則有所不同，儘管同樣親密，萊茲說道，科瓦爾丘克「來自一個較為平凡的世界」，是普丁信任的朋友，負責處理他個人商業利益和家庭成員「更為瑣碎的事務」。[32]

當蘇聯開始解體時，科瓦爾丘克是列寧格勒約費物理技術研究所（Ioffe Institute）的一名物理學家。於一九九〇年，列寧格勒地區的蘇聯共產黨（ＫＰＳＳ）委員會建立了一家新銀行，作為黨資金的存放處。他們將其命名為「俄羅斯銀行」（Bank Rossiya），這與俄羅斯中央銀行的「Bank Rossii」只有一個西里爾字母不同。當一九九一年八月的未遂政變後，俄羅斯總統葉爾欽禁止共產黨活動時，俄羅斯銀行也隨之被暫停。來自約費研究所的共產黨員組成了一個小團體，其中包括科瓦爾丘克，以及弗拉迪米爾・亞庫寧（他是被派遣的蘇聯國安會官員，並且負責研究所的外事部門），他們開始著手控制該銀行，並將共產黨的凍結資金加以有效利用。根據亞庫寧的說法，接管俄羅斯銀行的動機並非為了謀取利益，而是為了「做些正面的貢獻」。這些即將成為銀行家的黨員分享著「一種意識形態的共鳴，並且認為一場大風暴即將來臨」。[33]亞庫寧向他以前的蘇聯國安會同事普丁求助，當時普丁已成為聖彼得堡的副市長，並將科瓦爾丘克介紹給他。兩人一起幫助重建了這個前共產黨的資金池，使它成為新俄羅斯最成功的銀行之一。在亞庫寧的回憶錄中，他將俄羅斯銀行的創始成員形容為一個「吉布茲」（kibbutz，可稱為「集體聚落」），雖然普丁本人並非股東，但他迅速成為這個集體的核心成員之一。得益於普丁的政治崛起，這些吉布茲成員最終成為俄羅斯最富有、最具權力的人——包括普丁的童年朋友阿爾卡迪和伯里斯．羅滕貝格兄弟（Boris Potenberg），以及大提琴家謝爾蓋．羅爾杜金（Sergei Roldugin），後者將普丁介紹給了未來的妻子柳德米拉（Ludmila）。[34]

在九〇年代初期，科瓦爾丘克在列寧格勒地區的普瑞澤區（Priozersky District）索洛維約夫卡（Solovyovka）購買了一棟大型鄉村別墅，該地點位於聖彼得堡附近的科姆索莫利斯科耶湖（Lake Komsomolskoye）東岸。不久後，該市的其他關鍵精英成員——包括普丁、弗拉迪米爾．亞庫寧、安德列．福爾森科（Andrei Fursenko）和他的兄弟謝爾蓋（聖彼得堡戲劇學院的創始人）、維克特．麥欽（Viktor Myachin）、科瓦爾丘克的兄弟米哈伊爾（Mikhail）、弗拉基米爾．斯米爾諾夫（Vladimir Smirnov）和尼古拉．沙馬羅夫（Nikolai Shamalov）等人——也在附近購置了房產。於一九九六年十一月，他們將這些相鄰的度假別墅合併成一個私人住宅群，還將其命名為「湖區」（Ozero〔or the Lake〕）。

到了一九九七年，當普丁加入莫斯科的總統行政管理團隊時，俄羅斯銀行已成為聖彼得堡最盈利的金融機構之一。亞庫寧負責與政府機構合作，而科瓦爾丘克則負責吸引投資的股東。那時科瓦爾丘克介紹了格納季・帕佐夫（Gennady Petrov）作為合夥投資人，他是聲名狼藉的坦波夫－馬雷謝夫（Tambov-Malyshev）有組織犯罪集團的老闆之一，[35]我們隨後會講到更多他的故事。

到了一九九九年，普丁已被任命為總理，並且在葉爾欽家族的考慮下，成為可能的接班人。在二〇〇〇年冬季，從葉爾欽在跨年夜辭職到普丁三月當選總統之間，葉爾欽的女兒塔季揚娜・迪亞琴科（Tatyana Dyachenko）和她的丈夫瓦連金・尤馬舍夫（Valentin Yumashev）曾拜訪了湖區別墅群，與普丁及其最親密的盟友一起聚餐，其中包括普丁本人、科瓦爾丘克和福爾森科兄弟，以及亞庫寧等人。葉爾欽的隨行人員在這頓佳餚和美酒的聚會中，與普丁的核心同僚相識。正如尤馬舍夫所確認的，這次邀請是「來自普丁的家族」——但更具象徵意義的是，這次湖區的聚會，顯示著權力從一個大家族集團傳遞到另一個大家族集團。[36]

在二〇〇八年，科瓦爾丘克曾推薦作為俄羅斯銀行股東的候選人之一——格納季・帕佐夫，和坦波夫犯罪集團的其他關鍵成員在西班牙因勒索罪被逮捕、定罪。西班牙檢察官的一名重要證人是前俄羅斯聯邦安全局官員亞歷山大・利特維年科，但他已在二〇〇六年十一月被毒死在倫敦，據說是由帕特魯舍夫親自下達的謀殺令，當時坦波夫幫派的調查仍在進行中。[37]根據保加利亞檢察官辦公室的另一項調查表示，超過十億歐元已透過保加利亞和愛沙尼亞的銀行進行了洗錢，這筆錢是坦波夫幫派從毒品走私、賣淫、保護費等非法活動中獲得的收益。[38、39]

但到了那時，科瓦爾丘克早已從聖彼得堡渾濁、陰暗的商業世界脫身。二〇〇八年五月，《富比士俄羅斯》（*Forbes Russia*）雜誌將他列為俄羅斯第五十三位富豪，預估資產總額為十九億美元，並且是俄羅斯銀行的最大股東，持有該銀行三〇．四%的股份。俄羅斯銀行的部分優渥收益來自一份與政府簽署的合約，負責收取莫斯科、聖彼得堡、其他地區數百萬用戶的水電費。負責收款的國有公司名為「Inter RAO」，從二〇〇九年起由科瓦爾丘克的兒子伯里斯（Boris）負責營運。[40]

水漲船也高。幾位科瓦爾丘克在聖彼得堡的親信也升遷至國家要職，包括了未來的總理謝爾蓋．基里延科、成為聖彼得堡市長的亞歷山大．別格洛夫（Alexander Beglov），以及前俄羅斯銀行的員工、後來擔任別格洛夫副手的柳波夫．紹沃莎娃（Lyubov Sovershaeva）。[41]科瓦爾丘克還購置了媒體控股公司，包括了《消息報》（*Izvestia*）報社、STS媒體公司等。科瓦爾丘克家族的長期好友——俄羅斯銀行專聘的米哈伊洛夫合夥公關代理公司之創始人謝爾蓋・米哈伊洛夫（Sergei Mikhailov），後來成為俄羅斯官方通訊社塔斯社的社長，該社在二〇一四年接受了來自科瓦爾丘克所屬銀行三億五千萬盧布的信用額度。科瓦爾丘克的兒子伯里斯也加入了俄羅斯創新實踐（Innopraktika）基金會的董事會，此機構旨在促進商人和國有企業領導人之間的會議，並由普丁的女兒卡捷琳娜・吉洪諾娃（Katerina Tikhonova）執掌運作。在二〇一三年，吉洪諾娃與湖區內部權貴、普丁的舊鄰居尼古拉・沙馬羅夫的兒子基里爾・沙馬羅夫（Kirill Shamalov）結成了世襲婚姻，沙馬羅夫擁有九・六%俄羅斯銀行股份。科瓦爾丘克主持了在列寧格勒地區的伊格拉（Igora）滑雪度假村舉辦之婚禮，普丁理所當然以首席貴賓的身分蒞臨盛宴。[42]

科瓦爾丘克還能為普丁家族中一些不那麼正式的成員安排財務事宜，包括透過一家名為Relax的空殼公司，將俄羅斯銀行的股份轉讓給普丁傳說的前情婦（也是他非婚生第三個女兒的母親）斯維特拉娜・克里沃諾吉赫（Svetlana Krivonogikh）。[43]二〇一四年，美國政府對科瓦爾丘克進行了個人制裁，指控他是許多俄羅斯政府高級官員的「私人銀行家」，其中包括普丁。二〇一六年，巴拿馬文件洩漏揭示了科瓦爾丘克將至少十億美元轉移到一個特別設立的離岸實體——Sandalwood Continental公司。根據洩漏的莫沙克・方塞卡（Mossack Fonseca）金融服務公司紀錄，這些資金來自國有的俄羅斯商業銀行

（RCB）位於賽普勒斯及其他國有銀行的巨額無擔保貸款；一部分來自俄羅斯商業銀行的資金也被以極高的利率貸回俄羅斯境內，而且產生的利潤被轉移到祕密的瑞士帳戶中。[44] 巴拿馬文件還似乎將科瓦爾丘克的離岸資產，與普丁的老朋友——大提琴家謝爾蓋・羅爾杜金的實體支付之數億美元款項聯結起來。[45]

但國際金融並不是科瓦爾丘克唯一的興趣。根據與米哈伊爾・齊格爾交談過的商業夥伴所說，科瓦爾丘克長期以來對伊萬・伊林（Ivan Ilyin）這位一九三〇年代俄羅斯法西斯主義哲學家的神祕民族主義論述感到著迷。科瓦爾丘克還曾表示，自己擁有另一項關鍵技能——從不將壞消息帶給老闆。「讓我們設身處地想想，」科瓦爾丘克的一位朋友告訴齊格爾，正如齊格爾在其著作《克里姆林宮的男人》（*All the Kremlin's Men*）中所描述的那樣，「如果我像（財政部長阿列克謝）庫德林那樣惹惱普丁，告訴他他不想聽的話，會發生什麼事？——我將無法接近「權力主體」（總統的）。那我到頭來不就在懲罰自己嗎？我為什麼要這樣呢？」[46]

當普丁靜坐在隔離封閉中的官邸、研究和撰寫有關俄羅斯命運及與烏克蘭關係的長篇論述時，科瓦爾丘克花費了大量時間，在瓦爾代湖畔總統住所陪伴他不離左右。當總統和銀行家相伴而坐時，未來戰爭哲學的意識形態宣言也誕生了。[47]

第六章

真實意圖還是虛張聲勢？

我們必須承載這一悲傷時代的重擔。

——威廉・莎士比亞，《李爾王》

脫離既定的軌道

二〇二〇年一月，德米特里・科札克被任命取代弗拉季斯拉夫・蘇爾科夫，成為克里姆林宮駐烏克蘭首席特使，這象徵著莫斯科對頓巴斯政策的決定性轉變。正如我們所見，蘇爾科夫利用頓巴斯反叛共和國來遏止烏克蘭西進的政策已經失敗。二〇一九年十二月，在巴黎會議上，普丁認為他已經摸清了澤倫斯基的底細；普丁深信「澤倫斯基是弱者，是西方的傀儡」，一位俄羅斯外長拉夫羅夫的親密同事回憶道。與此同時，普丁也開始認為澤倫斯基是「一個無可救藥的、為北約利益服務的奴僕……和他交談沒有意義，只能和他背後的主人——華盛頓的人——交談」。[1]克里姆林宮唯一能採取的路線，就是為頓巴斯各共和國的獨立或其併入俄羅斯做準備。

在二〇一九年底到二〇二二年二月之間，俄羅斯向盧頓共和國（LDNR）的居民發放了超過六十五萬份俄羅斯內部護照。澤倫斯基譴責東烏克蘭的「俄羅斯護照化」是「併吞烏東地區的關鍵步驟」。[2]為此，澤倫斯基開始加速推動烏克蘭加入北約的行動。在接下來的兩年中，隨著俄羅斯對澤倫斯基施加越來越大的壓力，要求他遠離北約，澤倫斯基則更加積極要求北約提供安全保障，以保護烏克蘭免受俄羅斯侵略。這一致命升級的動態，最終直接導致了戰爭的爆發。

自二〇〇八年布加勒斯特峰會以來，烏克蘭加入北約對克里姆林宮來說，既危險又極具挑釁性，這一點在西方世界早已為人所知。

在二〇〇八年到二〇一四年克里米亞被併吞期間，北約和亞努科維奇政府採取了一種奇特的妥協解決方案。亞努科維奇繼續在「年度國家計畫」框架內與北約合作，包括進行聯合軍事演習。但他的政府堅持認為，烏克蘭與北約的合作「並不排除與俄羅斯發展戰略夥伴關係」。[3]二〇一〇年六月，烏克蘭議會通過了一項法律，將「加入歐洲大西洋安全一體化組織和申請北約成員國資格」排除在國家安全戰略之外。實際上，烏克蘭最高拉達（議會）已經宣布，烏克蘭為不結盟國家。[4]

回顧來看，二〇一〇年的中立法案是穩定莫斯科與基輔關係的重大錯失機會，但正是克里姆林宮的貪婪毀掉了這個機會。俄羅斯並未滿足於亞努科維奇承諾不加入北約，而是要求更多：要求進一步承諾拒絕歐盟的聯盟合作協定。這正是邱吉爾警告妥協的危險經典例子：「安撫者就是餵養鱷魚的人，指望牠最後才吃掉自己。」[5]亞努科維奇已經採取了宣布烏克蘭中立的重大步驟——然而克里姆林宮並未滿足，仍繼續施壓。這個二〇一〇年的教訓，在澤倫斯基於二〇二〇年至二〇二二年面臨相同壓力時並未被忽視。

即使在獨立廣場運動和克里米亞被併吞後不久，烏克蘭的過渡政府仍堅持聲名狼藉的前總統亞努科維奇之承諾，不加入北約；然而，克里姆林宮再次過度施壓。[6]到二〇一四年八月，隨著俄羅斯正規軍隊進入頓巴斯，新的總統波羅申科改變了立場，並確認烏克蘭重新承諾加入北約。[7]二〇一四年十二月二十三日，烏克蘭最高拉達（議會）宣布放棄烏克蘭的不結盟地位。幾天後，波羅申科承諾將舉行一次關於加入北約的全民公投（但最終未舉行）。俄羅斯雖然在頓巴斯地區獲得了兩個微小、不穩定的叛亂共和國，但在此過程中卻永遠扼殺了烏克蘭的中立性，並堅定地將基輔推向加入北約的道路。

隨後，烏克蘭軍隊與北約軍隊之間的合作不斷加深，持續了五年，包括數千名烏克蘭士兵和軍官與西方同行並肩訓練，軍官在美國和英國的參謀學院學習，並定期參加各種北約軍演。當波羅申科準備在二〇一九年大選中面對新對手澤倫斯基時，他進一步加強了烏克蘭與北約的合作。二〇一九年二月，烏克蘭議會投票，正式將烏克蘭加入北約和歐盟的條款寫入國家憲法，結果贏得了總計三百八十五票中三百三十四張多數票的贊同。[8]

在上任的第一年，澤倫斯基試圖避免激怒俄羅斯，轉而專注於他那注定失敗的企圖——透過在盧頓共和國內舉行公投來實現《明斯克二號協議》。普丁與澤倫斯基的諾曼第模式峰會在巴黎舉行，「那是最後一次試圖挽回一些東西、重建信任的機會——或者說，一些人是這麼希望的。」一位在場的澤倫斯基高級顧問如此表示，「那是一種錯誤、虛假不實的希望。」兩人不僅再也不會見面，而且再也無法互相信任。

澤倫斯基開始發起一場有組織的運動，將烏克蘭的北約會員國資格重新納入積極考慮範疇。二〇二〇年六月，烏克蘭邁出了另一步，加入北約的「增強機會夥伴交互操作計畫」——這是一種術語，指的是將烏克蘭的蘇聯時代武器、指揮控制和通信系統，替換為與北約通用標準相容的較新系統。到二〇二〇年九月，澤倫斯基批准了烏克蘭的新國家安全戰略，該戰略明確規定了「發展與北約的獨特夥伴關係，並以成為北約正式成員國為目標」。[9]

一個月後，澤倫斯基在倫敦會見了英國首相鮑里斯．強生（Boris Johnson），向他施壓，要求進入會員資格程序的最後階段：成員國行動計畫（MAP）。[10]根據一位在那段時間每天與強生見面的唐寧街高層官員表示：「鮑里斯非常積極讓烏克蘭加入北約……他認為是時候讓法國、德國停止在普丁面前退縮了。」[11]強生還急於對克里姆林宮進行某種報復，因為普丁政府在二〇一八年曾用神經毒劑企圖謀殺俄羅斯軍事情報局（GRU）叛逃人員謝爾蓋．斯克里帕爾及其女兒；由兩名潛伏的軍事情報局特務執行的行動，最終導致了一名無辜的英國人死亡，該人撿起了藏在香水瓶中的毒藥。在斯克里帕爾事件之後，以及二〇〇六年在倫敦對聯邦安全局叛逃人員利特維年科的毒殺，強生再也無心繼續透過阻止北約擴張來安撫克里姆林宮。作為強生遊說歐洲夥伴和華盛頓拜登政府的「直接結果，」這位助手說道，有關重新啟動「開放門戶政策」的議題——包括了對烏克蘭和喬治亞的正式成員國行動計畫——已經被納入了將在二〇二一年六月於布魯塞爾舉行的北約峰會議事日程。[12]

對克里姆林宮來說，一切都已經昭然若揭。澤倫斯基已做出了最終選擇；北約似乎已經忘記在二〇〇八年布加勒斯特峰會上，導致其主要成員拒絕了基輔和第比利斯成員國行動計畫時的種種顧慮。這次將存在著真正的危險，使北約在接納烏克蘭問題上，邁出關鍵的最後一步。

對普丁的權力核心圈來說，這場戰爭是關於保護俄羅斯免受美國攻擊。烏克蘭只是兩個前超級大國利益直接對抗的戰場——是普丁核心圈人士所想像的兩個超級大國的千年之戰。普丁的前私人保鏢、如今掌管強大俄羅斯國家近衛軍現任總司令維克托·佐洛托夫曾告訴記者阿列克謝·韋內迪克托夫：「烏克蘭並不存在，它是美國與俄羅斯的邊界。」[13]

阻止烏克蘭加入北約——或者更明確而言，防止北約在烏克蘭領土上駐軍和部署導彈——是比振興俄羅斯帝國的抽象意願更加重要的行動動機。但這一事實本身就產生了危險且具爭議性的話題。這意味著北約挑起了俄羅斯的入侵——或者說，北約是否能夠透過採取不同的政策來阻止這場入侵？

回答這個問題最簡單的方法，是提出反事實假設。北約究竟可以做些什麼來避免俄羅斯入侵？二〇〇八年布加勒斯特北約峰會——那次後來具有決定性意義的備忘錄，以及對喬治亞和烏克蘭未來某個時候加入北約的模糊承諾——是否就是轉捩點？阻止喬治亞加入北約的路徑，無疑是普丁入侵喬治亞並在隨後承認南奧塞梯和阿布哈茲兩地獨立的主要原因之一。那次入侵是普丁發出的信號，表明俄羅斯的利益不容小覷。但這也是觸發越來越多烏克蘭人開始擔心俄羅斯侵略的契機，並且促使北約最新成員國積極支持他們的前蘇聯附屬國加入北約。普丁的悲劇——從文學角度類似於希臘戲劇中「英雄正是他自己倒台的始作俑者」之場景——就在於他每一步行動都加速並促使了他最害怕的事情發生：他那些驚恐的鄰國紛紛投向北約的懷抱。他的每一步侵略行動，無論是入侵喬治亞、併吞克里米亞，還是對敘利亞的戰爭，都只會增強北約成員國擴展的決心，也強化了這些鄰國加入北約的渴望。

喬治亞事件後，北約與俄羅斯的關係陷入了致命的升級循環，任何北約的妥協都將被視為一種致命的軟弱徵兆，並且是對侵略行為的褒獎。

繼續我們的反事實假設，北約何時應該停下來呢？早在二〇〇八年，德國、法國這兩個北約的關鍵國家就已經決定，地緣政治考量（具體來說，就是避免激怒俄羅斯）優先於有意加入北約的喬治亞和烏克蘭的希望與努力。從法律事實來看，兩國當時就無法加入北約——至今仍然無法，因為它們分別與聶斯特河沿岸共和國（指烏克蘭的情況）和阿布哈茲及南奧塞梯（指喬治亞）有未解決的邊界領土紛爭，而根據北約的憲章，這是成為成員國的絕對障礙。

這又引出了另一個問題。如果烏克蘭和喬治亞的加入是法律上不可能的，那麼為什麼北約仍繼續與第比利斯，尤其是與基輔進行合作，甚至部署北約國家軍事培訓人員並舉行重大聯合軍事演習呢？這個問題的答案延續了悲劇性的主題。北約認為，軍事團結的展示會遏制俄羅斯的侵略；但對莫斯科而言，正是這種象徵性的軍事參與展示才是最具挑釁性的。在二〇〇八年到二〇二二年間，雙方陷入了日益升級的「聾耳對話」，這使得北約與俄羅斯的關係達到了危機點。

黑暗王子的衰落

二〇二〇年八月，白俄羅斯總統亞歷山大．盧卡申科以一個難以置信的官方計票結果再次當選，獲得了八〇．二三％的得票率，而他的親西方對手斯韋特蘭娜．季哈諾夫斯卡婭（Svetlana Tsikhanouskaya）僅獲得九．九％的選票。隨著結果出爐，白俄羅斯全國爆發了大規模的示威，不僅在首都明斯克，甚至全國各地，數萬名年輕的白俄羅斯人走上街頭，挑戰警察封鎖線；部分示威者開始嘗試在明斯克市中心搭建路障。危機最嚴重時，盧卡申科被拍到乘坐直升機盤旋於廣大的人群上空，他穿著軍裝，手持卡拉什尼科夫（Kalashnikov）衝鋒槍。結果，盧卡申科大量使用武力，成功鎮壓了這場抗議，至少有兩萬人被拘留。根據歐盟與聯合國人權高級專員多篇令人痛心的報告，至少有四百五十人遭到嚴重酷刑，包括對男女囚犯的性侵，還有數千人遭到系統性毆打，甚至有多達二十人死亡或無故失蹤。[14]對於普丁及其在克里姆林宮的同僚來說，這場失控的抗議被視為西方干涉的信號，認為西方正在試圖策畫另一場「獨立廣場運動」來推翻盧卡申科這位老盟友。和普丁一樣，盧卡申科完全控制了自己國家的媒體，並在二十年間建立了一個完全以總統為中心的安全國家與政治體系。然而，他差點就被普丁視為西方最陰險且不正當的武器——人民的力量——所推翻。普丁決心在「歐洲獨立廣場」和「白俄獨立廣場」事件之後，不再讓「莫斯科獨立廣場」運動發生。

導火線最終來臨，當澤倫斯基決定果斷對付普丁的老朋友、烏克蘭政治的「黑暗王子」維克托．梅德韋丘克時，基輔與莫斯科的關係徹底走上了不可逆轉的戰爭道路。

每一位烏克蘭的主要寡頭，都可以被定義為卓越的政治生存者。儘管在《人民公僕》電視劇中，寡頭們被諷刺成一群像詭計多端的龐德反派，但這其中隱含著深刻的真相。在不同的選舉之間，控制著烏克蘭的金屬、天然氣、礦業、電信、穀物、肥料和航運產業的財團大亨，總是拚命地操控與討價還價，以提拔自己的政治代理人，並摧毀他們的政治及商業對手。電視台、網路、報紙等媒體成為他們的武器；媒體資產組合對於每個寡頭的生存至關重要，像是中世紀貴族所需的盔甲和劍一樣不可或缺——這些寡頭的權力基礎與當時貴族對區域的封建控制，極為相似。

梅德韋丘克像許多其他寡頭一樣，曾在各種政府中任職超過二十年——輕而易舉地在國家職位與他自己生意的平行角色之間穿梭。他的政治權力基礎，與他的門徒維克托・亞努科維奇一樣，位於說俄語的南部與東部地區，而他的政治平台則是捍衛這些地區的權益。得益於他與普丁密切的私人關係，梅德韋丘克壟斷了從被占領的頓巴斯領土進口煤炭和液化天然氣到烏克蘭的業務。他妻子奧科薩娜・瑪律琴科（Oksana Marchenko）名下的數十家公司在克里米亞和盧頓共和國內註冊經營。他還向俄羅斯出售煤炭，並控制著從俄羅斯占領地區延伸到烏克蘭的超過一千公里的石油油管。儘管明顯存在利益衝突，梅德韋丘克仍擁有一份利潤豐厚的壟斷合同，負責向整個烏克蘭軍隊提供柴油燃料。[15]

在澤倫斯基於二〇一九年當選總統後，有一段時間，梅德韋丘克看起來可能會成為這位充滿活力的年輕總統之盟友。澤倫斯基本人是俄語使用者，並且在一個主要以俄語為主的城市長大，非常希望結束困擾烏克蘭政治家長達二十年的文化戰爭。澤倫斯基的目標是「剝奪俄羅斯對俄語的主權主張」，並「停止將在烏克蘭使用俄語視為一個政治問題」。[16]

但澤倫斯基同樣也熱衷於拆除他所謂「入侵物種」寡頭的權力，這是他的新聞祕書尤利婭・孟德爾所形容的。[17]進一步來看，從二〇二〇年初開始，梅德韋丘克的媒體資產顯然並不關心化解俄羅斯與烏克蘭之間的文化戰爭。文化方面的和解，對克里姆林宮的敘事構成威脅，該敘事將基輔政府描繪為無情、種族主義，甚至是「種族滅絕」的政權。正如普丁在二〇二一年十二月的年度記者會上所說：「反俄情緒（Russophobia）是走向種族滅絕的第一步。你我都知道在頓巴斯發生了什麼，那看起來確實非常像是（對俄羅斯族裔的）種族滅絕。」[18]

在新冠疫情期間，澤倫斯基拒絕了普丁提供的數百萬劑、俄羅斯生產的史普尼克（Sputnik）疫苗，也拒絕了可在烏克蘭生產該疫苗的免費許可證。這一政治決定無疑造成許多烏克蘭人付出了生命代價，尤其是在講俄語的東部地區，民眾的不滿情緒極高。梅德韋丘克的媒體對此進行了不斷的攻擊，極力煽動憤怒。到了二〇二一年底，澤倫斯基的民調支持率跌至三九%。儘管俄羅斯國家電視台在烏克蘭被禁播，但梅德韋丘克的親俄部落客、親俄報紙、親俄政黨「反對黨平台——為了生命」（Opposition Platform – For Life〔OPZZh〕）仍經常重新翻譯克里姆林宮媒體在俄羅斯發出的攻擊性言論。大量社交媒體機器人擴散著這些訊息，宣揚東烏克蘭的俄羅斯人正遭受歧視，而且反叛的頓巴斯共和國之和平居民，正遭到烏克蘭軍隊的持續攻擊。[19]

在二〇二一年二月二日，三家與梅德韋丘克有關的電視台——「一一二烏克蘭」（112 Ukraine）、「第一新聞」（NewsOne）和「ＺＩＫ」——在烏克蘭國家安全與國防事務委員會的命令下，因危害國家安全原因被關閉。未經過任何的合法程序就關閉反對派媒體，對澤倫斯基來說，無疑是一個明目張膽反民主、高風險的舉動。為了試圖向烏克蘭的俄語使用者保證，此行動並非針對他們，澤倫斯基在全國直播中用俄語發表了談話。他說：「無休止的謊言已灌輸到人民的耳中，尤其是最近。我將用俄語揭穿這些謊言……根據一個政黨和一個國家的說法，這種語言（在烏克蘭）受到了嚴重的壓迫。這是我們許多前線軍人使用的語言……他們保護我們免於受到嚴重『壓迫』的俄語『捍衛者』之侵害。」[20]

幾天後，國家安全與國防事務委員會封鎖了梅德韋丘克、他的妻子、他的合作夥伴塔拉斯．科札克（Taras Kozak）對他們的資產、財務操作和私人飛機的使用權，並等待可能的司法訴訟。三人皆持有烏克蘭和俄羅斯的護照，這本身就違反了烏克蘭法律。不久之後，梅德韋丘克所控制的石油管道也被制裁，目標是將這些管道歸還國有。當一年後戰爭爆發時，梅德韋丘克被軟禁在家，後來逃脫，但在數周的逃亡後被重新抓捕，並在公開場合遭到羞辱性地遊街示眾，當時他身穿烏克蘭軍服、手上戴著手銬，出現在電視鏡頭前。

但透過打擊梅德韋丘克，澤倫斯基不僅向烏克蘭的寡頭丟出了挑戰書，也向克里姆林宮發出了挑戰。普丁在聽到這個消息後，據俄羅斯電視台主管莫羅第回憶，「十分憤怒、受辱，對澤倫斯基完全無視私有財產、言論自由的做法感到憤慨」。[21]克里姆林宮的媒體機器迅速地、大力地譴責澤倫斯基；並且，俄羅斯軍方首次進行了全面入侵的彩排。

劍鞘響，劍出鞘

在梅德韋丘克的電視台被關閉兩周後，俄羅斯國防部宣布將空降部隊部署到俄烏邊界，進行「大規模演習」。二〇二一年三月三日，頓涅茨克人民共和國的前線軍事單位，被授權對烏克蘭軍事據點進行「先發制人的毀滅性打擊」——這是自兩年前巴黎峰會停火以來的首次重大升級。[22]

在三月十六日，北約開始了一系列長期規畫的軍事演習，名為「歐洲防衛者二〇二一」（Defender Europe 2021）。該演習涵蓋了十二個國家、超過三十個訓練區域，並有來自二十七個國家的兩萬八千名士兵參與，這是北約數十年來在歐洲舉行的最大規模演習之一。[23]正如預期，克里姆林宮表達了憤怒，並展開大規模的軍事部署。到三月底，烏克蘭武裝部隊總司令魯斯蘭・霍姆恰克（Ruslan Khomchak）預估，俄羅斯在克里米亞、俄烏邊界東部動員了至少六萬零七百名軍人，並且在烏克蘭東部境內至少有兩千名軍事顧問和教官。[24]更多的俄羅斯部隊被派往白俄羅斯。軍事觀察員發現，來自俄羅斯各地的重型軍事裝備和部隊被調動，包括來自西伯利亞、俄羅斯遠東的兵力。來自裡海艦隊的船隻（包括登陸艇、炮艇）也經過窩瓦—頓河運河（Volga–Don Canel）被轉運到黑海，名義上是為了與黑海艦隊進行聯合演習。[25]

運用與後來頗為相同模式的情況下，克里姆林宮發言人德米特里・佩斯科夫公開堅持認為「俄羅斯對烏克蘭不是威脅，俄羅斯軍隊的調動不應引起關注」。他強調，這一軍事集結完全是俄羅斯自身「國家安全」事務安排。[26]與此同時，在俄羅斯與西方之間持續的「聾耳對話」中，二〇二一年春季的大規模軍事威脅部署，正好產生了與克里姆林宮預期截然相反的效果。

在二〇二一年六月的北約布魯塞爾峰會上，並未達成為烏克蘭提供「成員國行動計畫」的協議——儘管對此的推動情勢毫無疑問地在增強，甚至連和俄羅斯友好的土耳其也正式表達了支持。然而，北約卻發表了最強烈的聲明，支持烏克蘭最終加入北約，同時對莫斯科發出了明確的警告，要求其不要干涉此過程。「每個國家都有權選擇自己的道路，」北約祕書長延斯・史托騰伯格（Jens Stoltenberg）表示，「由烏克蘭和三十個北約成員國來決定，是否希望成為聯盟的成員；俄羅斯無權決定烏克蘭是否該成為成員……他們不能對鄰國的決定行使否決權。我們不會回到那個大國決定小國命運的勢力範圍時代。」[27]一周後，為了進一步強調此立場，北約在黑海發起了一場代號為「海上微風二〇二一」（Sea Breeze 2021）的聯合海軍演習。

任何一場戰爭的道路上，總會有許多無法回頭的關鍵時刻，大多數只能在事後才察覺。但在二〇二一年夏天發生的兩個事件，讓普丁周圍的鷹派人物相信，他們別無選擇，只能朝著軍事解決方案邁進，以應對北約的擴張問題。首先是二〇二一年春季的俄羅斯大規模軍事集結（這是自第二次世界大戰結束以來歐洲最大的軍事集結），卻未能在北約領袖們的心中激起任何懷疑、恐懼或謹慎。

普丁於二〇二一年七月發表的歷史性文章，旨在直接回應上個月的北約峰會。這篇文章不僅是對俄羅斯民眾的明確信號，也是對克里姆林宮精英的一個訊息，表明解救烏克蘭的俄羅斯人脫離壓迫已成為執政黨的新路線，這是對武裝行動的召喚。在美國中央情報局位於維吉尼亞州蘭利（Langley）的總部，這篇文章立刻被認定為克里姆林宮思維進入新的危險階段的開始。

就在幾周前，拜登與普丁於六月十六日在日內瓦舉行了一場峰會，雙方都宣稱此次會面是「建設性的」。在日內瓦會議上，並未有人察覺到俄羅斯計畫在七個月後將歐洲推向一場重大戰爭。然而，普丁的這篇文章「引起了我們極大的關注」，美國國家安全顧問傑克．蘇利文（Jake Sullivan）後來回憶道，「我們開始思考發生了什麼，他的最終目的究竟是什麼？他會有多麼強硬地推進？」[28]

接著來到了第二個觸發點——美國從阿富汗的災難性撤軍。儘管美國花費了數十億美元來支持新的阿富汗政府，並建立一支國家安全部隊，但這兩者都在美國匆忙撤軍後的幾天內瓦解了。在莫斯科，喀布爾機場的混亂場面引起了公開的歡呼——尤其是因為俄羅斯在九〇年代也經歷了類似的喀布爾傀儡政權崩潰，儘管當時的過程要遲緩得多。

對克里姆林宮來說，喀布爾的災難意味著一件事——喬．拜登完全不配稱為一名軍事領袖。根據消息來源萊茲的說法，克里姆林宮高層官員將阿富汗視為「天降禮物，一道雷霆……突然間，美國在全世界面前遭到羞辱」。如果北約的布魯塞爾峰會和「海上微風二〇二一」演習讓俄羅斯的「西羅維基」相信，只有入侵烏克蘭才能阻止西方的擴張，那麼喀布爾於二〇二一年八月淪陷於塔利班（Taliban）手中，正好曝露美國的弱點，為俄羅斯提供了一個不可錯過的打擊機會。

根據萊茲的說法，到了二〇二一年夏季，普丁最親密的朋友和顧問核心圈中，已形成了強烈共識，認為必須發動一場「決定性的軍事打擊」。[29]他們認為此時機異常有利，這樣的機會在普丁有生之年可能再也無法重來——一個因懊悔而縮手不前的拜登、一個仍與新冠疫情鬥爭的西方、歐洲事實上的領袖梅克爾即將卸任、法國總統面臨右翼勢力反撲的連任競爭，以及英國在脫歐後被排除在決策過程之外的困境。數十年的俄羅斯能源外交——有時謹慎，有時強硬——使歐洲對俄羅斯天然氣公司的依賴達到了其天然氣總進口量的四〇％。多年來謹慎的宏觀經濟政策也積累了一筆六千五百億美元的戰爭基金，使俄羅斯的經濟能夠承受任何制裁。「時機已到，」萊茲回憶道，他描述了與他老朋友、前總理的一次對話，「那是顯而易見的。」[30]

究竟對烏克蘭的打擊會以何種形式呈現——是在頓巴斯創建類似喬治亞式的兩個小型國家、進行類似克里米亞式的併吞，還是發動全面打擊、徹底削弱澤倫斯基政府並安插一個親俄的傀儡政權——仍未確定。但根據萊茲的說法，到了二〇二一年夏末，已經由俄羅斯「西羅維基」的高層人物帕特魯舍夫和博爾特尼科夫做出了「原則性決定」，認為入侵已成為必要。剩下的工作就是組織所需的軍力，並說服俄羅斯的最終決策者（普丁本人）發起這場行動。[31]

在九月，與白俄羅斯的聯合軍事演習為俄羅斯重新集結軍力提供了薄弱的掩護；不過這次，從俄羅斯各地集結的軍隊將更加強大，並部署在烏克蘭邊境和黑海地區。這次，不再是空泛的軍事威脅（利劍沒有繼續在劍鞘裡振動），而是準備拔劍出鞘。

間諜戰爭

在二〇二一年九月和十月間，隨著普丁的軍隊開始在烏克蘭邊境集結，並且聯邦安全局計畫在基輔安插傀儡政府時，顯然有幾位俄羅斯軍隊或安全機構的高層人士與美國中央情報局進行接觸。出於明顯的原因，這些情報來源一直被嚴密保密。然而，一位英國高層安全官員證實，這些「多方情報來源」來自俄羅斯「軍事和安全」體系內部「直接與決策層級相關聯」。[32]綜合透過網路駭客、通訊截獲、衛星影像收集的信號等情報，一幅關於俄羅斯即將發動重大攻勢的詳細情報畫面正逐漸成形。

到了十月初，美國國家安全顧問蘇利文已獲得充分的警報，要求拜登總統召集他的最高軍事和情報官員，在白宮橢圓形辦公室進行緊急簡報。拜登和副總統卡瑪拉・哈里斯（Kamala Harris）坐在壁爐前的扶手椅，而國務卿安東尼・布林肯（Antony Blinken）、國防部長勞埃德・奧斯汀（Lloyd Austin）、參謀長聯席會議主席馬克・麥利將軍（Mark A.

Milley）、中央情報局局長威廉・伯恩斯、國家情報總監艾薇兒・海恩斯（Avril Haines）則坐在咖啡桌周圍的沙發上。麥利將軍指著擺放在總統桌前的大型地圖，解釋俄羅斯軍隊的集結位置，以及這些部隊預定的各個目標——烏克蘭境內。[33]

麥利「非常詳細」地闡述了普丁的計畫，海恩斯後來向《華盛頓郵報》表示，俄羅斯的策略是從北方進攻基輔，並在第聶伯河兩側部署戰術群，一方通過烏克蘭城市切爾尼戈夫（Chernihiv）向首都東部發起攻擊，另一方則從白俄羅斯出發，穿過廢棄的車諾比核電廠。基輔本身將在三到四天內被特種部隊（Spetsnaz）占領，這些特種部隊的任務是尋找澤倫斯基，並在必要時殺死他，然後封鎖首都，並讓俄羅斯聯邦安全局安插一個親俄的傀儡政府。這次攻擊計畫安排在冬季進行，以避開春季解凍後地面對坦克的障礙。麥利表示：「我們評估，他們計畫從多個方向同時對烏克蘭發起一次重大的戰略攻擊」，並將這次閃電戰計畫形容為克里姆林宮的「震撼與恐懼」版本。[34]最重要的是，美國的最高安全官員深信，與春季的軍隊集結不同，這次普丁的軍事集結並非進行脅迫外交的演習，而是一個真正的攻擊計畫。更關鍵的是，這是一個支持軍事政變的計畫，而非一場持久戰的安排。

在十月的簡報中，拜登做出了三項決策：暗示普丁西方對於進攻的反應將會具毀滅性來遏阻普丁；說服北約盟友認真對待這些警告；警告並幫助烏克蘭為全面入侵做好準備。但如何避免直接的軍事對抗仍是根本的難題。根據麥利與《華盛頓郵報》分享的白宮會議簡報紀錄，根本問題是：「如何在不爆發第三次世界大戰的情況下，支持並強化以規則為基礎的國際秩序，對抗擁有巨大核能力的國家？」麥利提出了四個可能的解決方案：「第一，避免美國軍隊和北約與俄羅斯之間的激烈衝突；第二，將戰爭限制在烏克蘭的地理邊界內；第三，加強並維持北約的團結；第四，賦予烏克蘭力量，讓他們有能力作戰。」[35]

中央情報局局長威廉・伯恩斯曾擔任美國駐俄羅斯大使，是拜登政府中擁有與普丁最直接接觸經歷的官員。伯恩斯非常了解俄羅斯及其領袖——在他駐莫斯科期間，曾多次作為嘉賓出席我妻子家族度假別墅的音樂會。伯恩斯在喬治亞戰爭後不久告訴我，普丁的主要性格特徵是「不安全感和怨懟的混合」，他說：「他記仇。」[36]二〇二一年十一月初，拜登指派伯恩斯親自飛往莫斯科，將其直言不諱的訊息傳達給普丁。伯恩斯在克里姆林宮會見了普丁的外交政策顧問（前俄羅斯駐美國大使）尤里・烏沙科夫（Yuri Ushakov）；普丁本人則從位於索契郊外的官邸透過電話參與會談，當時他仍處於新冠隔離狀態。普丁重申了有關北約擴張、對俄羅斯安全構成威脅、基輔政府的非法性等一系列陳腔濫調的抱怨。

普丁「對澤倫斯基總統作為政治領袖的評價非常鄙視」，伯恩斯回憶道。當中情局局長根據美國情報部門收集的、即將入侵的細節進行反駁時，普丁反應「非常冷靜平淡」，甚至並未費心否認情報的真實性。伯恩斯留下一封來自拜登的信，信中詳細列出了若俄羅斯攻擊烏克蘭，俄羅斯將付出的巨大代價。他還會見了聯邦安全會議祕書長帕特魯舍夫，帕特魯舍夫幾乎逐字重複了普丁的觀點。伯恩斯離開莫斯科時，留下的印象是，普丁的核心圈已形成了一個「回音室」，儘管他也認為，實際發動入侵的最終決定尚未做出，這為外交努力留下一個小小的窗口。伯恩斯向拜登報告說：「我的擔憂程度已經上升，而非下降。」[37]

拜登、布林肯和海恩斯在說服北約夥伴認真對待即將發生的入侵警告時，同樣遇到了困難。拜登首先在十月下旬於羅馬召開的G20峰會期間，與英國、法國、德國的領袖進行了私下會晤，分享了相關情報。兩周後，國家情報總監海恩斯在布魯塞爾向北約北大西洋理事會的所有三十個成員國，傳遞了這一警告。儘管英國、波蘭、波羅的海國家深信不疑，其餘北約成員的反應卻是懷疑的。

根據一位直接了解海恩斯在布魯塞爾簡報的唐寧街助理表示，「大多數（歐洲人）認為，普丁並未部署足夠的軍隊來發動入侵……他們也同時質疑，為何普丁會冒著毀掉自己經濟的風險行事。」而且還存在更深層的反對意見。那些大聲喊著即將發生入侵的，是那些曾是俄羅斯和蘇聯帝國一部分的北約國家，他們都常對俄羅斯帝國的野心發出過「狼來了」的警報，卻總被認為是在危言聳聽。此外，還存在對美國情報評估的長期不信任，包括近期的失誤——例如對阿富汗安全部隊的錯誤預測——以及更久遠的記憶，譬如美國在二〇〇三年對伊拉克擁有大規模毀滅性武器的「發誓」保證，這位唐寧街官員回憶道。在北大西洋理事會會議中，一位英國官員站起來支持海恩斯，告訴其他理事會成員，「她是對的！」但這番發言遭到「一些翻白眼的反應……就像是那些英國人和美國人又在搞這一套」。[38]另一個問題是，在這個初期階段，美方最初對與北約盟國分享全部作戰細節持保留態度，擔心會暴露其在俄羅斯境內的情報來源。

或許很奇怪，最難說服的竟然是烏克蘭人自己。國務卿布林肯在二〇二一年十一月初於蘇格蘭格拉斯哥的一個氣候變遷峰會上，首次警告澤倫斯基。「那次只有我們兩個人，彼此相隔不到兩英尺，」布林肯後來回憶道。這是一場「艱難的對話」，因為對他來說，「告訴某人，自己認為他們的國家即將遭到入侵」，感覺不太真實。澤倫斯基「嚴肅、深思熟慮、堅定」，但最終仍然持懷疑態度，並且在入侵發生前的幾個小時依然如此。[39]兩周後，烏克蘭外交部長德米特羅・庫列巴（Dmytro Kuleba）和澤倫斯基的總統辦公室主任安德里・葉爾馬克前往華盛頓，獲得更詳細的簡報。「各位，挖戰壕吧！」一位資深國務院官員迎接兩位烏克蘭人時，就這樣開門見山地說，庫列巴回憶。「我是認真的，開始挖戰壕……你們將會被攻擊。一場大規模的攻擊，你們必須全力以赴做好準備。」庫列巴告訴《華盛頓郵報》，他向該官員詢問有關美方掌握普丁入侵計畫的更多具體細節，但回答卻是「沒有任何具體情報」。[40]

美國和烏克蘭對於基輔「直到最後一刻仍未被入侵現實說服」的原因，有著很大的分歧。基輔的官員堅持認為，美國未能提供令人信服的證據，證明普丁的軍力集結不僅僅是另一種「重型外交」——其目的是精確地震撼歐洲的北約成員，迫使烏克蘭妥協與俄羅斯合作，以保護他們的天然氣供應。前議員及葉爾馬克的顧問謝爾蓋・列先科指出：「我們已見過俄羅斯操作這種心理戰很多次了。我們已經與俄羅斯打了八年的戰爭。」[41]最重要的是，澤倫斯基擔心戰爭的謠言會引起恐慌，這會摧毀烏克蘭的經濟，並觸發資本外流，甚至會引發大規模的年輕男性逃離，而這些人正是將來參與對抗俄羅斯的戰鬥人力。對於澤倫斯基本人而言，當務之急是說服北約提供他烏克蘭軍隊缺乏的攻擊性重型武器。「你可以說一百萬次，『聽著，可能會有入侵。』好吧，可能會有入侵——那你會給我們飛機嗎？」澤倫斯基在二〇二二年七月回憶道，「你會給我們防空系統嗎？『好吧，你不是北約成員。』好吧，那我們還討論什麼入侵呢？」[42]

美方則日益感到沮喪，因為基輔堅持淡化威脅的態度，加劇了歐洲北約成員國的懷疑，尤其是法國和德國。然而事實上，問題不在於烏克蘭人是否相信這些警告，而在於他們擔心恐慌所引起的後果。二〇二一年十二月三日，烏克蘭國防部長奧列克西・列茲尼科夫（Oleksii Reznikov）向烏克蘭議會提出，俄羅斯可能會在二〇二二年一月底發動「大規模升級」的可能性。[43]然而在入侵前的三個月，基輔的普遍看法是，接下來的戰爭將僅限於東部頓巴斯的軍事行動——或者最多是為了將頓巴斯與克里米亞連接的土地爭奪戰。對於基輔班科夫街政府大樓的決策者而言，直接攻擊烏克蘭首都，仍是個異想天開的提議。

法國總統馬克宏和新任德國總理奧拉夫・蕭茲（Olaf Scholz）——他們已經與克里姆林宮打交道多年——也難以相信普丁會如此不理智地破壞自身的經濟利益。德國、法國提出舉行歐盟與俄羅斯領袖峰會的建議，但這一提議被更多對俄羅斯持懷疑態度的北約成員國駁回，他們認為這是對普丁侵略性姿態的危險讓步。

為了改變歐洲各國首都的輿論，二〇二一年十二月，華盛頓做出了一項非同尋常的政治決定，公開分享有關普丁計畫的新情報，儘管並未公開所有細節。白宮公開了克里姆林宮標註為潛在澤倫斯基繼任者的烏克蘭政治人物名單，以及一份「殺人名單」，列出了所有主要烏克蘭城市中，可能在俄羅斯入侵後被暗殺或逮捕的政治人物、活動分子、記者。公開這些情報的決定，部分原因是為了先發制人地阻止普丁的入侵計畫；但根據英國的情報來源表示，這也是為了「讓普丁知道他有一艘漏水的船……而漏水的船通常會沉沒」。[44]

全面就緒

根據一位接近俄羅斯外交部長謝爾蓋．拉夫羅夫的消息來源，為了全面入侵所需的兩個最終軍事元素，已大約於二〇二一年十二月一日的一次關鍵俄羅斯總參謀部會議上正式啟動。[45]首先是向額外軍事單位發布的最終動員命令——特別是將俄羅斯東部軍區（之前稱為遠東軍區）的指揮部從位於中國滿洲附近的哈巴羅夫斯克（Khabarovsk）臨時遷至白俄羅斯，為原定於二月舉行的聯合軍事演習做準備。來自東部軍區的關鍵作戰單位，包括第五、二十九、三十五、三十六合成軍團（36th Combined Arms Army）、第七十六近衛空中突擊師（76th Guards Air Assault Division）、第九十八近衛空降師（98th Guards Airborne Division），以及太平洋艦隊的第一百五十五海軍陸戰旅，開始進行龐大的運輸工作，將超過一萬五千名士兵及物資透過火車運送，跨越六千公里的西伯利亞。[46]另一支強大的西伯利亞部隊，第四十一合成軍團，原本駐紮在新西伯利亞，已重新部署到俄羅斯的別爾哥羅德州。這支主要打擊部隊在烏克蘭北部、東北部的集結，最終只有兩個目標——基輔和哈爾科夫。

命令還下達給太平洋艦隊的反潛驅逐艦「崔布茲上將號」（Admiral Tributs）和導彈巡洋艦「瓦良格號」（Varyag，具諷刺意味的是，這艘艦艇在一九八三年下水時，最初命名為「紅烏克蘭」〔Red Ukraine〕），指示它們盡快從位於海參崴的母港出發，前往地中海。這實際上是對一九〇四年帝俄海軍波羅的海艦隊部署至日本海的一次逆向重演，當時最終以軍事羞辱和革命告終。對「莫斯科回聲」電台總編輯阿列克謝．韋內迪克托夫來說，走上戰爭之路是「一個漫長的過程，涉及多個層面」，但關鍵的轉折點是「崔布茲上將號」和西伯利亞作戰師團的重新部署，發生在十二月。韋內迪克托夫回憶說，這樣的重大動員是「一個極為昂貴的行動」，他曾向他最資深的軍事消息來源詢問，這是否只是一次展示武力的行為，對方向他保證：「不是，這是一個直接的威脅。」[47]

同時，為了準備一場祕密戰爭，相關的行動也展開了。根據一位接近俄羅斯軍事情報的消息來源，與俄羅斯軍事情報有關的傭兵集團（瓦格納集團）成員接到了緊急命令，要求他們返回位於俄羅斯南部的基地。[48]在那裡，他們接到指示，組成小分隊並以平民裝扮前往基輔。一些成員是烏克蘭和白俄羅斯公民，其他俄羅斯公民成員則被發放了假烏克蘭護照；他們的任務是組成暗殺小組，收到了一份超過三十名烏克蘭政府、安全機構高官的名單，執行謀殺的任務，包括總統澤倫斯基。

在莫斯科市中心盧比揚卡廣場（Lubyanka Square）的聯邦安全局總部，謝爾蓋・貝塞達所領導的第九局（即行動情報局）特務們也開始動員起來，這些特務負責精心培養和賄賂拉攏烏克蘭地方官員、政客和安全機構人員。根據烏克蘭情報官員的說法，這個部門的主要任務是擴大莫斯科對其近鄰地區的控制，且在二〇一九年至二〇二一年間，該部門的規模從三十名官員擴展到超過一百六十名。為了吸引來自其他部門的招募，貝塞達的新編制提供了獎金和位於莫斯科米丘林斯基大街（Michurinsky Prospekt）靠近聯邦安全局訓練學院的免費住房。新進人員都被分派到烏克蘭境內，並負責制定可操縱的合作者以及要壓制的對手名單。[49]

烏克蘭高層官員接到來自俄羅斯情報機構的匿名電話，對方提供金錢和在未來親俄政府中的顯赫職位，條件是他們同意倒戈。來自克里維里赫的地區黨（Party of the Regions）重要成員、曾在亞努科維奇政府中擔任副總理的亞歷山大・維爾庫爾（Oleksandr Vilkul），接到來自頓涅茨克人民共和國前內政部長的電話。這位分離派部長對維爾庫爾說：「你是一個聰明人，你明白這種情況是注定的。」他接著說：「寄一封由克里維里赫市名義簽署的信，宣布對俄羅斯的愛與友誼，你就會在新烏克蘭中成為大人物。」[50]根據維爾庫爾自己的說法，他「非常粗魯地告訴這個傢伙，應該下地獄去自行了斷」。哈爾科夫市長伊戈爾・捷列霍夫（Ihor Terekhov）——也以親俄政治人物聞名——同樣被聯繫，但他也拒絕合作。其他官員則收到了類似於「不要讓人道災難發生」和「不要讓民族主義分子利用你作為擋箭牌」的簡訊。[51]

一些烏克蘭官員，像捷列霍夫市長等，拒絕了俄羅斯聯邦安全局的誘惑和金錢；但許多人還是屈服了，其中包括弗拉迪米爾・西夫科維奇（Vladimir Sivkovich），他是烏克蘭國家安全委員會的前副主任，並且在二〇二二年一月被美國財政部制裁，原因是「他與一個俄羅斯情報網合作，進行影響力操作」。根據隨後的烏克蘭政府調查，西夫科維奇招募了奧列格・庫里尼奇（Oleg Kulinich），庫里尼奇是烏克蘭安全局局長伊萬・巴卡諾夫的門生（巴卡諾夫本身是澤倫斯基的童年好友）。在庫里尼奇於七月因叛國罪被捕後，檢察官指控西夫科維奇早在二〇一九年就指派庫里尼奇竊取烏克蘭安全局內部的祕密文件，這些文件對俄羅斯聯邦安全局具有「作戰價值」。起訴書還聲稱，在俄羅斯入侵的前一晚，庫里尼奇「故意」阻止了有關俄羅斯在克里米亞的軍隊即將發動攻擊的情報傳播（在庫里尼奇被捕後，巴卡諾夫被任命去清除安全局內部的叛徒，最終因錯誤判斷，而被憤怒的澤倫斯基開除）。第三名俄羅斯間諜安德列・瑙莫夫（Andriy Naumov）本來被指派接管烏克蘭安全局的反情報部門。根據塞爾維亞當局的說法，瑙莫夫在二〇二二年六月於塞爾維亞被捕，身上帶著價值超過七十萬美元的現金和珠寶。被占領的赫爾松，其行政管理將由曾為烏克蘭國家安全局工作的蘇聯國安會臥底奧列克桑德・科別茨（Oleksandr Kobets）接管。根據烏克蘭內政部的資料，烏克蘭總計拘留超過八百名涉嫌協助俄羅斯進行偵察或破壞行動的人，並對其他數百名國會議員、安全官員、各機構高層人士進行調查，因為他們與俄羅斯聯邦安全局有可疑接觸。[52]

會客的最後機會

儘管軍事準備已進入高效運行，拉夫羅夫仍被賦予最後一次讓外交成功的機會。俄羅斯的外長完全意識到，普丁身邊的核心圈已下定決心開戰——儘管拉夫羅夫本人直到行動前夕才知道這些計畫將包括進攻基輔。「普丁是我們避免戰爭的最後希望，」拉夫羅夫在十二月底向一位大學時期的老友透露。[53]拉夫羅夫仍然抱有一絲希望，認為如果沒有「西羅維基」圍繞在普丁身邊的話，那普丁或許還能被說服從戰爭邊緣撤回。然而，戰爭的動力已經如此強大，以至於拉夫羅夫不得不向西方要求一些真正戲劇性地、坦率地說是不切實際的讓步。在十二月的第一和第二周，拉夫羅夫親自召集了一個工作小組，擬定了一系列要求，他知道這將是最後一次爭取和平的機會。[54]

二〇二一年十二月十七日發布的這份類似最後通牒的要求，是一次重大的過度要求。俄羅斯要求北約立即撤回到二〇〇七年之前的邊界，承諾不將導彈、重型武器或大規模兵力部署到任何曾是蘇聯衛星國的成員國。根據一位在那段時間每天與英國首相鮑里斯・強生交流的高層消息來源指出，對於英國外交部的官員來說，俄羅斯的要求「根本沒有任何道理」，對於「任何具有與俄羅斯—北約外交經驗的人來說」，這些要求「根本不符合邏輯」，該文件「不像是政策文件……其中沒有任何北約能夠同意的內容」。這份文件完全是「痴心妄想」。[55]

致命的是，英國高層外交官——和世界上許多其他國家的政府，包括烏克蘭——得出了完全錯誤的結論。拉夫羅夫提出的極端要求，其實是克里姆林宮內鷹派已完全放棄妥協的跡象；但英國將克里姆林宮這一異常強硬的立場解讀為普丁願意接受更低的條件——一種荒謬的策略，認為這可以透過談判降低要求。唐寧街的官員完全相信國防部和五角大廈的警告——普丁「已準備好開戰，並且已有戰爭計畫」，根據唐寧街的消息來源回憶，

「只是我們相信可以有更多的機會說服他避免開戰，結果事實並非如此。」[56]

普丁的詳細入侵計畫對中央情報局來說可能不是祕密，但這些計畫僅對最高層的俄羅斯軍事指揮官公開，並且完全未告知他們下屬的部隊。來自俄羅斯戰俘和軍人家屬的證詞，一致指出同一個細節：軍事集結的真實目的，在最終行動命令下達的幾個小時前，都未曾向任何下級軍官和士兵服役人員披露。除了普丁心腹的最核心圈，入侵計畫的全部內容也對所有人保密。或許在這場災難性的入侵中，唯一真正令人印象深刻的作戰細節，就是圍繞普丁計畫核心所維持的、無情有效的安全措施——由傭兵殺手執行閃電戰襲擊，目標是摧毀烏克蘭政府。

難怪，西方領袖和俄羅斯精英中的大多數關鍵人物仍然相信普丁只是在進行一次規模空前的虛張聲勢。在入侵前幾天，俄羅斯寡頭米哈伊爾・弗里德曼（Mikhail Fridman）曾親自向一位消息來源聲稱，他從「在安全部門握有最高權力的朋友」那裡獲得保證，宣稱「不會有全面戰爭的危險」。[57]事實上，在入侵前夕，一個人的人脈關係與他對戰爭現實的信念之間，存在直接的反比關聯。甚至，正如普丁的發言人德米特里・佩斯科夫在戰爭第四天、一次私人午餐中承認的那樣，普丁的聯邦安全會議大多數成員直到二月二十一日的關鍵會議後，才被告知即將對基輔和哈爾科夫發動襲擊。[58]

在二〇二二年一月十九日，美國總統拜登表示，他的「猜測」是俄羅斯將「進軍」烏克蘭，但普丁將為入侵付出「嚴重且高昂的代價」並且「會後悔」。然而，拜登在他原本強硬的訊息中留下了一個致命的漏洞，暗示俄羅斯軍隊的「小規模入侵」可能將不會引發他和歐洲盟友曾威脅要給予的嚴厲反應。[59]這是一個不祥的暗示，表明北約並不像華盛頓所希望的那樣團結一致。

從一月初開始，美國駐基輔大使館的非必要工作人員被撤離，隨後其餘人員也前往西烏克蘭城市利沃夫及鄰近的波蘭。為了緩解緊張局勢，一月二十一日，美國副國務卿溫蒂・雪蔓（Wendy Sherman）帶領一個外交代表團前往日內瓦，與俄羅斯外交部副部長謝爾蓋・里亞布科夫（Sergei Ryabkov）會晤。雪蔓拒絕了拉夫羅夫十二月提出的要求，但也提出了建立互信的措施，例如關於在靠近俄羅斯邊界的地區部署部隊和導彈的協議。美國建議的潛台詞，是在測試俄羅斯是否真心尋求達成非軍事解決方案；答案是否定的。「很快就變得相當明顯，（俄羅斯人）只是在進行外交表演，而非實際進行外交。」當時美國國家安全會議發言人艾米莉・霍恩（Emily Horne）回憶道，「他們甚至毫不認真對待我們提議的細節。」[60]

不久後，雪蔓的上司安東尼・布林肯也在日內瓦見了拉夫羅夫。會議的氣氛冷若冰霜。經過無果的一個半小時之後，正式會談結束。布林肯把拉夫羅夫拉到旁邊的一個小會議室進行私下對話。「謝爾蓋，告訴我，你真正想做的是什麼？」布林肯問道，這一切是否真的是關於俄羅斯的安全考量，還是普丁那種近乎神學般的信念——烏克蘭就是且始終是俄羅斯祖國整體的一部分？拉夫羅夫沒有回答，便走出了會議室。[61]

隨著戰爭的不可避免性益發明顯，美國開始動員部隊增援前線的北約盟國。來自第一百七十三空降師的空降兵被部署到波羅的海國家，其他美軍部隊則從義大利調往羅馬尼亞、匈牙利、保加利亞。到了二月中旬，美軍在歐洲兵力已從七萬四千人增加到十萬人以上，空軍由四個戰鬥機中隊增至十二個，駐紮在歐洲的水面作戰艦隻也從五艘擴充到二十六艘。華盛頓還加強了對基輔的軍事援助，主要是提供防禦性人工攜帶的反坦克武器，以減緩俄羅斯的攻擊。「如果戰爭真的發生的話，沒人真正認為（烏克蘭）能成功抵禦如此規模的俄羅斯攻擊，」唐寧街的一位官員承認道。[62]

儘管如此，歐洲人仍堅持試圖說服俄羅斯放棄攻擊。二月十一日，英國國防大臣本・華萊士（Ben Wallace）前往莫斯科會見謝爾蓋・紹伊古。紹伊古告訴他，俄羅斯和烏克蘭都是「我們同一個國家的一部分」，並以他母親出生在烏克蘭為證據。紹伊古還對華萊士制裁的威脅不以為意，並保證俄羅斯人「能忍受任何人無法忍受的痛苦」。但這位俄羅斯官員還直截了當地否認該國有任何入侵計畫，「毫不掩飾地對華萊士撒謊」，那位唐寧街的官員回憶道。[63]

二月十六日，從頓涅茨克和盧甘斯克兩個共和國的撤離行動開始，並且在俄羅斯國家電視台得到了廣泛報導，這些撤離被稱為是為了保護平民受到烏克蘭炮火升級的影響。克里姆林宮控制的電視台，開始散布烏克蘭即將對盧頓共和國發起進攻的謠言。兩天後，俄羅斯杜馬向普丁提出請求，要求承認這些共和國，以「保護」它們免受基輔軍隊的入侵。隨後，俄羅斯社交媒體上開始流傳一些俄羅斯裝甲車的照片，車輛上塗有大寫的「V」、「Z」、「O」符號，這些符號從空中清晰可見，每個字母代表不同的戰術群。美國情報機構也提供了報告，關於大量醫療物資（甚至移動焚化爐）被運送到烏克蘭邊境。甚至連烏克蘭外長德米特羅・庫列巴在美方給予「更具體的訊息」後，才終於確信即將發生的攻擊之真實性，這些訊息包括：五架俄羅斯運輸機已處於完全警戒狀態，隨時準備運送空降兵到基輔附近的戈斯托梅爾（Hostomel）機場。[64]

即使普丁的戰爭機器全速運轉，法國總統馬克宏還試圖進行最後的和解努力，他於二月二十日致電普丁並建議與美國總統拜登在日內瓦舉行峰會，討論「歐洲的安全架構」；然而，普丁閃爍其詞。根據法國第二電視台播出的對話錄影，普丁告訴馬克宏：「坦白說，我本來想去打冰球，因為我現在正在健身房裡。」隨後，普丁又說：「但在開始訓練之前，讓我先打電話給我的顧問們。」馬克宏對此表示感謝，並在掛掉電話後開心地笑了。馬克宏的外交顧問埃馬紐埃爾・博納（Emmanuel Bonne）則跳起了勝利的吉格舞。[65]

法國領導者的慶賀看來好景不長。和馬克宏通話的第二天早晨（顯然是進行完健身和冰球比賽之後），普丁飛往莫斯科，參加俄羅斯聯邦安全會議的特別會議。

沙皇與自己的宮廷

二月二十一日的聯邦安全會議在許多方面都值得注意。克里姆林宮聖凱薩琳大廳的設置，以其正式與宏偉而獨特——明顯地暗示著某種重大的歷史事件正在發生。克里姆林宮那座巨大的、經過修復的華麗儀式大廳，對俄羅斯觀眾來說並不陌生，因為這些大廳曾多次出現在各種對普丁展現崇敬的場合上，當時俄羅斯的政治、文化精英們齊聚一堂，聆聽並鼓掌讚許普丁的年度國情咨文演說。然而，這一次，克里姆林宮的大廳並沒有擁擠的賓客，除了總統本人坐在一張巨大的白色圓桌旁，聯邦安全會議的成員們坐得離他非常遠，會議中不再有熱烈的掌聲。隨著會議的進行，播出的內容也變得越來越異常。當普丁的各位部長謙恭地向他報告時，這樣的場面是俄羅斯電視台司空見慣的畫面，偶爾普丁也會公開羞辱寡頭或高級官員。但這次，是俄羅斯民眾首次目睹整個國家安全機構齊聚一堂，進行一場為其最高領袖表達公開服從與接受辱罵的可怕儀式。

在蘇聯時代，唯一能夠暗示內部政治局權力關係變動的公開場合，是每年五一勞動節的遊行時，蘇聯老邁的統治者們進入列寧陵墓高層觀禮台的先後次序。然而，普丁的政權則提供了更具吸引力的場面——一場長達一小時的精彩表演，展示了俄羅斯新一屆政治局成員對於是否承認頓巴斯共和國獨立的「意見」，隨後普丁親自做出回應。這場表演無疑是精心安排的，但同時也揭示了領袖間關係的真實特寫——甚至是一些克里姆林宮的輿論操控專家未曾預料到的方式。

這一切始於一場心理遊戲。正如普丁發言人佩斯科夫在二月二十八日與消息人士午餐時所透露的那樣，聯邦安全會議的所有成員都被告知——會議將進行實況轉播，[66]但這是謊言。當尖銳的記者注意到，與會者手錶上的時間顯示，會議實際上是在它真正播出前幾小時進行的——這個謊言被揭穿了。接著，這場儀式性活動以一種英國教授馬克．加萊奧蒂（Mark Galeotti）所描述的方式繼續進行，彷彿是「李爾王遇上詹姆斯．龐德中的超級反派人物——恩斯特．斯塔夫羅．布洛費德——的荒謬場景」。[67]一位接一位，安全會議的成員並非在發表是否承認頓巴斯共和國為獨立國家的看法，反而是站起來列舉他們與普丁的觀點相符之處。

超級鷹派的尼古拉・帕特魯舍夫、亞歷山大・博爾特尼科夫在發言時最為自信，並且在他們的謊言與末日幻想中表現得很極端。聯邦安全局局長博爾特尼科夫列舉了一系列驚人的所謂烏克蘭的挑釁行為——包括對頓巴斯平民的「種族滅絕」攻擊。安全會議祕書長帕特魯舍夫則聲稱，衝突是由西方大國的陰謀所驅動，其「目標是摧毀俄羅斯」。國防部長紹伊古——如我們所見，他在二〇一四年二月二十一日的相應（雖然是非公開的）會議中對克里米亞入侵持最為謹慎的態度——則異常地集中於一個不合常理的觀點，即烏克蘭正在計畫重新裝備核武器。

俄羅斯聯邦委員會主席瓦倫蒂娜・馬特維延科（Valentina Matviyenko）帶領了一場「一片支持的聲浪」，並改編「種族滅絕」的論調，列舉了烏克蘭對講俄語者的暴行。聯邦安全會議副主席德米特里・梅德維傑夫，這位曾是普丁所任命的自由派人物，在二〇〇八年至二〇一一年期間擔任總統代理人，如今為了繼續留在普丁的權力核心圈，他已重新塑造自己為極端鷹派人物。他懇求大家思考頓巴斯的孩子們，他聲稱，俄羅斯人民大聲疾呼要以戰爭的方式來保護這些孩子；然而，這與當時最新的民調結果根本相反。內政部長弗拉迪米爾．科洛科利采夫（Vladimir Kolokoltsev）則持更為極端的鷹派立場，主張俄羅斯不僅應該承認盧頓共和國沿著二〇一五年控制線的現有邊界，還應該推動將邊界擴展到整個頓涅茨克和盧甘斯克全境，包括了馬里烏波爾。

但最有趣的回應來自普丁的內閣成員，這些人顯然對即將發生的事件感到最為不安。這個群體包括那些最了解俄羅斯在世界中的立場、經濟狀況以及烏克蘭實際局勢的人。謝爾蓋．拉夫羅夫——繼續扮演完美的外交官——簡單地含糊其辭，回避了是否同意承認盧頓共和國的問題。總理米哈伊爾．米舒斯京未能保持如拉夫羅夫的撲克臉，顯得明顯不安且心情不悅，特別是在普丁打斷他試圖警告聯邦安全會議有關入侵的經濟後果時。米舒斯京被迫屈服，迅速順從了黨的立場——儘管他肯定已意識到，他所領導的國家政治、經濟復興計畫正眼睜睜地在眼前崩潰。

在大廳裡，對烏克蘭實際情況、事件擁有最詳細了解的兩個人，遭遇了最為嚴厲的處境。克里姆林宮負責與盧頓共和國和克里米亞關係的派駐代表——德米特里．科札克，他曾在烏克蘭長大，在一番冗長的陳述中，他承認基輔並未準備好按照《明斯克二號協議》的條件重新接納盧頓共和國。隨後科札克嘗試進行關於頓巴斯共和國未來的討論；但普丁粗暴地打斷了他，兩次。

這場表演需要從克里姆林宮的朝臣中選擇一位犧牲者——普丁選擇了俄羅斯對外情報局長謝爾蓋．納雷什金。在所有與會者中，納雷什金可能是最了解俄羅斯在烏克蘭社會與建制中影響力運作真實情況的人。與科札克或米舒斯京不同，納雷什金並未試圖與普丁的決定進行辯論，更遑論反駁；但他確實在發言時支吾其詞，表達對承認盧頓共和國的支持時，使用了未來式語法的模糊語氣。「你將支持，還是你現在就支持？」普丁吼道，「直接告訴我，謝爾蓋．葉甫根耶維奇。」納雷什金在講台上顫抖，像個慌亂的學童，他回答說他支持「將它們納入俄羅斯」，又錯了，普丁猛然打斷道：「這不是我們在討論的問題！」他冷冷地說：「你支持承認它們的獨立，還是不支持？」

普丁以他一貫直接、普遍能夠理解的方式，清晰地傳達了他的官方訊息，這種溝通方式已經延續了二十年——即老闆與下屬之間的語言。在最表面層次上，他暗示了承認頓巴斯各共和國是正當的，這一點得到了俄羅斯最高層公眾政治人物的集體與一致認同。而且有意無意之間，但同樣明確無誤地，他也指出了誰在權力核心範圍內、誰是表達支持並附和的人、誰是邊緣人；最重要的是，誰是最終的老闆。

但普丁同時也暗示了更深層次的東西，這會對即將來臨的衝突產生更大影響。普丁的隨行人員中，最容易被蒙蔽、最受意識形態驅使的人，現在都成為核心內圈人物；而那些擁有最詳細、最實際世界知識的成員則被排除在外。就像李爾王一樣，普丁在安全會議中顯示出他並不關心政策辯論，而只對公開表示支持、效忠的儀式感興趣。異議人士——例如紹伊古對二〇一四年併吞克里米亞的決策明智性疑慮——已不再被允許出現。這無疑是普丁的宮廷權力結構和動態發生變化的明確信號；而普丁本人也改變了，他已成為即將發動一場偉大愛國戰爭的國家領袖。

第七章 災難警訊

沒有任何行動計畫，能夠在首次與敵人的主要力量接觸之後，繼續保持之前的確定性。

——德國陸軍元帥赫爾穆特・馮・毛奇（Helmuth von Moltke）

基輔

二〇二二年二月二十四日，在莫斯科時間清晨六點不到——基輔時間早晨五點前——普丁的預錄訊息在所有俄羅斯國家電視台播放，他宣布發起一場「特別軍事行動」，目的是實現烏克蘭的「去軍事化和去納粹化」。普丁向觀眾保證，俄羅斯「沒有計畫」占領烏克蘭領土，而且他「支持烏克蘭人民的自決權」。[1] 數分鐘後，基輔、哈爾科夫和其他十幾個主要烏克蘭城市的天空，被「口徑」（Kalibr）和「匕首」（Kinzhal）巡航導彈以及來襲的火炮點燃。正如馬克・麥利將軍去年十月所預測的那樣，「震撼與恐懼」的閃電戰開始了——而且正如他所預測的，這次襲擊的先鋒是一場針對基輔政府的武裝政變。

在基輔時尚的珀德爾（Podol）商業區一間頂樓公寓裡，藝術家伊利亞・契徹坎（Ilya Chichkan）聽到了警報聲，並走到陽台上。他從城市西側的戈斯托梅爾機場方向看到「我見過的最大型煙火……就像好萊塢電影一樣」，他回憶道，「真難相信這是真實發生在我眼前。我心想，真該死，那個瘋子真的做了。」[2]

在距基輔南方十五公里處、科茨因區郊外的總統官邸內，弗拉迪米爾・澤倫斯基在清晨四點半被告知俄羅斯動員的消息。當轟炸開始時，他和妻子歐倫娜去叫醒他們的孩子——十七歲的奧萊克山德拉和九歲的凱里洛。澤倫斯基回憶道：「那聲音很大，」他說「有爆炸聲」，因為俄羅斯的火箭彈正朝著位於總統府東北方的戈斯托梅爾飛去。歐倫娜和孩子們匆忙穿過十九世紀富商所建宅邸前的碎石車道，趕緊進入車輛前往烏克蘭西部更安全的地點撤離。一周後，一枚俄羅斯火箭就落在總統官邸的前門外（總統新聞發言人塞爾吉・尼基福羅夫〔Sergii Nykyforov〕以澤倫斯基政府新聞公報的招牌式挑釁幽默，在推特上寫道「可惜，打偏了！」）。據總統辦公室顧問謝爾蓋・列先科回憶，在戰爭的最初幾周，澤倫斯基僅透過電話與妻子、孩子聯繫。[4]

澤倫斯基穿著他一貫的工作服——白襯衫和藍色西裝——在重兵護衛的車隊中，被送往位於基輔市中心的政府建築區，這個區域被稱為「三角區」或「班科夫街」，該區域得名於革命前的街名。在過去的幾天、幾周裡，三角區被匆忙加固，設置了「刺蝟」型坦克障礙物和臨時建造的混凝土碉堡，來保護進入的道路。總統行政機構內部，沙包被堆積在所有門窗周圍，辦公室也匆忙改造成員工和衛兵的臥室。重型辦公桌和檔案櫃被用來堵住內部門口，這些臨時防禦設施將保持數月之久。澤倫斯基和他的高級軍事、文職官員在一個更安全但同時也更為狹窄的地方會議——一座蘇聯時代的地下碉堡中集會，這個巨大的複合體包括與基輔地鐵兵工廠站（Arsenalnaya Station）相連的隧道。普通的基輔市民也隨後前往地下，進入了超過五百個大型防空洞和六千個冷戰時期建造、並在克里米亞併吞後由市政府翻修的加固地下室。[5]

澤倫斯基接到的其中一通官方電話，是來自拜登總統，拜登表示對烏克蘭提供全力支持——同時其他美國官員也提出要幫助他和家人從基輔撤離。次日，美聯社引用一位美國高級情報官員的話，稱澤倫斯基的回應是：「戰鬥就在這裡，我需要的是彈藥，而不是搭便車。」[6]隨行的助手們對澤倫斯基是否真的說了這句話表示懷疑，但這確實反映了戰爭初期混亂的兩個重要方面——澤倫斯基堅定的抵抗態度，以及北約盟國普遍認為基輔很快會在俄羅斯猛攻下淪陷的信念。據烏克蘭駐柏林大使透露，德國財政部長克利斯蒂安・林德納（Christian Lindner）一開始甚至回絕了澤倫斯基的緊急求援和武器請求，並告訴他「你只有幾個小時了」。[7]

儘管烏克蘭最親近的盟友似乎表現出悲觀情緒，但烏克蘭總統「非常冷靜，比我們其他人都冷靜」，一位顧問回憶道，「他毫不懷疑，他的位置應該與人民同在，就在他的首都。」這位顧問在二月二十四日清晨匆忙徒步前往三角區，只帶著一個裝有個人筆記型電腦和充電器的公事包，甚至沒帶換洗衣物。他將會在辦公室待上三周，和保鏢們一起在臨時改造的臥室裡睡覺。[8]

在與拜登通話後，澤倫斯基匆忙用手機錄製了一段致人民的影片。「早安，烏克蘭人民，今天早晨，普丁總統宣布在頓巴斯發動特別軍事行動，我們正在應對，軍隊也在運作。沒有必要驚惶失措。我們足夠強大，我們已準備好應對一切考驗。我們將擊敗所有敵人，因為我們是烏克蘭人。」隨後，澤倫斯基從烏克蘭語切換到俄語，直接對俄羅斯人民喊話，「烏克蘭的人民和政府渴望和平，但如果我們遭到攻擊……你們會看到我們堅定的面孔，而不是我們退縮的背影。」

到了上午時分，澤倫斯基仍保持著乾淨的面容，穿著深色外套和白襯衫，在總統府的講台上發表了更加正式的演說，這次是針對國際觀眾。他說：「俄羅斯以懦弱和自殺性的方式攻擊烏克蘭，就像納粹德國所做的那樣。現在所決定的，不僅是我們國家的未來，還是歐洲未來的生存前景。」澤倫斯基下令進行全國總動員，徵召所有年齡介於十八至六十歲的烏克蘭男性入伍，並禁止他們離開國境。[9]兩天之內，基輔的國土防衛隊（Territorial Defense Forces）擁有了如此多的志願者，以至於他們開始拒絕接受新志願者。[10]民防單位開始在基輔各公寓樓的院子裡向所有勞動年齡的男性發放武器，最終發放了一萬八千支槍械和數十萬個莫洛托夫雞尾酒燃燒瓶（Molotov cocktails）。[11]澤倫斯基的藝術家朋友伊利亞·契徹坎的兩位朋友，在工作室的通宵派對結束後走了出來，並帶回了一支卡拉什尼科夫衝鋒槍和一支大口徑手槍。[12]

根據一位直接了解當時情況的澤倫斯基團隊成員所提供的消息，在戰爭的第一天黎明前，總統安全小組已增援了數名「外國」顧問，其中包括至少三位美國高級情報官員。[13]澤倫斯基和他的高級顧問獲得了美方提供的安全衛星行動電話，以便讓他們的行蹤不易被追蹤。澤倫斯基也換下了深藍色西裝，換上了一件無徽章的橄欖綠烏克蘭軍隊羊毛衫、軍裝褲和靴子。這一套具有代表性的非正式戰爭領袖造型，將成為澤倫斯基日後向國民發表演說的穿著形象，並且出現在他對歐洲與英國議會、美國國會、坎城電影節以及數十場向世界發出的影片呼籲中。

「人們說這個形象是由造型師或公關人員設計的，但並非如此。」那位總統顧問指出：「這是澤倫斯基的個人決定，完全是他自己的選擇。他想要表達與那些保衛自己國家的普通烏克蘭人站在一起的決心。每個人都在一夜之間成了戰士——包括總統。」[14]直到我於七月與澤倫斯基在基輔見面時，他已經顯示出一個極具震撼力的形象——目光堅定，言辭強烈，他那招牌式的少年般笑容早已不見。

在二月二十五日晚上（戰爭的第二天），澤倫斯基出現在電視上，身著新的軍裝，未剃鬍，臉色凝重。「今天我們聽到的是什麼？不僅僅是火箭爆炸、戰鬥和飛機的轟鳴聲，」澤倫斯基說，語氣轉變為一種比戰前那個親切形象更加堅定、具指揮感的威嚴風格，「這是新鐵幕降臨的聲音，將俄羅斯與文明世界隔絕。我們的任務是讓這道新鐵幕不會落在烏克蘭。」

事實上，澤倫斯基在戰爭初期的反抗精神，除了勇氣之外，幾乎沒有太多實際的依據。大部分時間，烏克蘭軍隊在地面上被俄羅斯的鋼鐵洪流碾壓得節節敗退。在南部（稍後會更詳細地分析）俄羅斯部隊幾乎不遭遇抵抗地從克里米亞向外推進，幾個小時內便抵達並占領了位於第聶伯河水壩戰略要地——新卡霍夫卡。基輔和中部烏克蘭因此被切斷了通往黑海的水路。其他部隊則朝著東部進攻，向馬里烏波爾推進，試圖將克里米亞與頓巴斯共和國陸路相連。大規模的俄羅斯裝甲部隊從俄羅斯邊境移動，準備從兩個方向包圍基輔——正如美國中央情報局的俄羅斯線人所預測的那樣——而克里姆林宮的部隊已經進駐到哈爾科夫、蘇梅等東北邊境城市的郊區。衛星圖像顯示，俄軍正在東部設立野戰醫院、火炮和火箭發射器的補給基地，同時還有大量的卡車在所有可用的鐵路樞紐加載物資。[15]只有位於頓涅茨克對面的烏克蘭部隊，從二〇一四年以來堅守陣地，仍牢牢守住了防線——儘管俄軍很快就突破了頓巴斯北部的盧甘斯克周邊控制線。

最為可怕的是，俄軍對基輔郊區的戈斯托梅爾機場發起了閃電式的空降突襲，成功占領了這個戰略機場。俄羅斯特種部隊乘坐空降裝甲車，穿越首都的西部郊區，並在勝利大街（Victory Prospekt）發生了激烈的交火，距離市中心的三角區政府大樓僅約四公里。烏克蘭部隊炸毀了通往基輔的兩座關鍵橋梁，這使他們能夠集中力量防守少數幾個交通要道。烏克蘭工兵還摧毀了哈爾科夫和蘇梅州內所有連接俄烏兩國鐵路網的設施，旨在防止侵略部隊擴大補給線。

在災難逐步擴大的過程中，仍有一些小小的希望之光。那些原本以為會受到解放的當地民眾以鮮花和微笑迎接的俄軍士兵，但迅速被現實打擊了。戰爭初期，烏克蘭社交媒體上充斥著許多民眾的片段——一些看似極其勇敢，另一些則是喝醉了，幾乎所有人都說著俄語——他們徹底辱罵俄軍士兵，毫不客氣地告訴他們「滾回家」。一支烏克蘭海軍陸戰隊在蛇島（靠近敖德薩）的小駐軍發出了最初的全國英雄式訊息，對著俄羅斯黑海艦隊的重型導彈巡洋艦「莫斯科號」發出無畏的回應，當時「莫斯科號」要求他們投降，他們毫不畏懼地發信號說：「俄羅斯戰艦，去你媽的！」隨後他們遭到炮轟並被俘。幾天內，烏克蘭各地的高速公路路標目的地已被更換，上面寫著「Na Khui」（去你的）或「去你媽的」（Fuck yourselves）詞語——這些字是模仿官方市政的標示字母拼寫出來的。

同時，由於俄羅斯軍隊幾乎完全依賴不安全的類比無線電通訊，業餘無線電愛好者（例如：匿名者〔Anonymous〕）這樣的駭客組織迅速設法封鎖並監控敵方的無線電頻率。「Aviarazvetka」是一支由業餘無人機愛好者組成的團體，這些人自願加入烏克蘭軍隊，發射了致命的小型商用無人機群來追蹤前進的俄羅斯裝甲部隊。最重要的是，三種關鍵武器首次亮相，並在戰場上展現了出乎意料的決定性作用：烏克蘭擁有的一百四十二架配備導彈的土耳其製「旗手」TB2無人機（Bayraktar TB2）、英國瑞典聯合研製的NLAW（輕型反戰車飛彈），以及美國製的肩射「標槍」（Javelin）反坦克導彈。

在入侵的第三天，當基輔西部郊區激烈交戰時，俄羅斯國家杜馬（議會下院）主席維亞切斯拉夫．沃洛金（Vyacheslav Volodin）在他的Telegram上聲稱：「澤倫斯基已匆忙逃離基輔。他昨天就不在烏克蘭首都了，他和隨行人員逃往利沃夫……目前正處於新納粹分子的保護下。」[16]

二月二十六日星期六那天晚上，澤倫斯基和他的幾名親近助手全都身著軍服，拍攝了一段影片，展示他們從位於班科夫街的總統府大樓走出，並沿著街道前行，身邊還有幾名穿著戰術裝備的保鏢。這個地點——距離基輔市中心的卡瑞沙提克大道（Khreschatyk Boulevard）只有五十公尺——顯而易見，「大家晚安，」澤倫斯基對著鏡頭說，「我想讓大家知道，我們仍然在首都，在我們的家園裡。總統黨派的領袖在這裡，總統辦公室的負責人也在這裡，總理什米哈爾（Denys Shmyhal）在這裡，總統辦公室顧問波多利亞克（Mykhailo Podolyak）也在這裡；總統在這裡，我們都在這裡。我們的士兵在這裡，市民也在這裡。我們都在這裡保衛我們的獨立和國家，並且會一直保持這樣。榮耀屬於英雄，榮耀屬於烏克蘭。」[17]

沿著基輔市中心漫步，確實是一次經過深思熟慮的冒險。當天下午，基輔當局已經宣布實施嚴格的三十六小時宵禁，目的是清理市內的俄羅斯破壞分子，並警告市民，如果違反禁令並外出，將會被視為克里姆林宮的特務，有可能面臨「清除」的風險。澤倫斯基的安全團隊已收到情報，透露至少有三組俄羅斯刺客小隊被派往基輔，正在追捕他。

俄羅斯私人傭兵集團瓦格納派遣了四百名傭兵，其中大多數是經驗豐富的俄羅斯特種部隊老兵。這些傭兵在一月祕密部署到基輔，並被指派了一份暗殺目標名單，包括澤倫斯基、總理、內閣成員、基輔市市長維塔利·克利欽科及其弟弟弗拉迪米爾·克利欽科（Wladimir Klitschko），兩人曾是世界重量級拳擊冠軍。這些瓦格納小隊獲得了高額賞金以激勵他們完成暗殺任務，並且在過去六周內，他們透過追蹤目標的手機訊號來了解他們的動向，一位與瓦格納有關的消息人士告訴了英國記者曼文·拉娜（Manveen Rana），拉娜曾在北非、中非與該組織的成員建立了聯繫。[18]

瓦格納的指令是，等待穿著制服的俄羅斯特種部隊（Spetsnaz）抵達基輔，確保在暗殺目標完成後，能夠為他們開闢一條撤離通道。這些傭兵也被告知，普丁希望推遲暗殺行動，以顯示他正在與澤倫斯基進行談判。實際上，澤倫斯基在二月二十七日星期日同意派遣一個代表團與俄方小組在白俄羅斯邊界會面，但他對莫斯科的誠意表示懷疑。

瓦格納指揮官向基輔的傭兵保證，談判不可能會達成協議，這一切只不過是「煙霧彈」，一位接近瓦格納高層成員的消息人士告訴記者拉娜。然而，隨著對基輔的預定進攻在北部、西部郊區停滯不前，莫斯科對瓦格納傭兵施加了強大壓力，要求他們提前執行任務，取得明顯的勝利。後來，烏克蘭情報部門報告宣稱，瓦格納小組至少曾試圖暗殺澤倫斯基兩次，但都被伏擊並擊斃。根據拉娜的消息來源，瓦格納的傭兵對烏克蘭人如何精確預測他們的行動感到「震驚」，並將澤倫斯基安全小組的情報準確性形容為「詭異的準確」。

除了瓦格納殺手之外——而且他們並不知情——還有另外一組車臣暗殺團隊也在獵殺澤倫斯基。在澤倫斯基巡視過後的幾小時，烏克蘭特種部隊在基輔郊區「消滅」了一支車臣武裝人員，防止他們接近總統。烏克蘭國家安全和國防委員會祕書長奧列克謝・丹尼洛夫（Oleksiy Danilov）告訴烏克蘭電視台，關於車臣暗殺團隊所在位置的資訊來自俄羅斯情報機構內部。丹尼洛夫說：「我可以說，我們收到了來自俄羅斯聯邦安全局的情報，這些洩密者不願意加入這場血腥戰爭。」他補充道：「多虧了這個態度，來到這裡要消滅我們總統的精英（車臣）小組，最終被我們摧毀了。」根據烏克蘭內政部的說法，這支車臣暗殺團隊曾駕駛一輛被劫持的救護車在基輔四處遊蕩，並最終「部分被擊斃，部分被拘捕」。[19]

戈斯托梅爾機場，基輔

在戰爭第一天開戰的幾個小時內，俄羅斯軍隊的首要目標是摧毀烏克蘭的軍事基礎設施——尤其是集中攻擊空軍基地，力求迅速取得制空權。在戰鬥的第一天，俄羅斯空襲打擊了全國十一個軍用機場，摧毀了多架停在地面的烏克蘭直升機和戰機。彈藥庫也是攻擊目標之一。幸運的是，烏克蘭軍隊在開戰前幾天已將大量的大炮、武器和飛機分散存放，這在一定程度上減少了俄羅斯首次空襲帶來的破壞。

俄羅斯的最重要戰略目標是基輔的戈斯托梅爾機場。控制該機場並建立空中補給線，將能夠快速發動空降突擊，摧毀烏克蘭政府，讓普丁在數天甚至數小時內宣布勝利。從二十四日黎明起，戈斯托梅爾機場便遭到俄羅斯戰機的猛烈轟炸。中午時分，一支由俄羅斯直升機組成的龐大隊伍——包括運兵用的Mi-8運輸直升機、Ka-52攻擊直升機——首次大膽地嘗試降落在該機場。

來自俄羅斯第三十一近衛空中突擊旅的數百名傘兵，在白俄羅斯與烏克蘭邊界的一片偏遠平原登上直升機時，根本不知道他們即將投入戰鬥。他們被告知，這次部署是前往白俄羅斯西部進行演習；然而，當部隊登機升空後，高級軍官才轉告他們，實際上他們正要與烏克蘭開戰。原本應該前往格羅德諾（Grodno）的直升機編隊，改為向南飛行，進入烏克蘭領空，並以高速低空穿越從白俄邊界到戈斯托梅爾機場的六十六公里航程。

「部隊他媽的被完全震撼了，」尼基塔．波諾馬廖夫（Nikita Ponomarev）說，他是一名後來被烏克蘭軍隊俘虜的傘兵，「大家的臉色都變了，特別是我們在空中遭到火力攻擊時。」[20]在來自防守方的猛烈小型火力威脅，波諾馬廖夫和他的戰友從直升機上快速降落，攀繩降落到戈斯托梅爾的機場停機坪，然後分散開來，占領跑道、機庫和機場建築物。在最初的進攻中，烏克蘭方面報告稱擊落了七架直升機，其中包括兩架Ka-52攻擊直升機（這是俄羅斯空軍最新型的武裝直升機），使用的是肩射型人員攜行式防空飛彈（MANPAD）。儘管俄軍空降部隊已占領了機場跑道，但由於火力過於猛烈，十八架搭載主要俄軍進攻部隊的伊留申-76型運輸機被迫放棄接近，轉而返回基地。倖存下來的第三十一近衛空中突擊旅只好在機場周邊挖掘壕溝固守，並依靠少數幾輛在重火力掩護下空降到位的裝甲車防守。[21]

戈斯托梅爾是如此重要的戰略目標，俄軍無法輕易放棄。因此，在二月二十四日下午稍晚，俄軍重新集結，並再次嘗試將運輸機上的空降部隊空投下來，增援那些被困在地面的部隊。這一次，俄軍損失了兩架伊留申-76型運輸機——根據烏克蘭空軍的說法，其中一架是被烏克蘭Su-27戰鬥機擊落的——機上近三百名精銳空降部隊成員全數喪生。[22]

「雷霆突襲」（Thunder Run）是美國空降部隊用來描述在未取得空中優勢的情況下強行突襲機場的戰術。這一戰術在二〇〇三年四月的伊拉克自由行動中，美國第一〇一空降師和第一七三空降旅成功實施過。但對俄軍來說，這一戰術在戈斯托梅爾機場並未奏效。儘管俄羅斯在航空器數量上擁有壓倒性優勢——一千五百一十一架戰機和一千五百四十三架戰鬥直升機，對比烏克蘭僅有九十八架戰機和一百一十二架直升機——但俄羅斯空軍未能摧毀烏方防禦並建立空中優勢，這對其突襲戈斯托梅爾的行動造成了致命打擊，而這一失敗在隨後的戰爭中成為了俄方的重大戰略弱點。[23]

當二月二十五日破曉時分，戈斯托梅爾的空氣中彌漫著一種「不祥的徵兆」，波諾馬廖夫回憶道。烏克蘭的第四快速反應旅（一支精銳的摩托化步兵部隊）已在黎明前就位，準備重新奪回機場。天一亮，烏克蘭的炮兵開始連續發射火力，對俄軍的建築進行兩小時的近距離轟炸，擊斃了數十名俄羅斯空降兵，並摧毀了大量設備。「什麼都沒留下——連一個坦克炮塔也沒剩下，」波諾馬廖夫說，「幾乎沒人能活下來。」[24]

戈斯托梅爾首批被擊斃的俄軍士兵之一，是來自韃靼斯坦共和國的小城——下卡姆斯克市（Nizhnekamsk）的三十一歲士兵伊爾努爾・謝佳圖林（Ilnur Sibgatullin）。謝佳圖林的葬禮在入侵後六天於家鄉舉行，並獲得了全軍儀式的葬禮，這也成為了這場戰爭中的首場官方軍人葬禮，當地幾百人前來參加。謝佳圖林曾是一位「善良的孩子，讓你心中充滿喜悅」，他的前任老師在VKontakte社交媒體網站上這麼說。隨著傷亡人數的增加，俄羅斯各地的地方政府迅速意識到，這樣的公開悼念對士氣有害。不久，完整的軍葬只會為高級軍官舉行。

俄羅斯第三十一近衛空中突擊旅的指揮官告訴部隊，額外的設備和增援將會在二十四小時內送達；但這些承諾始終未能兌現，「三天後，還是只有我們自己，」波諾馬廖夫說。[25] 根據烏克蘭情報，當該部隊在二月二十七日接到撤退命令時，已經有多達五十名來自第三十一旅的空降兵在戈斯托梅爾陣亡，還有許多人受傷——這些傷亡占了該次襲擊部隊的四分之一，包括指揮官謝爾蓋·卡拉肖夫（Sergi Karasev）上校和阿列克謝·奥索金（Alexei Osokin）少校。當機場被重新奪回後，拍攝的照片顯示，俄軍士兵的屍體散落在人行道和壕溝中，還有的躺在燃燒的坦克上。烏克蘭的炮火在最終奪回機場的攻擊中，摧毀了世界上最大的飛機——一架安托諾夫（Antonov）An-225運輸機，而波諾馬廖夫和其他幾十人則在此過程中被俘。[26]

在更北方，兩支龐大的俄羅斯兵力正面臨困境，一支隊伍穿越白俄羅斯邊境的車諾比禁區朝基輔進軍，另一支則沿著第聶伯河東岸，穿過切爾尼戈夫州向南推進。前進的部隊從邊界開始，幾乎形成了一條長達六十公里的連續縱隊，朝基輔前進。到了戰爭的第三天，這支縱隊因機械故障、燃料短缺，以及在基輔北部繁榮的郊區遭遇了意料之外的激烈抵抗，進展幾乎停滯不前。這些地方，隨著戰事蔓延，後來成為俄軍殘暴行為的代名詞——布查、伊爾平、莫季任鎮（Motyzhin）。

這些縱隊很快就成了烏克蘭小股部隊的活靶子，這些部隊配備了NLAW、標槍導彈，以及長程、低空、慢速飛行的旗手（Bayraktar）無人機。其中一支小隊由基輔的一群專業人士組成——包括律師、工程師、會計師、咖啡館老闆——他們在過去幾年組成了一個「戰鬥俱樂部」，並報名參加了國土防衛隊。一名成員綽號為「Lysy」（意為「禿頭」的戰鬥名），是一名四十二歲的銀行家轉行成為加密貨幣交易員和網路遊戲玩家，他在二〇二〇年報名參軍，部分原因是他想「像玩漆彈那樣，拿著槍在森林裡跑，鍛鍊身體」，部分原因則是「因為我正經歷一場漫長的中年危機」[27]（Lysy——一個身材魁梧的男人，穿著一件印有卡通哥薩克的連帽運動上衣，卡通人物展示著巨大的二頭肌。還要求不要使用他的全名，因為他有親戚在俄羅斯的沃羅涅日〔Voronezh〕）。

但是當Lysy在入侵的第二天看到了第一輛俄羅斯坦克時，這場戰爭遊戲突然變得非常嚴肅。二月二十四日，他所在小隊的成員駕車來到基輔西北的札利西亞國家公園（Zalissia National Park），一個常受野餐者青睞的停車場，按照預先安排的地點會合。這些「戰鬥俱樂部」的成員獲發了制服、軍用型卡拉什尼科夫步槍和頭盔，但並未提供防彈衣——那些能夠負擔的人自己購買了防護裝備。至少有六名小隊成員也帶了自己的小型商用無人機，這些無人機可以將現場影片傳送到他們的手機上（他開玩笑說：「我們基本上是一群想要成為中產階級的科技宅」）。他們和幾十名烏克蘭正規部隊的士兵一起，乘坐軍用卡車出發，這些士兵帶來了一些NLAW，這些飛彈被放在笨重的塑膠箱子裡，「就像你攜帶了一個低音號銅管樂器。」[28]

這個小分隊在一個穀倉裡過了一夜，試圖保持低調，因為擔心會被當地的線人發現，但村民很快就察覺他們的存在。「一定是因為菸草的味道吧，」Lysy笑著說，他抽的是樂富門（Rothmans）牌香菸。當地人帶來了食物、家中私釀的伏特加、醃漬物和煙燻豬肉。正規軍的中尉接受了食物，但把酒退了回去。到了第二天早上（二月二十五日），附近可以聽到炮火聲。這位軍官無法用他那陳舊的無線電聯繫指揮部，只好改用手機打電話。他被告知有一列俄軍正朝他們駛來，「開火！把他們徹底摧毀」，這是Lysy回憶中的命令要旨。[29]

一群小型無人機迅速升空，很快就發現了敵人，大約兩公里遠並且快速接近。俄軍的車隊由一輛T-72坦克開路，後面跟著至少二十輛BMP-2裝甲運兵車，而且車隊中穿插著更多的坦克。「戰鬥俱樂部」中的半民間成員被部署在一片路邊的樹林中，拿著卡拉什尼科夫步槍準備應對任何下車的步兵——卻沒有發現任何步兵。裝甲車隊毫無防護地前進。「他們就像在參加閱兵似的，」Lysy幾個月後在基輔一家咖啡館回憶他首次交火的情況，第一次NLAW發射時像是「雷霆一擊，但非常、非常短暫」，導彈的向下射擊彈頭直接擊中第三輛BMP的頂部，正好是這輛車最脆弱的部分。裝甲運兵車的彈藥開始「像鞭炮一樣爆炸」，後艙門彈開，「但是無人逃出……BMP太快就爆炸了。」30

幾秒鐘後，又一枚NLAW從幾百碼外發射，擊中了其中一輛坦克，爆炸聲更大。與美國的主戰坦克不同，T-72的彈藥是儲存在炮塔內圍繞四周的地方，以便自動裝載系統能夠快速取用。NLAW的直接命中引發了彈藥爆炸，炮塔「彈射到空中，像翻筋斗一樣飛得很高，越過樹梢，就像電影中的場景」，Lysy回憶道，「那是我的第一次『棒棒糖』」——這是烏克蘭軍隊對於炮塔和主炮被內部爆炸摧毀後，像棒棒糖一樣飛起來的外觀之輕蔑俚語。隨後，倖存的俄羅斯車輛開始毫無目標地開火，重機槍掃射周圍的灌木叢。這聲音，以及接近的直升機聲，讓Lysy和他的同伴趕緊躲進附近一條半結冰的溪床中躲避，「我臉朝下趴在水裡，（差點）凍死……那可不算是什麼英雄行為。」[31]

在接下來的兩周裡，「戰鬥俱樂部」在村莊的房屋中艱難度日，有時甚至在冰冷的豬圈和馬棚裡過夜，並與幾個不同的烏克蘭部隊會合。Lysy 回憶說，最危險的部分是躲避那些四處劫掠的俄羅斯軍隊，他們就像烏克蘭的民兵一樣，從商店和住宅中搶奪食物。Lysy 宣稱自己親眼目睹了十一次成功擊中俄羅斯裝甲車的情況。他唯一的遺憾，是兩名戰友在三月二日被俄羅斯直升機的火箭襲擊所殺，而且他們「從來不讓我發射NLAW，打那些混蛋以報仇」。[32]

蘇梅

在二月二十四日的下午，瓦迪姆・西西馬林所屬的第四近衛坎捷米羅夫卡坦克師的單位，穿越了位於別爾哥羅德州科津卡（Kozinka）村附近的烏克蘭邊境，距離哈爾科夫西北方約二十公里。這是西西馬林第一次離開俄羅斯。然而，邊境兩側的景觀和建築幾乎沒有區別：木造的單層村舍、標準的蘇聯時代五層混凝土板房，從烏克蘭北部一直延伸到俄羅斯中南部的黑土地帶上那片平坦而肥沃的農田。

龐大的縱隊進入烏克蘭的蘇梅州後，很快便停了下來。西西馬林的單位在二月二十四日、二十五日大部分時間都停在路中央，「我們站在那裡重新集結，並為裝備加油」，他後來在基輔法院上如此陳述。[33]到了二月二十六日下午，西西馬林的第十三裝甲團已經抵達蘇梅州西邊的小鎮考米希（Komyshy），距離波爾塔瓦州僅一步之遙。兩天時間在烏克蘭境內前進了九十一公里——在和平時期，這幾乎只需要兩小時車程。該團隊在考米希郊外的森林旁以直角陣形集結，並開始挖掘防禦工事。

為了避免深夜步兵突襲的風險，俄羅斯工兵在營地周邊設置了連接到噪音手榴彈的絆索；士兵們被警告，不得走出營地超過三十到三十五公尺。這項防範措施最終證明是致命的。在考米希的第二個晚上，一名士兵——根據西西馬林的同袍伊凡・瑪律梯索夫（Ivan Maltisov）的說法——「可能是個義務兵」，踩到了絆索。其他守衛的俄軍士兵開火掃射，將這名同袍打傷。在經歷了五天戰爭後，靜止的時間多於移動的時間，並且沒有與敵軍進行過真正的交戰，西西馬林的排卻已有四名傷員，包括排長。[34]

該團的指揮官命令將傷員撤離到俄羅斯的軍事醫院。二月二十八日早晨，一支由五輛車組成的車隊——兩輛BMP-2步兵戰車、一輛搭載傷員的KamAZ卡車和兩輛油罐車——整裝待發，從考米希營地出發，朝著返回俄羅斯的方向行駛。中士西西馬林被指定為其中一輛車隊的護衛。

這支運送傷員的車隊經過了考米希、丘帕希夫卡（Chupakhivka）兩個村莊。西西馬林和其他士兵的手機都被沒收，因此無法拍照或錄下周圍的環境；但軍官們則保留了自己的手機。二十四歲的中尉米哈伊爾．沙拉耶夫（Mikhail Shalayev），來自莫曼斯克（Murmansk），偶爾用手機拍攝了他搭乘與西西馬林相似的BMP-2戰車進入烏克蘭的旅程。當沙拉耶夫在四月三日被烏克蘭部隊俘虜時，他的手機影片被交給了電影製作人米哈伊爾．特卡奇（Mikhail Tkatch），特卡奇將這些畫面剪輯成一部接近真實時間、來自俄方的前線紀錄片。[35]

沙拉耶夫拍攝了他的單位——隸屬於第四十二近衛摩托化步兵師第七十營——駛過盧甘斯克州南部被炮火摧毀的村莊。步兵戰車內的幽閉恐懼症和緊張氣氛令人觸目可及，引擎的轟鳴聲大到車組人員必須大聲喊叫才能聽見對方。指揮官座位右側的機槍子彈帶，隨著車輛在凹凸不平的道路上顛簸而發出叮噹撞擊聲。外界的唯一視野是透過一排由防彈玻璃造成的狹縫，車內的六名士兵完全無法看到外面。正如我在搭乘俄羅斯軍隊BMP戰車前往車臣沙托伊（Shatoi）時所體會的，那感覺就像是坐在一個擠滿人的、炙熱的鐵罐裡，被推著在路上顛簸前行。[36]

在影片中，緊跟在沙拉耶夫後方的BMP-2被擊中。他所在的車隊在接下來三小時內遭到火力攻擊。BMP的機槍卡住了，他大聲喊道：「見鬼了，該死，他們真是把我們搞得一團糟。」並且大聲叫嚷：「我們得趕快離開這個鬼地方。」當沙拉耶夫再次開啟手機錄影時，他已經改為步行，遠處是他所乘坐的、冒著黑煙的裝甲車殘骸。他將手機鏡頭轉向，拍攝眼前看起來像是垃圾袋大小的焦黑肉塊，橫置在村莊街道上。他用困惑的語調說：「某個人的肉，」並補充道，「某人被炸死了。」[37]

回到蘇梅州，西西馬林的車隊在返回俄羅斯的一百公里旅程中，大約行駛了四分之一路程後，遭遇了類似的命運。在葛金契克夫（Grinchenkovo）村郊外，前方的BMP-2遭到肩射型反坦克導彈直接擊中；第二枚導彈也擊中了載著傷員的KamAZ卡車。在來自烏克蘭第九十三機械化旅（Mechanised Brigade）的重火力攻擊下，西西馬林和大約十五名倖存者，將幾名傷員轉移到剩下的BMP戰車中，該車隨後掉頭並朝著考米希營地的方向撤退；西西馬林和剩下的健全士兵則步行尾隨其後。

三個月後，在通往葛金契克夫村的道路上，戰鬥的痕跡隨處可見。「一股令人噁心的惡臭來自BMP戰車生鏽的框架殘骸。在其下面，還可見一頂燒焦的頭盔，以及乾枯的、半腐爛的、沒人想去猜測可能會是什麼物體的東西——意味著人體的部分軀幹，」BBC（英國廣播公司）俄羅斯分部的記者斯維亞托斯拉夫・卡霍門科（Svyatoslav Khomenko）

和尼娜．納札羅瓦（Nina Nazarova）寫道。「曾經是KamAZ卡車後部的地方，現在可以看到燒焦的金屬杯子和燒焦的鋁盒，上面有依稀可見的標籤寫著——『牛肉香腸』、『豬肉蕎麥粥』。還有一件撕裂的防彈背心躺在壕溝裡。」路邊，一個由兩塊生鏽鐵片做成的簡陋十字架，標記著當地村民埋葬那些被撤退同袍拋下的「九或十具」俄羅斯士兵遺體的地方。[38]

大約一公里後，西西馬林和其他也在徒步逃亡的士兵看到一輛灰色的福斯汽車接近。俄羅斯士兵隨即開槍，打爆了前輪，駕駛人員跳出車輛，躲進了壕溝裡。雖然車輛受損，但仍能行駛，這或許可將他們帶回部隊的安全區域。五名逃亡的俄羅斯士兵擠進車裡——准尉馬克耶夫（Makeev）坐在駕駛座，旁邊坐著一名未佩戴軍銜的迷彩服男子。西西馬林從未見過這名男子，但從他的舉止判斷，應該是位軍官。幾小時後，當這名男子被擊斃時，發現他的口袋裡有名為伊凡．庫發科夫（Ivan Kufakov）的金融卡——但他的軍銜或隸屬單位始終無法確定。[39]

西西馬林自己坐在駕駛座後方的後座，和他的同袍伊凡．瑪律梯索夫一起。伊凡是一名來自俄羅斯莫爾多瓦共和國的帕若皮諾村（Parapino）的二十歲新兵，服役僅三個月，並在幾周前才簽約成為一名自願的合約兵；中尉加里寧則坐在車子的敞開後備廂裡。車隊啟程了，損壞的輪胎發出響亮的聲音，朝著丘帕希夫卡村的方向行駛。

卡特琳娜和亞歷山大・謝利波夫（Katerina and Alexander Shelipov）位於村莊主要大街的單層白磚房，被紅色金屬圍欄和藍色大門所圍繞，院子裡種著鬱金香。他們曾經養過牛、鵝、鴨子，但覺得太麻煩了，到俄羅斯入侵時，他們的動物園只剩下一隻鴨子。卡特琳娜・謝利波夫來自白俄羅斯的戈梅利（Gomel）地區，曾擔任三十年的幼稚園老師。八〇年代初期，她在一次婚禮上認識了丈夫亞歷山大。亞歷山大加入了軍隊，曾在克里米亞的蘇聯國安會邊防部隊服役，退伍後成為一級拖拉機司機。「他能駕駛任何機械設備——推土機、起重機、聯合收割機，」卡特琳娜回憶道，「他非常善良，鄰居們都很喜歡他。每當有人需要幫助，他總是會放下手邊的事情去幫忙。」夫妻倆有兩個孩子，一個兒子，以及一個因癌症在八歲去世的女兒。[40]

在戰爭的第一天，附近的阿赫特爾卡（Akhtyrka）小鎮遭到轟炸。很快地，俄羅斯的裝甲部隊開始經過丘帕希夫卡村，謝利波夫一家便搬進了他們房子下方的小地下室避難；他們的隔壁鄰居沒有地下室，也加入他們的避難行列。卡特琳娜睡在地下室，但亞歷山大更喜歡待在樓上，守護妻子、房子和鄰居。有一天晚上，他曾數過有八百輛俄羅斯軍車經過他家。

在二月二十七日到二十八日的晚上，即戰爭的第四天，烏克蘭軍隊在村邊擊毀了一輛俄羅斯坦克。卡特琳娜早上從地下室上來準備早餐，而她的丈夫則在所謂的「夜間值勤」後小憩片刻。早餐後，亞歷山大告訴妻子，他要去「看看那個彈坑」，卡特琳娜不想讓他去。「我沒有把外套拿給他，」卡特琳娜在兩個月後的基輔法庭上說，「我說：『你為什麼要去那裡？』他說：『我去一趟，很快就回來。』他騎上自行車就走了。」那時，他穿著一件防風夾克和一頂針織帽。[41]

亞歷山大和幾位村民一起，站在被燒毀的坦克殘骸旁觀看，隨後騎著自行車朝他家方向回去。當他快到家時，一位朋友（另一位住在丘帕希夫卡的拖拉機司機）打到他那支舊的三星按鍵手機，他停下來接聽電話。這時，一輛灰色的福斯汽車從葛金契克夫村的方向駛來，損壞的輪胎在新鋪設的柏油路上發出響亮的拍打聲。

在駕駛座上的馬克耶夫，以及沒有軍階標誌的伊凡．庫發科夫是第一個注意到謝利波夫站在路邊打電話的人。馬克耶夫轉向中士西西馬林，並「命令瓦迪姆（西西馬林）開槍射擊，說那個人可能在向（烏克蘭）軍方透露我們的位置」，伊凡．瑪律梯索夫回憶道。瓦迪姆並未遵從命令。接著，庫發科夫（瑪律梯索夫與西西馬林都從未見過與聽說過的人）「開始用命令的語氣大喊，要求他遵守這個命令，因為如果不照做，我們可能會被交給（烏克蘭）軍隊，永遠無法聯絡到自己的隊友獲得援助」。

福斯汽車已經開到幾乎與謝利波夫平行的位置。西西馬林拿起了自己的自動步槍，開了三或四槍，其中一槍打中了謝利波夫頭部，令他當場死亡。「我並不想殺死他，」西西馬林後來解釋說。「我開火了，這樣他們（同袍）就可以不再煩我了。」[42]

卡特琳娜手裡拿著空水桶，正往院子裡的水井走時，聽到了槍聲。她一邊衝到街上，一邊撥著丈夫的手機。她看到那輛經過的福斯汽車——以及坐在後座那名瘦弱、娃娃臉面孔的俄羅斯士兵，手裡握著一把卡拉什尼科夫自動步槍。她驚恐地把門砰地一聲關上，靜止了五分鐘才再次冒險走出去。她的丈夫亞歷山大倒在路上血泊中，「我開始尖叫，」她回憶道，「尖叫了很久。」[43]

在福斯汽車裡，曾下令開火的軍官安慰著從未在憤怒中開過槍的西西馬林。「別擔心，不要想太多，」他說，「最重要的是保護自己。」幾分鐘後，他們遇到了一輛白色的拉達薩馬拉（Lada Samara），他們攔下它，並用槍指著司機將他趕下車，隨後把車偷走。這次，中尉加里寧坐在車內，馬克耶夫則在後備廂，庫發科夫負責駕駛。中尉問：「剛才發生了什麼事？你們為什麼要開槍打平民？」聽完解釋後，中尉命令大家將武器的保險裝置打開，並且不要再開槍射擊平民。[44]

被偷走的拉達車主是當地的急救醫護人員。他打電話給位於七公里外的帕瑞盧戈（Perelug）村的朋友，警告他們一輛載滿逃亡俄軍的車正向那裡開進。三名熱衷狩獵的男子拿起步槍，匆忙在附近的一座橋上設置了一個臨時埋伏。「我們讓他們靠近，然後看到車裡真的有穿軍裝制服的人，」獵人亞歷山大・伊凡卡內科（Alexander Ivakhnenko）回憶道，他的士兵侄子在二〇一四年八月於烏克蘭的伊洛瓦伊斯克撤退時被殺。伊凡卡內科在五十公尺距離內，瞄準司機開了兩槍，致命性擊中了庫發科夫的頭部。汽車突然偏離了道路，栽進了路邊的池塘中。大家爬出了車子，開槍還擊並開始逃跑。那三名獵人僅帶著手動步槍，沒有追擊他們。伊凡卡內科回憶道，他們在庫發科夫的屍體上找到金融卡和「滿口袋的保險套」，伊凡卡內科咒罵，「該死的解放者。」[45]

四名倖存者穿越沼澤、蘆葦叢和田野，沿途丟棄手榴彈和備用彈匣。中尉加里寧腿部受傷，但仍然跛行前進。他們在奧雷諾夫斯科耶（Olenovskoye）村邊緣一個豬圈旁的守望小屋裡找到避難所。六十二歲的尼古拉・亞伊克（Nikolai Yaryzko）黃昏時分回到小屋，發現四名士兵，其中一人因腿傷躺在長椅上，正對著他舉槍。他們向他要食物，但他並沒有。加里寧一直在用手機撥打他稱為「兄弟」同袍的電話，這位同袍（大概是另一位軍官）一再承諾會派遣一輛坦克或裝甲運兵車來救援這四人；整整一天過去，救援部隊仍未出現。加里寧的「兄弟」報告說，救援隊遭遇襲擊，團的執行官失蹤，團長也不知去向。

在等待救援的過程中，俄軍與他們的人質亞伊克交談——他們對他表現出尊敬，稱他為「老爹」（Dad）。亞伊克回憶道：「中尉問我，『你們這座村莊是怎麼回事？磚房、鋪設的柏油馬路，你們稱這是村莊嗎？』」亞伊克的長子在二〇一五年參加了頓巴斯戰鬥，二兒子則在前線服役。「我告訴他，是的，這是個村莊，對我們來說，是個被忽視的村莊；對他們來說，我們能過得這麼好，真是令人太驚訝了。」[46]

疲憊不堪的俄軍問「老爹」是否應該投降——但當他告訴他們村裡有獵人時，他們便決定放棄這個念頭，擔心自己會被擊斃。他們太害怕離開小屋，於是跑到隔壁的豬圈大小便。到了晚上，他們輪流守夜，徒勞地等待著援助。然而，在第二個晚上凌晨兩點時，西西馬林在守夜值班時睡著了，亞伊克悄悄地從桌上拿走了他的手機和手電筒，悄無聲息地溜出了小屋，走進了夜色中。

當地警察沒有接聽亞伊克的電話，於是他果真召集了當地的獵人們。然而，當獵人們帶著人馬回到小屋時，俄軍已經逃走了。他們走了一整夜，最終在黎明時分抵達了考米希；但四人並未選擇返回自己的隊伍，而是決定投降。「我不想再打仗了。當到達我們部隊駐紮的附近時，我找不到要回歸那裡的任何理由，」西西馬林解釋道，「我認為有必要投降，並活下來。」[47]

這幾個俄羅斯士兵害怕被當地村民私刑處決，因此悄悄沿著溪流河床走，直到來到村莊中心。他們走進廣場，放下武器，舉起雙手。村民對他們大聲斥責，但並未傷害他們。西西馬林和他的三名同伴被烏克蘭第九十三機械化步兵旅俘虜。在西西馬林進入烏克蘭的五天內，他已經喪失了十一名最親近的戰友，親眼目睹了兩輛俄羅斯軍車被摧毀，還劫持了兩輛烏克蘭平民汽車、挾持了一名人質，並且殺死了一名手無寸鐵的平民。

新卡霍夫卡

拉麗薩・納高什卡亞在二月二十四日黎明前，被一陣可怕的火箭和巡航導彈聲驚醒，這些導彈穿越她家上空。她猜測，這場猛烈的轟炸來自克里米亞方向。儘管沒有彈藥落在新卡霍夫卡，但它們朝北飛行，並擊中了烏克蘭內陸的目標。[48]

距離她約七十公里的南方，成千上萬的俄羅斯部隊正沿著E97公路進軍，這條公路穿過連接克里米亞、俄羅斯的皮里柯普（Perekop）地峽。這片狹窄的陸地咽喉，僅有五公里寬，本應是一個對抗陸地入侵的強大防線。但位於皮里柯普的烏克蘭防守部隊，只做出了微弱的抵抗。在東邊另一條連接克里米亞和烏克蘭的公路——位於喬哈爾（Chonhar）

的那條，則穿過一座狹窄的橋梁，這座橋在入侵發生時應該會被摧毀；然而，它卻完好無損——要麼是因為叛變，要麼是因為膽怯。

在開戰的第一天中午，俄羅斯的三色旗已飄揚在卡霍夫卡大壩上空。俄羅斯部隊迅速向北推進，當地的政府和警察完全措手不及。首批抵達的俄羅斯坦克占據了小樹林的位置，而這片樹林是當地官員在去年十二月下令砍伐的。「他們早就計畫好了，」拉麗薩說，「我們被出賣了。（喬哈爾）大橋並未被炸毀，（俄羅斯）在這裡有他們的人，到處都是合作者。」[49]她的懷疑後來得到了證實，當時烏克蘭國家安全局駐赫爾松前局長被烏克蘭當局起訴，指控他下令指揮官員在俄羅斯軍隊進入該地區時，放棄各自的崗位。[50]

新卡霍夫卡這個城市幾乎沒有發生任何抵抗便被占領了。但當民眾在下午試圖向北逃離時，幾輛車被俄羅斯軍隊射擊，造成住在拉麗薩家附近的三代同堂一家人喪命。她的丈夫謝爾希想出去買些食物，但拉麗薩阻止了他——因為他比她更有可能被俄羅斯人逮捕。拉麗薩自己則與一大群鄰居一起，在當地一家小超市裡匆忙搶購食品。一輛俄羅斯裝甲運兵車停在超市門外，幾名蒙面的俄羅斯士兵走進商店。「沒人敢說話，」拉麗薩回憶道，「他們手上拿著槍，所有人都呆住了。」這些士兵隨便抓起滿手的食物——大多是餅乾、巧克力和杯麵——然後一句話也沒說，便離開了。

當地的烏克蘭警察很快被逮捕——還有所有曾參與烏克蘭「反恐行動」的退伍軍人，這些人曾經在反叛的頓巴斯地區服役。「他們有抓人名單和地址，」拉麗薩說，占領者還切斷了當地的電視和手機發射器，讓新卡霍夫卡的居民無法接收新聞，也無法與外界聯繫。有一家當地藥局仍然有運作的無線網路，許多人聚集在外面發訊息給親戚。到了傍晚，擴音車開始在街上巡邏，命令民眾回家，並警告將實施嚴格的宵禁。

「我們和一些鄰居待在家裡，」拉麗薩回憶道。「每個人都聽到謠言，說那些試圖逃跑的人在車裡被槍殺。我們都很害怕。」[51]

俄羅斯軍隊在從克里米亞向烏克蘭南部的草原地帶推進時，取得了開戰以來最大的成功。正如納粹德軍在一九四一年夏天所發現的那樣，這片平坦、開闊的土地幾乎沒有樹林，非常適合裝甲部隊的機動性；而對防守者來說，幾乎沒有自然的掩護。俄軍的目標有兩個：一是沿著亞速海沿岸向東推進，經過梅利托波爾（Melitopol）和馬里烏波爾，創造一條通往頓涅茨克人民共和國的陸地走廊；二是向西推進，占領赫爾松、尼古拉耶夫（Mykolaiv）和烏克蘭的主要港口敖德薩，從而徹底切斷烏克蘭與黑海的聯繫。

俄羅斯軍隊於二月二十八日包圍了赫爾松州首府。與當地市長經過三天的談判後，裝備輕型武器的烏克蘭駐軍撤離，隨後次日俄軍進駐。普丁的軍事規畫者預測，烏克蘭的俄語城市將在不經一戰的情況下淪陷，並且當地人會將俄軍視為解放者，歡迎進駐。事實上，赫爾松、梅利托波爾是少數未經激烈戰鬥就落入俄軍手中的烏克蘭主要城市；而且在這兩座城市，俄軍並未受到當地人的歡迎。

在赫爾松以外，俄羅斯軍隊越過了仍然完好的、寬闊的第聶伯河之橋梁。摩托化步兵部隊迅速向東北方進軍，占領了埃內爾霍達爾（Enerhodar）市，這裡是烏克蘭十五座核電廠之一的所在地，這些核電廠合計提供了超過一半的國家能源。俄軍還向西推進，占領了尼古拉耶夫，這是直逼敖德薩之前的最後一個主要城市。隨著三月初進軍節奏加快，看來至少在這個戰場上，克里姆林宮的閃電戰計畫正在逐步實現。

位於尼古拉耶夫以北八十五公里的小鎮沃茲涅先斯克（Voznesensk）成了俄羅斯軍隊的重要目標。占領沃茲涅先斯克在南布格河（Southern Bug River）上的大橋，將使入侵者能夠包圍尼古拉耶夫市，向北推進，直達連接敖德薩與烏克蘭其他地區的主要公路，並攻擊位於北方約二十八公里的另一座主要核電站——尤日諾烏克蘭斯克（Yuzhnoukrainsk）。「如果他們占領了沃茲涅先斯克，他們就能切斷整個烏克蘭南部的聯繫。」瓦迪姆·多姆布羅夫斯基（Vadym Dombrovsky）說，他是當地烏克蘭特種部隊偵察小組指揮官、沃茲涅先斯克三萬五千名主要講俄語的居民之一。[52]

防守沃茲涅先斯克的，是一支規模較小的烏克蘭正規軍，並由數百名來自國土防衛隊的成員支援。這些部隊已在全國各地招募、武裝並訓練當地志願者達數月之久。儘管他們沒有坦克，但裝備了火箭推進榴彈和美國提供的「標槍」反坦克導彈。炮兵部隊也被部署到布格河西側提供火力支援。當俄軍逼近時，烏軍工兵炸毀了南布格河上的一座鐵路大橋和一座較小的橋梁，該橋橫跨南布格河的支流莫特沃奧德（Mertvovod）。這樣做，能將俄軍的攻勢引導至唯一可能的渡河地點——布格河上的主要公路大橋。

在三月二日早晨，即赫爾松陷落的第二天，俄羅斯的旋風多管火箭炮（Grad multiple-rocket launcher）和炮兵，開始向沃茲涅先斯克市中心發射非導引的火箭彈和炮彈。市區的泳池被摧毀，幾棟公寓也遭到擊中。俄羅斯的Mi-8直升機將空中突擊部隊投送到城鎮西南方一處森林山脊後方，同時一支裝甲縱隊從東南方向進軍。根據沃茲涅先斯克的三十二歲、曾是房地產開發商的市長葉夫亨尼．維利奇科（Yevheni Velichko）說法，這支俄軍縱隊的行進路線，是由一名當地合作者引導的，這名女性駕駛著一輛現代（Hyundai）SUV。

俄軍部隊和坦克進入了附近的拉科夫（Rakove）村莊。俄羅斯士兵通知村民離開，並將裝甲車停在村莊房屋之間，還在其中一棟屋頂上設置了狙擊手哨位。二十五歲、三個孩子的母親娜塔莉婭・賀丘克（Natalia Horchuk）回憶說，「你有地方可以去嗎？這個地方會被轟炸。」一名士兵問她，她回答說自己的家人可以躲進地窖，「地窖對你們沒有幫助，」他告訴她。賀丘克和大多數鄰居把值錢的物品藏起來，然後逃離了家園。[53]

俄軍洗劫了農舍穀倉，尋找麻布袋來裝泥土以建造防禦工事，還燒了乾草製造煙霧掩護，並四處索要食物。五輛坦克在一輛BMP裝甲運兵車的支援下，開進了俯瞰沃茲涅先斯克戰略橋梁的一處麥田，並對一小群持卡拉什尼科夫步槍的烏克蘭國土防衛隊志願者開火，這些志願者一直躲在田邊的一棟建築物裡。由於火力不敵，志願者們在遭到BMP的三十公釐機槍射擊後撤退。其他俄軍士兵駕駛兩輛烏拉爾卡車，開始卸載一百二十公釐迫擊炮彈，此時烏克蘭炮兵開炮反擊，迫使入侵者撤退。

到了三月二日晚上，俄軍已準備好進行第二天對公路橋梁的攻擊；但沃茲涅先斯克的市民也準備好透過Viber訊息應用程式設立的網路，將敵軍座標報給烏克蘭炮兵，為攻擊做好準備。一位砂石運輸公司老闆米可拉・魯丹科（Mykola Rudenko）在傾盆大雨和黑暗夜色的掩護下悄悄前進，來到他所在的國土防衛隊之前稍早被迫撤離的陣地。他和其他志願者利用Viber修正了烏克蘭炮兵的射擊精密度。「每個人都在幫忙，」魯丹科說，「大家都分享了訊息。」在麥田中的五輛俄軍坦克中，有三輛遭到直接擊中，剩下的坦克車組放棄了他們的車輛，跳進BTR裝甲車或徒步逃跑，留下了至少兩輛完好的主戰坦克和大量彈藥儲備。

在沃茲涅先斯克周邊，數個由美國供應的「標槍」反坦克導彈武器武裝的小型烏克蘭部隊，對俄軍裝甲造成了類似的破壞。在第二天（三月三日），俄軍得知原本預期的增援部隊——來自克里米亞佩涅瓦爾諾耶（Perevalnoye）的第一百二十六海軍陸戰旅——在途中遭到猛烈炮火襲擊，無法到達增援。指揮官下達了撤退命令，但他們在撤退之前，還隨意對最近的目標進行了炮擊，目標就是村莊本身——拉科夫村。俄軍炮火就在那時摧毀了村莊診所的新屋頂。

根據烏克蘭軍方的說法，襲擊沃茲涅先斯克的俄羅斯營級戰術群，在其總數四十三輛的坦克和裝甲車中，損失了近三十輛的坦克和裝甲運兵車，以及多管火箭發射車、卡車和一架被防空導彈擊落的Mi-24攻擊直升機；大約十五輛俄羅斯軍車在可運作或可回收的狀況下被遺棄。在戰爭的過程中，諷刺的是，逃離的俄羅斯士兵將使俄羅斯成為烏克蘭的外國裝甲車最大供應國。

人員的傷亡同樣慘重。據烏克蘭官員統計，約有一百名俄羅斯士兵在沃茲涅先斯克戰鬥中喪生，大約是進攻總兵力的四分之一。部分屍體被撤退的俄羅斯軍隊撿回帶走，或是被燒毀在自己的車內；但大多數都被丟下，任由村民埋葬，或是被一輛市政府的運輸貨車收走，這輛車還被惡作劇畫著一個具黑暗諷刺意味的字樣——「Cargo 200」，這是蘇聯軍隊在阿富汗戰爭時期對死亡士兵屍體的代號。根據當地的殯葬業者米哈伊洛·索庫連科（Mykhailo Sokurenko）的說法，有些屍體被安裝了誘殺裝置；他當時在一名烏克蘭工兵的陪同下，開車四處收集俄羅斯士兵的屍體。「有時候，我真希望能把這些屍體裝上飛機，然後把他們都空投到莫斯科，這樣他們才能體會到這裡發生了什麼。」索庫連科說。[54]

在為期兩天的戰鬥結束後，拉科夫的村民回到家中，發現他們的家已被洗劫一空。櫥櫃和衣櫃都被打開，地板上散落著俄軍的軍糧，以及從當地人地窖裡偷走的、吃一半的醃菜和果醬。「毯子、餐具，全沒了；豬油、牛奶、起司，也全都沒了。」娜塔莉婭·賀丘克說，「他們沒拿馬鈴薯，因為沒時間做飯。」[55]

沃茲涅先斯克的兩天激戰，顯示著俄羅斯進軍敖德薩的最遠距離——也宣告了俄羅斯在南方戰線閃電戰的結束。俄羅斯部隊也從尼古拉耶夫附近被推回，控制線大約在第聶伯河西岸延伸了一百二十公里長、二十公里寬的實際控制線區域。

在戰爭的第一周結束時，普丁的四個根本錯誤被揭露無遺。第一，烏克蘭人並未將入侵者視為解放者，也未加以歡迎。第二，烏克蘭軍隊不僅準備好了，還能夠且願意以非常規、致命的方式作戰。第三，烏克蘭領袖澤倫斯基並非一個吸毒上癮的滑稽小丑，而是一位認真且激勵人心的戰時領袖。第四，普丁大肆吹噓的軍隊——他在上面投入了大量資金並寄予厚望——竟然完全無法達成目的。從其二戰時期的裝甲戰術、僵化的進攻計畫，到那種自上而下的指揮結構，俄羅斯軍隊正試圖在二十一世紀打一場二十世紀的戰爭，結果徹底未能實現普丁的「閃電戰」勝利，而且普丁的安全機構官員竟還曾自信地告訴他，這場勝利將會如期而至。

第三部

玩火之術

第八章

局勢崩潰

我們自以為與文明世界共享的一切，其實都是借來的。

——莫斯科文學雜誌編輯瓦娃拉．巴比茨卡雅（Varvara Babitskaya），二〇二二年二月[1]

抵抗和壓制

戰爭的第一天，俄羅斯各地爆發抗議，特別是聖彼得堡，數千人於二月二十六日晚間聚集在涅瓦大街的大高爾基百貨（Gostiny Dvor）外；而在莫斯科，也有少數人群走上羅茲德斯特文斯基大街（Rozhdestvensky Boulevard）示威。然而，所有的抗議活動都遭遇了壓倒性的警力阻攔，警力數量是示威人數的數倍。在距離莫斯科克里姆林宮幾百碼的普希金廣場（Pushkin Square），中央設置的路障隔絕了人行穿越。三人一組穿戴類似摩托車騎手頭盔、軍用迷彩制服、防彈背心的準軍事防暴警察（OMON），像棋盤上的棋子一樣，按照約五公尺左右間隔，沿著行人通道站立。幾十名年輕人悄聲地聚集在一起，三五成群地聊著天、抽著菸；每當聚集人群達到六人或更多時，穿制服的警察便迅速衝過來檢查證件並搜查包包。

「每個來到這裡的人都抱著視死如歸的心情，」一位二十歲的電影製作人亞歷山大描述。「這不是勇敢，而是瘋狂。我們都在冒著毀掉自己人生的風險。」[2]

當局的鎮壓機器經過二十年的精鍊，已達到高度的複雜性。俄羅斯警察不再像過去那樣用暴力打擊或用催淚瓦斯驅散人群，而是更為隱蔽，進一步個人化地將年輕抗議者推上了一條類似「偽法律」的迫害輸送帶，威脅著大家，如果他們堅持下去，將摧毀他們的生活。第一次因「參加未經批准的集會」而被逮捕的人，會被當場處以兩萬盧布（約一百二十英鎊）的罰款，並留下犯罪紀錄。罰款會在現場立即處理，需要簽署一份認罪書；如果嫌疑人拒絕簽署，就會被羈押數周，等待法庭聽證——而這時，無論如何，有九九．五％的機率會被定罪。第二次被逮捕的人將面臨十五天的監禁；但如果除非警方選擇以「組織集會」為由起訴，這樣他們可能會面臨三個月的刑期。

「我們被抓進去了，」二十歲的電影專業學生阿思雅（Asya）在戰爭第三天傳訊息給我十九歲的兒子尼基塔（Nikita）。「我們正坐在警車裡。壞消息是，我們和那些有過兩、三次前科的人關在一起。我們完了，各位。」[3]

每位在莫斯科抗議活動中加入WhatsApp群組的年輕激進分子都立刻明白，為何阿思雅如此警覺。警方拘捕的抗議者實在太多，他們甚至不再「個別」寫指控書（charge sheets），而是直接在每輛警車裡為所有人寫上同樣的指控；通常，這些指控是針對那一群人中最頑固的抗議者。「他們說我們有宣誓過。糟了，他們還取了我們的指紋，現正在檢查我們的手機。」阿思雅幾個小時後告訴群組，並警告大家，她打算在聯邦安全局人員抵達警局前，刪除她手機上所有會導致指控的WhatsApp和Telegram程式。

阿思雅和她的朋友亞沙（Yasha）最終在早上五點被釋放。第二天，他們坐在一位朋友的公寓裡，神情茫然、驚魂未定，這次經歷讓兩位學生深感悔悟。「我爸說，如果我再去參加抗議，他就會把我送出國。」二十一歲的亞沙帶著一絲苦笑說，「但即使他想送我走，直到付清罰款之前，我也無法離開俄羅斯。而這至少需要兩個月。」[4]

我們的對話被更多壞消息打斷。另一位朋友——過去五年因抗議已經有三次前科——在高戈勒夫斯基大道（Gogolevsky Boulevard）的一個公開禱告會附近被警察帶走。「我們被帶到梁贊區警局了，」被捕的朋友寫道——意思是這些被關押的人被送到莫斯科東郊三小時車程的城鎮處理。「我們還在卡車上，沒有食物和水。一位律師在警局門口等了三個小時。警察在裡面決定要對我們提出什麼指控。」這一隨意的指控決定，將決定被拘留者是要服幾個月還是幾年的刑期。他結束訊息對話時，用一個俚語來表示他特殊形式的單獨監禁，「他們把我們關進了『堡壘』。」[5]第二天，來自抗議者律師的消息傳來，她已設法使他擺脫了更嚴厲的指控，最後指控僅是「組織活動」而非叛國——但他仍面臨三個月的監禁。

在入侵的第五天，隨著短期內獲勝的戰爭前景迅速消退，俄羅斯國防部被迫承認，數百名俄羅斯士兵已經在烏克蘭死亡；與此同時，當局加大了對異議的打壓力度。長期以來被克里姆林宮容忍的言論自由堡壘——「莫斯科回聲」廣播電台被迫關閉，《新報》也遭受了相同命運，其總編輯德米特里．穆拉托夫（Dmitry Muratov）曾獲得二〇二〇年諾貝爾和平獎。總部位於拉脫維亞里加（Riga）的獨立新聞媒體「Meduza」，對大部分俄羅斯用戶的網路服務進行了限制；網路電視台「雨電視」（Dozhd TV）也遭到警方突襲並查封。

臉書、推特和Instagram——這些是反普丁評論、組織抗議的主要平台——也被以散播

「極端主義」而封鎖。一些最具影響力的網路意見領袖，擔心因發文而面臨犯罪指控所以保持沉默。另一些人，包括俄羅斯最富有、最有權勢的人的子女，顯然覺得自己可以避免像「普通人」因發表意見而遭受的後果，因此更直言不諱；切爾西（Chelsea）足球俱樂部老闆羅曼・阿布拉莫維奇（Roman Abramovich）的女兒索菲亞・阿布拉莫維奇（Sofia Abramovich）告訴她五萬名的Instagram粉絲，「克里姆林宮宣傳中最大的、最成功的謊言就是——大多數俄羅斯人支持普丁。」克里姆林宮發言人德米特里・佩斯科夫的二十四歲女兒伊麗莎維塔・佩斯科娃（Elizaveta Peskova）在Instagram上發表了「反對戰爭」的訊息；而鮑利斯・葉爾欽十九歲的外孫女瑪麗亞・尤馬舍娃（Maria Yumasheva）也在Instagram上發表了支持烏克蘭的訊息。普丁的政治導師、前聖彼得堡市長阿納托利・索布恰克的女兒克謝尼婭・索布恰克（Ksenia Sobchak），她作為電視節目主持人和反對派政治人物，也公開呼籲和平，「直到最後，包括我在內，沒有人相信會與烏克蘭發生真正的衝突，」克謝尼婭在Instagram上寫道，「接下來會怎樣？今天這一天會如何結束？無法預測。唯一確定的，就是人們正在死去。」幾天後，索布恰克就帶著女兒出國，前往土耳其避難。

當局急於制定新的法律工具，不僅要懲罰異見，還要果斷地遏止異見。戰爭的第一周結束時，俄羅斯杜馬通過了一項匆忙起草的新法律，當中帶有卡夫卡式的標題：「關於在公共論壇上散播明顯虛假訊息，涉及俄羅斯為保護其公民及支持國際和平與安全進行軍事部署之處罰條例」。這項新立法對於散播關於戰爭的「虛假訊息」處以十五年的監禁——並且明確將社交媒體視為「公共論壇」。此條款立即將任何敢發表關於戰爭「虛假」言論的人定為犯罪，而這些「虛假」言論被杜馬定義為「與國防部的公開聲明相反」；其中一種可以被懲罰的「謊言」就是將入侵稱為「戰爭」，而不是官方的稱呼——「特別軍事行動」。

這項法案旨在鎮壓政治活動分子、部落客和記者。俄羅斯司法部為警察和檢察部門編寫了一份特別指南，將「抹黑」國家定義為「負面意見」，而「事實陳述」則被視為「散播虛假訊息」。截至戰爭頭六個月止，俄羅斯人權組織「OVD-Info」登記了一萬七千五百例逮捕案件，以及超過兩百件檢察機關依照被稱為《虛假法》（Fakes Law）法律起訴的案件。[6]在普丁於二〇二二年九月二十一日宣布部分軍事動員令後，包括達吉斯坦共和國（Dagestan）和西伯利亞東部地區這些過去較平靜的地方在內，至少三十二個城市爆發了新一輪示威抗議，這使得抗議者的總數又增加了兩千三百人。著名的活動家弗拉基米爾・卡拉–穆爾札（Vladimir Kara-Murza）也因這項新法律被監禁，稱「第兩百零七之三條……是『史達林刑法』第五十八條、『布里茲涅夫刑法』第七十、一百九十條的直接類似條款，根據這些法律，都是允許將異議人士逮捕入獄的惡法」。[7]

克里姆林宮的宣傳人員熱烈認同這一點。一名在國家控制媒體工作的知名電視節目主持人帶著嘲諷的笑聲說：「這項法律代表向『純粹史達林主義』的轉變。但我們現在正在打仗，史達林主義不正是我們需要的嗎？正是史達林帶領我們打到了柏林，還記得嗎？」[8]

可悲的事實是，他這個惡意的笑話其實代表了大多數俄羅斯人好戰情緒的表達。理解在一個專制政權中進行民調是有其特殊挑戰的，這一點會在稍後詳細討論。但在二月二十八日，國營的全俄公共意見研究中心（VTsIOM）進行的一項民調顯示：六八%的俄羅斯人對這場戰爭表達了堅定或溫和的支持，只有二六%的人反對。六個月後的二〇二二年八月，VTsIOM根據官方調查報告顯示，俄羅斯民眾對普丁的信任度（至少在官方層面）上升到八一・二%。[9]

這種幾乎無條件的支持，一直持續到普丁在九月宣布軍事動員令，這讓數百萬之前對這場戰爭視若無睹的俄羅斯人，突然感到有切身關係，並徹底改變了公眾看法。根據獨立的列瓦達中心在二〇二二年九月二十二日至二十八日進行的民調顯示：四七%的俄羅斯人對動員令感到「焦慮、害怕或畏懼」；一三％感到「憤怒」；二三％表示「為俄羅斯感到驕傲」。

宣傳與輿論

電視新聞是克里姆林宮控制和影響的主要工具——如同電視台主管莫羅第所說，對俄羅斯的勝利來說，電視媒體與「一支完整的軍隊在戰場上的作用同樣重要」。[10]在戰爭初期，大約八六％的俄羅斯人收看國營電視台，而且約七〇％的俄羅斯人表示，克里姆林宮製作的電視節目是他們的主要消息來源。[11]六個月後，根據獨立的羅斯米爾（Rosmir）民意調查中心數據顯示，這些比例下降了三分之一。儘管如此，電視頻道依然是俄羅斯國家與人民心靈和思想之間的臍帶。

正如我們所見，克里姆林宮主導的媒體上，在二月二十四日之前的數周、數月內完全沒有透露入侵的信號。但似乎是為了彌補失去的時間，在戰爭的最初幾周，國營的「第一頻道」、「俄羅斯-1頻道」（Rossiya-1）以及「NTV」播放了長達六小時的馬拉松式政治訪談節目，內容充斥著憤怒的評論家譴責北約、西方、烏克蘭的「法西斯分子」及「挑釁者」。「俄羅斯-1頻道」的《六十分鐘》節目是俄羅斯收視率最高的政治訪談節目之一，其共同主持人葉夫根尼・波波夫（Evgeny Popov）堅稱，俄羅斯媒體並不比西方媒體更好或更壞。他告訴我：「我們看到你們（西方）已封鎖了所有俄羅斯電視台的頻道。你們憎恨俄羅斯的觀點，所以拒絕接收它……相反地，你們卻播放烏克蘭的宣傳，這些完全是將偽造謊言、虛假資訊無限堆疊在一起。」[12]

在祖波夫斯基大道，電視新聞製作人安娜・邦達連科自二月二十四日早晨開始，一直在進行雙倍的編輯班次。她所在的頻道老闆已下達了指令——要全力以赴動員俄羅斯人支持入侵，並激起對西方挑起衝突的憤怒。

同時，克里姆林宮也下令禁止播放實際戰鬥的畫面。在入侵的頭五天，第一頻道的晚間新聞*Vremya*完全沒播出戰鬥的畫面，而是選擇引用政治人物談論「有限軍事行動」在烏克蘭的進展，並且，像回到蘇聯時代的超現實場景一樣，播出了看似是普丁訪問高科技工廠的錄製影片——這種做法在電視圈中被稱為使用「konservy」，即「罐頭貨」來調配播出節目。

隨著時間推移，克里姆林宮的新聞團隊開始播出更多普丁最新的活動畫面，幾乎每晚都會出現在新聞的頭條。他看起來臃腫、動作僵硬且老態，在演講中還犯下基本的語法錯誤（儘管矛盾的是，隨著戰爭的進行，普丁看起來更健康、更自信，但也更加易怒且與現實脫節）。邦達連科感到沮喪，「這樣的新聞產製就是一堆狗屎，」她憤怒地說，當俄羅斯國防部提供的有序部隊調動和微笑士兵的影片滾滾而來時，她那間最先進的工作室當然擁有來自美聯社、路透社、法新社的新聞訊息，包括許多引人注目的畫面——俄羅斯的坦克、飛機、直升機爆炸成壯觀的火球。但根據新的法規，這些畫面在任何情況下都不該在俄羅斯電視台播出。「在戰爭初期，新聞內容簡直是一團糟，」邦達連科回憶道，「我們就像其他人一樣，完全沒意識到這一切。」[13]

俄羅斯電視台也大量依賴外國前線記者的證詞，這是一群由英國和美國影音部落客組成的雜亂團體，後來成了俄羅斯媒體明星。人們的假設是，支持克里姆林宮敘事的外國聲音，總比俄羅斯記者更具可信度。格拉漢姆．菲力浦斯（Graham Phillips）曾是一位英國公務員，後來移居烏克蘭，再移居頓涅茨克，並於二〇二二年娶了一位美麗的十七歲當地女孩。菲力浦斯自稱是「世界上最誠實的記者」，在戰爭前曾是親克里姆林宮極右派圈中的影音部落客名人。[14]戰爭爆發後，他以俄羅斯和頓涅茨克人民共和國軍隊的賓客身分，訪問被占領的烏克蘭，並採訪戰俘，包括被俘的英國人。因為這樣，英國政府對菲力浦斯進行了制裁，指控他違反了《日內瓦公約》。[15]另一位來自頓涅茨克的影音部落客是羅素．本特利三世（Russell Bentley III），綽號「德州同志」（Comrade Texas），他曾是一位樹木醫生／整修專家，並於二〇一五年自願加入頓涅茨克軍隊的福斯多克旅（Vostok Brigade），幫助了烏東分離主義事業。[16]他的一段影片顯示他穿著皮夾克和毛澤東帽，站在一排俄羅斯軍隊的坦克前，「我是德州同志，在前線與去納粹化戰士和解放烏克蘭的英雄們並肩作戰，」他高聲宣布，「這些人將拯救並解放所有善良的烏克蘭人。而壞人呢？轟！踢他們的屁股讓他們回老家。」[17]前聯合國駐伊拉克的武器檢查人員斯科特・里特（Scott Ritter），也在克里姆林宮資助的RT（之前被稱為「今日俄羅斯」〔Russia Today〕）媒體簽了就業合約；二〇一一年，里特因為向一名偽裝成十五歲女孩的女警官裸露自己而被捕。作為反戰運動中的重要聲音，里特經常在RT上出現，將戰爭歸咎於「烏克蘭納粹」。[18]

儘管其真實性值得懷疑，克里姆林宮持續傳達的訊息——俄羅斯正在為捍衛烏東講俄語的民眾免受烏克蘭「種族滅絕」而發起防禦性戰爭，而且包裝越來越精美，成功說服了許多俄羅斯人。讓我驚訝的是，幾個朋友、親戚對領袖及其無誤的信仰就像宗教般忠誠。「我們不想打這場戰爭，是北約開啟了這一切，」奧列格（Oleg）說，這位五十五歲的前軍事飛行員，現在是一名建築師。我問他是從哪裡得到這樣的消息，「當然不是從你們的西方宣傳，甚至連BBC也說過，烏克蘭的新聞片段是假的。」對於那些計畫離開、我們認識的共同朋友，他說：「願上帝保佑他們。如果你住在俄羅斯，你就應該相信俄羅斯；如果你不在……那俄羅斯為什麼需要你？」[19]奧列格聲稱，他沒有西方產品和外國節日也可以高興地生活，他從未在這些事物中長大，也不會隨著年齡增長而需要它們。

「當你看到有人在打自己的妻子，一個真正的男人是不會袖手旁觀的，」一位叫弗拉迪斯拉夫（Vladislav）的莫斯科計程車司機說，呼應了電視上最常用的比喻之一，「你必須衝進門，伸出援手。我們有責任幫助我們的烏克蘭兄弟擺脫這些小法西斯分子。」[20]一位當時坐在車裡的前俄羅斯電台主持人朋友轉發了這則消息，「那好，所以我們就闖到鄰居家中，強姦他的妻子，並殺死他，然後說我們順帶也擁有了他們的房子。」甚至一些兒子在俄羅斯軍隊服役的母親也熱情支持普丁的戰爭。「捍衛祖國是男人的責任，」維多利亞．陶恰克（Viktoria Torchak）說，這位四十四歲的莫斯科銷售助理，她的丈夫是曾在車臣服役的空降兵，而她十九歲的兒子目前正在服兵役，「而女人的責任是生育男人來保護我們。」[21]

在西方評論家之間，存在著一種被廣泛接受的論點——認為俄羅斯人支持戰爭只是因為他們被克里姆林宮的宣傳所欺騙，如果他們能夠接觸到真相，就能夠獲得自由。這一點是對的，但這只是更重要的一部分真相。事實上，像BBC和CNN這樣的外國新聞網站，在俄羅斯都被封鎖，還有大多數西方社交媒體也是；但若想瀏覽它們，只需安裝虛擬私人網路（VPN）在筆記型電腦或手機上，這是一個簡單的過程，即便是我在莫斯科、對科技極為恐懼的七十歲岳母也能輕易完成。

問題不在於是否能夠接觸到真相，如果你不想聽，真相也不會讓你自由。事實上，我所認識的一些已在西方生活了幾十年的俄羅斯人也拒絕聽這些真相，他們深入推特、YouTube、Telegram的角落，尋找「不帶偏見」的——換句話說，是親俄的——新聞，這些新聞讓他們感到安慰。

大量的俄羅斯人確實被克里姆林宮的宣傳所蒙蔽；但他們之所以相信這些宣傳，是因為他們想要相信。普丁的宣傳依賴於人們的支持、依賴於人們願意接受一個光輝的敘事，並且積極希望成為其中的一部分。這些宣傳之所以有效，是因為它既源自於大多數俄羅斯人最深的偏見和恐懼，也助長了它們——對外來侵略的恐懼、對西化年輕人及其非傳統風潮的蔑視、對來自敵對世界及自我失敗的保護渴望、對多年貧困和屈辱的報復期望，希望最終擺脫對所有西方事物的盲目崇拜，透過戰爭證明俄羅斯人比他們已經墮落的偶像更強大、更團結、更果斷、更正義，而且整體來說更偉大。

西方新聞的閱聽眾被關於俄羅斯殘酷征服烏克蘭的報導所充斥，這些訊息往往令人震驚，自然激起了恐懼、敵意和仇恨。相較之下，俄羅斯的閱聽眾和觀看克里姆林宮所審核的新聞之人們，則不斷被灌輸關於俄軍在對抗烏克蘭「法西斯勢力」中的英勇進展，還有烏克蘭在頓巴斯對平民發動「種族滅絕」攻擊的同樣駭人聽聞的畫面。聽到並相信俄羅斯年輕人正在為了拯救「我們的人民」免受法西斯魔掌，而在烏克蘭奮戰並死亡，這令人欣慰，可以理解，也是一種自豪感的來源。相反的敘事——即他們的國家發動了一場無端的戰爭，這場戰爭以「解放」那些寧願逃離也不願在俄羅斯占領下生活的人民為名，已造成數萬名平民死亡——卻是無法忍受的。俄羅斯人，像大多數人一樣，更願意相信能夠證明他們正當性的故事，而非讓他們感到羞辱的故事；缺乏一個立即可以接觸到的替代敘事，讓這個選擇變得更加容易。如果克里姆林宮的新聞是你唯一的新聞來源，而且這也是你認識的每個人的唯一消息來源，那麼你的國家，以及你自己，也會變成一個「更容易」生活的地方。

此外，俄羅斯國營電視台也有強烈的表演性儀式元素，這是一套宣傳者和被宣傳者之間相互理解的規則。俄羅斯現代詩人和文學評論家德米特里·貝科夫曾觀察到：「俄羅斯人民一直是自己國家政治的觀眾。這就像一座劇院……今天的俄羅斯人會做他們被期望做的事，有時他們鼓掌，有時他們吹口哨，但他們並不需要真正相信。每個人都知道舞台上的人不是哈姆雷特，而只不過是專業演員勞倫斯・奧利維爾（Laurence Olivier）；沒有人相信舞台上發生的事情是真的，你認為有人相信電視脫口秀上說的話嗎？但是（在入侵之後）這場戲劇更像是一場馬戲團表演。人民並不愚蠢，他們觀看並神經質地發笑，看看演員會走到多麼低級的程度。」[22]

同樣複雜的儀式性和自我欺騙的問題，也適用於極權國家的民意調查。許多民調在本書中已被引用，也將會繼續被引用。這些調查的問題不在於俄羅斯人害怕表達真實想法的後果，而在於他們所說的意見往往是他們認為別人期待他們說的話，或是他們希望自己相信的事實。

一個很好的例子是，當在二〇一八年七月，超過八成的俄羅斯人聲稱，自己相信謝爾蓋・斯克里帕爾和女兒尤利婭在他們英格蘭索爾茲伯里家中，不是被俄羅斯殺手毒害，而是被英國祕密特務滅口。又如在二〇二二年三月的民調中顯示，超過七成的俄羅斯人指責北約挑起了戰爭，而同樣比例的人顯然也相信，基輔政府及其猶太領袖澤倫斯基是名副其實的納粹分子。

這些民調是否顯示俄羅斯人特別容易上當或愚蠢？我認為不是。當俄羅斯受訪者聲稱，相信是英國人毒死了斯克里帕爾父女，或是澤倫斯基是希特勒的門徒時，我猜測大多數人其實是在表達他們接受官方說法——即舞台上那個人真的就是哈姆雷特——而不是表達他們內心最深的信念。或者換句話說，他們的回答實際上是同意官方立場，因為這樣的生活方式較為簡單、令人安慰，也不那麼孤獨。而且，在俄羅斯，真相往往是那麼令人沮喪。

從這個角度來看，戰爭讓兩種俄羅斯處於尖銳對立的狀態。一種是城市中的人，受過教育，精通網路，而且相對富裕——這些人最擔心的是經濟崩潰，會錯失進口商品、海外假期和他們的中產階級歐洲生活方式；但更重要的是，這一小部分俄羅斯人習慣於批判性思考，能夠自行得出對世界和自己國家的結論。另一種俄羅斯，則是更大的一部分，這部分人重視愛國主義勝於物質生活，傾向於相信基於電視報導的光輝、美好世界的版本，對於尋找可能讓他們不安或困擾的替代真相並不感興趣；最重要的是，這些俄羅斯人大多信任讓克里姆林宮的智者來指引他們、代替他們思考，並保護他們免受周圍敵人的威脅。要改變這種信仰，可能需要一些激烈劇變，比如無可辯駁的戰場失敗，或者他們的兒子、兄弟、丈夫、父親被強迫送往烏克蘭作戰。

制裁衝擊

克里姆林宮早已為經濟制裁做好準備，這也是入侵烏克蘭後的預期結果——事實上，經濟制裁和能源價格崩跌一直是俄羅斯財政部和中央銀行精心規畫的雙重戰略目標，這些目標背後是數十年的準備，積累了六千五百億美元的戰略儲備。正是得益於這些儲備——特別是對西方懦弱的制裁反應——俄羅斯才輕鬆度過了二〇一四年克里米亞併吞後的經濟衝擊。普丁的核心圈人士並認為，二〇二二年也會出現相同局面：大量的口頭抗議，實際上微不足道的經濟衝擊力度。

但這一次，局勢真的有所不同。戰爭爆發後的頭幾個月，西方政府切斷了大部分俄羅斯銀行與ＳＷＩＦＴ支付系統的連結；凍結一半以上的俄羅斯國有資產，以及俄羅斯公司西方子公司的資金；查封和凍結成千上萬名富裕俄羅斯人在歐洲的財產、遊艇和現金資產。然而，最令人驚訝和毀滅性的制裁，是超過一千三百家西方公司集體決定，在社交媒體上的系統性網路羞辱壓力下——由澤倫斯基及其團隊發起的——撤出俄羅斯，這些公司之前仍在與普丁政權做生意。這一舉動令克里姆林宮感到困惑且措手不及。

「他們沒預想到會有這麼多的制裁。」來自「莫斯科回聲」電台總編輯阿列克謝・韋內迪克托夫的評論，「我確定他們預期的制裁會是政府層級的——凍結帳戶、取消旅行、限制國有公司（例如俄羅斯航空）的營運，這些僅針對大企業的制裁；但沒想到會是來自私人公司的制裁……福特撤出，雷諾也關閉了。『發生什麼事了？』（克里姆林宮的高層）問，這可是成千上萬的就業機會。」即便是那些曾接受俄羅斯公司高薪工作的西方政客，比如曾於二〇二一年十二月被聘為俄羅斯西布爾（Sibur）石油公司董事的前法國總理法蘭索瓦・費雍（François Fillon），也「收拾行李離開，儘管他與普丁私交甚篤，普丁親自提供了這份工作給他」。韋內迪克托夫說，前法國總理的同事們對此「感到驚訝」，「『你為什麼要離開，費雍？』費雍回答：『我實在待不下去了。』」[23]

「現金」首先消失了。在入侵開始的幾小時內，莫斯科的提款機和貨幣兌換處大排長龍，民眾急於提取自己的儲蓄。盧布的初始值對比戰前下跌了四〇％（儘管在中央銀行介入限制交易後，它很快回升，甚至超過了戰前水準）。在一些提款機中，每日現金提款限額縮減到不足三英鎊。自從俄羅斯政府在一九九八年債務違約以來，這是第一次事實上出現了一個外匯黑市，主要用來交易難以獲得的西方強勢貨幣——莫斯科新阿爾巴特街（New Arbat）附近的一家兌換所，報價為三百盧布兌一歐元，與官方匯率一百四十五盧布兌一歐元相比，足足貶值了一倍有餘。外幣的黑市並不是唯一一個回到蘇聯時期的現象。在窩瓦河中部的喀山（Kazan）地區，當地檢察機關逮捕了因為以高價出售糖而被抓到的「糖投機者」。同時，隨著消費者搶購，進口電子產品的貨架也被清空，大家急於在價格急遽上漲前購買。

接著，金融卡無法再進行國際交易。隨著SWIFT國際銀行間轉帳資訊系統正式將八〇%的俄羅斯銀行踢出，試圖向外國航空公司購票的人發現自己的卡片無法使用，而在國外的俄羅斯人也因此被困住。「幾個月前，當朋友說我應該在里加（拉脫維亞）開個帳戶時，我還嘲笑他們，」三十八歲的莫斯科家具進口公司經理斯韋特蘭娜・泰瑞柯娃（Svetlana Terekhova）說，她當時被困在米蘭，無法用自己的俄羅斯聯邦儲蓄銀行（Sberbank）或VTB發行的信用卡支付飯店費用。「我說他們都太偏執妄想了，還告訴他們，我們都生活在一個互聯的世界裡。」斯韋特蘭娜的公司也無法支付款項給義大利供應商，這使得未來的訂單根本不可能簽下，「我們的生意完蛋了，我失業了。」[24]隨著戰爭第一周結束，Apple Pay停用了，導致地鐵、計程車應用程式無法進行付款；許多西方銀行也中止大部分俄羅斯銀行的轉帳業務，而俄羅斯政府則限制了向外匯款，以避免資本外流，這樣一來，盧布得以穩定，但也使得俄羅斯人的儲蓄被困在國內。

但真正帶來打擊的，還是私人公司的力量，而非國家的行動。宜家、Zara、麥當勞、星巴克、H&M、UNIQLO和其他數百家受歡迎的零售商紛紛關閉；奢侈品牌也緊隨其後，曾象徵莫斯科精緻與富裕的GUCCI、香奈兒、LV、PRADA等品牌的貨架空空如也。微軟和Adobe的軟體停止更新，網飛關閉了所有俄羅斯帳號；IBM、三星、TikTok、Airbnb、Booking.com、波音、福特汽車、福斯汽車、通用汽車、可口可樂、百事可樂等知名跨國公司都紛紛撤出。有些是基於原則早早就離開了，有些則是在全球顧客的強烈反應和網路攻擊下，才決定撤離，這清楚地展示了社交媒體對公司決策的影響力。

經濟與政治制裁的全面影響，將在最後一章詳細討論。但在戰爭的頭六個月結束時，國際企業的撤離已威脅到約五百萬個工作機會。對於進口外國製造的技術與零件——尤其是電腦處理晶片——的制裁，使得俄羅斯的汽車業、製造業、航空業、高科技產業、國防工業陷入困境。[25]

然而，對於戰時的俄羅斯來說，最引人注目的現象是日常生活依然完全正常，制裁的影響也相對不易察覺。到了九月，莫斯科阿爾巴特街上的麥當勞和星巴克，已被當地的模仿店所取代；關閉的H&M和Zara也被販售白俄羅斯服裝製造商庫存的商店取代。一位莫斯科咖啡進口商朋友，在戰爭初期，被迫以昂貴的價格將貨物卸在波蘭與白俄羅斯邊境的倉庫中，再轉運到俄羅斯的卡車上；但很快地，他的海關代理人找到了一個更簡便的解決方法：直接更換卡車的車牌、司機，就可以節省額外開支。事實上，到了六月，俄羅斯政府會將破壞制裁的「平行進口」計畫合法化，讓莫斯科高檔超市的貨架上，依然能擺滿瑞士格呂耶爾（Gruyere）、義大利帕馬森（Parmesan）的起司。對幾百萬的俄羅斯人來說，很容易相信克里姆林宮的宣傳機器與普丁本人的保證，認為俄羅斯能依靠自身的豐富資源獨立生存。「我知道你們有一些人覺得這很艱難，」俄羅斯電視主持人弗拉基米爾・索洛維約夫（Vladimir Solovyov）在抱怨制裁對他造成的影響時說，他在義大利科莫湖（Lake Como）的別墅已被義大利當局扣押，「我們會克服一切，我們會堅持下去。我們會從零開始重建自己的經濟，建立獨立的銀行體系、製造業和工業。我們會依靠我們自己。」[26]

隨著金融制裁的推進，文化和體育制裁也接踵而來，再次震驚了克里姆林宮。世界知名的俄羅斯音樂家被取消了在西方的演出；而身為熱情體育迷的普丁，對於俄羅斯運動員被排除在國際賽事之外尤為憤慨——例如，世界田徑總會（World Athletics）對俄羅斯選手實施「在可預見的未來」之全面禁賽。

「突然間，運動員被禁賽了。」韋內迪克托夫引述普丁的一位親近夥伴對此的反應。「『冬季兩項也被禁！你瘋了，為什麼是冬季兩項？我們知道運動員訓練有多麼艱苦。對他們來說完全是悲劇……還有那些（足球）球迷，坐在那裡等待著世界盃？天啊！』」

韋內迪克托夫回憶道，俄羅斯當代最偉大的指揮家、普丁的親密朋友瓦列里．葛濟夫被慕尼黑市長告知：「譴責普丁，否則你會被慕尼黑愛樂樂團開除。」葛濟夫並未譴責普丁，結果他和（女高音安娜）涅翠柯（Anna Netrebko）一同被開除。根據韋內迪克托夫的說法，普丁感到非常憤怒，「慕尼黑市長算什麼東西，竟敢招惹我們偉大的瓦列里．葛濟夫，他們怎麼敢？太丟臉了！他就像一隻可憐的小狗一樣被踢出愛樂樂團。他可是我普丁的朋友！」[27]

對於葛濟夫、涅翠柯的被開除，以及莫斯科大劇院芭蕾舞團（Bolshoi Ballet）倫敦巡演的取消，俄羅斯國營媒體開始聲稱，俄羅斯整體文化正遭受攻擊。莫斯科市中心的電子看板宣稱：「契訶夫（Chekhov）在歐洲被取消了。」然而，事實上，當時倫敦正上演不少於四部契訶夫的戲劇，這個數字甚至比莫斯科的演出還多。然而，顯而易見的是，全球對克里姆林宮入侵的反應，無論是規模還是強度，都與二〇一四年大不相同。而克里姆林宮對於持不同意見的俄羅斯人之態度，也比自蘇聯解體以來的任何時候都來得更加強硬。

出走：俄羅斯人

對於幾百萬的俄羅斯人來說，他們曾相信自己過著穩定的中產階級歐洲式生活，但在入侵烏克蘭後，這個世界崩塌了。對於莫斯科某文學雜誌的編輯瓦娃拉・巴比茨卡雅來說，「我們去的那些時髦酒吧、我們在歐洲度過的假期，還有我們認為即使在這個亂七八糟的國家中也能過正常生活的那種想法——那一切其實都是幻覺……在短短幾天內，我們才意識到，我們自以為與文明世界共享的一切，其實都是借來的。它從來就不是我們的、從來都不是俄羅斯的。現在，它們都被奪走了。」28

三月五日，普丁發表了一場激進的演講，譴責那些不支持戰爭的「第五縱隊」俄羅斯人，並將他們斥為「叛徒」。反對派活動分子發現自家門口被塗上了白色的「Z」標誌——這是俄羅斯坦克上的戰鬥標誌，已成為戰爭的象徵。與此同時，俄羅斯社交媒體充斥著顯示「Z」標誌的汽車照片，這些車輛的窗戶都被反戰的鄰居砸壞了。

曾有個古老的玩笑很有趣：「所有莫斯科的主題餐廳，其實都有一個共同的主題——你不在莫斯科。」但隨著俄羅斯入侵的展開，以及每一次新制裁帶走的文明生活裝飾，這個觀察變得悲哀起來。曾讓我在波札爾斯基巷（Pozharsky Lane）的當地酒吧——十五號酒吧與餐廳——感覺像是布魯克林前哨站的裸磚牆、塗鴉裝飾和時髦手工燈泡，現在看來卻像是對一個逐漸遠去的西方化世界之諷刺，這個世界每天都在變得更加遙遠。

當曾經高度互聯的生活逐漸變得暗淡，數千名較為富裕的莫斯科人開始拚命逃離這個國家。戰爭的第七天，我在凌晨兩點與一位老友在莫洛科餐廳（Moloko Restaurant）見面。阿列克謝蜷曲身子坐在皮革長椅上，喝醉了，他過於專注在手機上，以至於沒有注意到我的到來。儘管莫洛科餐廳的名字與電影《發條橘子》（*A Clockwork Orange*）中那些邪惡的「黑幫人物」（Droogs）聚集地相同，但莫洛科其實是對紐約、巴黎的巴爾薩札餐廳（Balthazar brasseries）的致敬。餐廳內光線柔和、品味高雅，溫暖的燈光照耀在光滑黑色柱子和拋光的黃銅上。阿列克謝抬起頭，歪嘴笑了笑，揮舞著手機。他正在查看喬治亞首都第比利斯的房地產列表。

喬治亞，這個輕鬆自在、免簽且講俄語的前蘇聯國家，這些年來成了自我流亡的莫斯科記者、藝術家、作家、建築師、電影和劇場工作者的首選目的地。突然——在戰爭開始的最初幾天，一切似乎都發生得非常突然，像是急遽下墜——第比利斯不再只是生活方式的選擇，而成了對抗政治鎮壓黑潮的諾亞方舟。然而，第比利斯已經擠滿了逃離的俄羅斯人，而且強烈反對的聲音也越來越大。住在那裡三年的畫廊主人朋友馬雅．科諾年科（Maja Kononenko）警告說，當地人很快就開始對俄羅斯難民產生不滿，尤其是喬治亞的知識分子。「他們說——當普丁在二〇〇八年入侵我們國家時，我們曾站出來為自己的國家戰鬥，」科諾年科說，「為什麼你們不回去對抗自己國內的政權，而是選擇逃離？」[29]隨著俄羅斯難民的湧入，租金迅速上漲，工作機會變得稀缺。許多喬治亞的房東拒絕將房子租給俄羅斯人。

阿列克謝可以選擇的機會正逐漸耗盡。就在當天稍早，他與網飛合作的電視劇專案於拍攝一周後被突然取消。SWIFT系統已將阿列克謝的銀行帳戶與世界其他地方切斷，也封鎖了他的盧布儲蓄。無論第比利斯是否讓人不滿，對阿列克謝而言，它已經比莫斯科更具吸引力。「我在俄羅斯的生活已經結束了，」他以那種俄羅斯人特有的語氣說，這種語氣是他們在談論那些不時吞噬他們生活的災難時常有的語調，「我可不想待在這裡，等這個地方變成北韓。你知道嗎？我很樂意成為一個世界公民。再見，我們在另一邊見。」[30]

像阿列克謝這樣數百萬受過教育、具國際視野的俄羅斯人，面臨著一個嚴峻的選擇：要麼適應一個黑暗、壓迫的世界，接受國內日益萎縮的經濟機會；要麼冒險逃離這個國家，去迎接一個充滿不確定的未來。對於幾百萬的烏克蘭人來說，為了生命逃離轟炸的處境，無疑更加緊迫，對他們而言，賭注是生死存亡。然而，那些最終在戰爭初期逃離俄羅斯的、約五十萬名的俄羅斯人，也是普丁政權的難民。

「游擊隊戰士；燃燒的坦克；人們擠上火車月台；移民。告訴我這不是一部電影？」四十七歲的博物館館長安娜・卡丘科夫斯卡亞（Anna Kachurkovskaya）在酒吧椅子上痛苦地伸懶腰，她已經坐在那裡好幾個小時，無休止地刷著新聞。「你知道我最懷念什麼嗎？不是過去，而是兩周前的事。我懷念我不再擁有的未來。那個在克里姆林宮的混蛋偷走了我的未來。」[31]但在某些方面，安娜也羨慕她在基輔的朋友們，「他們還有希望。全世界都在支持他們。歐洲歡迎他們，」她邊說邊翻閱著世界各地抗議者揮舞著黃色和藍色烏克蘭國旗的照片，「當戰爭結束時，他們會回到一個自由、歐洲化的國家。但我們俄羅斯人呢？每個人都恨俄羅斯人，甚至大多數俄羅斯人也恨像我們這樣反對政權的人。」[32]

大規模的撤離開始加速。但隨著出境航班減少，俄羅斯人無需簽證即可前往的地方數量也在減少。大多數中產階級莫斯科人習慣了護照中有歐洲申根簽證，這幾乎是理所當然的事；然而，由於新冠疫情，歐盟已經兩年沒發放任何旅遊簽證。美國大使館停發簽證的時間甚至更長，自從二〇一七年克里姆林宮強迫他們解僱俄羅斯員工後，也長期停發簽證。莫斯科朋友在臉書上互換訊息——直到權限被關閉，大家轉而使用更安全的Telegram。土耳其對俄羅斯人免簽，亞美尼亞、喬治亞、哈薩克也同樣如此。許多具有遠見的莫斯科知識分子透過祖籍或婚姻獲得了以色列護照，這讓以色列成為某些人的選項。一位最近透過妻子獲得以色列護照的餐廳老闆朋友，開玩笑說了一句八〇年代的舊蘇聯笑話，那時有數以萬計的猶太人逃離蘇聯，「現在猶太妻子成了交通工具，」他一邊說，一邊帶著一絲苦澀的微笑。[33]

「快把你兒子帶離莫斯科——現在就走！」我的老友瓦娃拉．巴比茨卡雅對我說，這位文學編輯是我認識的最悠閒懶散的人之一；現在，她幾乎陷入了歇斯底里。「他十九歲，」她大聲喊道，「他在這裡持有俄羅斯護照。他沒有上大學，如果他不去徵兵辦公室報到，他就違法了。你還有哪裡不明白？」[34]

我的兒子尼基塔正過得如魚得水，他在空檔年（gap year）與一群才華洋溢的年輕演員團隊一起工作，在莫斯科一個著名的劇院度過了充實的時光。他剛被聘為共同製作俄羅斯頂級戲劇節——「金面具」的工作人員。尼基塔和他的朋友將他祖父母公寓的餐廳，改造成一個現代版列寧和托洛斯基在斯莫爾尼宮學院（Smolny Institute）的指揮中心，長桌上堆滿了硬碟、滿是菸灰的菸灰缸、MacBook和酒瓶。「我們是俄羅斯人，災難才是我們最擅長的，」二十歲的電影導演專業學生亞沙開玩笑說，他留著一撮時髦的鉛筆鬍，「我們會想辦法解決的，總會有辦法的。」[35]

隔天，亞沙就被捕了。他和一位女性朋友站在高戈勒夫斯基大道附近的一場抗議活動旁，當重裝的準軍事警察（OMON）出現時，那個女孩逃跑了。尼基塔在第二天晚上向我解釋，這是個糟糕的錯誤；如果可以，你應該站立不動、對著警察空洞地微笑，好像你只是隨便路過。尤其是，如果你真的只是路過的話。」我的兒子——穿著西裝和領帶，這是對抗任意逮捕的都市偽裝——在案件處理中心花了五個小時才把他們弄出來。「警察也不喜歡做這些事，」他後來報告說，「他們也是人。」我問他：「是因為他們根本是正直的人所以討厭這樣做，還是因為他們懶惰腐敗，寧願什麼都不做？」尼基塔皺起了眉頭。

是時候該離開了。俄羅斯的航班已被禁止進入歐洲、加拿大、美國的領空，所以土耳其成為少數仍接受莫斯科航班的目的地之一。飛往伊斯坦堡的單程機票價格高達一千七百歐元；但奇蹟般地，我發現自己還有一些過期的航空里程，更不可思議的是，土耳其航空仍在發放獎勵機票。我們訂好了機票。消息傳開了，尼基塔和我將要離開，朋友紛紛打電話來，要求我將他們的錢財帶往國外。一個老同事的保母拿著一疊厚厚的歐元來找我；我小兒子在羅馬的學費被一位電視製作人朋友提前兩年付清，她急於將錢從她的俄羅斯聯邦儲蓄銀行帳戶中轉出，趁還能轉的時候。我的莫斯科公寓變成一間快閃銀行，我把外幣交給那些住在國外的俄羅斯親戚和朋友，並從其他急於把錢轉出的人那裡收取現金。根據法律，帶出國的現金不得超過一萬美元，所以不久後我不得不把人拒於門外。

迪士尼、華納兄弟、索尼以及其他好萊塢主要影業公司，拒絕在俄羅斯上映他們的電影。對此（或許）諷刺的回應是，我們位於阿爾巴特卡亞廣場（Arbatskaya Square）的當地電影院開始播放經典電影《兄弟》（*Brat*）和《兄弟2》（*Brat 2*）——這些電影講述的是關於絕望、暴力、貧困的九〇年代，以及那些逃離後蘇聯混亂的俄羅斯人前往紐約謀生的故事。兩周前，這些電影還只是懷舊片，突然之間，它們看起來像是來自不遠未來的紀錄片。

瓦娃拉．巴比茨卡雅無法與我共進最後的晚餐。她幾天前在一次抗議中被捕，被罰款一百二十英鎊並留下了刑事紀錄。明智的是，她選擇待在室內避免上街，因為街上到處都是警察。「我們可以去我家院子裡散步，」她提議。和阿列克謝不同，但瓦娃拉與絕大多數莫斯科知識分子相同，她並沒有一個裝滿歐元的信封。飛往伊斯坦堡的機票，要花掉她現在貶值的盧布薪水五個月的收入，她已心灰意冷——反正「誰會在世界上的任何地方等待我呢？」瓦娃拉是猶太人，但是並沒有加入相關組織，也沒有足夠的偏執狂想去申請以色列護照。「我只能成為俄羅斯人，」她帶著一絲苦笑說，「你知道的——學會為祖國受苦，什麼英雄主義狗屎精神那一套。」[36]

伏努科沃（Vnukovo）機場空無一人，除了唯一的一個登機櫃台，兩百名乘客正排隊登機，帶著孩子、堆積如山的行李和大量的寵物狗。現場沒有慌亂，因為沒有人意識到這將是從莫斯科起飛的最後幾個航班之一。一名在我們前面辦理登機的男子，彬彬有禮地建議我們去下一個櫃台，因為他「可能會花點時間」。他的手推車上放著三個大箱子，旁邊堆著十七個箱子，「我的辦公設備，」他解釋，「我準備去里加設置。」[37]儘管有傳聞說，反對派活動分子被聯邦安全局盤問了好幾個小時，手機也被檢查有無犯罪訊息，但尼基塔和我順利通過了護照檢查和海關。

當我們在候機室等候時，一位朋友的兒子傳來消息：他的俄羅斯航空航班從莫斯科飛往特拉維夫，不得不降落在俄羅斯南部的索契；當時飛機還在空中，租賃公司就取消了合約。當天，俄羅斯交通部提出了「國有化」——也就是「竊取」所有租賃給俄羅斯航空公司的飛機。統一俄羅斯黨（普丁的政黨）提出了一項計畫，要國有化所有撤出俄羅斯的西方公司資產。幾小時內，所有進出俄羅斯的航班、渡輪都被取消，並且僅在一個月後才會以非常有限的服務恢復。二〇二二年三月到四月的大部分時間裡，只有火車仍在運行，彷佛回到了一九一七年。

伊斯坦堡的街頭充滿了俄羅斯人。在伊斯坦堡卡拉柯伊（Karakoy）區的一家海鮮餐廳裡，我們一邊吃著晚餐，一邊和俄羅斯朋友交換著有關誰成功逃離、誰被困在原地的消息，我們坐在一座俄羅斯屋頂教堂和朝聖者旅館建築的陰影下，那裡曾是一九二〇年白俄羅斯軍隊最終瓦解後、數千名流亡者的避難所，餐廳的石砌中世紀牆壁似乎已聽過無數次這樣的故事。很多年前，我曾經採訪過一位年邁的俄羅斯老人，他躺在一幅破舊的沙皇尼古拉二世畫像下，即將面臨死亡；他住在一個廢棄教堂的屋頂閣樓裡，這也是卡拉柯伊為前往阿索斯山途中的俄羅斯朝聖者建造的幾座旅館之一。那位老人說，他的父親曾是位於山上的俄羅斯帝國大使館的看管人，他自己則是在一九一五年出生於那裡。五歲那年，他曾在大使館花園裡看著數百艘法國和英國的船隻駛入博斯普魯斯海峽，載著彼得·弗蘭格爾（Pyotr Wrangel）將軍擊敗的白軍難民。今日的流亡潮雖然規模較小、也不那麼絕望，但被逐出家園，投身到冷酷、敵對世界的感覺依然相同。

我閱讀過苔菲（Teffi）的日記，那是娜傑日達·洛霍維特斯卡雅（Nadezhda Lokhvitskaya）的筆名，她是一位機智的聖彼得堡作家，在布爾什維克革命後逃到了基輔。戰爭的命運像一張過期的鈔票隨風飄揚，把她帶到了君士坦丁堡（現在的伊斯坦堡），後來又到了巴黎。她描述了自己那種充滿懷舊、貧困的艱難生活，曾經的上校變成了計程車司機，貴族女性打扮成吉普賽人，在咖啡館裡端茶；而所有來自古老政權的流亡者，卻荒謬地堅持著他們舊的生活方式。「他們的眼睛呆滯，無力的雙手垂下，靈魂枯萎……我們什麼都不信，什麼都不想要，什麼都不等待，就像行屍走肉。害怕布爾什維克的死亡，我們卻選擇來到這裡度過活著的死期。」苔菲寫道，流亡就像是「一個貧窮的親戚發現自己來到了富人家裡的生日宴會」。

當俄羅斯人逃離自己的祖國時，已身處歐洲的人們也面臨著反彈。我小兒子的十七歲女友在羅馬街頭打電話給她母親時，因為講俄語而被陌生人打了一巴掌。另一位在倫敦生活多年的俄羅斯婦女，在聖約翰伍德（St John's Wood）遭遇言語侮辱。即使是像作家米哈伊爾．齊格爾這樣著名的反普丁活動分子和記者——他在被標註為「外國代理人」後逃到了柏林——也發現當地的歐洲銀行無故封鎖了他的銀行帳戶，唯一的原因就是，帳戶是由俄羅斯人持有的。

到了八月，愛沙尼亞、立陶宛、拉脫維亞、波蘭試圖全面禁止向俄羅斯人發放申根旅遊簽證。布魯塞爾歐盟總部對此有所遲疑，理由是這樣做會造成不公正的集體懲罰——但他們仍取消了與莫斯科的簽證便利化協議，使得簽證申請過程變得更加繁瑣和複雜。無論如何，到了夏末，官方數據顯示，自從俄羅斯入侵烏克蘭以來，共有九十九萬八千零八十五名名持俄羅斯護照的人離開了該國，其中一半的人再也沒有返回故土。但這與七百七十萬進入歐盟的烏克蘭公民相比，簡直不堪一提（儘管到八月底，其中四百七十萬人已返回祖國），此外還有超過一百萬人逃入了俄羅斯。[38、39]

出走：烏克蘭人

在入侵的最初幾天，從基輔、哈爾科夫、敖德薩出發向南和向西的主要道路，都發生了大規模的交通堵塞，許多主要的高速公路（尤其是通往北方和東北方）都被烏克蘭軍隊封鎖，以防止火炮襲擊，並確保在俄羅斯進攻的情況下能夠擁有自由的射擊空間。除了兩座基輔的第聶伯河和伊爾平河上的橋梁，其他幾乎都被烏克蘭工兵炸毀，以切斷俄羅斯的進攻。

策展人和藝術評論家瑪麗亞・赫羅姆琴科（Maria Khromchenko）是數千位逃離基輔的人之一，她和家人花了兩天時間在東基輔的公寓地下室避難。兩天後，當她冒著風險前往她位於九樓的公寓時，看到一枚俄羅斯火箭從她的房子上空劃過。赫羅姆琴科、她的丈夫和兩個繼子把他們的舊豐田陸地巡洋艦四輪驅動汽車（Toyota Land Cruiser）塞得滿滿的，放入了枕頭、被子、罐頭食品、一堆電子產品（「但是我們忘了帶遙控器，」她回憶道）以及家族的相冊。她不得不放棄精心收集的古董烏克蘭刺繡農民服裝和家裡的狗，牠剛做過手術，留給鄰居照顧；但他們帶著兩隻貓，並加入了一個緩慢行駛的車隊，沿著繞行的路線前往文尼察。[40]儘管赫羅姆琴科丈夫的以色列國籍讓他能夠離開，但她的許多朋友面臨一個痛苦的抉擇——是逃離並將丈夫留下，還是全家一起留下？因為根據澤倫斯基的總動員命令，所有六十歲以下的男性都被禁止離開。

全家花了五天時間才成功離開。由於烏克蘭士兵對破壞分子、俄羅斯間諜保持警惕，每輛車都被要求停下來檢查，並檢查身分證件。在白采爾科維（Bela Tserkva）附近的一個卡車停靠站，他們遇到了一個家庭，這家人在經過一個偏遠村莊時被持槍搶劫，現金、珠寶和電子產品都被搶走；然而，他們的車被留下，村民也告知了他們繼續逃難的方向。「那是場噩夢——雖然我們遇到的大多數人都很友善，還多次被陌生人請入家門、招待茶飯，」赫羅姆琴科說。在羅馬尼亞邊境，他們等了二十個小時才過關；但一旦進入歐盟，他們就受到了熱情和組織完好的歡迎。來自歐洲各地的志願者和援助機構已提前到達，許多人是自發前來，提供熱食、旅館以及歐洲各地的住宿安排。

歐盟迅速採取行動，將原本只允許烏克蘭人進入申根區的九十天免簽證停留期，自動延長至三年，並賦予工作權。在英國，《每日郵報》（*Daily Mail*）為烏克蘭難民發起的請願活動，在不到一個月內籌集了八百萬英鎊資金。赫羅姆琴科決定留在羅馬尼亞邊境，租下一間大房子來安置即將到來的烏克蘭難民——這個計畫在幾周內就透過朋友、支持者的群眾募資得以實現。

當我的妻子和兒子於五月前往波蘭的普熱梅希爾（Przemysl）擔任「烏克蘭的俄羅斯人」這個由俄羅斯流亡者組成的志願組織的志工時，接待安排已相當完善。美國慈善機構「世界中央廚房」（World Central Kitchen）在當地設立了一個大型餐飲帳篷，為剛抵達的難民提供新鮮的披薩、沙拉和湯品。一家位於波蘭邊境小鎮郊區的廢棄特易購（Tesco）超市，已被改建為一個可容納一千五百人的大型宿舍，宛如一個機庫；這間超市以前的零售區域，變成一個類似展覽會的空間，世界各地的政府和慈善機構設置了數十個攤位，提供免費的火車票和機票，並安排「寄養」家庭在葡萄牙、瑞士、加拿大和其他十幾個國家提供住宿。來自那不勒斯的兩名卡賓槍騎兵（Carabinieri）專門開車過來，花了個長周末假期，駕駛一輛滿載人道援助物資的小巴，由他們的同事資助，將物資運送到波蘭，並帶著八位難民回到那不勒斯。

在普熱梅希爾火車站，每天有十幾列火車送來三千位難民，其中大部分是女性和兒童，還有大量的寵物。許多人經過數天的艱苦跋涉後顯得疲憊不堪、迷茫無助。許多難民在絕望中堅持要繼續前往華沙和柏林等大城市，儘管這兩個城市已被難民人潮壓得喘不過氣，他們大多被安置在大型帳篷和會議中心。我的兒子尼基塔——穿著一件印有「烏克蘭的俄羅斯人」字樣的背心，背心上有一個沒有紅色條紋的白藍白三色旗——每天親自與超過一千名難民交談，試圖說服他們中途停下來，前往特易購的難民中心，尋找更適合他們未來流亡生活的選擇。大多數難民是來自烏克蘭東部的俄語使用者，他們正在逃離所謂的「解放」，逃避自稱為俄羅斯保護者的力量。最初，一些人對被俄羅斯人幫助感到敵視，但在聽說「烏克蘭的俄羅斯人」並非克里姆林宮的公關手段，而是被普丁流放的普通俄羅斯人組織之後，他們紛紛表示安心。幾乎所有的難民都宣稱，一旦安全後，他們就會返回自己的家園。

成功抵達波蘭的普熱梅希爾，以及其他通往匈牙利、斯洛伐克、羅馬尼亞等邊境地區的難民，無疑是幸運的。然而，數十萬的烏克蘭人卻被戰爭吞噬，別無選擇，只能透過俄羅斯軍方設立的人道走廊逃離，並最終在俄羅斯尋求庇護。

在馬里烏波爾，教師拉瑞莎・博伊科（Larisa Boiko）和她十一歲的女兒達瑞雅

（Daria）在戰爭第一天就開始逃避炮火和火箭彈，並躲進她們大樓的地下室，這個地下室在八年前就被改建成防空洞。隨著烏克蘭堅定的抵抗，將俄羅斯的進攻變成了一場激烈的炮火對決，拉瑞莎和達瑞雅只能瑟縮在地下室中，聽著家鄉在頭頂崩塌。地下室裡的六十位居民由一位年長的退伍軍人——鮑爾雅大叔（Uncle Borya）組織，他負責分配床位，並安排輪班，讓人們到公寓和當地商店尋找食物；後來還有市政府的卡車冒著炮火風險，送食物到馬里烏波爾的各個社區。第二天，電力中斷，避難所裡的人們只好用發臭的蘇聯時代煤油燈照明。當地的手機網路也無法使用——儘管有些膽敢爬上三樓的人，仍能找到微弱的手機訊號。一周後，避難所的廁所壞了，大家只能等到天黑後，跑到外面解決生理需求。

「我們在院子裡用磚塊搭成的臨時爐灶煮飯，」博伊科回憶道，當她和女兒安全抵達羅馬、住在我家裡時，她這樣說，「兩位退休老人（一男一女）死於心臟病發作……我們只好趁停火的間隙，將他們埋在院子裡。」幾位有親人在附近亞速鋼鐵廠防守的婦女聽說，那裡的避難所條件更好，也更安全，於是她們放棄了待在地下室的選擇，冒險穿越城市前往亞速鋼鐵廠。博伊科從此再也不曾聽到她們的消息。

在地下室裡待了三周，髒亂、寒冷且饑餓，一位身穿紅十字會背心的烏克蘭民防志願者出現，並宣布馬里烏波爾市政府與俄羅斯達成協議，將開設人道走廊以疏散平民。部分地下室的居民希望留下等待，等到能逃到未被占領的烏克蘭，或等到烏克蘭軍隊解救他們；但博伊科迫切希望離開。第二天早晨，炮火確實稍微平息，她和其他二十多位居民小心翼翼地穿越滿是瓦礫的街道和院子，前往指定的集合點。「我的家鄉看起來像是戰爭電影，」她回憶道，「那裡彌漫著死亡氣息。」市政迷你小巴車隊等候著——等了又等，但一位拿著無線電的指揮官終止了撤離，解釋說：「俄羅斯又開始炮擊了。」他分發了些許物資，並讓所有人返回避難所等待進一步指示。「等待是最糟的部分。回到地下室真的無法忍受，」她回憶道。

在第三次嘗試之後，博伊科和女兒終於離開了馬里烏波爾，被送往位於頓涅茨克外圍的前寄宿學校，在那裡她們吃到了燕麥粥和罐頭肉，還能洗澡。那裡的俄羅斯工作人員「對我們充滿懷疑，好像我們感染了納粹意識一樣」——儘管博伊科和大多數馬里烏波爾居民一樣，自己的母語就是俄語。第二天，這個小組被分開，並被帶到不同的「過濾營」，但仍然位於頓涅茨克人民共和國內。經過五小時的等待，博伊科的手機被檢查，她也被一些她猜測是來自聯邦安全局的便衣俄羅斯人審問。「他們問我手機裡所有的聯絡人細節；我的前夫做什麼工作；我認識任何亞速營的人、官員，或是政治活躍的『法西斯分子』嗎？」

博伊科算是幸運的。她的審訊只持續了二十分鐘，隨後她和女兒被安排上了另一輛巴士，這次的目的地是頓河畔羅斯托夫（Rostov-on-Don），在那裡她們換上了新衣服、得到了零用錢，並住進了一間宿舍。在接下來的十天裡，母女倆乘坐一系列的火車和巴士，先到達莫斯科，再前往聖彼得堡，然後是加里寧格勒（Kaliningrad），最終到達了波蘭。在那裡，一個難民組織聯絡了博伊科一位住在威尼斯附近的學校朋友，為她購買了飛往羅馬的機票，並安排了志願者幫助她完成前往義大利威內托（Veneto）的最後一段旅程。

「我真的很幸運，」博伊科說，儘管經歷了噩夢般的逃難過程，她仍能保持優雅與冷靜。「我們成功逃脫了。我們沒有去亞速鋼鐵廠，我們非常高興。」[41]

第九章

超限較量

我們曾經相信俄羅斯擁有世界第二強的軍隊，現在我們知道，他們擁有的是烏克蘭第二強的軍隊。

——烏克蘭士兵的笑話

談判

在總統府的地下軍事指揮中心辦公桌旁，澤倫斯基發動了一場與他軍隊在地面上作戰同樣具有軍事意義的攻勢——一場極具個人色彩且情感強烈的呼籲，向全世界的政府求助。「這可能是你們最後一次看到我活著，」澤倫斯基在與歐洲領袖的首次視訊通話中說，並表示烏克蘭的母親將會「目睹她們的孩子在追求歐洲價值的過程中死去」。他們會孤獨死去，還是徒勞無功呢？[1]在戰爭的最初幾周，澤倫斯基幾乎與每一位世界領袖通話，並向全世界的國會致辭。「我們要求回應，來自世界的回應，對恐怖進攻的回應，」

他在美國國會表示。在英國國會中，他複誦著邱吉爾的名言：「我們不會放棄，我們不會失敗。」[2]澤倫斯基證明了自己是一位高明的溝通者，巧妙地運用了激勵啟發與情感勒索。「拆掉這堵牆，」澤倫斯基對德國總理奧拉夫・蕭茲說，引用了美國總統隆納德・雷根（Ronald Reagan）對蘇聯提出的挑戰，要求他們拆除柏林圍牆，藉此支持他認為普丁再次試圖分裂歐洲的立場。他對柏林的議員說，他們必須站出來，為了他們「在這場戰爭之後，不會感到自我羞愧」——這一說法也重重地暗示了，德國可能因歷史上的戰爭而飽受了恥辱。

一開始，正如克里姆林宮所預測的那樣，西方國家在言辭上表達了強烈的支持，但實際提供的援助卻相對有限，尤其是在重型武器、裝甲，以及北約介入在烏克蘭領空設立禁飛區方面，這些都是澤倫斯基迫切呼籲的。在戰爭的最初幾天，即便在基輔的總統地堡內部都有強烈認同感，許多人堅信俄羅斯軍隊將勢如強力壓路機，很快地壓垮烏克蘭的防線。當時，僅有一個烏克蘭機械化步兵旅——第七十二旅，能夠保衛基輔，這迫使指揮官從首都周邊的訓練基地緊急調派所有可用的坦克，組成臨時的營級作戰單位。顯然，如果俄羅斯的坦克軍隊突破基輔郊區進入市區，這樣的兵力是遠遠不足以抵擋的。「懂軍事的人來找澤倫斯基說『我們守不住了』，」澤倫斯基的顧問阿列克謝・阿列斯托維奇

（Oleksiy Arestovych）這樣告訴《華盛頓郵報》。「簡單的問題是，我們所有的夥伴都告訴我們，情況會非常艱難，我們幾乎沒有成功的機會，」烏克蘭國家安全與國防事務委員會主席奧列克謝・丹尼洛夫在侵略的第一天對澤倫斯基說，「在最初的幾天，我們不會得到太多支持，因為他們會觀察我們能否守住國土……也許他們不想讓大量武器裝備落入俄羅斯手中。」[3]

但俄羅斯始終未能突破防線。他們在戈斯托梅爾機場的初步挫敗，加上來自接受北約訓練的烏克蘭部隊所展現出比預期更為激烈的抵抗，以及北約提供的反坦克武器，對俄羅斯北方的進攻造成了重大損害。澤倫斯基打動人心的呼籲引發了國際間的大規模公眾反響，並開始改變歐洲各國首都的政治氛圍。德國最初提議，僅提供防彈衣、頭盔等非致命性裝備來幫助基輔，這一提案引發了媒體輿論的強烈反彈；到了三月三日，德國聯邦經濟事務部在政策大幅轉變後，批准了提供致命武器的決定，包括兩千七百枚地對空飛彈（SAM）。[4]

同時，澤倫斯基迅速開始嘗試與俄羅斯進行和平談判。他在戰爭第二天提出的第一個提議，是宣布烏克蘭政府「不害怕討論中立地位」。[5]普丁也表示準備談判達成快速和平協議，並告訴中國國家主席習近平「俄羅斯願意與烏克蘭進行高層談判」。[6]在二月二十七日，俄羅斯和烏克蘭代表在白俄羅斯的戈梅利會面。普丁的條件由前文化部長、知名民族主義者強硬派人士弗拉基米爾・梅丁斯基（Vladimir Medinsky）傳達，其低階身分似乎是刻意對烏克蘭人進行侮辱。作為結束入侵的條件，普丁要求烏克蘭保持中立、進行「去納粹化」和「非軍事化」，並承認克里米亞為俄羅斯領土。[7]另一場會議則是在土耳其總統雷傑普・塔伊普・埃爾段的協調下，於土耳其的安塔利亞（Antalya）舉行，烏克蘭外交部長德米特羅・庫列巴和俄羅斯外長謝爾蓋・拉夫羅夫會面，結果同樣未能達成任何實質突破。[8]但在戰爭初期，澤倫斯基仍然明言，至少普丁要求的條件之一——烏克蘭放棄加入北約——仍還有商榷的空間，甚至連放棄在二月二十四日之後被占領的領土都沒有包括在談判之列。

澤倫斯基在三月十五日承認，烏克蘭「不會在短期內加入北約」，他表示：「這是一個事實，必須被承認。」他提出了一個中立且非核化的國家地位——這將透過全民公投來決定。[9]普丁發言人佩斯科夫同意談判「有所進展」，但要求烏克蘭像奧地利、瑞典那樣進行「非軍事化」，這兩國都是不結盟的國家，擁有小規模軍隊。烏克蘭談判代表米哈伊洛・波多利亞克（Mykhailo Podolyak）則提出了另一個相抗衡的計畫：由歐洲強國和美國保證烏克蘭的中立地位；確保烏克蘭的俄語使用者權利；將俄軍撤回至二月二十四日之前的邊界；並將克里米亞、頓巴斯的領土爭議問題推遲至以後再處理。[10]

現在回顧來看，那對普丁而言本來是一個極好的交易——可以讓他迅速宣布勝利，並且在期盼已久的五月九日勝利日假期前，得以自豪地宣告新獨立的頓涅茨克和盧甘斯克脫離烏克蘭侵略，並得以保全。然而，普丁像往常一樣高估了自己的實力，並且依然對軍事勝利充滿信心。實際上，三月中旬在土耳其安塔利亞的和平提議，將會是澤倫斯基所能做出的最大讓步。在戰爭初期的幾周，澤倫斯基處於「背水一戰」的境地……「俄羅斯軍隊距離基輔市中心不到半小時車程，」其中一位高級顧問回憶道，「我們不確定能從北約獲得多少支持。」澤倫斯基當時實際上「已準備為了拯救數千名無辜民眾的生命，放棄（盧頓共和國）和克里米亞」。[11]這種弱勢地位再也不會重演了。四月，當時的英國首相鮑里斯．強生以及其他歐洲各國領袖開始訪問基輔，並向烏克蘭保證軍事支持——最關鍵的是，美國也開始交付首批重型武器。到了八月，澤倫斯基在現場取得成功並獲得北約大量軍事援助後，不僅撤回了「放棄克里米亞」的想法，還開始要求將克里米亞歸還烏克蘭。他還規律性地對俄羅斯占領的克里米亞半島進行轟炸。到了九月，當普丁正式併吞了部分占領的赫爾松、札波羅熱、盧甘斯克和頓涅茨克州時，澤倫斯基不僅正式申請了快速加入北約，還宣布他願意與俄羅斯進行談判——前提是俄羅斯必須有一位不同於普丁的總統。

北約最初對提供援助遲疑不決，以及普丁的戰略貪婪，背後的原因遠遠超過對烏克蘭抵抗能力的疑慮。戰爭的第三天，普丁震驚了全世界，宣布將俄羅斯的戰略核力量置於「特殊預防管控狀態」，並警告外國不要干涉他對烏克蘭的入侵，表示這可能會導致「他們從未見過的後果」。

核導彈與米格機

如果西方介入烏克蘭，普丁是否真的計畫使用核武對付西方，或者只是虛張聲勢？沒人能確定。在倫敦，鮑里斯．強生召集了高級軍事指揮官，在白廳的內閣辦公室危機簡報室A（Cabinet Office Briefing Room A/COBRA）討論該如何看待這一威脅。儘管高級將領將戰略打擊的威脅視為「顯然是自殺行為」，但據一位擁有會議直接訊息的唐寧街官員表示，普丁可能使用戰場核武器的可能性卻被更加嚴肅地對待。[12]在巴黎，法國總統馬克宏的顧問得出了相似的結論——並且也私下達成共識，若普丁使用戰術核武，法國將向北約施壓，要求做出「壓倒性的常規回應……但不會是核回應」，這是根據一位在那段時間經常與馬克宏交談的高級顧問透露的。[13]

在二〇二二年二月四日的北京峰會上，習近平與普丁宣布了「中俄無限的友誼」，並且強調合作上「不存在禁區」。兩位領導人宣布這一新的中俄戰略夥伴關係「優於冷戰時期的盟友關係」。[14]據一位與中國政治和軍事高層保持長期密切聯繫的消息來源透露，北京那時就知曉了俄羅斯的軍事行動計畫。然而，俄羅斯方面把即將進行的軍事行動呈現為「一項有限的行動，旨在收復失去的俄羅斯省分（並）將俄羅斯重新統一於歷史邊界內」。這一敘事符合中國對台灣問題的立場——儘管如此，北京還是明確要求，俄羅斯的軍事行動不得干擾北京冬奧的舉行，冬奧將於二〇二二年二月二十日結束。

最重要的是，根據消息來源指出，作為「無限的友誼」協議的機密附件，還包括了一項雙方互相保證的安全條款，這是俄羅斯數十年來一直尋求但未能獲得的。像《北大西洋公約》第五條那樣，北京和莫斯科承諾在遭遇外國入侵其領土的情況下，並且若滿足特定條件，將在軍事上互相援助。這項極為精明且具前瞻性的條款是在中國的強烈要求下加入的，實際上有效地排除了最近在戰爭期間被併吞的領土，從而使北京不必對烏克蘭被併吞領土的攻擊做出回應。[15]

俄羅斯軍事行動的規模——尤其是對基輔的閃電戰攻擊這一被嚴密保守的祕密，甚至連拉夫羅夫直到二月二十一日才得知——讓北京感到震驚。儘管中國在外交上正式支持普丁，並指責北約挑起了衝突，但仍然存在深刻（且完全有根據的）的擔憂，認為普丁已過度擴張，並會引發西方的統一對抗，而這本可以透過在頓巴斯進行有限的軍事行動來避免。普丁在二月二十七日威脅進行核升級的言論震驚了全世界，其中也包括中國。對北京來說，一個關鍵的優先事項是讓俄羅斯與北約的對抗「避免任何核升級並幫助達成停火」，據一位與中國人民解放軍高層有定期私人聯繫的消息來源透露。如今，在中國看來，普丁完全魯莽、危險地在衝突初期就輕率打出了他最危險的一張牌。

因此，幾天後，當波蘭政府提出向烏克蘭提供其整個蘇聯時代米格-29戰鬥機機隊、威脅要進一步升級局勢時，中國開始感到擔憂。事實上，波蘭的米格戰機在戰場上改變局勢的可能性微乎其微。根據公開的情報網站 Oryx 表示，二〇二二年三月初的第一周，烏克蘭空軍每天大約執行五到十次任務，並且使用約五十架戰鬥機，自俄羅斯入侵開始以來，損失的戰鬥機不超過七架；相較之下，俄羅斯則每天出動約兩百架次，但主要將飛機保持在俄羅斯領空內，以避免遭遇地面防空系統的威脅。[16]

波蘭的二十六至三十三架米格-29戰鬥機是在八〇年代初期為了東德空軍製造的，並於二〇〇三年以每架象徵性價格一歐元出售給華沙；擁有二十架類似米格-29的羅馬尼亞，則早已將其退役。[17]儘管如此，一個北約國家向基輔提供任何類型的戰鬥機，仍代表朝著「北約直接介入衝突」邁出了重要的象徵性步伐，儘管這未必在操作上具有重大意義。最初，華盛頓對此表示正面態度，但在一天後的三月九日，五角大廈突然改變立場，宣稱波蘭的提議「沒有可行性」。

是什麼改變了華盛頓的立場？部分原因是由英國的東西方戰略研究所（Institute for East West Strategic Studies）主導的一項緊急且機密的計畫，涉及前歐洲領導人，並最終得到了中國的支持。自從普丁在二月二十七日宣布核戰備狀態以來，中國人民解放軍便透過軍對軍（而非外交或政治）管道，與多年來在聯合軍演和軍事採購談判中建立了個人聯繫的俄羅斯高層軍官接觸。北京的目標是確保，即使做出使用核武的政治決定，俄羅斯軍隊也會堅持遵循其長期以來的核軍事規則——只有當俄羅斯本土受到攻擊挑釁時，才動用核裝備。

當波蘭米格戰機交易的消息曝光時，一個信任的後門管道被啟動——這在川普總統任期內，由於雙方聯繫惡化，顯得尤為不尋常——美國和中國人民解放軍之間展開了這一對話。北京同意，如果美方停止米格機交易，他們將盡最大努力在操作層面化解普丁的核威脅。「溝通見效了，」一位中國消息人士表示，但未進一步說明，「美方決定提供戰機是過度的一步。」[18]

儘管這個在三月初的私密後門管道行動之前並未被報導，但美方在整個戰爭期間對

「提供烏克蘭重型武器」保持基本謹慎的態度，這一事實有效證明了華盛頓深知中國的擔憂，而這些擔憂也與歐盟多個主要國家共享。儘管向烏克蘭提供的資金和軍事硬體數量急遽增加——包括能夠發射精確彈藥的北約標準一五五公釐大炮，以及高機動性多管火箭系統（海馬斯〔HIMARS〕），但北約仍對提供攻擊機、直升機、北約標準坦克、遠程戰場導彈、巡航導彈系統等，持保留態度。

與此同時，中國對莫斯科的支持仍抱持謹慎。北京提供了外交和資訊支持，但排除了顯著的軍事合作，迫使俄羅斯只好向伊朗購買無人機，拆解國內家電以獲取電腦晶片，並試圖從世界各地的軍事客戶手中回購直升機、導彈和防空系統。正如英國國防大臣本・華萊士在五月所說，曾為烏克蘭尋購蘇聯武器的英國軍事官員，多次「遇到俄羅斯人也在尋找他們的補給品」。[19]

但真正改變烏克蘭試圖與莫斯科和解的敘述，以及西方對提供基輔重型武器的態度，是戰場上的現實變化。戰爭第一個月結束時，俄羅斯軍隊已經在沒有遭遇抵抗的情況下占領了烏克蘭南部的三個城市——赫爾松、梅利托波爾、亞速海港口城市別爾江斯克。他們還包圍了馬里烏波爾，就像俄軍二〇〇〇年在車臣首府格羅茲尼狂轟濫炸一樣，將城市夷為廢墟。但在基輔和哈爾科夫，烏克蘭經過一個月的激烈抵抗，將俄軍的進攻推進血腥的僵局，俄軍人員損失慘重，在大炮和裝備有致命反坦克武器的小型機動小組猛烈反攻下，他們只好對平民展開報復性循環攻擊。

布查

布查和伊爾平，這兩個小鎮位於基輔西北約二十公里處，在俄羅斯帝國和蘇聯時代曾是繁榮的度假村，坐落在茂密的松林和蜿蜒的河流之中。蘇聯曾在此建造療養院和作家度假村。作家伯里斯·巴斯特納克在一九三〇年的一首詩中寫道：「伊爾平是人民和夏天的記憶，是自由的記憶，是逃脫迫害的記憶。」[20]

二〇二二年二月二十七日，當距南方幾公里的戈斯托梅爾機場爆發激烈戰鬥時，俄羅斯軍隊進入了布查，該部隊在進入布查後遭到烏克蘭軍隊的伏擊。當地的民兵（非正規軍）用炮火和莫洛托夫雞尾酒摧毀了近百輛俄羅斯軍車，這些軍車分布在布查的伏克薩爾納街（Vokzalna Street）及周邊村莊。數月後，該地區的大多數路邊仍散落著扭曲的坦克殘骸、生鏽的軍用食品罐頭，以及那些在座位上被活活燒死的俄軍士兵脊椎骨。

四天後，俄羅斯軍隊從布查撤退，情勢一片混亂。三月三日，一群烏克蘭士兵在市政廳升起了烏克蘭的黃藍旗幟。當地的烏克蘭國土防衛隊志願者們——大多數未攜帶武器——從他們家中的地下室走出，並在這個小鎮周圍設立臨時檢查站。伊琳娜·菲爾金娜和「藝皮參佐K」購物中心的其他員工以為戰爭結束了。[21]「我們感到如釋重負，」在建材部門工作的佳琳娜·斯米爾諾娃（Galina Smirnova）回憶道，「當時在工作中的女孩們都說我們滿幸運的，我們的男孩已經把占領者趕了出去。」[22]

她們大錯特錯。到三月三日傍晚，來自第六十四獨立近衛摩托化步兵旅的另一支俄軍部隊重新占領了這座小鎮，當時這裡仍遍布著數十輛被燒毀的俄軍裝甲車和被彈孔打穿的民用汽車，這些車輛在侵略初期試圖逃離時被擊中。俄軍的坦克隊列，左右兩側有步兵下車行進，逐街搜索了布查全鎮。烏克蘭國土防衛隊志願者的武器遠不及對方，所以四處躲藏；俄軍逐戶搜查，把他們一群人連同數十名當地居民一起押進了位於雅勃隆斯卡婭大街的一座辦公大樓停車場。在簡短的盤問後，九名國土防衛隊成員中的八人被當場處決，唯一倖存下來的那個人答應為俄軍做情報員，並指認其他隊友。[23]

伊琳娜·菲爾金娜就住在雅勃隆斯卡婭大街附近。就在幾天前，在入侵前夕，她為自己做了新的指甲美容，這是由當地化妝師、她的美容指導老師阿納斯塔西婭·蘇巴切娃完成的，她選擇了櫻桃紅的指甲油，並在指甲上畫了「一顆心」，因為她開始「愛自己」，蘇巴切娃在接受CNN採訪時這麼說。[24]菲爾金娜的兩個女兒住在附近的伊爾平，她們在戰爭爆發時乘坐巴士前往波蘭，但菲爾金娜本人選擇留下來，志願為那些躲避到寬敞購物中心的人，以及那些短暫重新占領布查的烏克蘭士兵做飯。

到了三月五日，即俄羅斯第二次占領的兩天後，菲爾金娜意識到是時候該緊急離開了。俄羅斯軍隊在街上肆意射殺平民；雅勃隆斯卡婭大街的辦公大樓停車場裡的八具屍體被丟在那裡腐爛，覆蓋在窗外丟下的垃圾中，而占領的俄軍已經將辦公大樓和附近的玻璃工廠設為據點。[25]當地的私人車隊正穩定地將人們從藝皮參佐K購物中心穿越前線前往烏克蘭控制的地區，但菲爾金娜沒有位置。她的長女，二十六歲的大女兒奧嘉・斯齊茹科（Olga Shchyruk），透過電話懇求母親那天不要騎她的黑色自行車回家，並勸她試著搭乘仍在運行的郊區通勤列車離開。「我告訴她那裡不安全，」斯齊茹科回憶道，她是一名兒童心理學家，當時正在波蘭為其他烏克蘭難民提供志願服務，「俄羅斯占領了整個村莊——他們在殺人。」菲爾金娜回答道：「奧嘉，你還不認識你媽媽？我可以移動山！」[26]

菲爾金娜那天再也沒有回家。烏克蘭軍隊的無人機拍攝到了她死亡的瞬間。在這段影像中，可以看到一名女性推著一輛黑色自行車轉過德普塔茨卡街（Deputatska Street）的街角，接著進入雅勃隆斯卡婭大街；隨後，一輛俄羅斯裝甲運兵車用重型機槍開火，打倒了這名騎車的女性。後來，街上拍攝的影片顯示，這名穿著藍色外套和淺色褲子的女性屍體躺臥在一輛黑色自行車旁，位於一根倒下的電線杆和被燒毀的汽車殘骸旁。她的一條腿被壓得變形，一隻手臂甩向一邊。菲爾金娜的同事把消息報給了烏克蘭軍方，說她已經被殺；當天稍晚，她的女兒奧嘉接到了電話，告訴她母親已被射殺，軍方表示，由於附近有一輛俄羅斯坦克，無法取回她的屍體。起初，她不敢相信這個消息，「我想像著媽媽只是被藏在地下室裡，」斯齊茹科說，「她看到了占領者，可能躲在某個地方等著。」[27]

三月二十九日，當伊斯坦堡再次進行談判時，俄羅斯國防部宣布，將在基輔和切爾尼戈夫前線「大幅減少軍事活動」。俄方談判代表梅丁斯基堅稱這「不等同於停火」。美國國防部也認為俄方是在進行「重新部署，而非真正撤退」。[28]然而，他們都錯了。三月三十一日，俄軍從布查以及基輔、切爾尼戈夫撤出，並繼續撤退到俄羅斯邊界。到了四月一日，原本派遣來攻占基輔的三萬名俄軍已經完全撤離，留下了數百具士兵屍體和數百輛燒毀的坦克及裝甲車。它們還留下了數百具被謀殺的平民屍體，這些屍體使得布查、伊爾平和附近的莫季任與俄羅斯戰爭罪行畫上等號。

路透社的攝影記者於四月三日首先拍攝到菲爾金娜的屍體影像——她的左手蜷曲，從藍色外套的袖口中露出，指甲上還有顯眼的櫻桃紅指甲油，並且在其中一根手指上有一個心形圖案。當斯齊茹科看到這些照片時，她回憶道，「我知道媽媽已經被殺了……我感覺到我的脊椎斷了。我躺下來，無助地哭泣。」[29]

至少有二十具其他平民的屍體橫躺在雅勃隆斯卡婭大街上沒有掩埋。總計，在布查，約有四百五十八具屍體被發現在街道上並埋入集體墳墓。[30]當中超過四百名受害者死於處決式槍擊、酷刑或重擊。俄羅斯指控烏克蘭在布查策畫了假旗行動，國營電視台也加入了指控，稱這些照片和影片是經過策畫的。但美國總統拜登呼籲，普丁必須因俄軍在布查犯下的罪行接受審判。[31]澤倫斯基身穿防彈背心，在大批記者圍繞下，於四月四日視察了慘案現場；他的臉色蒼白，並努力控制自己的情緒。「我覺得（澤倫斯基）那天老了二十歲，」一位親近的助理說，「當他回到基輔時，他崩潰了。他完全無法自持……他是個感情豐富的人。對他來說，保持冷靜很難。」[32]

在澤倫斯基訪問布查的那一天，「他身上發生了某些變化，」助理說。戰爭也發生了改變。對澤倫斯基個人來說，對他的隨行人員、西方領袖以及全世界數百萬人來說，俄羅斯的入侵被視為對平民的野蠻行為，這樣的行徑自波士尼亞（Bosnia）以來在歐洲前所未見——而在此之前，則是第二次世界大戰。從那一刻起，再也無法妥協了。

所有人都震驚了

戰爭的第三周結束時，普丁穿著一件價值九千八百歐元的Loro Piana羽絨外套，和一件三千歐元的義大利頂級品牌Kiton高領毛衣，在莫斯科盧日尼基體育場（Luzhniki Stadium）前出現，面對二十萬揮舞著旗幟的群眾，發表了挑釁的演說。普丁表示，入侵烏克蘭是為了捍衛所有俄羅斯人的「普世價值」——但大約十七分鐘後，現場直播突然中斷。普丁的發言人事後解釋，直播中斷是由於「技術原因」；事實上，社交媒體上分享的影片顯示，部分觀眾開始對普丁吹口哨，這在俄羅斯的表演文化中是一種極為不滿的表現。幾天前，一段影片顯示，下塔吉爾（Nizhny Tagil）州的州長被士兵的母親們激烈訓斥，這些母親的兒子被徵召送往烏克蘭，儘管普丁曾公開承諾，只有職業的合約制士兵會參與戰鬥。

在閉門會議中，普丁罷免了八位高級將領，並因情報失誤和糟糕的戰略而對聯邦安全局大發雷霆——至少烏克蘭國家安全和國防事務委員會祕書長奧列克謝．丹尼洛夫是這麼說的。謠言開始流傳，聯邦安全局的謝爾蓋．貝塞達上將及其副手，因涉嫌挪用原本應用來賄賂烏克蘭軍隊指揮官、政治人物的資金而被軟禁在家。[33]貝塞達後來似乎未受任何影響，重新出現在官方社交圈內，彷彿這一切從未發生過。

具影響力的俄羅斯中央銀行行長埃爾薇拉・納比烏林娜（Elvira Nabiullina）因為對經濟造成的損害而試圖辭職，但根據一位接近她的消息人士透露，她的辭呈並未被接受。[34]此外，有人明言告訴她，她家人經營的企業將因此遭受損失，因此她只好選擇留下來，但在隨後的內閣會議中，她故意穿著全黑的服裝。

也有報導提到，軍中出現了不服從和反抗的情況。在克里米亞，有十二位國民警衛隊（National Guard）成員（其中包括一名上尉）由於認定命令「違法」而拒絕前往烏克蘭參戰，被開除軍籍。這十二人向政府提起訴訟，要求推翻解職決定並復職，這一舉動在幾個月後看來是一個難以想像的反抗行為。[35]

即便是熱情自詡為愛國者的人，如伊戈爾・吉爾金，也成了對克里姆林宮失敗戰役的尖銳批評者。「經過二十九天的特別行動，我們沒有達成任何一個戰略目標。」吉爾金告訴OSN網站記者，「我最糟的擔憂是，我們正被拖入一場漫長且血腥的拉鋸戰，這對俄羅斯聯邦將是極其危險的。」[36]

在四月十三日，黑海艦隊的旗艦、重達一萬一千噸的導彈巡洋艦「莫斯科號」，遭到兩枚烏克蘭海王星（Neptune）反艦飛彈擊中並引發火災。從一艘救援艦拍攝的影片顯示，這艘受損的艦體傾斜並冒出濃煙。俄羅斯海軍拖船試圖拖曳「莫斯科號」，但它最終還是在翌日凌晨三點沉沒。就像二〇〇〇年「庫爾斯克號」（Kursk）潛艇事件一樣，俄羅斯海軍的初步反應是否認並掩蓋事實。位於塞瓦斯托波爾港的黑海艦隊指揮部承認艦上發生火災，並稱火災是因為一根不小心丟棄的香菸引起的——這個解釋後來成為俄羅斯軍火庫爆炸、倉庫火災、機場攻擊的官方解釋緣由，並成為烏克蘭網路上嘲弄的熱門主題。當天稍晚，俄羅斯海軍部承認該艦遇到困難、最終在風暴中沉沒，造成一名水手死亡、二十七人失蹤、三百九十六名艦員被救起。蛇島的烏克蘭守衛軍曾向「莫斯科號」巡洋艦發出了挑釁的訊息：「俄羅斯軍艦，去你媽的！」「莫斯科號」的沉沒——這艘曾參與過喬治亞、敘利亞及克里米亞衝突作戰的老牌戰艦，而且是黑海中迄今最強大的軍艦——是俄羅斯自一九四四年以來在戰爭中遭遇的最大海軍損失。這一事件引發了基輔及全烏克蘭的歡慶，並在布查的恐怖消息曝光後，為烏克蘭帶來了極大的士氣提升。「莫斯科號」的損失還成為一套紀念性的烏克蘭郵票主題，郵票上印有著名的蛇島訊息（雖然當中幾個字用星號取代了）。烏克蘭郵政於三月首次發行印有上述那個無線電名言的郵票，並立即成為國際上搶手的收藏品，其市場價格是過去三十年來任何烏克蘭郵票的十倍。在「莫斯科號」沉沒後，印有相似設計且標註為「已解決」（Done）字樣的第二版郵票也開始印製（相信我，我是集郵愛好者）。

儘管普丁公開展現勇氣，但在入侵後的初期，許多俄羅斯的商業、政府精英處於震驚狀態——這種震驚似乎隨著每一則壞消息而加劇。SWIFT系統的關閉、西方商店的關閉、歐洲空域對俄羅斯飛機的封鎖、俄羅斯中央銀行禁止資金外流、五次對俄羅斯出口的嚴厲制裁、從基輔撤退、布查大屠殺、莫斯科號沉沒……「每天早上，我都會等到喝完咖啡、看窗外一會兒後，才敢看手機，這樣才能讓自己平靜下來。」安吉麗娜・美爾尼科娃（Angelina Melnikova）這樣說，她是謝爾蓋・拉夫羅夫的資深同事，「每天都有些瘋狂的新事件。」對美爾尼科娃來說，她意識到「我們真正搞砸了」的時刻，是當俄羅斯外交部的外交服務部門UPDK——官方上是外交部的一部分，非官方則是外交部的商業和物業管理部門——竟然將印表機的紙都用光了，迫使他們只能拿舊紙背面朝下放入印表機中。[37]

這句俄語「Vse prosto okhuyeli」是我在五月初回到莫斯科時，與莫斯科的商人、記者、政府人士交談中，聽到的多次表達——這是一個極為粗俗且幾乎無法翻譯的詞語，字面意思是「每個人都吃了雞巴（因為震驚）」。一位與國家合約有密切關聯的電信業億萬富翁，他同時也是俄羅斯一位軍事高層官員的商業夥伴，在戰爭的第一周，於莫斯科附近的私人莊園舉行了聚會，邀請了他最親密的朋友。「我們為過去、為美好的時光乾杯，」

這位商人舉起一杯他最好的葡萄酒對朋友們說，「那些日子已經過去了……我們必須找到新的幸福。」根據一位在場的人士所述，餐桌上的談話圍繞著清算資產、賣掉畫作，還有處理那些不能再乘載俄羅斯護照持有者的私人飛機，這些飛機已無法再飛往歐洲或美國。[38]

在外交部，「每個人都明白一切」，美爾尼科娃評論說，她曾有過非常成功的商業生涯，並在成為外交部高層之前曾在美國待過，「但沒人談論這件事。（這場戰爭）就像家裡有人因為某些可怕的事被逮捕了……一個痛苦的話題，提出來會顯得不合時宜。」同時，美爾尼科娃私下的憤怒並非指向普丁，而是指向「挑起這場局勢的西方集體」。像她這一代的許多俄羅斯人一樣，美爾尼科娃是英國作家喬治．歐威爾（George Orwell）所說的「雙重思維」的活生生範例——雙重思維是指同時持有兩種互相矛盾的信念，對她來說，普丁和他的隨扈是「一群騙子和舊的蘇聯國安會官僚」；然而她也認為，西方的反應主要是出於「對俄羅斯的恐懼……以及純粹的反俄情緒」。像許多莫斯科的專業人士一樣，移民的前景對她來說實際上是不可能的，她無法在西方過著像在莫斯科一樣的生活——一個有名望的郊區豪宅生活，擁有一群保母、兩輛昂貴名車，以及一個待在家中不做事的丈夫。

在震驚過後，隨之而來的是偏執。我所有的舊政府和軍事界聯繫人都變得極度沉默。我回到莫斯科的前幾天，發送了六十多則訊息，大概只得到二十則回覆——其中大多數都解釋說他們不能與外國記者接觸。我問一位前高級官員，他對克里姆林宮中舊同事的心情有何看法，「什麼心情？你是在一列火車上，你不是火車的司機。你知道它會開到你也許不想去的地方，但是，你會跳下火車然後被拋下嗎？」[39]一些舊識已經接受了現狀，一些則成為激進的民族主義分子。一位曾在自由派的「莫斯科回聲」電台（曾是民主價值的堡壘）擔任編輯的老朋友喝醉了打電話來，宣稱他和幾位我們共同的朋友正在別墅裡喝酒。「猜猜我們在為什麼乾杯？」他問，「為了俄羅斯軍隊的成功！光榮屬於俄羅斯！」

國營電視台的製作人安娜・邦達連科似乎在指責我個人，要為制裁和挑起戰爭負責。「你們北約演習到底是為了什麼？」她質問，「你們希望我們怎麼做？你們只是想找藉口來干擾俄羅斯。」我問她在烏克蘭的親戚怎麼說，她回答：「哦，他們都變成法西斯了。他們相信了你們所有布查的假新聞，即使我把所有證據都傳給了他們——那些在攝影機拍完後就站起來的屍體、翻滾的屍體，諸如此類。但他們被洗腦洗得太嚴重了，他們叫我滾蛋，別再打電話給他們。」邦達連科似乎非常確信莫斯科的商店將會再次充滿商品——即使不是這樣，她也會在杜拜購買她需要的所有名牌服裝。「不再去米蘭購物了？米蘭真可惜。沒有（俄羅斯）顧客，他們會破產的。」她說，「這就是你們因為仇恨而要付出的代價！」

與此同時，戰爭初期在莫斯科蔓延開來的「Z」字海報、鷹架遮陽棚和車輛貼紙，到五月時已完全消失。市政府似乎更喜歡假裝——與大多數首都市民一樣——戰爭並未發生。城市的咖啡廳、酒吧、夜店、餐廳和劇院都擠滿了人。然而，當我竭力傾聽陌生人的對話時，我從未聽見有人在公共場合談論烏克蘭或戰爭，直到普丁在九月下令動員。莫斯科，這個正在進行大規模戰爭的國家首都，似乎是歐洲唯一一個可以輕易假裝入侵從未發生過的地方。

哈爾科夫

在衝突的最初幾周，吉米．S和他在牛津郡旺塔奇鎮的朋友們，持續在YouTube、TikTok社交平台追蹤俄羅斯的入侵事件，並同時參考好朋友蘭比經常傳來的影片資訊。蘭比的早期影片幾乎和東歐的狂歡周末無法區分：蘭比和一群「好兄弟」在波蘭熱舒夫市（Rzesow）的一間酒吧舉著啤酒；蘭比在利沃夫的酒吧裡抱著兩個漂亮的烏克蘭女孩；蘭比傻笑著，雙手豎起大拇指，戴著一頂女孩塞到他頭上的烏克蘭武裝部隊棒球帽。接著，蘭比身穿烏克蘭軍服，拍了一張自己疲憊倒在地上的自拍照——但依然笑容滿面——在一次訓練行軍後。隨後，蘭比來到前線，拍攝爆炸的場面；他還拍下了坦克炮彈擊中村莊房屋的畫面，一架俄羅斯戰機低飛過後，遠處爆炸火球閃現。最讓人毛骨悚然的是，蘭比拍下了一場如鬼魅般的現象，看似明亮的雪花緩緩落下、覆蓋著夜間冬季的景象，「白磷彈，」吉米解釋道，「可怕的東西，什麼都能燒穿。」

然後，蘭比死了，在哈爾科夫附近的一個戰壕中被炮彈擊中。吉米將這個消息視為「輪到自己上場」的信號，他搭乘瑞安航空公司（Ryanair）的班機前往波蘭邊境熱舒夫，然後在右臂紋了個紀念朋友的刺青：刺上「蘭比」這個名字，旁邊還有一隻動畫綿羊圖案。「我去參戰是因為，如果我們不在這裡打這場戰爭，我們就得回家作戰，」吉米在我們六月從基輔到利沃夫的八小時火車旅程中告訴我。「我希望我的兒子能在一個安全、自由的世界長大，懂嗎？」他似乎察覺到我沉默的懷疑，四處張望後，壓低了聲音說，「還有，我前女友一直希望我幫孩子換尿布。我才不幹那個呢。」

在普熱梅希爾的邊境關口，吉米走到一個帳篷前，這個帳篷正對著烏克蘭海關出口，上面掛著一個大橫幅，橫幅上有烏克蘭武裝部隊的十字標誌，並且用英文、德文、波蘭文寫著「外國志願軍」字樣。幾名烏克蘭軍隊職員在筆記型電腦中輸入他的資料，並告訴他，經過安全審查後，合約會在幾天內準備好簽署。一輛小巴等待著將他和當天的其他幾名志願者送到附近的旅館，然後，一旦審核通過，再送往訓練中心。在那裡，吉米學習了基本的輕武器操作和步兵技術，和「來自各地的幾個厲害的夥伴一起訓練，還有一些英國人、退役軍人，以及一些波蘭人和德國人」。來自里茲（Leeds）的幾名巴基斯坦裔英國人也加入了，但吉米和他的夥伴避開了他們，覺得他們是「一對瘋子⋯你可不希望有瘋子跟你在戰壕裡，我敢說」。國際志願軍團的指揮官和教官全是烏克蘭人，大部分不說英語，但吉米回憶道，他們透過「大聲喊叫和經常罵髒話」來讓自己被理解。

這些新的外籍志願者被配發了「最差的裝備，糟糕的防彈衣」，並被分配到靠近哈爾科夫前線的一個安靜地區。他們的工作主要是守著戰壕，但從不進攻——「他們不希望我們被俘虜」。有些戰友帶了自己昂貴的無人機，但很快就被他們的烏克蘭同袍從鎖住的裝備袋裡偷走了。吉米不得不從美國網站上訂購一件價值八百美元的高級防彈背心，還有一頂更貴的高品質凱夫拉（Kevlar）防彈頭盔——他得帶著這些沉重的裝備，甚至在休假期間去利沃夫時也不敢放下，生怕被偷走。烏克蘭人「需要我們為公關出戰，而不讓我們進行過多實戰」，吉米說，儘管如此，他單位的兩名成員在哈爾科夫南部激烈的戰鬥中，還是被大炮和迫擊炮擊中身亡。他們的綽號——旁邊還加上了小型波蘭、德國國旗——成為吉米前臂上的另一部分刺青：「Til Valhal」（通往瓦爾哈拉）——這是維京人的戰吼——也被作為標題刺在圖案的上方，並預留了三個名字的空間，為了使刺青更對稱。我問他這樣不會太陰森嗎？他笑了笑說：「不知道，也可能是樂觀吧。」吉米的計畫是先在利沃夫度過他兩周的休假，再回去繼續打仗。「等戰爭贏了我再回家（英格蘭），而不是在那之前。」[40]

哈爾科夫這座工業城市，距離俄羅斯邊境僅有三十公里，而且是以俄語為主的城市，擁有一位明顯親俄的市長，理應成為俄羅斯最容易奪取的目標。在二〇一四年，這座城市曾爆發了大規模的反獨立廣場示威遊行，因此成為聯邦安全局謝爾蓋·貝塞達大將試圖煽動親俄政變的影響力行動之主要目標。在二〇二二年入侵的首周，俄羅斯的猛烈炮擊和火箭攻擊摧毀了哈爾科夫市中心自由廣場（Freedom Square）上的一部分主要行政大樓；但市長伊戈爾·捷列霍夫並未屈服，反而決心抵抗，並在社交媒體上發布自己手持手槍的照片，誓言要抵抗入侵者。「俄羅斯侵略者試圖將哈爾科夫變成像他們在俄羅斯的那些悲慘城市，」捷列霍夫對記者說——他是用俄語說的，「但他們不會成功。正如你們所見，哈爾科夫的人民正拿起武器捍衛自己的城市。」[41]

就在入侵前幾天，俄羅斯士兵伊凡・庫德里亞夫采夫（Ivan Kudryavtsev）被告知，他的部隊即將開始一次訓練演習。庫德里亞夫采夫在二月二十日打電話給嬸嬸，請求給他一點錢來「買食物」以便準備「演習」。他告訴她，他的摩托化步兵部隊正駐守在白俄羅斯邊境；第二天他告訴哥哥，他們正在「出發」，但沒有說明具體目的地。這也成為庫德里亞夫采夫與家人的最後一次直接聯繫。

庫德里亞夫采夫於二〇〇一年八月出生在西伯利亞中部的鄂木斯克地區。像許多在烏克蘭作戰的士兵一樣，他是普丁時代的孩子，並且在貧困的偏遠地區長大。當他七歲時，他的父親離開了母親，而母親則拋下了她的三個孩子——兩個兒子和一個患有腦性麻痺的女兒。他九歲的哥哥打電話給他們的嬸嬸妮娜（Nina），求她收養他們。「如果他們被送到孤兒院，真是太可惜了，」妮娜說，「他們的母親拒絕他們，他們的父親也不需要他們，所以我們收養了他們。」但妮娜無法照顧生病的妹妹，而她最終消失在俄羅斯的照護體系中，音信全無。

伊凡・庫德里亞夫采夫和他的哥哥在小鎮納齊瓦耶夫斯克（Nazyvaevsk）上學，這個小鎮是為了服務橫貫西伯利亞的鐵路而建，鐵路穿過鎮中心。他喜歡足球、蘇聯戰爭電影、電子遊戲，還喜歡和爺爺一起在森林裡採蘑菇和漿果。伊凡曾兩次出現在當地報紙

《我們的火花》（*Nasha Iskra*）上——第一次是作為當地足球隊的新任守門員；第二次是在二〇二〇年夏天，當時他和其他十八歲的當地人第一次投票。「年輕人說，他們不能對自己國家這麼重要的事袖手旁觀，」報紙寫道。二〇二一年，他從鄂木斯克鐵路技術學校畢業——而他和哥哥都在當年十月被徵召入伍。兩個月後，伊凡打電話告訴嬸嬸，他已經簽約成為職業軍人，這比徵兵法規定的最早入伍日期還要早一個月。「我完全不知道他是怎麼簽下這份合約的，」妮娜說，「他說他們接受了加速訓練。看來他們在準備（什麼），但沒人告訴我們任何事情。」

在三月二十一日，庫德里亞夫采夫部隊中一位年輕士兵的母親接到了兒子的電話——他被俘虜了。「他說：『我們被關在地下室裡，沒有食物，沒有水，』」這位女士將情況告訴了伊凡的姑媽娜傑日達（Nadezhda），「『都是由當地的老年人（烏克蘭人）提供食物給我們。』」[42]

五天後的三月二十六日，烏克蘭的Telegram平台報導指出，經過激烈的戰鬥，三十名俄羅斯士兵在位於哈爾科夫東方的維爾基夫卡（Vil'khivka）小鎮被俘虜，該地距離哈爾科夫市中心約十九公里，並且距離最近的俄羅斯邊境過境點（別爾哥羅德州的邊界）約五十公里。這些俘虜的士兵被帶到附近的馬拉羅漢（Mala Rohan）——該村距離哈爾科夫拖拉機廠約六公里——並在那裡接受了殘酷的審訊。[43]根據次日早上由支持烏克蘭的軍事部落客在Reddit上發布的一系列短片，至少有十二名穿著俄羅斯軍服的男子，所有人都明顯負傷，有些人頭上還被套上麻袋，他們被排列在停車場的地面上，雙手被綁在背後。[44]所有人都佩戴著白色臂章，這是俄羅斯人用來區別自己與佩戴黃色或藍色臂章的烏克蘭人的標識。一位身穿烏克蘭軍服的士兵（影片中無法看到他的臉）冷酷地走過俘虜的行列，用卡拉什尼科夫衝鋒槍朝每個俘虜的腿上開槍。「誰是軍官？」他用俄語問，影片中可以聽到中槍人員的呻吟聲與尖叫聲，「誰是他媽該死的軍官？說話……你們往哈爾科夫扔炸彈，你們到底在幹什麼？」

另一個烏克蘭士兵在檢查倒下的屍體，說道，「這一個掛了，完蛋了。」

「偵察部隊在哪裡？幹，偵察兵呢？」第一位訊問者繼續說，又走向俘虜。一個頭上套著一個血跡斑斑袋子的俘虜用微弱的聲音回答。

「他們是從村子的另一邊過來的……」他的聲音斷續而止。

「說話！繼續說！」訊問者大聲喝問。俘虜沒有回答。烏克蘭人用槍管戳了俘虜胸口一下，也沒有反應。他扯下了俘虜的頭罩，露出一張滿是血的年輕面孔。「這一個也昏過去了。」

受傷的俄羅斯士兵正是伊凡·庫德里亞夫采夫。

「他的聲音，甚至在他們摘下頭罩之前，我就立刻認出是他了，」庫德里亞夫采夫的嬸嬸妮娜說道，她在四月十日由伊凡的一位熟人告知有關這段影片的消息。「伊凡的聲音還沒有變，聽起來像小孩一樣，儘管他已經二十歲了，」他的姑媽娜傑日達也確認說，「還有他的嘴唇。儘管它們已經血腥且腫脹，但還是能清楚看出那是他的。」

烏克蘭人權專員柳德米拉·傑尼索娃（Lyudmila Denisova）聲稱，該影片是「俄羅斯人自己拍的電影……一場偽造」。烏克蘭武裝部隊總司令瓦列里·札盧日內也在臉書上宣布，俄羅斯人正在散布「假裝顯示『烏克蘭士兵』對『俄羅斯俘虜』不人道對待的假影片」。然而，烏克蘭總統行政辦公室顧問阿列克謝·阿列斯托維奇卻承認，這些影片「可能顯示了戰爭罪行」，並承諾會對該事件進行調查。阿列斯托維奇還提醒烏克蘭軍隊「遵守戰爭法規的重要性」，並強調要尊重《日內瓦公約》。

對於庫德里亞夫采夫在鄂木斯克的親屬來說，關於烏克蘭殘酷對待戰俘的辯論並未帶來任何安慰。五月四日，妮娜收到了俄羅斯國防部的正式通知，指出「伊凡·庫德里亞夫采夫，一位普通徵召的義務兵，已經在行動中失去聯繫」——根本沒有提到他已簽約成為職業志願士兵。庫德里亞夫采夫的部隊回到斯摩稜斯克州葉利尼亞（Yelnya）市基地的指揮官也告訴她，他「沒有任何其他音訊」。直到透過一個由庫德里亞夫采夫和其他在三月二十六日影片中出現的士兵的親友所建立的非正式Telegram群組，妮娜才得知，三名庫德里亞夫采夫的戰友已收到死亡報告。六月初，俄羅斯的安全部門開始聯繫並質詢該Telegram群組的成員，警告他們不要與媒體交談。庫德里亞夫采夫的姑媽和嬸嬸對此視若無睹。「我們不能對此保持沉默，」娜傑日達在六月接受獨立新聞媒體「Meduza」記者採訪時說，「我們已經準備好面對一切。無論生死，至少讓我們的靈魂能夠得到安寧。至少給他一個體面的葬禮，讓他不要就這樣爛在那裡。」[45]

赫爾松

赫爾松市於三月五日淪陷於俄軍手中，當地市長安排了停火並和平投降，允許該市的烏克蘭部隊在沒有干擾的情況下撤退。隔天，數千名當地居民走上街頭，利用自身的身體阻擋俄軍前進的車隊，並對著驚恐又措手不及的俄軍大喊「去你媽的」。如此大規模的公民不服從行為——即便在部隊開始向空中開火驅散示威者時還持續不散——對於在普丁統治下成長的年輕俄羅斯人來說，完全是陌生的景象。然而，這些示威並未阻止新上任的俄羅斯當局設立（由當地親俄活動人士及一位前市長組成的）傀儡政府，並自封為新「赫爾松人民共和國」的領袖。

在距離赫爾松市一百公里的新卡霍夫卡，拉麗薩·納高什卡亞與一群朋友及數百名居民一起，參加了在該市主廣場上的親基輔示威活動。一些年輕男子爬上周圍建築的屋頂，並掛上了巨大的烏克蘭國旗。另一些人則將氦氣氣球綁在一面巨大的黃藍色國旗上，並將其放飛，隨即引來一片歡呼。俄軍士兵全都戴著面罩，站在廣場四周的裝甲運兵車旁，但並未干預。

當晚，監視器錄下了一群十五名武裝男子出現，來到一位當地女性活動家的家中，她曾幫助組織這場示威。這位活動家已前往女兒家避難；隔天，她成功越過前線逃離新卡霍夫卡，前往由烏克蘭控制的札波羅熱。俄羅斯人似乎掌握了參與集會的人員名單，以及與烏克蘭部隊並肩作戰的退伍軍人名單。「有人出賣了他們，」納高什卡亞說，「他們挨家挨戶地搜查，逮捕所有曾是退伍軍人的男人，並把他們帶到某個地下室。」「zabrali na podval」這個短語（字面意思是「帶到地下室」）成為俄羅斯人系統性綁架、酷刑的代名詞；動詞「priliтelo」（字面意思是「飛來」）成為了即將來臨的炮火或導彈攻擊的代稱。納高什卡亞十一歲女兒瑪莎的朋友的父親，當時是地區議會的副議長，也是烏克蘭的退伍軍人，接到了朋友的緊急電話，要求見面。就在他家轉角處，俄軍等著他，並把他塞進了一輛吉普車。據納高什卡亞所述，這名男子被蒙住雙眼，囚禁在一個冰冷的地下室長達一個月，期間他經常遭受嚴刑拷打和殘忍審訊，最終被釋放時，牙齒、肋骨、鼻梁都已被打斷。

地方當局開始解僱那些未逃跑或未被捕的地方官員。在納高什卡亞所在的當地水利公司，所有員工被召集開會，與新任主管會面——這位新主管是當地一位知名政治人物，曾是亞努科維奇地區黨的區代表，並在六個月前神祕消失，曾前往俄羅斯的索契；現在，他回來了，帶來了一個簡明扼要的訊息，「現在這裡屬於俄羅斯了，」新主管對水利公司員工說，納高什卡亞回憶道，「你們將以盧布支付工資。卡霍夫卡將永遠屬於俄羅斯，任何不喜歡的人可以自由離開。」

納高什卡亞的丈夫伊戈爾決定聽從新主管的建議。然而，搭計程車跨越前線到札波羅熱的費用相當於兩百美元——而納高什卡亞一家擔心伊戈爾會被盤問並徵召入烏克蘭軍隊；但他們也擔心，如果他留下來，會被徵召入俄羅斯軍隊。因此，伊戈爾搭乘了小巴前往俄羅斯占領的克里米亞，再前往羅斯托夫，最終抵達波蘭的弗羅茨瓦夫（Wroclaw），並在那裡找到一份修理雜務工的工作，賺些錢以等待戰爭結束。

所有烏克蘭警察在第一天就消失了，取而代之的是一隊隊掠奪的俄羅斯士兵。「俄羅斯人偷走了所有東西，」納高什卡亞說，「一些當地農民租了一個倉庫來儲存六十噸的葵花籽，一切都被偷走了。我們曾經擁有烏克蘭最大的太陽能發電站，但俄羅斯人把所有太陽能發電板都帶走了。俄羅斯士兵進入商店，自己拿取東西，無人敢管。」

到了三月底，納高什卡亞的鄰居大約有六成已經離開，有些人前往烏克蘭控制的領土，但大多數人選擇了（像她丈夫一樣）通過克里米亞長途但較安全的路線。來自西伯利亞東部布里亞特（Buryatia）的幾個家庭——是被派駐到新卡霍夫卡的士兵的親戚——闖入了空屋並開始居住在其中。「對我們來說，這些是普通人的一般住房；但對布里亞特人來說，就像是住進了宮殿。」其中一戶新來的家庭拆了車庫，並用鐵皮圍起了他們所占據的兩層樓房，搭建了一道高大的臨時圍牆。「他們一定是怕當地人會討厭他們、會把房子燒掉。」

根據納高什卡亞的說法，大約一半留在新卡霍夫卡的人是積極親俄的，特別是一些老共產黨官員的家庭和相對較新從俄羅斯來的人。她聲稱，當地約有「九成」的官員拒絕與俄羅斯人合作；而那些同意合作的人則獲得了驚人的晉升，例如有一名檔案管理員被任命為當地稅務局的副主任。納高什卡亞的一位鄰居曾因偷竊而被醫院開除，並且「對烏克蘭當局感到憤怒」，她提出返回並被新當局重新任用。瑪莎學校的校長拒絕教授新的俄羅斯課程並被解僱，取而代之的是一名同意執教的年輕教師。不久後，大家發現為俄羅斯工作是一個高風險的職業選擇，在被占領的赫爾松和札波羅熱地區，大約有三十五名由莫斯科安插的官員被槍殺、被安裝炸彈或中毒。八月，隨著城市遭受烏克蘭的持續攻擊，新任的赫爾松地區行政長官基里爾・斯特雷穆索夫（Kirill Stremousov）錄製了一個挑釁的影片訊息，保證該市永遠不會被奪回——儘管從他肩膀上可見的教堂圓頂明顯表示，他當時正身處俄羅斯的沃羅涅日，而非赫爾松。[46]

在新卡霍夫卡，烏克蘭頻道從電視上消失，取而代之的是來自盧甘斯克、克里米亞、頓巴斯-24和莫斯科中央等俄羅斯控制的頻道節目。納高什卡亞和她的鄰居們恐懼地目睹了馬里烏波爾的毀滅場景——但他們得出的結論是，他們將準備盡一切努力，以避免新卡霍夫卡遭遇相同命運。「大多數人的態度是，只要沒有戰爭就好，」納高什卡亞說，「他們準備接受一切，甚至是俄羅斯人，只要他們不再開槍殺人。」

到五月時，一絲正常的氣氛似乎回到了新卡霍夫卡。俄羅斯軍隊停止了掠奪，並接到了對市民保持和善的命令；當地政府開始向退休老人發放俄羅斯護照，並將此作為領取新盧布退休金的條件；商店裡開始出現俄羅斯產品——比之前的烏克蘭產品更貴且品質更差。但白天和夜晚，每天有多達五十枚火箭和巡航導彈從克里米亞發射，呼嘯著越過頭頂，向全烏克蘭的目標進攻。接著，在六月初，烏克蘭軍隊開始回擊，擊中位於新卡霍夫卡的一個大型軍火庫，該軍火庫猛烈爆炸並燃燒了兩天，許多鄰居的窗戶都被炸碎。有些人很生氣，其他人則認為這是獲得解放的微小代價。但是，有些俄軍也公開地對她的一位朋友說，「如果俄軍不得不離開這個地方，就絕不會留下任何一塊完整的磚頭。」

納高什卡亞決定，是時候該帶著女兒瑪莎逃到安全的地方了。「這場戰爭結束之前，新卡霍夫卡將會再次陷入戰火，」她在我們一起搭乘從波蘭普熱梅希爾到克拉科夫（Krakow）的火車時說，「我不想那時候還在那裡。」她湊齊了五百美元，支付給一位司機嚮導（或稱為「引路人」），帶著她們穿越前線到札波羅熱。她的司機解釋說，大部分的錢是用來賄賂俄羅斯士兵，因為他們必須穿越二十個檢查站。將貓狗留給親戚照顧後，納高什卡亞和女兒踏上了前往波蘭弗羅茨瓦夫的新生活。在其中一個檢查站，俄羅斯士兵問她為何離開，士兵說：「這裡是多麼美好，土地這麼富饒——而且現在也屬於俄羅斯了。」[47]

第十章 僵持

一切崩潰了，一切都變得腐敗，周圍的每個人都成了叛徒。

——蘇聯歷史學家葉夫根尼・塔爾列（Yevgeny Tarle, 1874-1955）評論沙皇尼古拉一世在克里米亞的戰敗[1]

兩軍對壘

「只要我想，我兩周內就能拿下基輔。」普丁在二〇一四年併吞克里米亞後，對歐盟委員會即將卸任的主席若澤・曼努埃爾・巴羅佐（José Manuel Barroso）誇口。[2]當時，無論是烏克蘭人還是西方軍事專家都相信了他。伊洛瓦伊斯克和傑巴利采沃的慘敗記憶——當時烏克蘭裝甲部隊被俄羅斯包圍並摧毀——使得北約的軍事援助專注於訓練並提供適合游擊戰爭的輕型武器。「俄羅斯軍隊能在戰場上被擊敗的想法，從未進入過我們的考慮範圍。」一位密切參與當時北約對基輔援助的英國高級軍官說，「老實說，我們低估了烏克蘭人，並嚴重高估了俄羅斯人。」當二〇二二年入侵發生時，「我們原本預期的是一支強大且訓練有素的聯合兵種部隊，步兵、坦克、炮兵之間協調良好，」這位軍官說，「然而我們看到的是沒有步兵支援的坦克，被突擊隊逐個擊破……他們有太多的鋼鐵，卻沒有足夠的人員。」[3]

在二〇二〇年（根據當時最新可取得的俄羅斯統計資料）俄羅斯的專業軍人總數為四十萬零五千人，這些人來自空軍、海軍和陸軍。其中，根據北約的估算，在戰爭初期，俄羅斯的陸軍總兵力為二十八萬人，若加上來自海軍陸戰隊、俄羅斯國家近衛軍（Rosgvardia）的準軍事警察部隊、車臣的非正規軍，以及瓦格納的僱傭軍，俄羅斯在對烏克蘭的進攻中動員了接近二十萬人——而且在入侵後，他們還會加入來自盧頓共和國的徵兵部隊。

在戰爭開始時，烏克蘭軍隊大約擁有九萬名具備作戰能力的部署部隊，大多駐守在頓巴斯雙方實際控制線附近。但根據官方數據，烏克蘭全國武裝力量的總兵力為十九萬五千六百二十六人。而在過去持續八年的頓巴斯戰爭中，驚人的九十萬名男女曾經在前線作戰，這些人形成了擁有最近作戰經驗的龐大後備力量。戰爭的最初幾天，烏克蘭宣布了總動員，禁止任何十八到六十歲的男性離開國家，並要求他們在當地徵兵辦公室登記。到二〇二二年四月，約有六百九十七萬零三十五名、十六到四十九歲的烏克蘭男性被認定為適合服兵役，儘管與俄羅斯不同，烏克蘭並未強制徵兵，甚至在九月末時，基輔當局就報告已募集到足夠的志願入伍人員。「根據步兵配置規則標準，要進行成功的攻擊，你需要擁有一比三的優勢，」俄羅斯軍事分析師尤里．費多羅夫（Yury Fedorov）說。[4]如此看來，俄羅斯不到二十萬的入侵軍隊，遠遠不足以達到這個要求。

外國志願者也成為烏克蘭軍隊中一個小而具有象徵意義的部分。即便在戰爭爆發前，來自英國、美國、法國甚至摩洛哥的數十名退伍軍人，便已作為正規士兵服役。隨著戰爭爆發，根據澤倫斯基的顧問阿列斯托維奇透露，幾百名外國志願者，當中包括一支由兩百五十名俄羅斯異議分子組成的隊伍，前往烏克蘭報名參戰。[5]這些俄羅斯人當中包括伊戈爾．沃洛布耶夫（Igor Volobuyev），他五十歲，曾是俄羅斯天然氣工業銀行（Gazprombank）的副總裁，放棄了在莫斯科的舒適高層生活，選擇為烏克蘭而戰。沃洛布耶夫穿著烏克蘭軍服，佩戴著「自由俄羅斯」軍團的徽章，這支軍團是烏克蘭武裝力量中的一個特殊單位，完全由俄羅斯國籍的成員組成。「戰爭爆發的那一刻，我立刻知道我想去捍衛烏克蘭，」沃洛布耶夫說。他解釋說，這個單位的標誌是一個白、藍、白的三色旗——這是俄羅斯國旗，只是紅色被改成了白色，以去除和「血腥與暴力」的關聯。沃洛布耶夫在二月末的叛逃對俄羅斯商界造成了衝擊。他說：「我長時間與自己妥協……但在二月二十四日，任何妥協的談判已經沒有可能。我不能成為這場罪行的一部分。擊敗俄羅斯，是創建一個民主、文明國家的唯一途徑。」[6]

隨著烏克蘭軍隊集中在二〇一五年頓巴斯地區的實際控制線，俄羅斯對較少防守的北部邊界發動攻擊，瞄準基輔、蘇梅和哈爾科夫，這似乎是一個合理的擊敗策略。然而，當這一策略失敗後，俄羅斯軍隊自相矛盾地發現，他們在數量上，竟被從只有自己國家四分之一人口中徵集的防衛力量所超越。

俄羅斯軍隊最初失敗的根本原因，是普丁拒絕對烏克蘭正式宣戰。俄羅斯軍隊，像其蘇聯前身一樣，仍然主要是為了對抗北約進行全面地面戰爭而設計的。其戰鬥力的有效性依賴於徵召義務兵役體系，這些士兵可以迅速接受基本訓練、執行最基本的任務——最關鍵的，是為裝甲部隊提供步兵支援。然而，在三月八日國際婦女節那天，普丁公開向「我們士兵和軍官的母親、妻子、姊妹、未婚妻和女朋友」承諾，徵召士兵「現在不會，將來也不會直接參與」戰鬥。[7]一天後，俄羅斯國防部就承認「在俄羅斯軍隊某些單位中，有少量徵召士兵出現在烏克蘭境內」——但同時補充說「幾乎所有」這些意外牽涉的士兵已返回家中。[8]即便俄羅斯的進攻陷入停滯，普丁仍繼續拒絕將「特別軍事行動」宣布為戰爭，也不願啟動全面徵兵。

俄羅斯軍隊基本上是以和平時期的組織編制被派往烏克蘭參戰。幾乎無一例外，軍隊的各單位故意保持在只有正式人員編制的七〇%，以預期戰爭時能透過徵召的義務兵來補充人員。俄羅斯的義務兵也不是集中訓練，而是分配到各單位，由專業的合約制士兵進行基礎訓練。因此，當部署烏克蘭戰役的命令下達時，俄羅斯軍隊的每個單位不僅得在沒有新徵召義務兵的情況下作戰，還必須將正在服役的非合約制士兵留下。在戰時，俄羅斯的一個步兵旅理論上應該具有滿額兵三千五百人；在和平時的七〇%備戰狀態下，實際上只有兩千四百五十人。如果沒有任何義務兵服役，每個單位就只剩下大約一千七百一十五名合約兵。

俄羅斯軍隊聯合兵種的基礎作戰單位是「營級戰術群」（BTG/Battalion Tactical Group），五個營級戰術群組成一個作戰旅。每個營級戰術群原本應該擁有六百到八百名士兵，包括乘坐裝甲車的摩托化步兵，以及坦克、炮兵、支援武器和防空分隊。在所有營級戰術群組成中，步兵是最為關鍵的。他們的任務是保護坦克並占據有利地形，若沒有步兵的配合，裝甲車輛和坦克將會在面對現代反坦克飛彈（如標槍和ＮＬＡＷ）時變得盲目且幾乎無法防禦。

在集結備戰的過程中，普丁的軍隊大幅增加了營級戰術群的數量，卻未能招募到足夠的專業士兵來填補這些部隊；軍事硬體並不短缺，短缺的是士兵。可是，為了避免承認無法完成克里姆林宮擴軍的命令，軍方將領們選擇透過簡單地減少部隊人數來解決問題。根據英國國防部門的消息披露，摩托化步兵營的兵力從原本的四百六十一人至五百三十九人，減至約三百四十五人，這一變化發生在戰爭爆發前夕。俄羅斯的確增加了其營級戰術群的數量，但這些增強只存在於紙上。

據估計，攻擊烏克蘭的約一百二十個營級戰術群，都帶著完整的裝甲和支援武器進攻，但人力規模卻遠未達到其完整編制。而這一人員的缺口，尤其在基輔郊區等樹林地帶和城市區域，成了決定性因素。根據俄羅斯軍隊的設計，典型的摩托化步兵排應該有三個班，每個班由七人組成，每人都駐守於步兵戰鬥車上。每輛車需要一位班長、一位駕駛員和一位車載機槍手，其餘四人將隨時下車，作為實際的步行者——更重要的是，充當「眼睛、耳朵和步槍」，負責地面作戰。但由於缺乏義務兵，每個排的每輛車可能就只剩下兩名實際作戰的戰士。某些烏克蘭部隊報告指稱，他們曾攻擊過只有三名成員的俄羅斯裝甲車，「若沒有可下車作戰的人員，就成了一個沒有步兵的摩托化步兵部隊。」英國的消息來源如此表示，「大家都被困在車裡，你就無法隨時警覺周邊情況。也沒有人手去執行一般的步兵任務，例如：疊加式隊列搜索（單列前進接敵）、清理路邊建築，或為其他單位提供安全保障。」[9]

俄羅斯軍隊的人員問題在戰爭初期更加惡化，因其最訓練有素的部隊在戰爭前幾天遭受了重大損失。俄軍將領們所採取的閃電戰策略，意味著派遣精銳的空降部隊和海軍陸戰隊進行高風險的突擊作戰，如奪取戈斯托梅爾機場。在戰爭的最初幾周，超過一百五十輛BMD輕型步兵戰車（這是俄羅斯空降部隊專用的裝備）證實被摧毀，與正規軍遭受的損失相比，這一損失嚴重不成比例。當地俄羅斯媒體報導的軍官訃文也顯示，空降部隊——俄羅斯最精銳的部隊——的傷亡率極高。

到了四月，莫斯科的將軍們已開始部署訓練營來替代戰場損失的部隊。每個俄羅斯軍隊的旅都有一個「第三營」，由經驗豐富的訓練官和他們的後備車輛組成，駐紮在後方基地，專門負責培訓徵召的義務士兵。根據烏克蘭的無線電監聽和人工獲取的情報，越來越多這樣的訓練單位出現在頓巴斯前線。理論上，俄羅斯軍隊可以召集額外的三十到四十個營級戰術群，這些將完全由經驗相對豐富且能力較強的訓練官組成；但這樣的部署，將以削弱俄羅斯長期補充和訓練新兵的能力為代價。

普丁投入大量資金的軍隊，原本宣稱的效率和現代化，也被揭露為一場騙局。八月，俄羅斯職業軍人帕維爾·菲拉季耶夫（Pavel Filatyev）在俄羅斯的社交平台VKontakte（相當於臉書）發表了他在第五十六近衛空中突擊旅服役期間的詳細證詞。他加入這支被認為是精銳的空降部隊後，發現自己的軍營裡沒有床鋪，而且還經常停水斷電；常看到一群野狗在營地裡遊蕩；食物也不足，只有不新鮮的麵包和清水泡生馬鈴薯的「菜湯」。理論上，他所在的單位應有五百名士兵，但實際上只有三百名。他不得不自己購買冬季制服，因為他領到的是夏季衣物和不合腳的靴子。他的步槍生鏽且開幾槍就卡住了，而且當他被派往烏克蘭時，甚至沒有防彈背心，他猜測這些背心已經被軍官偷走並賣掉。他是被一輛載著迫擊炮彈卻沒有剎車的卡車送上前線的。菲拉季耶夫說：「所有這些（設備）都有一百年的歷史了，很多都無法正常運作，但在（軍官的）報告中，這一切可能看起來都很好。」最終，他從部隊出走，逃到了法國，「俄羅斯軍隊是個瘋人院，一切都是作秀。」菲拉季耶夫下了這個結論。[10]

當克里姆林宮堅決反對全面動員時，俄羅斯軍隊大力推動和平時期的定期徵兵運動，通常會在春、秋兩季進行。戰爭第一周，俄羅斯國家杜馬匆忙通過了一項法律，要求每個十八到二十六歲的男性公民，必須前往當地徵兵辦公室登記註冊，而非等待徵召通知，否則將面臨監禁處罰。結果，俄羅斯全國的徵兵辦公室接連遭到縱火襲擊，其中至少有十六個辦公室被焚燒，顯然是企圖銷毀當地潛在徵兵名單的紙本檔案紀錄。

軍方還發起了所謂的「影子動員」（shadow mobilisation）運動。已服役至少三個月的現役徵召義務兵，受到上級軍官的強烈壓力，要求他們簽署合約成為職業軍人；預備役軍人（已完成一年義務兵服役的男性）也被召集參加強制性的訓練，並在訓練期間提供高額獎金，誘使他們重新加入軍隊。

簽約獎金從三千到五千美元不等，這相當於俄羅斯貧困地區（包括少數民族共和國）每人平均一年的收入。因此，這些非俄羅斯地區的士兵，在俄羅斯公開的傷亡人數中也占了大部分的比例並非巧合。位於北高加索穆斯林聚集區的達吉斯坦共和國，在戰爭頭四個月內報告的死亡人數達到兩百零七人，位居所有地區之首；西伯利亞的布里亞特（一百六十四人）和圖瓦共和國（一百二十七人）分列第二、第三——然而真實的數字必定高出更多。相較之下，根據俄羅斯獨立網站Mediazona對社交媒體、當地報紙、官方公告的調查結果，同一時期，來自莫斯科的士兵僅有八名、來自聖彼得堡（俄羅斯第二大城市）的則有二十六名士兵戰死。[11]

到了九月，俄軍在哈爾科夫附近的領土已失去超過六千平方公里，這是由於烏克蘭的反攻所致，顯而易見地，試圖以一支由僱傭兵、殖民部隊、甚至（我們稍後將看到）囚犯組成的消耗性軍隊來打這場戰爭是失敗的。九月二十一日，普丁宣布進行「部分」動員，徵召三十萬名具有軍事經驗的後備役軍人，儘管根據洩漏給莫斯科《獨立報》（*Nezavisimaya Gazeta*）的未公開命令部分顯示，政府實際上計畫動員高達一百二十萬人。

三月的混亂與大規模逃亡場景再次重演，但這次更加緊迫。一周內，有二十五萬名俄羅斯男性公民——遠超過克里姆林宮最初組建的入侵部隊——逃離了國境。人們排隊等了三天才通過邊境進入喬治亞，之後非本地車輛被禁止進入鄰近的北奧塞梯俄羅斯共和國。俄羅斯軍隊在喬治亞和芬蘭的邊境設立了臨時徵兵招募站，試圖抓住逃亡的後備役軍人。就像三月時一樣，從俄羅斯出境的機票價格飛漲，「願意用一輛豐田Corolla換一張前往伊斯坦堡的單程機票」，這是我朋友傳給我的一則俄羅斯社交媒體貼文。巧合的是，我再次身處莫斯科，並且在普丁宣布動員前的清晨已經購買了前往土耳其的機票；坐在我旁邊的年輕人則是在一天後才買了票，並支付了五倍價錢。他是莫斯科一所建築學院的應屆畢業生，他們全班都被徵召入伍，因為所有人在課堂上都必修軍事訓練。「我是那些跳出滾水的青蛙之一，」他告訴我，「我將為保衛自己國家而戰，但不會為占領別人家園而戰。」徵兵辦公室再次遭受一波縱火襲擊，在九月二十六日，位於西伯利亞城市烏斯季伊利姆斯克的某徵兵辦公室負責人遭到了槍擊。[12]

一些惡作劇者偽裝成徵兵官員，打電話給克里姆林宮發言人德米特里・佩斯科夫三十二歲的兒子尼古拉（Nikolai Peskov），命令他第二天報到接受體檢。「這顯然是不可能的！」尼古拉對這些惡作劇者憤怒地回應，根據網上流傳的影片顯示，「你們必須明白，讓我去那裡報到是不對的。我必須從不同的層面解決這個問題。」這裡的關鍵字是「顯然」，對他們來說，俄羅斯精英權貴的子女拿起槍來實際為國效力的想法，是一種無禮且理所當然的荒謬事；相較之下，許多烏克蘭最著名的舞蹈家、足球員、電視明星、部落客和政治人物則以參軍為榮，這對他們來說是一種驕傲。

車臣武裝

達吉斯坦人、圖瓦人和布里亞特人並不是唯一在俄羅斯軍隊中處於前線的殖民力量。車臣人組織的幾支部隊，既有戰爭初期被部署為暗殺小隊的非法武裝，也有正規軍隊，參與了從戈斯托梅爾機場到馬里烏波爾鋼鐵廠的所有主要戰線。

車臣人是令人畏懼的戰士。儘管史達林曾試圖摧毀他們，車臣人仍然保留了「超級男子漢」的戰士文化，這在蘇聯解體後對他們大有幫助，當時車臣幫派成為了後蘇聯時期最成功、最臭名昭著的俄羅斯黑社會組織之一。正是俄羅斯對鎮壓車臣的血腥勝利，才成就了當時的總理普丁的政治生涯。但為了占領並控制車臣，普丁利用了當地代理人——特別是前獨立的伊奇克里亞車臣共和國（Chechen Republic of Ichkeria）的宗教領袖艾哈邁德・卡德羅夫（Ahmad-Haji Kadyrov），他在一九九九年背叛並加入了俄方。在二〇〇四年卡德羅夫被刺殺後，他的兒子拉姆贊接管了前反叛共和國，成為莫斯科的地方統治者，他透過克里姆林宮提供的巨額資金和一場恐怖統治來維持自己的權力，期間數千人被綁架、拷打和謀殺。

拉姆贊・卡德羅夫經常稱普丁為自己的「第二個父親」。作為回報，普丁將卡德羅夫封為俄羅斯英雄，允許他在自己的共和國設立事實上的伊斯蘭法規，限制酒精的銷售與消費，並迫害同性戀者。俄羅斯入侵烏克蘭為卡德羅夫提供了完美的機會，既能展示他對普丁的忠誠，也能展示他的部隊在作戰上的行動獨立性。卡德羅夫部隊的精英約有一萬兩千人，其中不少人在對基輔的第一次進攻以及將頓巴斯叛軍向馬里烏波爾南部推進的戰鬥中被徵召。這些車臣部隊被稱為「卡德羅夫黑幫」（Kadyrovtsy，即「卡德羅夫的人」），他們裝備精良、擁有最新的戰術裝備，包括頭盔麥克風、護膝、凱夫拉防彈頭盔和包覆式防護眼鏡。與俄羅斯正規軍隊不同，他們可以自由使用手機，並經常在TikTok上傳精心拍攝的影片，內容是那些留著濃密鬍鬚的戰士們，以PKM輕機槍射向馬里烏波爾的民用建築，射光整盒彈匣，並同時從戰火瓦礫中救出烏克蘭兒童。

卡德羅夫黑幫在烏克蘭南部的領袖是五十二歲的亞當·德利姆哈諾夫（Adam Delimkhanov），留著一把讓人印象深刻的白鬍鬚，他是一位前車臣反叛武裝的指揮官，曾與艾哈邁德·卡德羅夫轉投俄方，並於二〇〇七年成為國家杜馬的議員。在二〇二二年四月底，德利姆哈諾夫身穿獨特的黑色戰術裝備，與他長長的雪白鬍鬚形成鮮明對比，並且穿著一件裝有摩托羅拉無線電對講機的黑色防彈背心，出現在一段凱旋慶功的影片中，背景是馬里烏波爾亞速鋼鐵廠的廢墟，周邊圍繞著他的大鬍子戰士，他對鏡頭說：「摧毀並清除馬里烏波爾的特別軍事行動已經完成，」他接著說：「弗拉迪米爾·普丁總統的命令已經執行完畢。」[13] 隔天，與兩位卡德羅夫父子一樣，德利姆哈諾夫也被普丁授予了俄羅斯英雄勳章。[14]

車臣戰士曾是俄羅斯領導的部隊之一，並短暫占領了戈斯托梅爾機場。拉姆贊·卡德羅夫甚至發布過一段影像，聲稱自己與他的部隊一起在戈斯托梅爾作戰，並可以看到他與其他軍官在地下掩體中研讀地圖。西方情報來源根據卡德羅夫警衛人員手機訊號的追蹤情報所判斷，將這段影像視為偽造；然而，對卡德羅夫而言，積極參與普丁的戰爭是他公共形象的重要部分，顯示出一個大國的軍隊如何依賴他這支車臣戰士幫派獲勝。四月，卡德羅夫在Telegram開設了一個阿拉伯語頻道，顯然是想藉此利用與拓展他的知名度，這對於一個非阿拉伯語系、地處俄羅斯邊境狹小區域的領袖來說，是一個野心勃勃的舉動。[15]卡德羅夫還發起了一場大規模的徵兵運動，利用體育明星和武術教練吸引志願者——一位招募人員在給未來年輕戰士的手機短訊中表示：志願者將獲得兩千三百美元的報名獎金，以及每月一千美元生活補貼，作戰成功還會有額外獎勵。

車臣戰士被捲入了這場衝突中一些最嚴重的戰爭罪行。四月，烏克蘭人權專員柳德米拉・傑尼索娃指控「卡德羅夫黑幫」射殺自己受傷的同袍，並且在基輔郊區布查的亞布隆斯卡街（Yablonska Street）的玻璃工廠內「設立了刑訊室」。阿爾特姆・胡林（Artem Hurin）是鄰近小鎮伊爾平市議會成員，同時也擔任烏克蘭國土防衛隊的副指揮官，是普丁的部隊撤退後首批進入布查的人之一，當時烏克蘭軍隊於四月二日重新占領了該鎮。胡林講述了當地居民遭受俄羅斯軍隊殘酷折磨和強暴的一系列恐怖故事，他們也親眼目睹了「被處決的平民」躺在街頭的屍體——其中許多屍體是被車臣戰士殺害的，他們早在三月五日就開始殺害居民了。一名婦女回憶說，她曾遭受一名車臣士兵和一名白俄羅斯士兵折磨了四天，隨後他們殘忍地射殺了她丈夫的頭部。布查的市長阿納托利・費多魯克（Anatoliy Fedoruk）也告訴記者，車臣士兵在被俘平民的手臂上綁上白布條，這是示意

「被處決」的明顯標誌，鎮上許多已被處決的平民屍體上，也都有這樣的白布條。

頓巴斯軍隊

入侵軍隊的最大新兵來源，並非來自俄羅斯本土，而是來自頓巴斯共和國大規模徵召的年輕人。即使在二〇二二年入侵之前，根據頓涅茨克和盧甘斯克兩個共和國的統計，這兩個共和國已有四萬四千名軍人，大約占這些共和國三百萬總人口的一．五％。以和平時期的標準來看，這個動員比例已非常高——如果將此比例應用於其他國家，那麼美國的軍隊將擁有四百九十萬人，而中國的軍隊則達到兩千一百萬人。二月中，當頓巴斯各共和國報告烏克蘭的攻擊加劇（但基輔否認）時，頓涅茨克人民共和國的總統丹尼斯．普希林（Denis Pushilin）在電視上宣布了總動員令。除了具軍事經驗的後備役人員外，動員令覆蓋了十八到六十五歲的健康男子，而且多項醫療豁免規定（免役）也被取消。根據一些估算，大規模動員可能會增加六萬名新兵——這樣一來，頓巴斯各共和國戰場上將有十萬多個當地人參戰，這相當於原本部署的俄羅斯正規軍隊的六〇％。

到了四月底，前頓涅茨克共和國國防部長伊戈爾．吉爾金在Telegram上報告，頓巴斯各共和國已經「掃清」所有的適齡男性。另一位前頓涅茨克共和國的安全部長、曾指揮頓涅茨克沃斯托克（Vostok）部隊在馬里烏波爾參戰的亞歷山大・霍達科夫斯基（Alexander Khodakovsky）也抱怨，「沒有軍事背景的人員」現在也被動員上前線。霍達科夫斯基在Telegram上表示，「從一位音樂學院的學生身上，你能指望什麼呢？這些人被匆忙徵召，既沒有動力，也對軍事毫無概念。」他還承認，這些缺乏經驗的頓涅茨克軍隊在哈爾科夫周邊的防線上，都遭受了重大傷亡。

儘管吉爾金與俄羅斯軍事情報部門有密切合作的歷史，卻成了普丁戰爭方式的激烈批評者。吉爾金指出，即使在第一次世界大戰的最激烈戰鬥中，俄羅斯帝國軍隊也會對徵召的農民士兵提供最基本的軍事訓練；但與此不同的是，盧頓共和國的新招義務兵，則是被徵召後直接「丟進戰場」，希望「他們能在幾天內學會所有技能——如果他們能活下來的話」。[16]許多頓巴斯部隊與更有紀律的俄羅斯部隊不同，他們被允許保留個人手機上前線，並發布了一些照片，顯示出許多身穿雜亂軍裝的團隊集結畫面。許多人手持只裝五發子彈、拉栓操作的莫辛（Mosin）M1891型步槍，這款步槍是在第一次世界大戰之前二十年設計的，並在五〇年代初期就被俄羅斯軍隊淘汰。

與俄羅斯的徵兵不同，頓巴斯的徵兵並不避諱在社交媒體上發洩他們被部署到遠離家鄉前線的強烈憤怒。三月二十八日，一段拍攝於軍用卡車後車廂的影片被發布到Reddit

上，影像中，一名士兵一邊拍攝著他身邊二十名同袍，一邊說：「我們是來自頓巴斯的應徵義務兵。」另一名士兵插話道：「普通的他媽的工人！」第三名士兵大聲喊道：「孩子！我們都還只是他媽的孩子。我們是平民，普通學生！」其他士兵也開始插話，發表他們憤怒的評論。「我們發現自己身在俄羅斯，還拿著槍！」「他們還徵召了十八歲的孩子！」「我們全都淒慘至極！我們到底在這裡做什麼！我們在蘇梅（位於烏克蘭北部）這個該死的地方！」「YouTube上有一段我們的人被俘虜的影片。我們被出賣了！」「我們的很多兄弟都死了。」一名士兵接著說：「對，俄羅斯國防部根本不知道我們在這裡做什麼。我們被非法帶到了俄羅斯。請把我們送回頓巴斯！我們被派來用卡拉什尼科夫衝鋒槍對付旋風多管火箭炮、大炮和迫擊炮。我們來自（分裂的頓涅茨克城鎮）沙赫塔爾（Shakhtar）、托瑞茲（Torez）、遂茲諾韋（Snezhnoe），第十五師、第四營。所有的頓巴斯人——請聽我們說！我們已經被拋棄了。我請求你們分享這支影片！」[17]

霍達科夫斯基宣稱，缺乏經驗的徵召兵通常會被安排在較安全的後方區域。然而，吉爾金一再抱怨，俄羅斯指揮官會將「可消耗的」盧頓共和國步兵部隊，經常性地派往前線進行正面攻擊。一些烏克蘭軍事部落客報導，盧頓共和國的徵召兵被用來吸引敵火，好讓俄軍或專業的分離主義部隊能夠找出烏克蘭火力地點座標。無論如何，在分離主義部隊中偏高的傷亡比例，可能解釋了俄軍官方死亡人數與烏克蘭報告的敵方傷亡數字之間的極大差異。頓涅茨克和盧甘斯克的年輕人是這場戰爭的主要炮灰，另一部分則是由克里姆林宮的私人軍隊招募的老兵、貧困年輕人、囚犯組成的一群僱傭軍。

瓦格納僱傭軍

瓦格納集團是一家私人軍事公司，由前俄羅斯軍事情報局特種部隊中校德米特里・烏特金（Dmitry Utkin）於二〇一四年創立。他在特種部隊（Spetznaz）第二獨立旅服役期間，因為對德意志第三帝國的崇拜熱情而被賦予了「瓦格納」個人呼叫代號。二〇二一年發布的照片顯示，他脖子和胸上有德國武裝親衛隊（Waffen-SS）的領章和納粹帝國鷹（Reichsadler）紋身。烏特金的最初任務是招募退伍軍人，作為可以抵賴政治責任的僱傭軍力量，與頓巴斯分裂主義勢力並肩作戰。他們首次出現在二〇一四年夏季的盧甘斯克戰場，隨後又前往敘利亞、利比亞、中非共和國、馬利作戰，通常支持與俄羅斯政府結盟的勢力。正如我們所見，瓦格納僱傭軍在二〇二二年俄羅斯入侵烏克蘭前被重新部署至基輔，作為祕密暗殺小隊。

該集團與俄羅斯安全機構的聯繫是直接且有充分紀錄的。一個設在俄羅斯南部斯塔夫羅波爾（Stavropol）地區的瓦格納關鍵培訓基地，屬於軍事情報局所有。瓦格納部隊都是由俄羅斯軍用飛機運送，並使用俄羅斯的軍事醫療服務——所有成員的護照也是由俄羅斯政府所頒發。[18]最初的資金被認為是來自聖彼得堡的餐飲億萬富翁葉夫根尼·普里格津，他與普丁關係密切。儘管普里格津正式否認與瓦格納的關係，但到了二〇二二年夏天，他的臉卻出現在瓦格納公司於俄羅斯各地的招募海報上。

瓦格納的招募工作與俄羅斯軍方的正式「影子動員」同時進行，並且相互競爭。但由於其創始人及許多成員的背景，瓦格納能夠接觸到克里姆林宮未能接觸的憤怒、暴力潛在士兵。根據德國聯邦情報局二〇二二年五月的一份報告（由《明鏡》〔*Der Spiegel*〕周刊披露）指出，瓦格納廣泛招募了俄羅斯右翼極端主義分子和新納粹分子。其中包括了被命名為「魯西奇」（Rusich）的「破壞和突擊偵察單位」，其象徵是納粹黑太陽標記的斯拉夫異教徒式翻版，其共同創始人阿勒克謝·米爾查科夫（Alexei Milchakov）以在YouTube上發布自己砍下狗頭的影片而臭名昭著。米爾查科夫在二〇二〇年十二月的一段影片中表示：「我不會深入地說，我是民族主義者、愛國者、帝國主義者等；我會直言不諱地說——我就是納粹。」另一個瓦格納分支是「俄羅斯帝國運動」，是一個白人至上團體，在兩年前被美國政府認定為「全球恐怖分子組織」。

在二〇二二年七月，瓦格納集團被授權從俄羅斯監獄中招募服刑的犯人。葉夫根尼·普里格津被拍攝到乘直升機到訪幾座俄羅斯監獄（勞改營），並對數百名穿著黑色制服的囚犯發表演講。瓦格納提供的條件無法抗拒——對包括謀殺在內的所有罪行提供完全赦免，交換條件是服役六個月。「我還要待在監獄裡十一年，」一名在莫斯科以南三百英里的坦波夫（Tambov）地區第八號勞改營、聽過普里格津演講的囚犯告訴英國《衛報》（*Guardian*），「要麼我死在這個糞坑（監獄）裡，要麼我死在那裡，沒什麼差別。至少我有機會為我的自由而戰，我們都把這比喻為俄羅斯輪盤。」另一位瓦格納的招募對象是伊凡·涅帕拉托夫（Ivan Neparatov），他因謀殺三名欠他錢的人而被判刑二十五年，已服刑十三年。他還說服鄰居開車送他到自己家鄉莫斯科北部謝爾吉耶夫鎮（Sergiev Posad）的另一位欠債女商人家中，在那裡搶劫並勒死了她，而且為了洩憤還向鄰居刺了八十八刀。涅帕拉托夫於初夏加入了瓦格納，但很快就死於烏克蘭槍彈之下；然而，他死後居然還被授予俄羅斯「祖國勇士」勳章。根據維護囚犯權利的非政府組織「被監禁的俄羅斯」（Jailed Russia）負責人奧爾加·羅曼諾娃（Olga Romanova）統計，截至九月初，已有約一萬一千名俄羅斯囚犯簽約前往烏克蘭，她說這個數字還在快速增長中。[19]

在某種意義上，瓦格納的大規模招募囚犯活動無疑是俄羅斯軍隊絕望且急迫的徵兆；

但它在另一個不太明顯的方面也具有重要意義。透過招募竊盜犯、謀殺犯、來自遙遠省分的貧困孩子、來自偏遠少數民族共和國的軍隊，克里姆林宮同時發出了信號，表示它希望將戰爭保持在一個低調的層面上，將傷亡保持在可消耗的軍隊建制中，就能減少公眾間流行反戰的機會。即便普丁在二〇二二年九月底宣布徵召三十萬名俄羅斯軍事後備役人員時，他也強調，「我們並不涉及對軍事一無所知的普通民眾……學生將不受干擾地繼續學習。」然而，這一承諾實際上仍被忽視，徵召令依然像雨點般落在那些完全沒有軍事經驗的男人身上。儘管如此，瓦格納仍然履行了兩個重要使命：向前線提供戰鬥人員；同時也從社會中那些其死亡對政治影響最小的群體徵召兵力。

但問題在於，隨著瓦格納集團的軍事實力、資金和公眾形象的增長，普里格津的政治野心也水漲船高。瓦格納軍隊在頓巴斯城鎮索萊達（Soledar）和巴赫穆特（Bakhmut）的血腥戰鬥中奮勇當先，並於十二月時占領了索萊達。在攻擊期間，普里格津和他的手下開始在YouTube和Telegram上公開抨擊俄軍總參謀部的無能和管理不善，但同時小心避免對總司令普丁提出批評。瓦格納集團很自豪他們兇殘成性的公眾聲譽，甚至上傳處決在交換戰俘中被遣返的逃兵的影片，用長柄鐵錘敲碎他們的頭骨。在十一月，歐洲議會認定俄羅斯為「恐怖主義國家支持者」之後，普里格津竟然威脅性地寄給議會一把用假血跡塗上瓦格納標記的木柄鐵錘。[20]他還公開談論要成立自己極端愛國的俄羅斯政黨，導致某些西方政治評論家質疑，普里格津和他的私人軍隊是否最終將會挑戰普丁的權威。

但事實上，普里格津所有公開的炫耀行為只是他在克里姆林宮缺乏實際影響力的表現。將自己的勝利公布在社交媒體上，是讓普里格津的名字出現在普丁辦公桌上的唯一方式（透過列印出來的媒體報導；因為眾所皆知，普丁本身不用網路）。而對此不滿的軍方則迅速行動，來封殺瓦格納更加過分的極端行為，並在二〇二三年一月開始，取消了集團招募囚犯的特權，正規軍成立了自己的「懲戒營」用以徵召囚犯。根據西方統計，瓦格納軍隊在戰場上的損失高達前線兵力的五〇％。[21]

俄羅斯大軍的碾壓

到了二〇二二年五月中，戰爭集中於兩場殊死搏鬥——在南方馬里烏波爾城中的亞速鋼鐵廠，以及在東部的雙城小鎮北頓涅茨克和利西昌斯克（Lysychansk）。普丁在四月二十日已經宣布馬里烏波爾獲勝，當時最後一批平民在聯合國的協助下已從鋼鐵廠下方的掩體區撤離。許多烏克蘭正規軍投降，普丁取消了對鋼鐵廠的全面攻擊，並命令將剩下的防守軍嚴密圍困「到連一隻蒼蠅也無法穿過」。[22]然而，幾百名堅韌的防守軍——主要成員來自亞速營的士兵，他們已成為俄羅斯宣傳中的烏克蘭「納粹主義」象徵——依然堅守。最後防守者所拍攝的震驚照片顯示，鋼鐵廠的巨大廠房已變成毀滅後的世界末日廢墟，充斥著扭曲的金屬和炸毀的機械設備。剩餘的防守者在一個充滿噩夢般的地下通道、掩體和儲藏室中艱難生存，藥品和食物日漸匱乏。最終在五月十七日，剩下的兩百一十一名健全士兵和兩百六十名傷員走出了被摧毀的工廠，並進入了位於頓涅茨克人民共和國奧列尼夫卡（Olenivka）的監獄中，陷入了戰俘生活的悲慘境地。兩個月後，五十三名囚犯在一起爆炸中喪生，頓涅茨克當局宣稱是烏克蘭的導彈襲擊，但基輔則稱這是一次蓄意的集體謀殺行為，目的是銷毀酷刑的證據。

在試圖包圍北頓涅茨克——被稱為頓巴斯「第二首都」的戰鬥中——俄羅斯國家近衛軍和陸軍部隊反覆嘗試利用浮橋強渡北頓涅茨河（Siverskyi Donets River）。在五月六日到八日的三天內，一列又一列的俄羅斯裝甲運兵車被烏克蘭的炮兵和直升機系統性摧毀。[23]

橫渡的行動，原本應該是正規軍隊和較新的、以鎮壓民眾不服從為主要職責的準軍事國民近衛軍的聯合行動；但最終卻是俄羅斯國家近衛軍承擔了橫渡災難的主要傷亡。俄羅斯國家近衛軍總司令維克托·佐洛托夫曾是普丁的保鏢，他對這次本應展示其部隊戰鬥能力的行動結束於血腥失敗，個人感到屈辱和憤怒。根據一位與俄羅斯安全情報高層官員有密切商業往來的消息來源透露，以下發生的事情在政府圈內成為傳奇。佐洛托夫在慘敗發生後不久，闖入了一場軍事策畫會議，質問國防部長謝爾蓋・紹伊古，指責紹伊古錯誤地批准了多次攻擊，儘管烏克蘭的威脅並未完全消除。這位消息來源說，佐洛托夫對紹伊古大喊：「夠了，別再撒謊了！」隨後向紹伊古臉上打了一拳。[24]儘管這個故事無法被證實，但如果屬實，將體現出戰場上進展緩慢所帶來的挫敗感和腐蝕性的責任推卸遊戲。

由於無法圍攻烏克蘭軍隊，俄羅斯軍隊恢復了其典型作戰方式，對北頓涅茨克進行轟炸，將其夷為平地。到了五月底，盧甘斯克州的烏克蘭州長謝爾蓋・蓋達伊報告，該市九〇％的建築物已被摧毀。澤倫斯基也承認，每天有五十到一百名烏克蘭士兵死亡。但直到一個月後的六月二十九日，烏克蘭軍隊最終從北頓涅茨克及其姐妹城市利西昌斯克撤退，讓俄羅斯人占領了這些空蕩蕩、無人居住的廢墟。[25]

圍繞北頓涅茨克的炮戰極為激烈，以至於在戰鬥最激烈的時期，英國國防部估計俄軍每日發射多達兩萬發炮彈。烏克蘭軍方則表示，他們每天發射約五千至六千發炮彈，幾乎耗盡了蘇聯製152公釐榴彈炮彈的庫存，迫使基輔完全依賴西方的補給來維持戰鬥能力。無人機拍攝的畫面顯示，遭摧毀的城市周圍田野完全被炮彈坑覆蓋，這些畫面讓人想起第二次世界大戰的西部戰線（雖然這樣的射擊頻率仍無法與英國在索姆河戰役〔Battle of the Somme〕第一天所發射的一百五十萬枚炮彈相比）。然而，俄羅斯優先選擇無休止的炮擊戰術，而非利用坦克和機械化步兵為主的前進攻擊，這本身就反映出一些重要訊息或暗示。強行占領一個城市區域需要訓練有素的軍隊，最重要的是，具備高度鬥志、高度參戰積極性的軍隊。

在深秋，經過烏克蘭在哈爾科夫的重大突破及收復赫爾松後，俄羅斯試圖透過攻擊位於頓巴斯中部的索萊達、巴赫穆特、弗勒達（Vuhledar）等城鎮來重新掌握戰場主動權。從烏克蘭無人機拍攝的數十段驚心動魄的影片，顯示了各種軍事無能與絕望場面，從俄羅斯步兵一波波進攻被炮火掃射殆盡，到多輛坦克和裝甲運兵車被地雷、美國提供的大炮及火箭炮摧毀，甚至還有小型商用無人機被改裝來投擲手榴彈。然而，儘管俄羅斯看似遭受了巨大炮損失，仍成功地奪回了部分領土。

與此同時，莫斯科除了派遣正規軍和僱傭軍投入「巴赫穆特絞肉機」戰場外，還改變戰術，轉而攻擊烏克蘭的關鍵基礎設施。從十一月起，成群的伊朗製造沙赫德無人機、精確度高低不一的巡航導彈及地面發射火箭彈接連襲擊了發電站和電力設施，從西部的利沃夫到東部的哈爾科夫之廣大區域。在冬季最黑暗的幾個月裡，有近四〇％的烏克蘭城市遭遇電力中斷。到了二〇二三年新年，烏克蘭軍方報告宣稱擊落了約八〇％的來襲導彈；但接連不斷的轟炸仍在繼續——卻未能削弱烏克蘭人繼續戰鬥的決心。

《租借法案》

正如第一次和第二次世界大戰時所見，美國主導的物資援助干涉，最終改變了戰爭的走向。二〇二二年五月九日，拜登簽署了「一項法案……將防禦物資出借和租賃給烏克蘭政府，以保護烏克蘭的平民免受俄羅斯軍事入侵，並為其他目的提供支援」。這項法案幾天前在美國國會以四百一十七票對十票的巨大差距通過，這一天具有高度的象徵意義。五月九日是蘇聯慶祝戰勝納粹德國的勝利日，而這場勝利正是得益於美國的大規模軍事援助。不同的是，這次新的租借法案是提供給莫斯科的對手，象徵性地讓俄羅斯扮演了第三帝國的角色。

整體而言，二〇二二年美國對烏克蘭的《租借法案》助配套將達到驚人的五百五十億美元，幾乎等同於俄羅斯每年軍事預算的總額。確實，這筆資金中的大部分被指定會直接回饋給美國軍事承包商和美國軍方；但數億美元將用於支付直接、即時提供給烏克蘭軍方的致命性攻擊武器。

但華盛頓方面有一個重要的附帶條件。普丁在二月二十七日的核威脅並未被遺忘，中國警告北約應避免直接參與衝突也同樣記憶猶新。儘管美國與中國於三月初達成的關於波蘭米格機的協議從未正式更新過，但只要美國和北約不全面介入烏克蘭問題，中國就不會向俄羅斯提供武器，兩個新超級大國都清楚地理解這一共識。

在五月十日——即《租借法案》簽署的隔天——美國國防部長勞埃德・奧斯汀與俄羅斯國防部長謝爾蓋・紹伊古通了電話。[26]根據一位獲得談話簡報的英國政府高級官員透露，奧斯汀的主要談話要點是，向紹伊古保證美國不會加入戰爭，而且武器援助不應被視為對俄羅斯的軍事攻擊。[27]

美國實際上拒絕向基輔提供可以打擊俄羅斯境內的武器，例如射程約達三百公里的多管火箭系統（ＭＬＲＳ）。俄羅斯的宣傳人員譴責美國的援助為赤裸裸的侵略行為，而且德米特里・佩斯科夫宣稱將武器送入戰區是「火上加油」，但這些言論只是為了對大眾宣傳。在克里姆林宮內部，華盛頓的克制被注意到了。儘管前俄羅斯總統德米特里・梅德維傑夫重新塑造自己為極端鷹派，他仍認為美國決定不提供遠程武器是「合乎情理」。[28]

然而，美國所提供的武器無疑會改變戰局，這些包括了：高度精確的北約標準１５５公釐戰場火炮；能發射依靠衛星ＧＰＳ制導的火箭助推炮彈；還有Ｍ１４２型高機動性火箭炮系統（海馬斯）。美國在五月初交貨的超過一百門Ｍ７７７榴彈炮，已經對北頓涅茨河的戰鬥起到了關鍵性作用。關鍵的戰術差異不在於榴彈炮本身，而在於它們可以發射各種先進的火箭推進、衛星引導的炮彈。根據雷神（Raytheon）公司導彈系統副總裁詹姆斯．萊利（James Riley）的說法，每發炮彈最高的價格可達四萬六千美元，有些炮彈在四十公里範圍內的命中精確度可達二．八六公尺。[29]事實上，M777榴彈炮將每發炮彈轉變為一枚迷你型巡航導彈，並以極高的精確度，依照平板螢幕上即時顯示的特定目標精準打擊。

海馬斯火箭炮同樣具有極高的精確度，但射程達八十公里且搭載更大的彈頭。六月二十八日，烏克蘭軍隊利用海馬斯對俄羅斯駐守在蛇島的軍隊發起攻擊，蛇島位於烏克蘭海岸二十公里處，與羅馬尼亞接壤，控制著前往敖德薩的海上通道。正是蛇島的烏克蘭防守者向「莫斯科號」巡洋艦發出了那則著名的挑釁信息。俄軍在夜間駕駛快艇撤離，讓烏克蘭軍隊在早晨能夠宣稱取得一場極具象徵意義的勝利。俄羅斯的軍艦不僅「滾蛋」——沉入了海底，連同蛇島上的俄軍占領者也難逃厄運。

到了二〇二二年至二〇二三年冬季，隨著戰爭在頓巴斯升級，俄軍企圖扭轉秋天在哈爾科夫和赫爾松地區遭遇的損失，西方支持的動態也開始發生改變。澤倫斯基不斷呼籲部署主戰坦克、遠程火箭和攻擊機，開始削弱北約對挑釁克里姆林宮的謹慎態度。可能更令人吃驚的，正是法國總統・馬克宏突破了坦克軍援方面的禁忌，提供了法國的步兵戰車。在二〇二三年一月，面對像波蘭這樣的歐洲盟友的壓力，他們希望為基輔提供豹2型（Leopard 2）作戰坦克，但由於原德國製造商的合約限制，德國總理奧拉夫・蕭茲不太情願地同意，不僅允許自己的鄰居捐贈坦克，還同意提供二十四輛自己的坦克。英國同意派遣十四輛挑戰者2（Challenger 2）戰車，而美國也宣布提供五十輛艾布蘭（Abrams）主戰坦克。當然，這些數量與俄羅斯戰前的坦克實力無法相提並論，但是這代表了北約的租借行動，已跨越了具重要象徵性且無法後退的界線。

第十一章

幻覺的代價

有很多關於退路的討論。我們希望封死這些退路，讓普丁加速撞向他即將面對的那堵磚牆。

——美國陸軍中將H・R・麥馬斯特（H. R. McMaster），二〇二二年四月五日[1]

經濟閃電戰

克里姆林宮向俄羅斯人民及全世界傳遞的主要訊息之一，就是俄羅斯經濟正在輕鬆擺脫制裁的影響。「針對俄羅斯的經濟閃電戰從一開始就沒有成功的機會，」普丁在六月於聖彼得堡經濟論壇上對與會者說，當時除了白俄羅斯總統亞歷山大・盧卡申科外，並沒有任何區域領袖到場，然而卻有來自阿富汗塔利班的代表團。「像我們的祖先一樣，我們將解決任何問題；我們國家的千年歷史證明了這一點……對俄羅斯經濟未來的悲觀預測並未成真。」[2]

起初，至少表面看來普丁似乎是對的。在戰爭的第一年，俄羅斯經濟確實出乎西方預期，表現出比許多人推測的更強的韌性。根據國際貨幣基金組織在二〇二三年二月的報告，俄羅斯的國內生產毛額（GDP）在二〇二二年減少了二．二%，但相應的預測值是增加三%；年度通貨膨脹率是一二%，低於許多歐洲國家。而在這一年中，俄羅斯成功將石油產量提高了二%，並將石油出口收入提高了二〇%，總值達到兩千一百八十億美元，這是根據俄羅斯政府和國際能源署的估算。俄羅斯還從天然氣中賺取了一千三百八十億美元，比二〇二一年增長了近八〇%，因為創紀錄的價格抵消了對歐洲供應量減少的影響。[3]

但這些超乎預期的數字都受到單一因素的影響——石油和天然氣價格在入侵後大幅飆升，而到了夏末，這一價格漲幅已消失殆盡。在五月時，美國媒體評論家法里德．札卡利亞（Fareed Zakaria）在《華盛頓郵報》中指出，「現在已經很明顯，針對俄羅斯的經濟戰爭並不像人們當初預想的那麼奏效……俄羅斯政府從石油和天然氣中獲得的收入比戰前更多。」[4]但這一預測僅在歐洲努力填滿冬季天然氣儲存設施的過程中成立（這部分將在下一節進一步討論），或是像全球消費者在二〇二二年十二月五日前那樣，盡可能地搶購俄羅斯石油，因為那天之後，在西方範圍內每桶六十美元的原油限價令就生效了。到了二〇二〇二二年一月，歐洲天然氣的批發價就降至戰前水準。根據俄羅斯財政部的數據，二〇二二年一月到二〇二三年一月期間，俄羅斯政府來自石油和天然氣的出口總收入下降多達四六％。

儘管盧布表面上保持穩定（在戰爭初期大幅下跌後，很快就回升至戰前水準），以及俄羅斯股市的相對健康（基準的莫斯科證交所俄羅斯指數〔MOEX〕比戰前僅僅下跌了五〇％），這一切也只是虛幻的表象。事實上，這兩個指標都被刻意操控。根據俄羅斯中央銀行在二〇二二年三月推出的新規定，任何在俄羅斯境內接收外匯收入的公司，都必須將其中八〇％兌換成盧布，從而使市場對盧布產生有利影響。俄羅斯的國營天然氣公司也曾試圖迫使西方客戶以盧布支付天然氣費用——實際上，這只是意味著他們必須在少數幾家未受制裁的俄羅斯銀行開設盧布帳戶，並在合約被確認前，正式將外幣付款轉為盧布——但在二〇二二年十二月，這種做法就被悄然取消。在莫斯科，實際交易的盧布數量僅為戰前的一小部分，而且大多數盧布是名義上的美元，並沒有實際的強勢貨幣儲備來支撐。

至於股市，實際情況是來自「不友好國家」（即西方國家）的外國股東被禁止清倉——這有效地讓市場處於停滯狀態。正如俄羅斯經濟學家及文藝復興資本（Renaissance

Capital）創始人安德烈・莫夫昌（Andrei Movchan）所指出，正常的股市交易暫停，實際上會將俄羅斯股票的股權價值降低到零，或者「降低到一個無法確定的價值，而且不再由市場決定」。在現實中，股票是在三〇%到四〇%低於概念性市場價值的範圍內進行交易——已經比戰前水準跌了一半。而且，由於許多公司將其自身股票作為貸款的擔保，這意味著俄羅斯大部分私營企業在實際操作上都已陷入功能性破產——同樣地，按俄羅斯上市股票價值發放貸款的所有俄羅斯銀行也處於類似狀態。這使得「國家成為最後的放貸人」，莫夫昌表示，這是唯一能在與國際金融體系隔絕的情況下提供資金的來源。儘管克里姆林宮理論上可以印製自己需要的任何貨幣，但實際上，俄羅斯經濟仍然過度依賴進口設備、技術、消費產品和外國專業知識，無法避免災難性的通貨膨脹。莫夫昌說：「當你創造了太多貨幣時，你就有可能遇上像辛巴威的風險（惡性通貨膨脹〔hyper-inflation〕）。」無論克里姆林宮是否願意，盧布的價值「仍然與（俄羅斯的）進口密切相關」。[5]

根據耶魯管理學院的報告，約有一千三百家西方公司在戰爭初期撤出俄羅斯，這些公司所代表的俄羅斯收入和其在俄羅斯的投資總額超過六千億美元。這些公司的撤離「幾乎單方面地逆轉了三十年來俄羅斯與世界其他國家的經濟整合局面」，同時「抵消了多年來外國投資的實體進展」。這些外國公司直接僱用了約五百萬名俄羅斯人，以及間接創造了高達八百萬的就業機會。[6]這些員工中的某些人，在新俄羅斯老闆成立的模仿事業中找到了新工作。例如，在原麥當勞店面營運的「Vkusno i Tochka」（「只有美味」）速食連鎖店，使用了相同設備並提供相似的菜單。另一個是由饒舌歌手Timati（以歌曲〈普丁是我最好的朋友〉聞名）創辦的「Stars Coffee」連鎖店，接管了星巴克咖啡店並使用了幾乎相同的商標。[7]然而，數百萬人還是失業了，這使得政府幾乎別無選擇，只能創造更多的公部門工作機會。

自從二〇一四年克里米亞併吞事件與隨之而來的西方制裁，克里姆林宮一直致力於使俄羅斯經濟（特別是製造業）擺脫對進口的依賴，從而免受未來制裁的影響。後克里米亞時代的首個經濟口號是「取代進口」——即俄羅斯無論如何都可以在沒有進口物品、服務、西方人才的條件下生存和繁榮。第二個口號是「技術自主」——即俄羅斯可以自行研發各種技術，從手機信號發送器到燃氣渦輪機，並使這些技術與西方相提並論。

這兩個主動措施最終都歸於失敗。當歐盟和美國在二〇二二年對俄羅斯全面禁止進口外國零件、軟體，特別是電腦晶片時，對俄羅斯經濟的影響是毀滅性的。到了五月底，俄羅斯汽車生產下降了超過七五%。俄羅斯的國內生產毛額指標在建築業下跌了六二%、在農業下跌了五五％、在製造業下跌了二五％。俄羅斯的製造業（包括了軍事工業）不得不拆解和回收零件。[8]根據烏克蘭情報部門報告，位於下塔吉爾的俄羅斯最大坦克工廠——烏拉爾機車車輛廠（Uralvagonzavod），三月底被迫停止生產T-72B3坦克，因為缺乏處理器。[9]美國商務部長吉娜·雷蒙多（Gina Raimondo）在五月表示：「我們收到來自烏克蘭的報告，當他們在地面上找到俄羅斯軍事裝備時，發現其中填充了來自洗碗機和冰箱的半導體。」[10]俄羅斯航空也被迫停飛了四〇％的航班，為了維持剩餘機隊的營運，只能使用現有的飛機零件來維修——即使波音和空中巴士已中止所有技術支援與服務，並發出警告，表示拆卸過的飛機不可安全運行。一位與克里姆林宮有關係的商人對記者葉夫根尼雅·奧爾巴茨（Yevgenia Albats）抱怨道：「所有飛機立即停止軟體更新。（因此，我們）請來了拿著黑色公事包的年輕人，以駭客破解這些軟體。」[11]

官方數據顯示，至二〇二二年底，俄羅斯消費者物價指數（CPI）顯示全年通貨膨脹率約為一二％。但根據主要零售商的市場調查，依賴進口的行業，如科技、飯店業、汽車業的實際通膨率則位於四八％和六一％之間。戰爭的每一天，俄羅斯納稅人約要多承擔五億美元的稅負。[12]

為了填補赤字，俄羅斯的貨幣供應從二月到六月幾乎翻倍，而俄羅斯的外匯儲備在戰爭的頭六個月減少了七百五十億美元。俄羅斯財政部長安東．西盧安諾夫（Anton Siluanov）在七月承認，預計到戰爭結束時，俄羅斯政府的預算赤字將相當於國內生產毛額的二%——他建議透過完全動用俄羅斯國家財富基金（Russia's National Wealth Fund）的三分之一來填補這一缺口。[13]

所以制裁無疑重創了俄羅斯經濟，但這樣做真的有效嗎？這取決於你如何定義制裁的目的。拜登在三月宣布，制裁的目的是要「造成與軍事實力相匹敵的損害」，以「削弱俄羅斯的力量」，並確保俄羅斯「再也無法威脅其鄰國」。從這個衡量標準來看，制裁確實在削弱克里姆林宮的戰爭機器方面發揮了作用。到了八月底，莫斯科開始從北韓採購炮彈、從伊朗採購無人機，並且已撤回了駐敘利亞軍事基地的軍機、火箭及武裝人員。

但制裁是否可能削弱普丁的權力或改變他的行為呢？拜登聲稱這從來不是制裁的目的。「我並沒有說過制裁會遏制他的所作所為，」拜登在三月的北約峰會上表示，「制裁永遠起不了威懾作用。」[14]這可是個坦率的不實之言。根據一位曾在白宮任職且在二〇一四年起草首輪制裁的前官員透露，拜登團隊的一大策略就是「在克里姆林宮的『西羅維基』與俄羅斯商業階層之間製造裂痕」。坦白說，這一策略在二〇一四年至二〇二二年間並未奏效，但該官員指出，普丁與（商界）精英權貴之間的「契約」仍然存在：「他們不插手政治，他則保證他們發財致富。」[15]

沒錯，一些富有的俄羅斯人確實在制裁生效後逃往安全的境外。根據耶魯大學一項調查發現，大約有一萬五千人——占俄羅斯財產高淨值人士（定義為資產超過三千萬美元）中的二〇％，已離開了國家。儘管有諸多限制，根據俄羅斯央行的數據，資本外流從二〇二二年第一季的兩百二十億美元增長到第二季的七百多億美元。杜拜的房地產公司報告指稱，來自俄羅斯的買家銷售年增幅達到一〇〇％，有些區域甚至增幅達到兩〇〇％。[16]但是，這些統計數字也可以從另一個角度解讀：八〇％的富有俄羅斯人還待在國內。而且也難怪：克里姆林宮非常明確地表示，逃亡將被視為叛國行為。二月二十六日，普丁召集了所有俄羅斯高層商業寡頭開會，根據一位出席會議的人士所言，他實際上命令他們在絕對忠誠與服從，或是剝奪資產、逮捕、流亡之間做出選擇。[17]對大多數商業權貴的一般（較低層）成員來說，他們面臨的選擇也非常有限——他們的商業利益與俄羅斯（尤其是與俄羅斯國家）緊密相連，以至於流亡不是一個理性的選擇。

在入侵後的幾個月裡，我與十多位富有的俄羅斯商界人士交談，他們的心情大多是一種近乎隱忍地順從——「我們能做什麼？」以及「這一切都會平息」——同時又帶有深刻且常充滿憤怒的情緒，這些情緒並非指向克里姆林宮，而是對西方的不滿。「那些討好巴結的馬屁精們（在歐洲）很高興拿我的錢，還親吻我的屁股，」一家在義大利和倫敦擁有房產的俄羅斯主要技術進口公司的負責人說道；他本人並未被列入制裁名單，但還是發現自己的歐洲銀行帳戶被凍結，只因為他是俄羅斯人。「他們的法治和對私人財產的尊重去哪了？」一位來自聖彼得堡的電信大亨憤怒地說道，「歐洲和美國已經認定我們都是罪犯，必須為一個怪胎（普丁）的罪行承擔後果。他們希望我們留在俄羅斯，行！那我們就待在這裡，和自己的人一起。」[18]

克里姆林宮被指控在處理與別國的關係時，依照自己的標準行事，例如，它假設澤倫斯基和基輔精英都是貪贓枉法之人且容易腐敗墮落。然而，西方似乎也假定俄羅斯人在面對經濟困難時會像歐洲人或美國人一樣反應——指責他們的領袖並要求改變政策。然而，俄羅斯的現實情況卻大不相同。首先，經濟危機——大多數比二〇二二年制裁引發的蕭條更加嚴重——已在近代記憶中多次出現，從一九九二年到一九九三年的惡性通貨膨脹，到一九九七年、二〇〇八年和二〇一四年的盧布數次崩盤。只有相對少數的俄羅斯城市居民過著類似歐洲中產階級的繁榮生活，將宜家、星巴克和Zara視為理所當然。對於大多數月薪約八百零二英鎊的俄羅斯人來說——或是一四％生活在貧窮線下（約一百二十英鎊）的人口而言——莫斯科奢侈品店的消失或進口電子產品的價格變動，對他們幾乎不會造成太大影響。[19]

更重要的是，對大多數俄羅斯人及其政府來說，他們清楚地認為自己的痛苦是為了某個崇高的目標。「作為俄羅斯人，我們活著是為了什麼？」俄羅斯國家電視台主持人弗拉基米爾．索洛維約夫在八月末問道，「不是為了麥當勞，也不是為了肯德基。我們生活的目的是捍衛真理、捍衛正義；要用我們的血肉之軀，保衛受到法西斯混蛋攻擊的兄弟姐妹。」[20]克里姆林宮控制的電視頻道傳遞的訊息不斷強調，西方因為制裁而面臨經濟上的災難。「習慣了虛假愛國言辭的人可以沉默幾十年。普通市民的耐心極限……尚未被真正考驗過，」莫斯科金融研究院的經濟學家瓦列里．凱札洛夫（Valery Kizilov）在一篇具影響力的文章〈為何俄羅斯人沒有注意到經濟危機〉中寫道，「在最高層的俄羅斯當局看來，這不能被稱為徹底的危機。官方的觀點是，敵對國家的經濟受到的損害更大。在這個意義上，這個政權已經回到了上世紀七〇年代末、八〇年代初期間的停滯性言論模式」，俄羅斯面臨的「不是崩潰，而是衰敗」。[21]

或許最能說明克里姆林宮既不擔心精英階層也不擔心民眾對經濟衰退產生反彈的徵兆，就是普丁決定將俄羅斯的主要經濟王牌——歐洲對俄羅斯國營天然氣公司的依賴性——拿來賭博，試圖利用資源上的便利，獲取政治上的優勢。

天然氣與武器對決

在二〇二二年夏初，隨著普丁及其隨行人員意識到他們的閃電戰計畫已失敗，克里姆林宮開始嘗試將這場戰爭的結果轉化為一場「天然氣與武器」之間的對抗。隨著西方供應的武器重創俄羅斯在地面上的據點，俄羅斯切斷天然氣供應則使歐洲消費者面臨暴漲的能源價格，面臨了這一代人以來最嚴重的生活成本危機。

在二〇二一年度，俄羅斯天然氣占歐盟天然氣進口量約四五％。作為歐洲最大經濟體的德國，對俄羅斯天然氣的依賴程度最為嚴重，而幾代德國領袖在增強這種依賴關係方面發揮了關鍵作用；這種邏輯並非完全不合理。前德國總理格哈德・施羅德，他在二〇〇五年卸任後，加入了北溪天然氣管道公司和俄羅斯石油公司〔Rosneft〕的董事會）曾主張，德國對俄羅斯天然氣的依賴，等同於俄羅斯對德國資金的依賴，更多的經濟整合將有助於促進歐洲與莫斯科之間更穩定的關係。

這種計算中所固有的道德風險，在俄羅斯於二〇一四年併吞克里米亞後變得明顯。如我們所見，施羅德的繼任者安格拉・梅克爾並未取消原定的北溪二號管道計畫，反而在強烈的美國壓力下，批准了這項由俄羅斯天然氣公司資金支持、總價達九十四億歐元的計畫。

在二〇一八年七月於布魯塞爾召開的北約峰會上，美國總統川普抱怨：「我們應該防範俄羅斯，但德國卻每年向俄羅斯支付數十億美元……德國完全被俄羅斯控制了，（因為）他們從俄羅斯獲得六〇％到七〇％的能源，還有一條新天然氣管道……我認為這非常不恰當。」[22]川普的警告被完全忽視——當他在聯合國大會上再次提出類似觀點時，德國代表團甚至當場大笑並加以輕蔑嘲笑。

當布魯塞爾準備對普丁在二〇二二年入侵烏克蘭後實施制裁時，歐洲天然氣的致命弱點顯而易見。這些制裁包括銀行交易與出口限制，甚至計畫自二〇二二年十二月起強制實施石油價格上限；但關鍵是，這些制裁並未包括天然氣。事實上，歐洲對俄羅斯天然氣的依賴程度，比二〇一四年時更為加深。歐盟的主要能源消費國，已經將政治焦點鎖定在綠能議程上，這意味著關閉燃煤發電廠、放棄水力壓裂（fracking）生產石油天然氣的計畫，並在德國關閉核電廠。天然氣——每單位能源所產生的汙染物、二氧化碳排放較少——被視為一個半綠色的過渡性替代能源，直到風能、太陽能等可再生能源能夠填補煤炭與核能所留下的空缺。

普丁相信，天然氣是俄羅斯在外交戰爭中最強大的武器，用來削弱歐洲對烏克蘭的政治與軍事支持；但普丁並未選擇升級威脅，而是在二〇二二年夏季直接中斷了天然氣供應——這不僅有效地制裁了自己，而且還提前數月警告歐洲為冬季天然氣短缺做好準備。從六月開始，俄羅斯天然氣公司先後切斷了對波蘭、拉脫維亞、立陶宛、芬蘭的供應，並將透過北溪一號管道對德國的天然氣供應減少四〇%，表面上是因為西門子能源公司送往加拿大修理的關鍵燃氣渦輪機受到制裁影響而無法按時作業。

正如普丁所預期，立即的效果是引發恐慌。就像如德國經濟部長羅伯特・哈貝克（Robert Habeck）在七月所說，完全切斷俄羅斯天然氣將是德國的「噩夢」。在柏林和國際能源署的壓力下，還無視烏克蘭的反對，渥太華政府決定解除對這些渦輪機的制裁。加拿大自然資源部長喬納森・威爾金森（Jonathan Wilkinson）為此一決定辯解，稱「我們的歐洲朋友和盟友」需要「在繼續擺脫對俄羅斯石油和天然氣依賴的同時，保留其可靠且負擔得起的能源供應」。[23]

在七月中（這是天然氣消耗量最低的月分）德國的天然氣儲備量僅達到六三%，遠遠低於十一月一日達成九〇%的目標。隨後，應急計畫開始啟動，優先保障在嚴重供應中斷的情況下，電力和天然氣的使用，醫院和緊急服務機構列為最優先，其次是家庭用戶，再來是工業需求。德國各地的地方行政部門也制定了計畫，包括關閉游泳池、街道燈光和交通號誌燈，並將為新冠病毒患者設計的工業規模宿舍改造成「溫暖房間」（warm rooms）

或「溫暖島」（warmth islands），以減少能源消耗。與此同時，對電暖器、油加熱器、紅外線加熱板和露營爐具的需求激增，而木柴爐和熱泵的安裝申請則大排長龍，零件和合格技術人員也嚴重短缺。[24]德國能源監管機構負責人克勞斯・穆勒（Klaus Müller）表示，預計到二〇二三年，消費者的天然氣價格可能會翻三倍。德國前駐倫敦大使湯瑪斯・馬圖賽克（Thomas Matussek）警告說：「如果情況惡化，我們可能正進入德國自第二次世界大戰結束以來所經歷的最大經濟危機。」[25]

在九月，克里姆林宮宣布，北溪一號由於技術原因將無限期關閉，並表示這一問題只有在「西方集體」解除對俄羅斯的制裁後才會得到解決。只有與普丁友好的匈牙利仍透過較舊的、經土耳其的陸上管道獲得完整的天然氣供應。捷克、斯洛伐克、奧地利、義大利、德國仍繼續從烏克蘭進口俄羅斯天然氣，而更奇怪的是，烏克蘭居然繼續透過其瑞士子公司向俄羅斯天然氣公司收取過境費。事實上，烏克蘭自己也繼續以一種違反邏輯的曲折方式進口俄羅斯天然氣，這種方式涉及將來自斯洛伐克的管道反向運行，使基輔得以宣稱它正在進口歐洲天然氣，然而實際上它只是在重新進口俄羅斯天然氣。

在北溪一號停運的消息傳出後，澤倫斯基表示，俄羅斯「正試圖以貧困、政治混亂來攻擊它無法用導彈進行攻擊的地方」，此時德國宣布了一項價值六百五十億歐元（五百六十億英鎊）的援助計畫，幫助陷入困境的消費者。數周後，英國首相莉茲・特拉斯（Liz Truss）也宣布了一項由國家資金支持的能源價格上限計畫，金額可達一千億英鎊，以保護經濟免受價格衝擊。然而，由於批發天然氣價格較前一年暴漲十倍，能源費用在整個歐洲大幅攀升，而且波羅的海國家的通貨膨脹高達二〇％，政治動盪看似不可避免。九月初，超過七萬名示威者在布拉格走上街頭，抗議自己政府對烏克蘭的支援。

然而，普丁所期望的西方政治崩潰並未發生。歐洲（尤其是德國）在尋找替代能源方面，表現出比普丁預期更為靈活的應對能力。入侵前夕，歐洲的確有大約四六％的天然氣來自俄羅斯，但它同時也透過挪威管道進口了二五％的天然氣，並從美國、阿爾及利亞、卡達以液化天然氣（LNG）形式進口了二九％；歐洲的液化天然氣進口以驚人的速度增加。德國工程師迅速建設浮動終端設施，預計到年底將使其液化天然氣進口能力增長四倍。二〇二二年一月，歐洲每月進口的美國液化天然氣約四十億立方米（bcm），而來自俄羅斯的管道天然氣則不到八十億立方米（由於引入再生能源，這已經是俄羅斯天然氣的歷史最低點）；一年後，美國和加拿大的液化天然氣幾乎完全取代了俄羅斯的管道天然氣。更重要的是，德國的綠黨（Green Party）——這個政治上具有強大影響力的政黨——意識到政治現實超越了氣候目標，於是同意重新啟用燃煤發電廠，並暫停關閉該國剩餘的三座核電廠。同時也感謝二〇二二年異常溫暖的冬季，以及國內能源消耗自願節約二〇％的社會貢獻，德國的天然氣儲備甚至於二〇二三年二月仍保持在超過八〇％的高位。

普丁試圖透過施壓使柏林屈服，然而他的勒索行為實際上使曾經最強大的歐洲盟友疏遠了。「我們必須停止自我欺騙，認為我們曾經從俄羅斯獲得廉價的天然氣，」德國外交部長安娜萊娜．貝爾伯克（Annalena Baerbock）在八月二十八日表示，「我們也許沒有為它支付很多錢，但我們為此付出了安全與獨立的代價。而烏克蘭人民已用成千上萬的生命付出了代價。」[26]

對俄羅斯來說，將天然氣供應當作武器不僅是在冒險，也是外交上的自殺行為。當俄羅斯天然氣公司於九月一日宣布自入侵以來的第二次「暫時」關閉北溪一號時，歐洲天然氣的批發價格實際上從八月最高點每兆瓦時三百四十五歐元，下降了二一％，來到每兆瓦時二百七十五歐元。[27]到了二〇二三年二月底，荷蘭天然氣交易中心（Title Transfer Facility）的即期天然氣期貨價格已跌破象徵性的重要價格——每兆瓦時五十歐元，這是兩年多來的最低價格，比夏季的最高點足足下降了八五％。[28]

儘管經濟上承受痛苦，普丁天然氣戰爭的主要影響，是促使歐洲領袖決定永久遠離對俄羅斯天然氣的依賴。德國總理蕭茲於九月五日表示，俄羅斯「不再是可靠的能源夥伴」。歐盟理事會主席夏爾・米歇爾（Charles Michel）則表示，俄羅斯「將天然氣作為武器，將不會改變歐盟的決心……我們將加速邁向能源獨立的步伐。我們的責任是保護我們的市民，並支持烏克蘭的自由」。[29]

歐洲擺脫對俄羅斯天然氣依賴的前景，對俄羅斯來說是一場戰略災難。普丁永久摧毀了占俄羅斯整體能源出口三分之一以上的收入來源，失去了其最大的天然氣出口市場，並永遠失去了數十年來在歐洲建立的政治影響力。九月二十六日，俄羅斯與歐洲的能源關係徹底毀滅，當時水下爆炸摧毀了「北溪一號」的兩條管線及「北溪二號」其中一條管道，造成波羅的海海面上湧現數公里寬的天然氣洩漏，約有三億立方米的天然氣從破損的管道冒出海面、消散在大氣中。普丁在一場克里姆林宮的電視演講中（一場為了俄羅斯併吞烏克蘭四個占領區的慶典儀式）聲稱「西方……已經轉向破壞行為」，真正的肇事者依然是個謎，儘管瑞典和丹麥的調查人員證實這起爆炸確實是「蓄意破壞行為所致」，但沒有指明任何嫌疑人。[30]而在二〇二三年三月，《紐約時報》及德國雜誌《世界》（*Die Welt*）和《明鏡》報導指出，這些管道是由一小群自由職業的破壞者襲擊，而他們背後的資金來自一位與基輔政府無關的烏克蘭商人。無論責任歸屬於誰，「北溪」襲擊象徵著這場戰爭終局的不可逆轉之點。儘管俄羅斯在十二月提出重新啟動剩餘的「北溪二號」管道的想法，但事實上，不論最終戰爭結束後達成什麼樣的協議，歐洲都不可能再依賴俄羅斯的廉價天然氣。

但普丁正在籌畫（或者說他想像中的）一個B計畫：將俄羅斯的天然氣轉而出口到中國，來取代歐洲市場。在二〇二二年四月，普丁與能源和經濟的高級官員進行視訊會議時承認，「西方國家試圖將俄羅斯供應商排除在外，並以替代能源取代，這將不可避免地影響整體全球經濟。」他還聲稱「（制裁）的後果可能會極為痛苦，尤其是對政策的制定者來說」，並強調俄羅斯必須「逐步將我們的出口轉向快速增長的南方和東方市場。為實現這一目標，我們必須盡快確定關鍵的基礎設施，並在不久後開始建設」。[31]

但普丁的「轉向東方」計畫在經濟和實際操作上幾乎沒有任何意義。二〇二二年二月，俄羅斯將八三%的天然氣（即一千七百億立方米）出口到歐洲，一二%出口到前蘇聯國家，只有二%的天然氣（即一百二十五億立方米）出口到中國。到了二〇二二年秋天，俄羅斯最西邊、與中國有管道連接的天然氣田是恰揚金（Chayanda），該地點距北京約兩千四百公里。恰揚金的最大年產能預計僅為兩百五十億立方米，而這一數字最快也要到二〇二五年才能實現。連接恰揚金與中國的是「西伯利亞力量一號」管道，該管道於二〇一四年至二〇一九年之間建造，耗資四百五十億美元，且全部由俄羅斯銀行提供貸款。巨大的建設成本，加上向中國提供的慷慨稅負減免，使得這條管道無利可圖——正如俄羅斯能源部副部長尤里・森圖林（Yuri Sentyurin）在二〇一五年四月所承認的那樣，他表示西伯利亞力量「並不是一個需要回本的專案」。[32]其他正在建設中的管道會將「西伯利亞力量一號」向西連接至科維克金（Kovytka）氣田，向東連接至薩哈林（Sakhalin）和哈巴羅夫斯克（Khabarovsk）的天然氣田，通過阿穆爾（Amur）天然氣處理廠——該廠的最大處理能力為每年三百九十億立方米，相當於中國年天然氣消耗量的九%。這意味著，即使以未來的最大產能，「西伯利亞力量一號」管道的輸送能力也比俄羅斯一條通往歐洲的管道（年輸送量五百五十億立方米的「北溪一號」管道）還要弱。[33]此外，二〇一九年與中國談判的長期天然氣合約是基於危機前的低價，進一步限制了今後可能的盈利空間。

俄羅斯能夠接近替代其失去的歐洲客戶的唯一方式，就是透過預計每年輸送五百億立方米的「西伯利亞力量二號」管道，該管道將把亞馬爾半島（Yamal peninsula）的天然氣從北極地區經由兩千八百公里的管道連接到中國，橫跨整個西伯利亞和蒙古。但到目前為止，這仍只是一個紙上計畫；而誰來為這項計畫提供資金呢？不是已經被國際制裁的俄羅斯天然氣公司，它已被切斷了籌集國際資金的途徑，也無法購買西方設備。為了應對「龐大的資金支出」，俄羅斯天然氣公司在二〇二二年四月做出了前所未有的決定——暫停發放股息，這是該公司三十年來第一次。經濟學家安德烈・莫夫昌表示：「如果俄羅斯無法將其天然氣銷售給西方，那麼它也無法賣給其他人。」他說：「這將意味著封閉天然氣井。」[34]

換句話說，普丁所提出的「轉向東方」計畫完全依賴於北京的善意與資金。然而，儘管北京表面上對莫斯科提供了外交支持，但美國對他們全球業務的制裁威脅，讓許多主要的中國銀行，如工商銀行、新開發銀行、亞洲基礎設施投資銀行，撤回了對俄羅斯的所有信貸和融資，中國的能源公司巨頭如中國化工也暫停了所有俄羅斯的投資專案和合資企業活動。八月時，中國的銀聯卡也停止了與俄羅斯銀行合作，理由是制裁。[35]某些中國企業仍然在俄羅斯活躍——但只有那些在俄羅斯和中國以外沒有業務且在國際制裁中毫無損失的公司。

俄羅斯曾想像自己是北京的重要政治和經濟夥伴，幾乎是同樣平起平坐的超級大國；但事實上，在戰爭之前，俄羅斯僅是中國第十一大貿易夥伴。二〇二一年，中國與美國的貿易總值約為一・三兆美元，與歐盟則略超過一兆美元，而與俄羅斯的貿易則略低於七百億美元。隨著戰爭爆發，俄羅斯與中國的貿易額在至九月的年度中激增至超過一千億美元，這主要得益於中國對俄羅斯原油進口的增加。但北京與歐盟和美國的貿易關係仍大約是俄羅斯的二十倍以上。此外，完全有理由相信，北京正充分利用俄羅斯因制裁所帶來的經濟弱點。

在戰爭前，俄羅斯大約占全球石油出口的一二％，其中五三％到歐洲、三九％到亞洲。與天然氣不同，俄羅斯的石油不需要昂貴的管道，因此不再賣給歐洲的石油可以輕易運送到亞洲。然而，印度和中國無情地要求大幅折扣來購買俄羅斯原油；北京也曾經對伊朗採取相同做法——作為規避制裁（sanctions-busting）的最後買家，這是一個優勢。由於制裁的影響，全球石油基準價格布倫特（Brent）原油與俄羅斯烏拉爾（Urals）原油之間的價格差距——戰前差距僅為每桶幾美元——到三月時已擴大至每桶約三十美元，並在二〇二二年十二月當歐盟的石油限價措施生效後進一步上升。到了二〇二三年一月，俄羅斯財政部宣布，儘管全球石油價格為每桶八十六美元，俄羅斯每桶石油的平均價格僅為四十九．五美元，約為一年前收益的二分之一。沙烏地阿拉伯阿美石油公司（Aramco）在二〇一九年研究發現，俄羅斯是世界上生產石油成本最高的地方之一，俄羅斯陸地油田成本約每桶四十二美元，海上油田則為每桶四十四美元，對應的沙烏地原油成本僅是每桶十七美元。此外，由於制裁，運輸俄羅斯石油的成本也大幅上升，因為這些制裁使得海運、貨物保險以及支付程序變得更加複雜。

儘管在戰爭期間，俄羅斯成功將其對印度等規避制裁國家的石油出口增加了十六倍，但即便是全球油價的相對小幅下跌，對俄羅斯來說仍將是毀滅性的。而全球油價下跌，正是拜登想要實現的目標。

Z世界大戰

在七月，拜登前往利雅德（Riyadh）與沙烏地阿拉伯王儲穆罕默德・本・薩勒曼（Mohammed bin Salman）進行首次會晤，討論沙烏地阿拉伯石油增產以「穩定」（即降低）世界原油價格。利用沙烏地阿拉伯來削弱莫斯科是前美國總統雷根在一九八二年使用的策略。當時的美國國會議員查理・威爾森（Charlie Wilson）等人成功說服沙烏地阿拉伯人，認為蘇聯在阿富汗殲滅他們的同教派信徒，並且需要透過將「毒刺」飛彈走私給聖戰者（Mujahideen）游擊隊，以及降低油價來摧毀蘇聯經濟（這也確實發生了）。然而，四十年後，美國對沙烏地阿拉伯的影響力大大減弱——尤其是在華盛頓指責他們介入殘酷的葉門戰爭，而且在二〇一八年記者賈邁勒・卡舒吉（Jamal Khashoggi）被綁架和謀殺事件後，更使兩國關係惡化。

拜登的努力並沒有產生立竿見影的結果。到了九月，全球油價開始緩慢回升，接近心理價位的每桶一百美元，因為買家急於在十二月五日的截止日期前完成交易，超過該期限後，西方國家將對俄羅斯原油實施每桶六十美元的價格上限，並全面禁止俄羅斯石油產品進口到歐洲。到了戰爭一周年時，油價回落至每桶八十六美元——但對俄羅斯而言，扣除俄羅斯烏拉爾原油折扣後的價格，這就是他們的實際獲利。

然而，諷刺的是，正是普丁提供了沙烏地阿拉伯增加產量並降低價格的強力理由。在拜登訪問利雅德一周後，普丁現身德黑蘭與伊朗總統易卜拉欣・萊希（Ebrahim Raisi）、土耳其總統雷傑普・塔伊普・埃爾段會面。這次峰會的表面原因是討論敘利亞的未來：在那裡，俄羅斯在保護伊朗盟友——敘利亞總統巴夏爾・阿塞德（Bashar al-Assad）政權免受沙烏地和西方支持的反抗中發揮了關鍵作用；而真正的原因，則是展示莫斯科與德黑蘭之間新興的反西方、反民主聯盟。[36]

後蘇聯時期的俄羅斯與伊朗間的關係一直處於進退兩難的矛盾狀態。在九〇年代，葉爾欽政府在布什爾（Bushehr）建造了一座民用核反應爐，並且祕密協助德黑蘭發展流星3型（Shehab-3）中程彈道導彈。但是在普丁上台後，俄羅斯加入了西方陣營，暫停了伊朗的核武研發計畫——部分原因是莫斯科擔心擁有核武的伊朗會在中東地區炫耀滋事；還有部分原因則是支持阿亞圖拉（ayatollahs，伊朗伊斯蘭什葉派領袖的稱號）政權損害了俄羅斯與西方的經濟關係。烏克蘭戰爭改變了這一切，俄羅斯現在已超越伊朗，成為世界上遭受制裁最嚴重的國家。

隨著與西方的關係無可挽回地破裂，與伊朗的結盟對莫斯科來說成了一個具有吸引力的戰略選擇。在德黑蘭，普丁的外交政策顧問尤里・烏沙科夫對記者表示，俄羅斯與伊朗之間已發展出一種「相互信任的對話」，並且「在大多數問題上，我們的立場接近或相同」。[37]更為迫切的是，俄羅斯需要伊朗的無人機來對抗烏克蘭使用的、由土耳其製造的「旗手」無人機帶來的毀滅性威脅。到了十一月，伊朗製造的沙赫德無人機群成為俄羅斯大規模攻擊烏克蘭電力基礎設施的先鋒。

對於俄羅斯的國際孤立地位，普丁表現得毫不在意。七月八日，在印尼峇里島舉行的G20峰會上，俄羅斯外交部長謝爾蓋・拉夫羅夫與西方領袖進行了自俄羅斯發動對烏克蘭攻擊以來的首次直接交鋒。德國外交部長貝爾伯克對記者表示：「（拉夫羅夫）在談判中花了大部分時間不是待在會議室內，而是在外面。」她接著說：「俄方沒有一點願意對話的誠意。」當貝爾伯克開始發言時，拉夫羅夫故意走出了會議廳──她後來表示，這證明了會場內的氣氛是「十九比一反對俄羅斯入侵，即使在制裁問題上有所分歧」。隨後，西方領袖們甚至拒絕與拉夫羅夫合影。[38]九月，俄羅斯、白俄羅斯、阿富汗、委內瑞拉和敘利亞甚至沒有被邀請派大使參加英國女王伊莉莎白二世的葬禮，而北韓和伊朗的代表卻出席了這場葬禮。

中國依然是俄羅斯最後的（且幾乎是唯一的）主要國際盟友。戰爭初期，中國外交部長王毅譴責西方在主權與領土完整問題上的「雙重標準」，同時不點名指責某些國家在支持烏克蘭主權的同時，卻拒絕承認北京對台灣的統治主權——這是一個令人印象深刻的扭曲邏輯。「中國方面拒絕將烏克蘭危機與台灣問題相提並論，並將堅定捍衛自身的核心利益。」王毅宣稱。「中國反對利用此局勢煽動冷戰思維、炒作集團對抗，並製造新的冷戰。」[39]然而，正如我們所見，這種外交支持並未轉化為願意打破美國制裁、以市場價格購買莫斯科石油，或向俄羅斯提供急需的軍事物資或資金。而且在十一月，中國國家主席習近平向莫斯科發出了含蓄但不容忽視的斥責，當時他強調，世界應該「共同反對使用或威脅使用核武器」。幾周後，習近平在與拜登的會議中再次強調，他認為在烏克蘭使用核武器是「完全不可接受的」行為。

但其他一些大國依然保持觀望，特別是印度（它拒絕加入國際制裁，寧願盡可能多地以優惠價格購買俄羅斯石油）以及與俄羅斯時好時壞的盟友土耳其。普丁與埃爾段的關係一直波動不定，尤其因為土耳其仍是美國的官方盟友，在敘利亞衝突中，土耳其站在與俄羅斯、伊朗不同的一方。七月，埃爾段與普丁在德黑蘭會晤時，兩位曾稱對方為「朋友」的領袖間的權力平衡出現明顯變化。埃爾段姍姍來遲，讓普丁在記者面前尷尬地等待——這是典型的獨裁者權力遊戲，通常由普丁自己上演，他曾經讓梅克爾等了四個小時，也曾讓教宗等了近兩個小時。[40]

土耳其曾於三月和四月主持基輔與莫斯科之間的第一輪談判，但談判未能成功。而在七月，俄羅斯、土耳其和伊朗確實在一點上達成了一致：反對敘利亞親美的庫德（Kurds）族勢力。埃爾段與華盛頓的關係既具有交易性，也偶爾帶有對抗性，這使他與俄羅斯和伊朗在對抗美國方面有時站在相同立場。八月，土耳其外交部長梅夫呂特．恰武什奧盧（Mevlüt Çavuşoğlu）成功說服俄羅斯開放一條海上走廊，使烏克蘭的糧食可以從敖德薩出口——這減輕了來自非洲和中東國家對俄羅斯封鎖航運的批評，因為這一封鎖曾導致全球糧食價格飆升。

在國際上，俄羅斯幾乎是孤立的。在聯合國大會於三月五日進行的投票中，該大會「以最強烈的語言譴責俄羅斯聯邦對烏克蘭的侵略」，只有白俄羅斯、敘利亞、北韓和厄利垂亞與俄羅斯投了相同的票。古巴在發言中為莫斯科辯護，但最終選擇棄權——與其他三十四個國家一起，包括普丁的歐亞經濟聯盟所有成員，以及俄羅斯的搖擺盟友中國、印度和土耳其。[41]北韓，這個俄羅斯意外的國際支持者，提出提供大炮等武器援助給莫斯科，協助征服烏克蘭，並提供人力協助重建——這一提議得到了頓涅茨克人民共和國總統丹尼斯．普希林的熱烈歡迎。但普丁在近鄰地區的前盟友們卻不僅遠離莫斯科，甚至完全不再與俄羅斯有任何聯繫。八月，亞塞拜然和哈薩克兩國領導人——都是莫斯科有名無實的盟友——在亞塞拜然首都巴庫（Baku）會面，卻明確地拒絕在公開場合說俄語；而且開戰以來，烏克蘭國旗也一直在哈薩克各城市飄揚。

加劇壓制

隨著烏克蘭戰爭在二〇二二年夏季陷入血腥的僵局，普丁加大了對國內異議分子的打壓——即便反對戰爭的公開聲音已變得幾乎無法察覺。

除了在戰爭初期的幾場小規模抗議，以及隨後普丁於九月宣布部分動員後更為嚴重的短期抗議浪潮外，在大部分戰爭期間，幾乎沒有明顯的反戰運動，沒有罷工、沒有公民不服從，甚至連塗鴉運動、大規模網路抗議或駭客攻擊，都未曾在俄羅斯出現。二〇二二年三月十四日，第一頻道的製作人瑪麗娜．奧夫相尼科娃（Marina Ovsyannikova）打斷了新聞節目的現場直播，展示了一張寫著「反對戰爭！」的橫幅標語，她在鏡頭前停留了十五秒鐘後，直播畫面被切斷。奧夫相尼科娃為此被罰款兩百英鎊，但隨後的民意調查顯示，只有九%的節目觀眾注意到了她的行為。七月，她再次嘗試引起關注，在莫斯科索非亞河堤（Sofiisky Embankment）舉行單人示威活動，手持寫著「普丁是殺人犯，他的士兵是法西斯分子。三百五十二名兒童已經死亡，還要死多少人你才會罷手？」的海報。這次她被軟禁在家中兩個月，並以假新聞罪名起訴，可能面臨十年監禁。二〇二三年一月，在即將被判刑之際，她卻奇蹟般地逃往法國，途中換乘了七種不同車輛，並徒步穿越俄羅斯邊境。[42]

令人沮喪的事實是，普丁的這種高度針對性、高科技的壓制手段確實奏效。奧夫相尼科娃的案件只是俄羅斯當局根據《行政違規法案》第二十之二條提起的兩萬個案件之一，該條文涵蓋了「違反組織和舉行集會、示威、遊行或抗議的既定秩序」。[43]根據非政府組織OVD-Info的統計，在戰爭的頭七個月，約有一萬八千五百人因抗議活動被正式拘留。許多被指控的違規行為甚至是荒謬可笑、微不足道，俄羅斯的網路充斥著各種影片，顯示人們因為一些荒誕不經的抗議行為而被拘留。一名男子手持印有「和平」字樣的國營俄羅斯聯邦儲蓄銀行簽帳卡，而被警方帶走；另一名男子在莫斯科的永恆火焰景點前揮舞了列夫・托爾斯泰的《戰爭與和平》（*War and Peace*）一書，也隨即被逮捕。一名年輕女子以達達主義（Dadaist）意喻方式體現了抗議，她在紅場勇敢地展示了一張寫著「兩個字」的紙（暗指「反戰」），也被拘留了；另一位女孩則因為舉著一張完全空白的紙而被逮捕。

普丁的警察國家在一個方面做得非常好——治安管制（另一方面就是地方政府對各項事務的干涉，已達到了在歐洲其他地方無法想像的「客戶友好」效率巔峰）。壓制民眾的國家機器運作得極為高效，那些被莫斯科無處不在的攝影鏡頭盯上的活動分子，會透過人臉識別軟體追蹤到他們的住所。從三月到七月，俄羅斯法院根據軍事審查法規判處了三千零三例的輕微違規定罪，包括「詆毀軍隊」的罪名，並有八十七人被指控犯下更嚴重的罪行——「故意散播虛假訊息」，最高可懲處十五年監禁。九月，記者伊凡・薩夫羅諾夫（Ivan Safronov）因二〇一九年在《工商日報》上發表的一篇關於俄羅斯向埃及出售戰機的文章，被判處驚人的二十二年有期徒刑。數百名政治人物、記者、公眾人物被正式冠以「外國代理人」身分——例如《新時代》編輯葉夫根尼雅・奧爾巴茨和「莫斯科回聲」電台編輯阿列克謝・韋內迪克托夫，因為他們從YouTube頻道或外國廣告商那裡賺取了收入。[44]

線上獨立雜誌《新時代》因引用國際新聞通訊社有關哈爾科夫、敖德薩、尼古拉耶夫遭轟炸的報導而被罰款四次。但由於該媒體所發布的資訊並未在俄羅斯國防部的網站上發表，所以法官判定此事並未發生；此外，根據檢方的說法，普丁曾宣布這次特別軍事行動是「為了保護俄羅斯，免受來自烏克蘭領土的侵略」。[45]當奧爾巴茨（仍在俄羅斯工作的最勇敢記者之一）於八月開始前往俄羅斯各省，與普通民眾談論戰爭時，她發現自己遭到了聯邦安全局的重重監視及跟蹤，而且每個與她交談的人，都會被黑色SUV裡的人明目張膽地拍照。

奧爾巴茨報導說：「當我在特維爾（Tver）的一個市場詢問人們，『你怎麼看待這場特別軍事行動？』時，只有明確支持者做出了回應。其他人不是拒絕回答，就是用諸如『我們不知道一切』或『誰知道到底是誰先挑起了戰事？』這樣的話來回避。」她接著說：「那些同意在安排場合發言的人，要求不要透露自己的職業或工作場所，因為『這個城鎮很小，大家很快就能知道』。」來自獨立報紙《普斯科夫州政府報》（*Pskovskaya Gubernija*）的幾位當地記者和反對黨亞博盧（Yabloko）的活動分子，已遭到明顯由聯邦安全局組織的暴徒毆打。奧爾巴茨寫道：「從那次事件後，許多城市中的知名人士都逃向臨近的波羅的海國家；留下來的人甚至不在社交網路上發文，更別提參與任何街頭示威行動了。」[46]

因此，「恐懼」以及普丁祕密警察的高效運作是俄羅斯人不反對戰爭的原因之一；另一個原因是缺乏反對派領袖的引導。在戰爭前，像伊利亞・雅辛（Ilya Yashin）、弗拉基米爾・卡拉－穆爾札（Vladimir Kara-Murza）和葉夫根尼・羅伊茲曼（Evgeny Roizman）這樣的知名反對派部落客曾獲得某種程度的容忍；但不久後，奧爾巴茨寫道，「對知名人士來說，某種不成文的規則開始形成：首先，當局會提起三起『行政案件』，接著給予三到四周的時間讓其離開，如果他們沒有離開，則會在清晨六點進行搜查，然後將其逮捕。」[47]有些活動分子則沒那麼幸運。五月，莫斯科克拉斯諾謝爾斯基區（Krasnoselsky District）的市議員阿列克謝・戈里諾夫（Alexei Gorinov）公開表示，在「烏克蘭有孩子被殺害」的情況下，他不會討論組織當地的兒童藝術比賽。戈里諾夫並未被判行政處罰，而是立即被判定犯有「軍事虛假訊息罪」，並被判七年入獄監禁。戈里諾夫是高調反對派人物伊利亞・雅辛的盟友，根據雅辛的說法，戈里諾夫的定罪是對他發出的信號，要求他離開。「但我拒絕離開，」雅辛在以色列特拉維夫的菲什曼（Fishman）YouTube新聞頻道中表示，「為什麼我要離開祖國？我和任何人一樣，有權待在這裡。」[48]兩個月後，雅辛也被拘留，並與戈里諾夫一起被指控犯下相同的罪行；同時被審判的，還包括了政治家兼記者弗拉基米爾・卡拉－穆爾札，以及前下諾夫哥羅德州長葉夫根尼・羅伊茲曼等持不同政見的領袖人物。十二月，雅辛被判入獄八年。

俄羅斯人保持沉默的第四個原因，是克里姆林宮對資訊的封鎖措施非常有效。自戰爭爆發以來，俄羅斯總檢察長辦公室和法院就關閉了超過七千個網站；到了七月時，有兩千五百萬俄羅斯人使用VPN來獲取可選擇的新聞資訊。但精通高科技的統治當局也發現了這一點，並使安裝了VPN的手機無法使用國有銀行及其他服務的應用程式。[49]

最後，還有一個簡單而令人沮喪的事實——在三月和四月中產階級大規模逃離後，莫斯科和聖彼得堡就幾乎沒有反對派活動人士留下來參與抗議了。「你為什麼不留在自己國家，並在那裡對抗普丁呢？」一位第比利斯咖啡館的喬治亞顧客在五月對來自莫斯科的俄羅斯流亡者問道，「如果你們不在那裡這樣做，誰又會去呢？」[50]

這是一個尖銳的問題。在二〇一一年至二〇一二年莫斯科反普丁的公民運動高峰時期，約有十萬名願意為自己信仰冒著被逮捕風險的市民走上街頭。但在二〇二二年俄羅斯入侵烏克蘭後，至少有五十萬人——包括莫斯科和聖彼得堡的大多數知識分子、記者、反對黨活動分子——離開了國家。到了二〇二二年底，約有十一萬兩千名俄羅斯人居住在喬治亞；十萬人分別在哈薩克和塞爾維亞；七萬八千人在土耳其；六萬五千一百四十一人在亞美尼亞；三萬七千三百六十四人在以色列；三萬人在吉爾吉斯；還有兩萬一千人在美國。[51]就像第一次世界大戰前的沙皇政權一樣，普丁的警察國家成功地將幾乎所有潛在危險的革命者都囚禁或流放了。一九一七年二月，沒有領袖的、饑餓的城市工人階級和不滿的城市中產階級勉強起來反抗政權。現今，只要這場「特別軍事行動」在三月至九月間基本上不為人知、無人關注，民眾的不滿情緒似乎不太可能出現。

對於普通的俄羅斯人來說，任何形式的公開抗議不僅是難以想像的危險，而且更重要的是，顯然毫無意義。但是，對於那些特權階層的俄羅斯人來說呢？正如我們所見，他們的孩子們似乎覺得自己不受普通民眾法律的約束，能在Instagram上發布挑釁性的反戰迷因。奧爾巴莰的經歷與我自己的非常相似。她在八月寫道：「在戰爭開始的六個月中，我沒有遇到過一個比較有名、有地位或富有的人公開支持戰爭。不過有人告訴我，一位前副總理，現在是某國有企業的負責人，曾穿著印有挑釁『Z』字樣的黑色T恤來到總統行政辦公室。不過，他是故意挑釁政府，還是穿這件T恤來表達對政權的忠誠，目前還尚無定論。」就像我自己的消息來源一樣，奧爾巴莰的消息來源對公開會面或被人偷聽充滿極大的戒心。她採訪的某個人某多次重申『社會完全沒有徹底意識到，使用諾維喬克神經毒劑對付反對派的影響後果』。顯然，俄羅斯的許多高層領導精英時刻都擔心自己的豪華別墅或轎車的門把手，可能會被塗上軍事神經毒劑」。

如果俄羅斯權貴精英中的少數幾位成員因為異見而害怕遭受暴力報復，那絕大多數其他成員的沉默則是受到更低層次的動機驅使——懦弱和盲從。戰爭爆發後，只有一位俄羅斯外交官——俄羅斯駐日內瓦軍備控制代表團代表鮑里斯·邦達列夫（Boris Bondarev）因原則辭職；也只有一位高級政府官員——前財政部長和葉爾欽總統辦公室主任阿納托利·丘拜斯（Anatoly Chubais）以辭職表示了自己的抗議。「這不是良心發現，」邦達列夫透過Zoom向我講述，他現在和妻子、愛貓一起住在瑞士一個不透露的地點，「這取決於勇氣。不是指挑戰政治鎮壓的勇氣，因為雖然俄羅斯有鎮壓，但還算有限。這樣做需要戰勝與主流體制對抗的恐懼……原因是，無人願意成為唯一的白烏鴉。」

邦達列夫解釋為何如此少的同僚敢於發聲，他認為俄羅斯人「具有極端的奴性」，並且「病態地害怕承擔任何責任」，這也是為什麼會形成「主人總是知道一切」的依賴文化。他認為這種現象在俄羅斯官員中尤其明顯，這是他在俄羅斯外交部二十年職業生涯中親眼見證的。「政府的服務機構廣泛建立在服從的基礎之上……上司總是對的，而你無權擁有自己的意見。」在戰爭爆發後，邦達列夫和他在日內瓦的俄羅斯外交同僚交談時發現，大多數人只是「聳聳肩，說：『我們能怎麼辦呢？』然後在公開場合表現自己，『撕開襯衫，激動地大喊烏克蘭想用生物武器化的蚊子攻擊俄羅斯，以及其他荒唐的說法』」。在遞交辭職信之前，邦達列夫也曾有過嚴重的疑慮，「如果我當時在莫斯科，戰爭爆發時，我不確定我會不會發表公開聲明，」他承認，「我知道很少人會聽，然後我會被關進監獄，或者失業，沒有前途。有些人想要發聲，但他們會權衡風險，並且理解他們看到的風險遠大於他們能獲得的利益。所以結論是，說真話是沒有好處的。」[52]

像邦達列夫的同事一樣，俄羅斯的許多精英階層也對失去國外度假、國外財產／資產的機會、孩子們受海外教育或未來的前景、未來的繁榮等事實達成了妥協。「一些人預計政權會持續到二〇二三年春天，另一些人則預測未來幾個月會加劇鎮壓，並相信政權有足夠的力量再撐十年，」奧爾巴茨寫道，「他們堅信即將來臨的二〇二四年選舉及下一輪選舉不會改變什麼。」然而，當她問到，普丁的統治階層，這些習慣於在俄羅斯賺錢、卻將財富花在世界各地的百萬富翁和億萬富翁，是否會「同意活在籠子裡並死在其中呢？我不太確定。」[53]

普丁戰爭中最魯莽的部分，是摧毀了國家與俄羅斯最有效的財富創造者——商人和中產階級——之間的微妙平衡。這些人曾經願意容忍政權而不抗議，只要他們能夠不受干涉地賺錢。他們總是本能地為政權加油，因為他們的財富是建立在這個體系上的，並且得到了它的保障。他們並不支持反對派——即使他們私下同意其價值觀——因為政治變革對他們的福祉和穩定構成威脅。但同時，他們對政權的支持是建立在理解上：國家會允許他們致富，並在某種程度上保護他們的財產。正如一位著名的寡頭、某位西羅維基高層的商業夥伴所說，「大多數俄羅斯商人是自己財產的愛國者，除此之外什麼都不是。」[54]

普丁時代官僚集團的最高層人員——那些控制國家及其主要企業的官僚商人——在二〇一四年因遭到制裁而與西方及其所有利益斷絕聯繫後，已接受了這一現實。這些人包括那些在二〇二二年將俄羅斯再次帶入戰爭的決策者——對他們來說，完全脫離西方並沒有什麼可失去的。

較低層級的官員和商界人士對這種失落感到不那麼樂觀，也不那麼能接受，但他們同樣在克里姆林宮的決策過程中沒有正式或非正式的發言權。絕大多數的這些人無法離開，因為他們賺得不夠多，無法輕易放棄在俄羅斯的生活。他們無論如何都不期望、也不需要，更沒有動機來積極支持這場戰爭，因為這場戰爭對他們的利益、生活方式和未來前景造成了嚴重打擊。但隨著戰爭的展開，許多人出於慣性依然自稱是「愛國者」——尤其是因為不這麼做是非常危險的。

「當然，權貴精英們——至少其中一部分，包括那些失去一切或幾乎失去一切的人——明白普丁的所有決策，包括二月二十四日那個最重要的決定，對國家和社會、經濟、人力資本以及俄羅斯的聲譽都是自殺性的，」莫斯科卡內基國際和平基金會

（Carnegie Center）的高級研究員安德烈．科列斯尼科夫（Andrei Kolesnikov）寫道，「但他們沒有採取任何作為來糾正這種情況。他們感到害怕、無法團結起來，他們沒有改變這位獨裁者的工具。他們在過去二十年裡，因為沒能有效使用這些工具，而自己摧毀了這些工具，因為他們認為民主一點也不重要，最方便的賺錢方式就是勾結克里姆林宮和聯邦安全局，而不需要任何競爭性的選舉……因此，我們繼續著自己的穩步行動，最終跌入連接世界最骯垃圾桶的滑道。」[55]

但是，戰爭激起了大量的、強大的憤怒選民群體，這些群體在普丁宣布九月二十一日的動員令後變得更加顯眼。正如在蘇聯末期一樣，俄羅斯有一小部分聲音強烈的異議分子，但更多的是那些因為自己利益而默默順從的人。戰爭改變了這一點。現在，出現了一批新的潛在反對者，他們的個人利益與克里姆林宮的利益相悖，其中包括可能被派去打仗的年輕人的親屬，而在此之前他們並不認為自己是政權的反對者——比如在達吉斯坦共和國馬哈奇卡拉（Makhachkala）機場封鎖道路的群眾，或者在西伯利亞燒毀徵兵辦公室的絕望年輕人。在一些忠誠的政權支持者中，也出現了裂痕。車臣總統拉姆贊．卡德羅夫公開質疑，當有五百萬名服務於聯邦安全局、緊急情況部門和OMON準軍事警察部隊的男性仍然待在家裡時，為什麼需要大規模徵兵。前國民近衛軍副總司令、現任達吉斯坦共和國總統的謝爾蓋·梅利科夫（Sergei Melikov），就對過於熱衷的徵兵官員進行了猛烈批評，稱他們「極其愚蠢」，並向傑爾賓特（Derbent）的民眾道歉，因為裝有高音喇叭的車輛在那裡四處沿街廣播，命令每個男人報到徵兵。普丁的忠誠基礎依然堅固強大，部分原因是任何四十歲以上的俄羅斯人都非常清楚，政權更迭意味著混亂、動盪和持續的經濟危機。但幾百萬被動員令震撼並激怒的人，可能在某些情況下，隨著一個可行的替代選項出現，就會準備選擇替代當前體制的方案。

西方人常常認為俄羅斯本可以變得更好，而俄羅斯人則習慣性地反駁說，情況可能會更糟。兩方都說得對。但俄羅斯在入侵後的基本現實是，情況必須變得更加惡劣——甚至比在活人記憶中最糟糕的時期（例如九〇年代初）還要糟，才足以讓那個憤怒、沉默的中產階級變得足夠絕望，而去考慮政權更替。經濟學家莫夫昌預測：「制裁不會對政治產生影響，它將會阻止俄羅斯的經濟發展，會引發衰退和通貨膨脹。但這不會帶來毀滅性的後果，不會有饑餓引起的叛亂，我們只會倒退二十年，恢復的道路會更加艱難；人們會接受這一切，並將其視為西方敵對的結果。」[56]

第十二章 躋身先聖之殿

普丁政權所做的一切，就是盜取埋藏在地表之下的財富。在俄羅斯掩埋最深的資源之一，就是它的人民具有深刻的保守主義意識。他們的缺乏教育、盲目忠誠、對待變化的抗拒，以及對任何外來或新事物的忽略和敵意，也是某種石油儲藏，隱匿在深層和遠古的地殼之下。這也如同某些珍貴的礦產，可以像任何其他自然資源一樣，任憑統治者開採和利用。

——俄羅斯現代詩人兼評論家德米特里．貝科夫，二〇二二年[1]

重返未來

國家之所以挑起戰爭，是因為他們相信自己可以贏得戰爭。普丁預計這場入侵將是短暫和勝利的特別行動。他的進攻計畫，首要目的是發動一場激烈的軍事政變，而非持久的軍事行動；結果，卻演變成一場比他或任何他身邊的人所能想像的更加血腥、持久，且對他國家造成更大毀滅的戰爭。

歷史上的每場戰爭都有三個階段：開戰攻擊、爭取優勢、最終局。戰爭的終局不可避免地會有兩種結果：要麼戰爭局勢不可逆轉地有利於一方，就像一九一八年和一九四五年的同盟國勝利；要麼衝突在雙方同意的某種和平條件下結束——最好的情況是經過談判達成的和平，就像一九七三年埃及與以色列之間的停戰，最糟的情況則是疲於應戰的僵局，例如一九五三年的韓戰或一九七四年的賽普勒斯。[2]

本書是在烏克蘭衝突的爭取優勢階段期間寫成的。二〇二二年九月，烏克蘭在哈爾科夫周邊取得重大突破，隨後在下個月又奪回了赫爾松市。包括他們在三月從基輔周邊撤出的領土，俄羅斯失去了大約五四％的二〇二二年所占領的烏克蘭土地。從二〇二三年一月起，俄羅斯部隊最初由瓦格納僱傭軍在巴赫穆特和索萊達發起極為血腥的人海攻勢領導，開始收復頓巴斯的部分地區。這個階段——通常是戰爭中最血腥且最持久的部分——將會持續無解，只要雙方仍然相信自己最終能夠獲勝。《戰爭如何結束》（*How Wars End*）一書作者吉迪恩．羅斯（Gideon Rose）指出：「雙方都不願意談判，因為每一方都試圖爭取徹底獲勝、增強自己在戰場上的優勢，好在將來的談判中具有更強的實力討價還價。」[3]在二〇二二年三月和四月與克里姆林宮的初步談判期間，基輔曾提出放棄加入北約的雄心，並考慮承認克里米亞的併吞以及頓巴斯共和國的獨立，以換取俄羅斯撤回至二月二十四日之前的邊界。到戰爭的第一個秋季，這樣的結果已成為無法想像的奢望；澤倫斯基發誓，不僅要奪回俄羅斯在二〇二二年占領的領土，而且還要收回克里米亞。他還發誓不會與普丁對話，還正式申請且獲得了加入北約和歐盟的快速通道（fast-track）資格。克里姆林宮則匆忙宣布舉行地方公投，將頓巴斯和占領的烏克蘭南部大片地區併入俄羅斯。普丁希望，這樣的併吞將使烏克蘭無法進一步擴張進攻，因為那將會被視為對俄羅斯本土的攻擊。九月二十一日，普丁明確重申，如果俄羅斯（包括俄羅斯新占領的烏克蘭領土）受到攻擊，他將使用核武器。烏克蘭無視這些警告，繼續推進，奪回了赫爾松。更具挑釁的是，從秋季到冬季，烏克蘭一系列越來越大膽的破壞行動和無人機攻擊深入俄羅斯境內，其中包括摧毀一架位於梁贊附近、距莫斯科兩百公里的軍用機場上的戰略轟炸機，以及對克拉斯諾達爾（Krasnodar）、布良斯克（Bryansk）、別爾哥羅德和莫斯科地區的電力和天然氣基礎設施的一連串襲擊。

普丁本可以在最後一刻輕鬆宣布勝利並開始尋求和平，那就是當烏克蘭在盧甘斯克州控制的最後一座城市——利西昌斯克——於七月五日最終被俄羅斯軍隊占領時；然而，他選擇加倍下注。普丁在七月七日告訴俄羅斯議會的領袖：「今天我們聽到他們想要在戰場上擊敗我們。怎麼說呢，只好讓他們再次嘗試了。」他接著說：「我們多次聽說，西方希望與我們戰鬥到最後一個烏克蘭人。這對烏克蘭人民來說是一場悲劇，但似乎一切都朝這個方向發展。大家應該知道，從大體上來說，我們甚至還沒有真正開始做什麼。」這些話並非來自一位認真想要和平談判的領袖。[4]他在九月二十一日的演講中，不僅威脅要使用核武器，並宣布初步動員三十萬俄羅斯後備役軍人，附加總計將來動員一百三十萬兵力的祕密條款，還聲稱西方「不希望我們獲得自由，他們希望我們成為殖民地；他們不想要平等夥伴關係，只是企圖盜取我們的財富」。在一次對俄羅斯權貴精英發表的、勉強連貫的四十分鐘演說中，普丁從譴責當今西方的「極權主義、專制主義和種族隔離」，轉而談到西方對印度的歷史性掠奪、在第二次世界大戰結尾時對德勒斯登的大轟炸，還有西方流行的「多元性別」問題。如果有人懷疑普丁是否從俄羅斯人民的生存角度看待這場戰爭，他強調，俄羅斯的使命是「保衛我們的孩子，免受旨在摧毀他們意識和靈魂的可怕實驗」。[5]正如卡內基國際和平基金會的安德烈．科列斯尼科夫在推特上所寫，普丁的演講是「一套令人難以置信的文盲陰謀論陳腔濫調，三十年前還可以在邊緣化的民粹愛國主義報紙上讀到……現在竟成為前超級大國的治國政策，甚至在蘇聯領袖們的時代，也無人能承擔如此荒謬的演說。」

在戰爭的初期，克里姆林宮做了任何機構在面對計畫搞砸時會做的事——盡可能掩蓋真相，並假設每件事都是照計畫而行。普丁的長期策略似乎是等待歷史重演。在車臣、喬治亞、克里米亞和敘利亞之後，西方的憤慨和決心最終會煙消雲散，這些情緒會被國內的政治問題考量、對廉價石油的渴求所侵蝕。七月，美國中央情報局局長威廉·伯恩斯表示，普丁預期美國會患上「注意力缺失症」並「忘記烏克蘭事務」，[6]然而到了九月時，西方不僅沒忘記烏克蘭，反而更積極支持戰場上的反攻行動，此時普丁迅速改變了策略。經過動員、併吞和核威脅後，克里姆林宮顯然發出了明確信號，表示他們願意將戰爭的賭注提高到西方無法容忍的程度。在入侵的一周年之前，普丁發表了一場好戰的演說，將戰爭的責任明確歸咎於西方，並將其描述為對俄羅斯的「生存威脅」。他在二〇二三年二月二十一日對俄羅斯國會成員說：「他們向烏克蘭提供越多武器，我們對俄羅斯邊境的安全局勢就要更加負責。」他稱入侵周年為「我們國家的命運分水嶺」，並預測烏克蘭戰爭將「塑造我們國家和人民的未來」，而且「我們每個人對戰爭的結果都負有重大責任」。[7]

因此，衝突進入了它的最後階段，也是最危險的階段——不再是一次軍事冒險，而是俄羅斯為生存而發起的新偉大衛國戰爭。

在戰爭爆發前，預期未來會像過去一樣，這並不是完全不合理的假設，尤其是當克里姆林宮的前馬克思主義者還真誠地相信，不可抗拒的歷史力量會站在他們這一邊時。拉夫羅夫在七月表示：「歷史進程的目標是不可替代的，多極世界一定會在尊重國家主權平等的基礎上形成。」[8]在某種程度上——或許是無意識的——這呼應了布里茲涅夫（Brezhnev）後期的言辭，普丁預測美國、歐盟、美元、歐元、西方經濟自由主義乃至整個西方的經濟與文化將會崩潰。普丁於七月在克里姆林宮的聖凱薩琳大廳（他曾在這裡舉行命運般的聯邦安全會議）告訴俄羅斯杜馬的領導人，世界正在目擊「美國形式的世界秩序全面解體的開始，」他接著說：「這是從美國自我中心的自由全球主義過渡到真正多極世界的開始。」與此同時——再次顯示他似乎沒有意識到其中的矛盾——普丁將這個即將衰亡的西方帝國視為戰爭的罪魁禍首。普丁說：「有人告訴我們，今天我們聽到的，是我們在頓巴斯、烏克蘭發動了戰爭。不是這樣的，是西方集體發起了這場戰爭。」他還補充說，西方故意「阻礙俄羅斯的進步」——但沒有具體說明西方敵人究竟是如何、為什麼這樣做。[9]

從這個角度來看，隨著戰爭進入第二年，普丁轉向愛國戰爭的言辭，實際上只是延續了相同的主題——入侵是一次為了保衛國家對抗一個固執的、仇俄的西方的戰爭，西方的目標是摧毀俄羅斯及其文明。但對俄羅斯來說，這場災難對「西羅維基」來說不一定是災難，畢竟，他們得到了他們想要的俄羅斯——一個他們的統治不會受到西方化的精英或中產階級挑戰的國家。「讓那些想再搞一次博洛特納亞運動（二〇一一年廣場示威）的人們去特拉維夫鬧事吧。」一位頂級俄羅斯商人、某位「西羅維基」高層的商業夥伴，總結了他合作夥伴的想法。「他們（西羅維基）覺得悲哀嗎？不會。計畫已經實現……方向也已經重新設定。」[10]由於制裁，俄羅斯的權貴精英被迫與他們在西方的資產脫鉤——而在西羅維基看來，他們也被迫與分裂的忠誠脫鉤。

普丁七月向杜馬領導人發表的演說，提供了他對戰後願景的重要線索。此願景建立在一個歐威爾（Orwellian）式的矛盾語句——「極權自由主義」之上，這個觀點認為，俄羅斯社會實際上比西方更加自由，因為它保護其公民免受少數自由主義觀點的暴政，而這些觀點已削弱了西方社會並摧毀其自信。

普丁樂於忽視一個事實——正是市場經濟、自由貿易、理性的貨幣政策，帶來了數兆美元和歐元的外資，這些資金在過去二十年間讓俄羅斯及其核心圈富裕起來。他同時也沒提及，一旦歐洲最終成功擺脫俄羅斯天然氣的依賴，國家經濟將如何生存。他對迫在眉睫的預算赤字、下降的可支配所得、經濟主要依賴非法進口技術和產品行為的合法化來苟延殘喘等現狀，保持沉默；他也沒提及俄羅斯即將面臨的人口危機、勞動年齡人口的減少、國內優秀專家和管理人才的外流、巨大的戰爭損失，或者即將發生的經濟原始化與國有化。總之，普丁的願景是，俄羅斯可以在全球化的世界中獨立生存——這一執政計畫被卡內基國際和平基金會的安德烈．科列斯尼科夫形容為「既有自殺性又過時荒謬」。11

這場戰爭使普丁、帕特魯舍夫、博爾特尼科夫以及其他人實現了一個許多老人可能渴望卻極少能夠實現的夢想——創造一個反映他們理想化過去版本的未來社會；新俄羅斯將更像是二十世紀中期的典型特色，而非二十一世紀的普世理念。歐洲正致力於剷除邊境，並推崇人員、資本與思想的自由流動時，普丁卻鼓吹迷戀對國家主權的捍衛，事實上，從來沒有人試圖摧毀俄羅斯的國家主權。隨著世界已遠離帝國並摒棄殖民地，普丁將自己的權力建立在俄羅斯帝國的願景之上，而這個願景已於一九九一年全面崩潰。像上個世紀的偉大獨裁者一樣，普丁全力培植民眾對自己的服從，向他們灌輸軍國主義的狂熱信仰和英雄獻身的理想，創造對領袖的個人崇拜，將他自己與國家相提並論，打壓任何對自己的權威進行合理挑戰的企圖，並力求永遠統治國家和社會。他透過表演式的法庭審判來監禁自己的反對派，或僱用暗殺團隊使其永遠噤聲，建立對媒體的全面國家管控，並將政治反對視為叛國行為。透過一再的核威脅，普丁明確表明已將自己的政權與俄羅斯本身視為一體，寧願尋求最大限度的國家毀滅途徑，來確保自己和小團體的生存之道。普丁的俄羅斯已淪為某種意義上的死亡崇拜。

「百萬人站在我的身後」[12]

當他發動對烏克蘭的戰爭時，俄羅斯是否真正支持普丁？要開始回答這個問題，首先需要記住普丁在俄羅斯政治上長達二十二年的統治祕訣——他的觀點和政策總是密切反映了大多數民眾的觀點。普丁並非僅依靠鎮壓和宣傳來維持權力的獨裁者；相反地，他像他曾經的盟友土耳其總統雷傑普．塔伊普．埃爾段一樣，是二十一世紀最成功、最無情的民粹主義者之一。

「我沒有發明法西斯主義，」義大利的貝尼托．墨索里尼（Benito Mussolini）在一九二五年告訴他的早期傳記作者，「我只是從義大利人民的潛意識中把它提取出來。」[13]正如墨索里尼所言，普丁和他的宣傳軍團從俄羅斯的集體潛意識中提取了由帝俄、東正教和蘇聯價值觀與象徵所構成的混合體，這些構成了普丁主義的意識形態。普丁作為領袖的成功祕訣就在於——他既是領導者，也是跟隨者，因為他既引領又反映了人民的意願。

大多數將普丁與希特勒相比的新聞報導和政治評論，都是一種懶散總結式的侮辱，這種比較與普丁將烏克蘭總統澤倫斯基稱為「法西斯分子」的荒謬做法一樣，都是誤導性的。然而，就像希特勒和墨索里尼一樣，普丁的統治在二〇二二年二月二十四日戰爭爆發之前，更多的是建立在民眾的贊同上，而非強制。他習慣了來自大量民眾的積極支持——這些民眾與他共享著俄羅斯作為一個強大、富有國家的願景，並且認為帝國中較小的民族應該和大多數同胞一樣向莫斯科屈服，這與他的大多數國民的看法一致。

但這場烏克蘭入侵是對此信念的延續還是背離呢？入侵前的民意調查顯示，事實上，俄羅斯民眾對於與烏克蘭真正開戰抱持非常矛盾的態度。二〇一四年五月，當烏克蘭東部的戰鬥達到巔峰時，只有三一％的俄羅斯人支持或某種程度地支持「提供直接的軍事援助，例如派遣軍隊」。到二〇一五年八月，支持的意見跌至僅二〇％。[14]二〇一五年七月，獨立機構列瓦達中心的民調顯示，僅有三三％的受訪者對於——是否支持俄羅斯正規軍隊與頓巴斯叛軍作戰，表示正面或「或多或少正面」的看法，這一比例較低於二〇一四年十一月的四五％。換句話說，儘管克里姆林宮努力於鋪天蓋地的電視宣傳，但對烏克蘭境內有限軍事行動的支持，在代理人戰爭的第一年後也明顯隨之下降。到二〇一七年九月，只有四一％的俄羅斯人認為莫斯科應該以某種方式幫助烏克蘭東部的頓涅茨克、盧甘斯克分裂省分。這些事實有助於解釋，為何克里姆林宮在二〇一四年到二〇二二年二月之間不願承認在烏克蘭東部境內有俄羅斯士兵存在的理由——但也使得「為何普丁選擇全面入侵」的原因，變得更加難以理解。[15]

二〇二一年四月的民調顯示，俄羅斯人在「是否應該對烏克蘭進行軍事干預」這一問題上意見分歧。在列瓦達的調查中，四三％表示俄羅斯應該加以干涉（其中一八％表示「肯定支持」，二五％表示「有點支持」）；四三％則認為俄羅斯不該干涉（其中二五％表示「不太支持」，一八％表示「肯定反對」）。值得注意的是，六六％的二十五歲以下受訪者對烏克蘭持「正面」態度。[16]

總統行政部門一直對民意調查情有獨鍾，甚至在二〇〇〇年代初期，克里姆林宮接管了三家全國性的獨立民意調查機構，並將它們納入隸屬於俄羅斯國家近衛軍、聯邦安全局、其他部門的聯邦和地區組織管理之下。這些機構主要向莫斯科提供有關公眾情緒的高度機密數據，這些民調普遍被認為是高度專業且匿名的。[17]那麼，在民眾支持如此高度兩極化的情況下，克里姆林宮為何還要冒險入侵烏克蘭？

部分回答是，與所有民調一樣，數據結果取決於你提出問題的角度。根據CNN於二〇二二年二月在俄羅斯委託進行的一項網路民調，五〇％的受訪者支持對烏克蘭使用武力——如果這意味著阻止烏克蘭加入北約的話。進一步的調查顯示，六四％認為俄羅斯人和烏克蘭人是「同一民族」，七一％對舊蘇聯有「較為正面而非負面」的看法。僅僅只有二五％的受訪者，反對俄羅斯使用武力來實現俄羅斯和烏克蘭的統一。[18]

另外，普丁對克里姆林宮媒體機器塑造國家敘事的強大信心也是其中一個原因。克里姆林宮的政策總是深思熟慮地計算，並時刻考慮公眾意見。但正如我們所見，克里姆林宮也透過俄羅斯政府耗費巨資打造的龐大媒體帝國塑造了公眾輿論。這兩者是一體的，形成了持之以恆自我強化的印象回饋循環。

那麼，這場入侵是普丁的戰爭還是俄羅斯的戰爭？在一九四〇年十二月二十三日的廣播中，邱吉爾曾對義大利人民說：「一個人，並且只有這一個人，決定將義大利推向……戰爭的漩渦。」對普丁的看法也有類似的表達，無論是西方政治人物、媒體，還是俄羅斯的反對者。在戰爭初期，作家鮑里斯．阿庫寧（Boris Akunin）請我幫他潤飾他與舞蹈家米哈伊爾．巴雷什尼科夫（Mikhail Baryshnikov）和經濟學家謝爾蓋．古里耶夫（Sergei Guriev）共同寫的聲明。他們寫道：「真正的俄羅斯比普丁更宏偉、更強大，也存在得更持久。這個俄羅斯依然存在，並將超越他。這位獨裁者不僅正在與烏克蘭作戰，也是在與他自己國家的更好部分作戰。他正在扼殺我們俄羅斯的未來。讓我們向世界證明，普丁並不代表所有俄羅斯人。」

我完全同意。毫無疑問，大多數俄羅斯受教育的群體確實反對普丁；但不幸的是，對於俄羅斯和全世界來說，那部分「更好」的群體並不是占大多數的群體。當入侵真正開始時，支持者的比例迅速攀升至超過七五%。正如我們所討論的，俄羅斯的民調結果可能會受到自我欺騙、對陌生人表達時的公共順從習慣、對反對多數的個人恐懼所扭曲；但是無論如何，對絕大多數的俄羅斯民眾來說，普丁是正確的。他的宣傳機器確實有效——至少在某種程度上，它產生了一個廣泛且公開支持戰爭的共識。即便是在九月的動員令、冬季中的一系列戰術失敗、頑強的頓巴斯損失的慘烈場面之後，這個共識依然令人沮喪地穩定。根據列瓦達中心的一系列民調顯示，支持「俄羅斯軍事力量在烏克蘭的行動」於九月降至七二%，十二月再次降至七一%，但到二〇二三年一月時，支持率又回升至堅實的七五%。[19]

簡單的事實是，普丁確實代表了大多數俄羅斯人，這對我、我的俄羅斯妻子以及我的大多數俄羅斯朋友來說，可能是令人沮喪的；儘管我們希望這不是真的，但事實卻並非如此。入侵烏克蘭是普丁和他身邊一小群高度偏執狂人的思想意志結晶，他們堅信對西方侵略的先發制人打擊，對於俄羅斯的生存至關重要。但在另一個重要意義的層面上，這不僅僅是克里姆林宮的戰爭——它確實得到了大多數俄羅斯人民的支持。

「這個人不能再繼續掌權了」

普丁和他的權力核心圈多年間一直深信，美國決心實現莫斯科的政權更換，他們的偏執似乎在總統拜登於三月在波蘭華沙皇家城堡前的演說中得到印證。拜登說：「天啊，這個人不能再繼續掌權了。」[20]白宮的新聞發言人很快澄清，拜登並非要求普丁下台，而是表示普丁不應再擁有支配鄰國的權力。

但問題依然存在：後普丁時代的政權會是什麼模樣？二十世紀大多數史詩般的軍事侵略都以失敗、軍事占領、建立以戰勝國為範本的新政權告終，最著名的例子就是發生在德國、義大利、日本的史實。顯然，由於普丁反覆威脅使用核武器，這個選項對俄羅斯來說顯得不切實際。最近也有一些例子顯示，失敗的軍事冒險推翻了威權專制政府，並帶來了自由民主新時代。阿根廷軍政府在一九八二年福克蘭群島戰爭（Falklands War）中被英國擊敗後的垮台就是一例；另一個例子是，塞爾維亞在斯洛波丹．米洛塞維奇（Slobodan Milošević）於二〇〇〇年垮台後，轉型為或多或少民主化的歐洲國家。俄羅斯在一八五六年克里米亞戰爭中的失敗，開啟了一段相對自由的歷史新時期，最終導致了農奴解放和俄羅斯將阿拉斯加出售給美國。

遺憾的是，對俄羅斯來說，普丁垮台後並不可能實現自由化的結果，原因很簡單——對帝國幻想的沉迷並非那麼容易就能從政治體制中去除，這種毒素深入骨髓。正如我們所見，大多數俄羅斯人即便在一九九九年（也就是普丁二十年的無情民族主義宣傳之前）也希望他們的國家能夠恢復為超級大國的地位。簡單來說，民族主義在當代俄羅斯的民眾觀點中，比親西方的自由主義更為強大；而且，在北約武器打擊下的軍事失敗，這種趨勢將很可能會被強化，而非削弱。

西方媒體通常將俄羅斯處境艱難的自由派人物，如被囚禁的阿列克謝・納瓦爾尼，描繪為普丁統治的主要反對力量。但事實上，俄羅斯極端民族主義的右派勢力才是對普丁統治構成更強大且危險的潛在反對力量。像伊戈爾・吉爾金與札哈爾・普里列平這樣的人（分別為前聯邦安全局和OMON準軍事警察機構的軍官）都曾嚴厲批評普丁的腐敗和貪汙行為，但在普丁開始在烏克蘭進行軍事冒險後，他們暫時轉而支持他。然而，正如我們所見，即使在二〇二二年戰爭期間，吉爾金也開始批評俄羅斯軍隊的低效和無能，並在九月烏克蘭突破哈爾科夫後公開聲明：「這場戰爭已經失敗了……只剩下看我們輸得有多慘。」

在一九一八年德國戰敗後（第一次世界大戰），民族主義軍官用「刀刺在背傳說」

（Dolchstoßlegende）解釋這場災難，聲稱德國軍隊是被柏林軟弱的平民失敗主義者所背叛。若俄羅斯戰敗後出現類似的「背叛理論」，必定會將責任歸咎於普丁權力核心圈的腐敗，認為這些腐敗行為剝奪了軍隊取得勝利所需的物資和政治手段。對普丁權力核心而言，避免這樣的民族主義反彈將是他們保護自身財富、權勢、生命的首要任務。

「西方國家在希望普丁下台方面，可能會持謹慎態度，」一位曾與普丁緊密合作超過十五年的前俄羅斯高級官員說，「無論誰上台，都將會遠比現在更糟糕……如果帕特魯舍夫等人得勢，他們將會扶植一個更具侵略性、更加強硬的人上台掌權。」[21]

「歷史將宣告我無罪」

儘管在血的代價和經濟毀滅的損失遠超過克里姆林宮的預期，普丁在戰爭的第一年確實成功達成了一項目標——俄羅斯的攻勢至少「解放」了所有的頓巴斯州的盧甘斯克地區（儘管在九月，那裡某些區域又被烏克蘭奪回）以及頓涅茨克的一半面積。它還成功占領了烏克蘭一些最富饒的農田，並控制了該國最大河流第聶伯河下游的一段河岸。俄軍還占領了烏克蘭近六百公里的海岸線，而基輔僅控制了一百五十公里的黑海海岸線。總之，從二〇一四年到二〇二二年，俄羅斯占領了烏克蘭約二一%的領土。

但在其他所有重要層面上——尤其是他在戰爭初期所設定的目標來看——普丁已經失敗了。在二〇二二年二月二十四日的廣播中，普丁為俄羅斯的「特別軍事行動」定義了四項目標：「保衛頓巴斯的居民、使烏克蘭去軍事化和去納粹化」以及「將那些犯下無數血腥罪行的人繩之以法」。普丁在這次行動中仿效蘇聯領袖布里茲涅夫，在一九六八年八月入侵捷克斯洛伐克和一九七九年十二月入侵阿富汗之前的言論，聲稱他是因應頓巴斯領袖的請求而決定採取行動。他還強調「俄羅斯沒有占領烏克蘭領土的計畫」——結果顯示，這顯然意味著普丁的軍隊將只占領所謂的「俄羅斯」部分烏克蘭。

普丁保衛頓巴斯俄羅斯少數民族的想法，最終卻導致了數萬人的死亡。根據英國政府對無人機影像的分析，俄軍攻擊期間，馬里烏波爾約九二%的建築遭到摧毀或損壞，該市的經濟能力——以亞速鋼鐵廠為中心——完全被摧毀殆盡。在北頓涅茨克和利西昌斯克，建築物損毀達到九〇%。大約有五百萬難民逃離戰區，前往烏克蘭更安全的地區或歐洲，而有九十萬至一百六十萬人離開或被遣返至俄羅斯。這些數字強烈顯示出，頓巴斯的民眾有著強烈的願望，不願被莫斯科所「解放」，而是希望留在烏克蘭。我與許多來自頓巴斯的難民交談過，他們過去曾對俄羅斯抱有同情，並支持亞努科維奇的地區黨，但在面對俄羅斯侵略和占領的現實後，他們改變了看法。

「他們說是來拯救我們的——救什麼呢？我們從來沒有要求誰來拯救，」來自馬里烏波爾的教師拉瑞莎．博伊科說，她和女兒達瑞雅在俄軍轟炸下，於地下室躲了三周後便逃往俄羅斯。「我們看到了俄羅斯的『幫助』是什麼樣子。我們在家門前的院子裡埋葬了鄰居。我的城市被摧毀得面目全非。」[22]

在二〇一四年規模較小的頓巴斯叛亂後的八年裡，盧甘斯克和頓涅茨克的城市和鄉村未能恢復到戰前的繁榮，更別提重建頓涅茨克被摧毀的機場，或重新開放許多在戰爭中崩塌或淹水的深層無煙煤礦了。「當我（在二〇一四年）離開時，頓涅茨克的部分地區看起來像電影中的戰區，」三十九歲的女商人迪娜．奥利福斯卡雅（Dina Olevskaya）說，她在戰爭期間逃往基輔，「這不僅是因為戰爭，而是因為一切都被當地人洗劫一空、破壞殆盡。」當迪娜最後一次在二〇二一年十一月回到頓涅茨克探望母親時，「他們甚至還沒有更換之前（二〇一四年）被搶劫的酒品專賣店的破損窗戶，（那裡）只是用木板封住了。我看到的唯一昂貴的車輛都是由穿著迷彩軍服的男人開的——都是當地的土匪。我問母親：『那你是如何享受成為俄羅斯世界的一分子呢？』她說：『他們用盧布發放我的退休金，比我們在烏克蘭時拿的還多。』」迪娜的母親拒絕與她一同前往基輔，而是在戰爭的最初幾天被疏散到俄羅斯的斯塔夫羅波爾。[23]

普丁在二〇二二年發動的入侵所帶來的毀滅與屠殺，無論在規模或程度上，都遠遠超過了二〇一四年那場本應是為了糾正錯誤而發起的戰爭。二〇二二年五月，俄羅斯經濟部製作了一份預測俄羅斯占領的頓巴斯地區未來繁榮之內部文件，這個預測是基於對伊久姆（Izyum）、斯拉夫揚斯克（Sloyansk）和克拉馬托爾斯克（Kramatorsk）下方豐富天然氣田的開採，這份文件在克里姆林宮內部流傳。「文件裡有漂亮的圖表，展示了預期的收入以及天然氣管道如何連接到藍溪（俄羅斯到土耳其的天然氣管道），」一位俄羅斯銀行高層說，他是透過一位政府朋友看到這份文件的，「問題是，大多數城鎮仍在烏克蘭的控制下。那位政府朋友說，這份研究報告之所以僅透過電子郵件流傳，是因為經濟部已經沒有紙張可以列印了。這很滑稽，但是最好別笑，以免冒犯官員。」[24]

六月底，克里姆林宮宣布了一項針對占領區的經濟復甦計畫，其中包括將新解放的頓巴斯城市與俄羅斯城市結成友好城市，這樣就能將數十個地方預算與一個被摧毀和人口流失的戰區之預算有效地綁定在一起。十月，這些占領區正式被併入俄羅斯聯邦，成為四個新的聯邦省分。但正如我們所見，俄羅斯的經濟早已經因為戰爭生產的負擔、自二〇二二年夏季以來能源收入的急遽下降而承受重壓。莫斯科能夠召集資源來實施類似馬歇爾計畫（Marshall Plan）規模的支出以重建頓巴斯的機會，幾乎為零。

這場戰爭不僅未能像普丁要求的那樣實現烏克蘭的「去軍事化」，反而產生了完全相反的效果。經過六個月的慘烈衝突後，根據一位駐基輔的英國高級軍官評估，烏克蘭的實際軍事能力「是戰爭初期的十倍」。烏克蘭擁有一百萬的男女軍人，並且還有數千人在波蘭、英國、美國接受北約最先進武器的訓練。

至於普丁在烏克蘭「去納粹化」的目標，難以理解克里姆林宮計畫如何展示任何形式的勝利——即便那場三天閃電戰成功地摧毀了烏克蘭政府。正如前面所提，烏克蘭確實擁有一小部分極端右翼勢力，其中包括基輔四百五十人國會代表中的唯一一名極端民族主義議員。但是「納粹」絕對不可能主導烏克蘭政治版圖，而且如果俄羅斯勝利後，想要找到足夠的人來填滿紐倫堡式（Nuremberg-style）的法庭，這似乎是荒謬可笑的幻想。「哦，別低估我們同行的可利用資源，」一位我在二〇一四年首次於頓涅茨克遇見的俄羅斯電視新聞記者開玩笑說，他曾為俄羅斯-1頻道報導過頓巴斯前線的情況。「我敢肯定，一旦我們在基輔逮捕了某些法西斯分子準軍事人員時，肯定會有人找到一些納粹旗幟來展示。（我軍）可能還把這些旗幟放在他們自己的坦克裡。」[25]

在「將那些犯下無數血腥罪行的人繩之以法」方面，俄羅斯的宣傳家只得以在亞速鋼鐵廠廢墟中被俘的亞速營俘虜來為鏡頭做展示。五月九日（勝利日）當天，大約五十名所謂來自亞速營的烏克蘭戰俘被手銬銬著，遊行穿過頓涅茨克的街頭。大多數人看起來像是遭到殘酷毒打，有些人跛行或肢體纏著繃帶。他們由身穿各色軍裝的頓涅茨克人民共和國士兵護送，這些士兵顯然有一個事先安排好的任務，就是保護那些運氣欠佳的戰俘免受當地居民的憤怒報復，圍觀者恣意地大聲喊叫侮辱、踢打和向他們吐口水。這一場景故意模仿了一九四四年七月十七日德國戰俘在莫斯科街頭遊街的場面（我的姨媽列寧娜目睹了那個場面），這些烏克蘭戰俘的身後跟隨著街道清洗車隊，這些車輛將街道上的塵土沖洗乾淨，以消除「法西斯的汙染」。在馬里烏波爾被摧毀的劇院重建過程中，特別建造了幾個牢籠（後來因完全重建而被放棄），顯然是為了準備一場盛大的「納粹」戰犯公開審判。但到了九月下旬，俄羅斯釋放了二十多名明星被告人，即在亞速鋼鐵廠被俘的亞速營各級指揮官，並與被囚禁的寡頭維克托．梅德韋丘克（普丁好友）及其他俄羅斯戰俘進行了交換。

那麼普丁的其他戰爭目標呢？與其停止北約的擴張，普丁反而幫忙促成了自二〇〇七年以來北約最大的擴張。在俄烏衝突之前，俄羅斯與北約接壤的邊界僅限於加里寧格勒（位於俄羅斯的半飛地）、拉脫維亞和愛沙尼亞的一部分，以及挪威北部的一小片區域。隨著芬蘭和瑞典加入北約，這條邊界將擴大到超過一千一百公里。克里姆林宮的宣傳家德米特里・基謝廖夫（Dmitry Kisilev）自豪地宣稱，亞速海——位於近乎封閉的黑海北岸的一個小海域——已經「成為俄羅斯的海域」，這是由於俄羅斯入侵的結果。然而，這場可疑的勝利之反面效應是，戰略意義更大的波羅的海事實上變成被其成員國圍繞的「北約之湖」。現在，俄羅斯與北約的邊界距聖彼得堡僅約六十公里。

普丁的「目標要使俄羅斯再次偉大」，前美國中央情報局局長大衛・裴卓斯（David Petraeus）表示，「但他實際上真正做到的，是讓北約再次偉大。」[26]七月，波蘭宣布將從美國採購五百台海馬斯火箭發射系統，還將從南韓購得四十八架戰機、六百枚榴彈炮和一百八十輛坦克。[27]德國則同意將軍事開支增加到一千億歐元——這是俄羅斯全年國防預算的一・五倍。十月，澤倫斯基對俄羅斯正式併吞占領區做出回應，提出申請加入北約的快速通道，這樣對烏克蘭的攻擊就會被視為對整個北約的攻擊。儘管這對大多數北約成員國來說可能是過度升級，難以立即接受，但這場戰爭讓基輔至少更有可能獲得來自世界最強大國家提供的、類似北約的安全保證，並和北約建立與任何正式成員國相近的實質軍事關係。

北約的終場結局

在西方的外交史上，為了避免更不穩定、更危險的局勢，而容忍一個可憎的政權繼續存在，一直以來都有悠久的歷史。美國強烈要求維持蘇聯的存在——這可以從喬治．布希（老布希）廣為詬病的一九九一年「基輔懦夫」演說加以證明——就是擔心會有一系列失敗的核武國家取而代之。同樣地，根據一位在危機期間與法國總統馬克宏定期交流的歐洲高級政要披露，馬克宏「強烈擔心，如果普丁因烏克蘭戰爭而倒台，會出現類似威瑪共和國的情況」。[28]這種恐懼是馬克宏堅持在未來和平協議中「絕不能羞辱普丁」的根本原因，他認為歐盟不該追隨「歐洲最好戰勢力」的政策，因為這樣會「冒著延長衝突並完全切斷與普丁溝通」的風險。[29]馬克宏的立場自然激怒了烏克蘭人，以及波蘭人和波羅的海國家，他們認為馬克宏間接指控他們是戰爭煽動者，或稱「好戰分子」。

這場戰爭的確使北約前所未有地團結起來。但隨著戰爭進程接近尾聲，這種團結所暴露出的裂痕，早在九月馬克宏發表關於好戰言論時就已顯而易見。隨後，普丁於九月二十一日發表極端敵對的演講，宣稱他對使用核武器「並非在虛張聲勢」，這些裂痕隨之進一步加深。「美國人認為普丁已走投無路，認為對話沒有改善的希望，認為其他任何領袖都比普丁更好，」那位歐洲政要指出。愛麗舍宮（Élysée）的看法是，「這種邏輯是危險的⋯⋯一個衰弱的普丁對歐洲安全來說，比一個倒台的普丁更為有利。」[30]

當西方國家在四、五月承諾提供數十億美元的軍事支援時，認為時間站在烏克蘭一邊的觀點成為常態。俄羅斯已經被孤立，無法補充失去的兵力和物資。烏克蘭擁有世界上最強大、最富有國家的積極支持，其中許多國家正主動提供軍事物資。事實上，隨著秋冬季節的推移，情況正好相反，這一點變得越來越明顯。普丁的部隊可能指揮不力、紀律渙散，而且裝備和訓練不足，但他們人數眾多的優勢使俄軍不僅在十月從赫爾松撤退後守住了防線，還在頓巴斯開始取得艱難的進展。到了戰爭一周年之際，根據北約的統計，俄羅斯軍隊已損失了高達四成的戰車（從兩千九百二十七輛降至一千八百輛）以及高達二十萬人的死傷。但普丁似乎依然不為所動，民眾對戰爭的支持依然堅定，俄羅斯軍隊繼續穩步推進。[31]

事實上，時間或許並非站在烏克蘭這邊。隨著衝突進入第二年，戰爭看起來變成了一場競賽——在西方盟友日益增長的和平呼聲威脅到基輔的軍事供應生命線之前，盡可能多地從俄羅斯手中奪回領土。對俄羅斯霸凌的廣泛西方憤慨輿論，以及對戰爭殘酷行為的憤怒，意味著北約國家永遠不會放棄對烏克蘭的支持，也不會屈服於普丁。然而，在無休止的戰爭中，是要支持烏克蘭無限期地依靠北約武器作戰，還是選擇談判和平——許多歐洲選民更傾向於後者。

六月，歐洲外交關係委員會（ECFR）發布了關於十個歐洲國家對烏克蘭戰爭態度的報告，帶來了幾個對未來具有深遠影響的訊息。對基輔來說的好消息是，幾乎全體受訪者都支持烏克蘭，十個國家中有七三％將戰爭歸咎於俄羅斯，以及超過五成（在波蘭更是高達七一％）表示政府應該與莫斯科切斷所有經濟和文化關係。在十個國家中，有五八％（芬蘭更是高達七七％）希望歐盟減少對俄羅斯能源的依賴，即使這會犧牲歐盟的氣候控制目標。

然而，歐洲外交關係委員會調查結果的壞消息則是，歐洲人之間出現了明顯的分歧——一部分人希望盡快達成和平，即使這意味著烏克蘭會失去部分領土；另一部分人則追求正義，這是指恢復烏克蘭的領土完整並追究俄羅斯的責任。在十個國家中，三五％的受訪者支持「和平」，二二％支持「正義」——還有約二〇％的選民屬於中間搖擺群體，他們既認同支持正義者的反俄情緒，也理解和平陣營對局勢升級的擔憂。義大利選民對即時和平的支持最強烈，達五二％，而四一％的波蘭受訪者則支持懲罰俄羅斯。但對烏克蘭來說，最令人擔憂的是，來自德國、義大利、法國的受訪者表示，他們最關心的是生活成本和能源價格，而來自瑞典、英國、波蘭的受訪者則最擔心核戰爭的威脅。這兩種立場都傾向於支持為了和平而談判。

「在戰爭初期，中歐和東歐國家認為它們對俄羅斯的強硬態度是正確的，」調查報告的共同作者馬克．倫納德（Mark Leonard）和伊萬．克拉斯傑夫（Ivan Krastev）寫道，「但在戰爭的下一個階段，如果『和平』陣營在其他成員國中擴大其影響力，像波蘭這樣的國家可能會發現自己被邊緣化。」隨著衝突的持續和成本的增加，各國政府將越來越被迫「在追求歐洲團結與成員國內部及之間的意見分歧中取得平衡」，兩位作者寫道，並指出「許多政府的立場與其國內民眾的情緒之間，出現越來越大的鴻溝」。[32]

在二〇二三年二月，數萬名呼籲和平並停止軍援烏克蘭的示威者走上柏林和布拉格街頭。在匈牙利、奧地利、克羅埃西亞、義大利和美國共和黨派系的部分地區，反對援助烏克蘭的聲音也在增強。根據益普索（Ipsos）在二〇二二年十二月進行的調查，涵蓋了二十八個西方國家，六四％的受訪者表示「鑒於當前的經濟危機，（我的國家）無力向烏克蘭提供財政支持」；四二％的受訪者則回答「烏克蘭的問題與我們無關，我們不應該干涉」——儘管或許有些自相矛盾的是，超過七〇％的受訪者同意「當主權國家遭到其他國家攻擊時，我們必須支持受害的主權國家」。[33]克羅埃西亞總統佐蘭．米蘭諾維奇（Zoran Milanović）在十二月宣布，他「反對向烏克蘭提供任何致命攻擊型武器，因為這會延長戰爭」，並稱西方對基輔的支持是「極為不道德的，因為沒有解決方案」。在美國，大約四〇%的共和黨選民（以及一五%的民主黨選民）表示，美國對烏克蘭的幫助「過多」。[34]顯然，公眾對向烏克蘭提供軍援的支持，並非無窮無盡地不受限制。

「什麼才是更好的選擇——冷凍衝突，還是持續戰爭？」我的歐洲政客消息人士問道，他曾與馬克宏、鮑里斯·強生及其他歐洲高層領導人討論過烏克蘭危機。「沒有人說（冷凍衝突）是最好或可取的情況。但總有一天，一位真正的朋友會對（烏克蘭）說——已經有太多人死去了，是時候該重建你們的國家了，我們準備好並願意幫助你們。」該消息來源強烈反駁了這種妥協會變成普丁勝利的想法。「對普丁的制裁規模如此之大，已切斷了俄羅斯的投資、技術和發展。莫斯科在政治上被完全孤立。」他最終表示：「烏克蘭的真正勝利不是領土問題。最好的勝利是繁榮與自由……成為一個俄羅斯人會嫉妒的國家。」[35]

和平談判的關鍵問題（也是主要的絆腳石）將是道德風險，這是一種嚴峻的「第二十二條軍規」。儘管制裁和軍事挫折帶來了不少困難，俄羅斯依然擁有充足的人力、大量的老舊軍火和戰術核武器，足以防守大部分它從烏克蘭占領並正式併吞的領土，並且可以長期維持下去。俄羅斯在二〇二二年秋季的無情徵兵運動——從瓦格納在俄羅斯監獄的努力，到普丁部分動員後備役——確保了穩定的兵源，儘管這些兵源缺乏動力且訓練不足。除非俄羅斯軍隊士氣徹底崩潰，否則很難看出戰爭如何在不失去一些烏克蘭領土的情況下結束。與此同時，西方也不能允許普丁因侵略行為而受到實際上的嘉獎。

在五月，前美國國務卿亨利．季辛吉（Henry Kissinger）因為敢於提出一個建議，激怒了澤倫斯基，這個建議是認為企圖奪回俄羅斯自二〇一四年以來占領的領土——包括盧頓共和國和克里米亞——將是一個不明智的做法。季辛吉在達沃斯的演講中表示：「超越（二月二十四日前的實際控制線）繼續戰爭，並不是為了烏克蘭的自由，而是針對俄羅斯本身的新戰爭。」澤倫斯基反駁並堅持認為，烏克蘭在俄羅斯同意歸還克里米亞和頓巴斯地區之前，絕不會同意和平。事實上，這是個幻想——即使是烏克蘭的朋友也承認這一點。前美國駐莫斯科大使、歐巴馬時期的顧問以及現在的澤倫斯基顧問邁克爾．麥克福爾說：「我不知道政府中是否有烏克蘭人真正相信，他們能夠將俄羅斯從克里米亞或盧頓地區趕出去。」他補充道：「當然，在談判之前他們不能這麼說。」[36]

烏克蘭的終場結局

普丁已陷入了一個錯誤的幻想中：如果他繼續打下去，那麼某種形式的克里米亞式勝利將會出現，並把俄羅斯從戰爭所造成的經濟災難中拯救出來。但澤倫斯基也發現自己陷入了另一個幻想：只要有足夠的西方武器，他的士兵就能把俄羅斯人趕出他們自二〇一四年以來占領的所有領土。

烏克蘭最終將會勝利的信念，不僅是澤倫斯基和大部分烏克蘭政治階層的共同信念，而且烏克蘭人民也深信不疑——同時也在華盛頓的許多決策者、評論員中得到了認同。這一信念起源於俄羅斯在三月末撤離基輔之後，並因烏克蘭八月和九月的勝利而得到強化，那時烏克蘭使用海馬斯火箭系統，發起了在哈爾科夫和赫爾松的反攻，並進行了大膽的伏擊和無人機進攻，甚至摧毀了在克里米亞腹地的俄軍目標，迫使在當地的俄羅斯度假者逃回本土避難。

沒錯，烏克蘭出乎意料的激烈抵抗確實成功地阻止了俄羅斯對基輔的進攻；但在基輔的失敗，在很大程度上也是俄羅斯自找的。錯誤的自信、錯誤的情報（認為幾乎沒有抵抗）、缺乏步兵、糟糕的裝甲戰術——俄羅斯犯下了軍事教科書列舉的所有錯誤，並為此付出了慘重代價。在基輔周圍，他們的軍隊在長而脆弱的突出部位暴露在三面包圍之下，撤退成了俄羅斯總參謀部在戰爭初期的第一個明智決策。而且，最關鍵的是，這些錯誤不會重犯第二次。

俄羅斯占領的烏克蘭東部地區，情況則完全不同。首先，許多與俄軍並肩作戰的士兵是來自頓巴斯的當地人，儘管他們在士氣和裝備上有欠缺，但他們是為了保衛他們視為家園的土地而戰。從俄羅斯到盧甘斯克和頓涅茨克的補給線既短且直接，俄羅斯及其當地代理人擁有八年的經驗，利用恐怖、宣傳、金錢迅速將占領區域「俄羅斯化」；最重要的是，當地居民的忠誠心是分裂的。在二〇一四年至二〇二二年間，數百萬人（主要是那些同情基輔政權的人）離開了該地區，開始了在烏克蘭其他地方的新生活。俄羅斯入侵後，甚至更多人逃離，只剩下北頓涅茨克和利西昌斯克被炸成廢墟的鬼城。這種事實上的種族清洗對該地區的未來而言是災難性的，但從政治和軍事角度來看，它卻對俄羅斯有利。

《工商日報》記者亞歷山大．切爾尼赫（Aleksandr Chernykh）是少數幾位非國營宣傳性質的俄羅斯記者之一，他曾到訪俄羅斯占領的頓巴斯地區。在二〇二二年十二月，切爾尼赫花了自己一個月的假期，前往頓涅茨克和馬里烏波爾收集資料，準備寫一本書——儘管他對該書是否能在俄羅斯出版心存疑慮。切爾尼赫傳訊息給我：「那裡有些人希望重新加入烏克蘭——但非常少。」（他後來又刪除了這則訊息）「但即使是那些親基輔的人，也擔心他們會再次經歷激烈的戰鬥被『解放』，那將是可怕的。他們閱讀烏克蘭的社交網路，與那裡的親人交談並得出結論，認為自己會因為留下來而被視為叛徒。」「他們說：

『在俄羅斯，我們有更好的生存機會。』」但切爾尼赫與剩下的馬里烏波爾當地居民交談後發現，大多數人對烏克蘭政府和軍隊感到生氣，抱怨他們沒有及早將城市拋棄給俄羅斯，或許這樣做可以挽救數千條生命。矛盾的是，他還發現，許多親俄的居民也對俄羅斯感到憤怒，「我們希望俄羅斯人來，但不能以這種方式摧毀我們的城市。」這是切爾尼赫對當地情緒的總結。在頓涅茨克，許多人抱怨俄羅斯軍隊無能，未能擊敗基輔軍隊，也抱怨接二連三的軍事動員。然而，切爾尼赫報導說，無論是親基輔還是反基輔的人，在頓涅茨克和馬里烏波爾的主流情緒都是：「我們現在再也無法回到烏克蘭了。」[37]

《觀點周刊》（*Le Point*）的安妮・尼瓦特（Anne Nivat）是少數幾位從占領區報導的西方記者之一，她也在十二月偽裝身分訪問了頓涅茨克。她觀察到，「根本沒有任何人」希望自己居住的區域重回烏克蘭的管控。[38]這個令人不安的事實是，大多數仍居住在頓巴斯的居民，尤其是克里米亞的人，很可能不會把基輔的推進視為解放，而是視為征服和占領。

正如俄羅斯在二〇二三年一月和二月向頓巴斯的索萊達和巴赫穆特進軍時所發現的那樣，進攻遠比防禦來得更加困難和血腥，俄軍每周損失多達千名士兵。雖然的確有證據表明，俄羅斯在替換最先進的裝甲、火箭武器、訓練有素的部隊上面臨危機，但它並不缺乏基本的二十世紀武器來打擊前進的烏克蘭軍隊，而且在普丁的動員下，也不缺乏炮灰。

因此，奪回失去的烏克蘭領土之戰鬥，將是一場數字遊戲；而且，對澤倫斯基來說，這些數字並沒有產生清晰的統計結論。在大多數前線地區，俄羅斯的重型火炮數量比烏克蘭多出達八倍；然而，西方提供的重型武器數量仍只有兩位數。到了九月初，僅有二十四套美國的海馬斯火箭系統投入使用（相對比較，例如：波蘭軍方為了自己的國土防衛，採購了五百套）。在六月，荷蘭首相馬克・呂特（Mark Rutte）是眾多訪問基輔的西方領袖之一，帶來了提供自走炮和現代裝甲車輛的承諾——但實際上，這個承諾僅意味著五輛坦克和十二門火炮。

「這是數量對比品質的問題，」一位駐基輔的北約高級軍事外交官說，他本人曾是英國陸軍軍官。「炮火的精準度很重要，可以帶來毀滅性的效果，而烏克蘭人指望它能改變戰局。但數量也很重要……假設一門美國的M777（美製155公釐榴彈炮）抵得上五門俄羅斯重炮，甚至十門；但如果面對二十門或一百門（俄羅斯大炮）時，這樣的優勢並不能真正幫你多大忙。」[39]

對烏克蘭來說，全面勝利的希望在戰爭最初幾個月支撐著他們的抵抗意志，並幫助保持了整體士氣和對澤倫斯基的高度支持。在戰爭初期，華盛頓曾明確向澤倫斯基和全世界保證，普丁絕不能獲勝，「我們與你們站在一起，其他則無需多言，」拜登三月在華沙說道，「我們今天、明天、後天必須保持團結……這將付出代價，但這是我們必須承擔的代價，因為驅動專制的黑暗勢力，無法與照亮世界各地自由人民靈魂的自由之火相匹敵。在爭取民主與自由的長期鬥爭中，烏克蘭和它的人民站在最前線，為了拯救自己的國家而戰，他們的英勇抵抗是為了所有自由人民團結的基本民主原則而進行更大鬥爭的一部分。」[40]

到了九月，美國強烈鼓勵澤倫斯基相信自己會取得勝利。對前中央情報局局長大衛・裴卓斯來說，九月哈爾科夫戰線的突破是一個明確的信號，「戰局顯然已經逆轉……烏克蘭在招募、訓練、裝備、組織和運用增援部隊方面，無可比擬地超越了俄羅斯。」[41]像華盛頓的許多觀察家一樣，裴卓斯認為「其影響是顯而易見的，非常非常清楚。烏克蘭將會經歷艱苦的戰鬥、更多的傷亡、更多俄羅斯對平民基礎設施的殘酷打擊。但隨著時間推移，我認為烏克蘭會重新奪回俄羅斯自二月二十四日以來占領的領土」。更有甚者，美國某些更為鷹派的軍事人員還堅信，若烏克蘭要從未來的俄羅斯侵略中保持戰略安全，就必須重新奪回克里米亞。「克里米亞對烏克蘭未來的安全至關重要，」前駐歐洲美軍司令官、陸軍中將班・霍奇斯（Ben Hodges）在二〇二三年一月告訴我。[42]

華盛頓承諾，烏克蘭將有權決定自己的未來，北約不會在其背後進行談判。烏克蘭政府內部也有強烈的信念，認為任何領土讓步只會讓普丁更加貪婪，這一假設在華盛頓的政治核心圈裡得到了強烈支持。只有徹底打敗俄羅斯——最好是普丁政權垮台——才能保護烏克蘭在未來免受俄羅斯侵略。「他不能侵占鄰國的領土並逍遙法外，道理就是這麼簡單，」拜登在普丁九月宣布併吞領土後說道，「美國和它的盟友不會被普丁及其魯莽的言辭和威脅所嚇倒……我們將按既定的方向行進，繼續提供軍事裝備，以便烏克蘭能夠保衛自己、保衛自己的領土和自由。」然而，隨著戰爭進入第二年，西方官員開始對戰爭結束的前景表達出更為悲觀（但也許是更現實）的看法。北約祕書長延斯・史托騰伯格警告說，西方應該為長期衝突做好「持久戰」的準備。[43]在匈牙利、奧地利、克羅埃西亞、義大利以及美國共和黨派系的一些地區，對援助烏克蘭的反對情緒日益增長。許多發展中的國家也對西方加強對烏克蘭的支持感到不安——尤其是在巴西、印度和非洲的許多地區，這些地區的糧食供應因戰爭而受到干擾。自戰爭爆發以來，僅有三十四個國家對俄羅斯實施了制裁，而八十七個國家仍對俄羅斯公民提供免簽證入境，包括土耳其、阿根廷、埃及、以色列、墨西哥、泰國和委內瑞拉。二〇二三年二月，中國國家主席習近平宣布了一項新的「和平倡議」，該倡議強調「必須維護主權、領土完整和《聯合國憲章》的原則」，但同時「尊重俄羅斯的合法安全利益」。這一表述的深層含義是，它提出了一個名義上支持烏克蘭領土完整的和平計畫，但同時也承認烏克蘭的親俄地區有權決定自己的未來。

在二〇二三年一月，前美國副國務卿羅絲・戈特莫勒（Rose Gottemoeller）談到如何彌合這一表面上的矛盾。她告訴我：「顯然不能回到戰前的現狀。」同時，她又堅持表示，美國將「維護國際法」。[44]顯然，這兩者不可能同時成立。

從九月以來，澤倫斯基開始堅持，只有收回全部的烏克蘭領土——包括頓巴斯和克里米亞的所有地區——才能算是獲得勝利，這無疑是基於戰爭最大目標的合理訴求。然而，從客觀上來看，鑒於烏克蘭政府面臨高達六千億美元的基礎設施損失（且數字仍在上升），國內生產毛額下降四五%，四分之一的國民被迫在國內外流離失所，長期戰爭在經濟上是不可持續的負擔。到了八月，基輔的預算赤字達到每月五十億美元，到了二〇二二年底，外國捐助者至少花費了兩百七十億美元，僅僅用於支付烏克蘭公共部門員工和軍人的工資。[45]到七月底，烏克蘭軍方已發出警報，他們的炮彈庫存已經耗盡。這場戰爭是由烏克蘭的血與勇氣打下來的，但完全依靠西方的資金和武器維持下去。

這種對完全勝利的幻想支撐了烏克蘭的士氣，但也使得與普丁妥協變得不可能。這是一個如此根本的悖論，以至於烏克蘭的政治階層堅決拒絕討論或考慮如何解決它。頓巴斯境內流離失所者的大規模出走，對澤倫斯基來說是個巨大的政治和經濟難題。這些新來的難民，完全合理地仇視俄羅斯，他們期待澤倫斯基解放他們的家園；如果這未能實現，他們的憤怒將轉向「任何他們認為背叛烏克蘭的人」，一位澤倫斯基的盟友、烏克蘭的議員警告，「那可能是指北約——就像是，你們承諾幫助我們，但並沒有給我們足夠的武器。」[46]

在最壞的情況下，這位親澤倫斯基的議員擔心，與普丁妥協可能會導致「一場新的獨立運動，但這次是民族主義的行動，來自那些永遠不會接受任何與普丁協議的人群」，這將推翻任何試圖提出和平條件的基輔政府，除非是徹底的勝利。他表示，這將使二〇一九年十月的「不妥協」小型獨立廣場運動——當澤倫斯基試圖同意在判亂的頓巴斯共和國舉行公投時——「看起來微不足道」。他說：「戰爭使我們團結……但（談判達成的）和平可能會將我們分裂。」

然而，與談判解決方案相對的是烏克蘭永無止息的戰爭，這將進一步摧毀該國及其人民，並持續干擾世界能源和糧食供應，對世界經濟造成痛苦，以及接踵而來的政治動亂威脅。當然，還有一個更加可怕的情景——如果普丁使用戰術核武器，這將使西方陷入進退維谷的境地。北約可能兌現自己的威脅，對俄羅斯現在視為祖國一部分的領土進行毀滅性常規武力反擊，並冒著進一步引發俄羅斯攻擊的風險；或者什麼都不做，有效地使戰場上使用核武器合法化，開啟戰爭史上嶄新且極度危險的一章。

沒有榮耀的和平

在九月，經過四個月的停歇後，克里姆林宮發言人德米特里．佩斯科夫表示，普丁「準備與烏克蘭總統澤倫斯基進行談判，討論如何結束這場特別行動，並且關注的不是條件，而是俄羅斯的利益」。[47]這無疑是一個不太樂觀的開始。而普丁從二〇二二年九月到二〇二三年二月的一系列憤怒演講，將衝突從一場區域性的「特別軍事行動」升級到接近新一輪偉大愛國戰爭，顯示出他毫無意圖退讓求和。

普丁必須獲勝，否則就得死。因此，無論戰爭的最終結果是在戰場上還是在談判桌上，普丁都必須宣稱取得了勝利。在與克里姆林宮高層官員的對話中，一位消息靈通的來源透露，有些被占領領土「有談判的餘地」——儘管也明確表示，普丁只想與華盛頓談判，而非與澤倫斯基，這與拜登自己公開表態的立場相悖，拜登曾表示所有必要的談判都應該由基輔來進行。[48]

顯然，隨著澤倫斯基仍堅持將克里米亞歸還給烏克蘭，以及他的軍隊在哈爾科夫、盧甘斯克的攻勢仍在進行中，雙方之間的期望差距依然巨大。然而，在經歷了戰爭初期的亢奮後，許多俄羅斯權貴精英開始意識到，現在是時候開始鞏固他們的獲利並減少損失了。更重要的是，根據一位消息人士與幾位看過相關數據的高級官員交談後得知，內部的民調顯示戰爭的公眾支持度開始下降。雖然這位消息來源並未看到詳細的民調結果，但他被告知基本結論：一五％的民眾積極贊同戰爭，而積極反對的比例也相同。進一步則有三五％被動支持，而三五％是被動反對。換句話說，整個社會大致上對戰爭的態度一分為二——支持與反對的死忠少數群體，幾乎完全與二〇二一年四月列瓦達中心關於軍事干預烏克蘭的民調結果相符。普丁本可以選擇獲利收場或加倍下注，但他選擇以最戲劇性的方式加倍下注。

普丁曾希望並預期，他的閃電入侵不僅能一勞永逸地斬斷西方干預的根源，還能讓他以迅速的勝利將自己推回到克里米亞事件時的聲望巔峰；但事實證明他錯了。到了他入侵一周年時，北約估計他的戰場損失達到了驚人的二十萬名士兵死亡、重傷或被俘——這數字比他最初的全部入侵部隊還多。[49]

普丁還打算將入侵烏克蘭視為他的巔峰之作，一個偉大的行動，將俄羅斯、白俄羅斯、烏克蘭這三個斯拉夫民族重新團結在一起，從而鞏固他作為俄羅斯建國英雄之一的地位。六月，在聖彼得堡舉行的彼得大帝逝世三百周年慶典上，普丁公開將自己與俄羅斯的第一任帝王相提並論。普丁說：「彼得大帝面臨的任務是奪回屬於他自己的東西，而現在我們應歷史的要求，正在履行同樣的職責。」

如果普丁的閃電戰成功，他本可以帶著一場勝利退出總統寶座，並確立自己的歷史傳奇地位。但就像衝動併吞克里米亞之後的下場一樣，普丁發現自己再次陷入了自己所引發的事件之中。他已無法從權力寶座退下，因為他周圍的機會主義者可能會將他視為烏克蘭戰爭失敗的代罪羔羊；為了避免在戰場上遭遇重大失敗，他的政治前途乃至生命都成了賭注。而與二十世紀中期的其他偉大獨裁者不同，普丁的政權缺乏任何形式的連貫性意識形態支持。普丁利用了在他掌權前就已存在的俄羅斯民族主義深層脈絡，但所謂的「普丁主義」並不存在，普丁的政權僅僅是由一種虛幻的混合體構成，這種混合體包括宗教族群民族主義、偏執的末日情緒、對外國干涉的恐懼，以及貪汙政治。普丁不僅無法留下永恆的意識形態遺產，而且他可能創造的任何繁榮和穩定的遺產也因其對烏克蘭發動戰爭的決定而被摧毀。他已經拿下了五分之一的烏克蘭，並使俄羅斯的土地面積增加了〇．五%。這場幻覺的代價不僅是成千上萬的生命損失，還包括了俄羅斯喪失的未來。最不祥的是，這場錯誤的戰爭為俄羅斯打開了潘朵拉的盒子，預示著俄羅斯的未來將比普丁政權曾經的統治更加可怕。

致謝

Acknowledgements

我感謝我的老友和同事：《紐約時報》的安德魯・克萊默（Andrew Kramer）、《野獸日報》（*The Daily Beast*）的安娜・內姆特索娃（Anna Nemtsova）、《華爾街日報》（*The Wall Street Journal*）的雅羅斯拉夫・特羅菲莫夫（Yaroslav Trofimov）和艾倫・庫利森（Allan Cullison），感謝他們在基輔向我提供的寶貴幫助和指導——他們比我更了解這個古老的城市。還要感謝在編輯文稿中給予我巨大幫助的安德魯・麥爾（Andrew Meier）和馬克・法蘭切蒂（Mark Franchetti）。當我在義大利溫布利亞（Umbria）寫作時，安德魯・傑佛瑞斯（Andrew Jeffreys）和奧蘭多・摩廷—歐文（Orlando Mostyn-Owen）向我提供了各種極度需要的庇護。哈潑柯林斯（HarperCollins）出版集團的伊莫金・高登・克拉克（Imogen Gordon Clark）對本書在爆料新聞衝擊下的多次期限變動，表現出極度寬容等待的耐心，以及瑞典北方銀行（Northbank）的馬丁・雷德芬（Martin Redfern）和戴安娜・班克斯（Diane Banks），以及哈潑柯林斯出版集團的約爾・西蒙（Joel Simons）在財務上的安排，才使本書最終得以問世。

本書引用的許多消息來源，不是事先要求隱姓埋名，就是當事人在社交場合沒有紀錄的交談中流露之評論；因此，我希望盡可能以最謹慎的方式，提及所有在入侵前後幫助我深入了解俄羅斯事務的人士，而不暴露與我談論具體戰爭議題的個人資訊。多年的官方採訪，無論是否記錄在案，或是私下與以下人物的個人交流，都造就了我對俄羅斯每一事務的理解；若有存在誤解和忽略，將完全是我個人的責任，特此聲明。

從克里姆林宮開始，我要感謝德米特里・佩斯科夫（自二〇一二年起，就擔任普丁的發言人），感謝他在克里姆林宮辦公室和晚餐時與我進行的對話，這些對話展現出一種堅不可摧、無所畏懼的態度，對我理解中的現實進行了徹底的挑戰。我也感謝：謝爾蓋・基里延科（曾在二〇〇八年三月到八月任俄羅斯總理，從二〇一六年開始，任總統行政辦公室第一副主任）；謝爾蓋・斯捷帕申（Sergei Stepashin，一九九四年到一九九五年任聯邦安全局局長，一九九九年五月到八月任俄羅斯總理）；伊戈爾・舒瓦洛夫（Igor Shuvalov，二〇〇八年到二〇一八年任俄羅斯第一副總理）；過世的謝爾蓋・普里霍季科（Sergei Prikhodko，二〇一三年到二〇一八年任俄羅斯副總理，在二〇一八年到二〇二一年任俄羅斯政府辦公室第一副主任）；奧列格・西蘇耶夫（Oleg Sysuyev，一九九七年到一九九八年任俄羅斯副總理）；亞歷山大・沃洛欣（曾任葉爾欽總統行政主管，是他僱用了普丁，後來扶植他成為總統），他們的正式（特別是非正式）評論使我獲益匪淺；通常在任何訪談中，最有意義的事情是在合上筆記本後說的話。同時也要感謝資深的克里姆林宮輿論操控專家格列布・帕夫洛夫斯基、斯坦尼斯拉夫・貝爾科夫斯基（Stanislav Belkovsky），他們幫助我了解到普丁計畫的基礎內涵。

從國家杜馬到俄羅斯聯邦委員會，我要感謝以下人員的獨到見解和諮詢指導：上議院議員奧列格・莫羅佐夫（二〇一五年到二〇二〇年任代表韃靼斯坦共和國的聯邦委員會委員，二〇一二年到二〇一五年任總統辦公室國內事務部主任）；亞歷山大・欣施泰因（Aleksandr Khinshtein，二〇〇三年到二〇二四年任俄羅斯杜馬議員，兼任俄羅斯國家近衛軍總司令維克托・佐洛托夫的顧問）；列昂尼德・斯盧茨基（Leonid Slutsky，國家杜馬國際事務委員會主席，二〇二二年起至今任俄羅斯自由民主黨主席）；謝爾蓋・澤雷茲耶克（Sergei Zheleznyak，二〇一六年到二〇二一年任俄羅斯統一黨杜馬議員）；根納季・久加諾夫（Gennady Zyuganov，自一九九三年至今任俄羅斯共產黨總書記）。去世的弗拉迪米爾・吉里諾夫斯基（一九九二年到二〇二二年任俄羅斯自由民主黨主席）曾在直播節目中威脅要將我「送去古拉格勞改」，但是在杜馬辦公室裡面對整個議會黨團成員，那次兩小時的激烈一對一辯論中，讓我學到了幾乎與二十年來的報導經歷同等多的有關俄羅斯政治家思維的知識。還有英年早逝的鮑里斯·涅姆佐夫（Boris Nemtsov），我初次與他見面時，他還是鮑利斯·葉爾欽手下的副總理，總是無所畏懼地提供清晰且富有智慧的見解，幫助我理解權力的運作，因為他從體制內外都對這種現象瞭若指掌，直到二〇一五年在克里姆林宮前被車臣槍手射殺。

對於俄羅斯安全和軍事機構的人員，我要感謝以下幾位勇於直言的人士：上校米哈伊爾·霍達里諾克（Mikhail Khodaryonok，一九九八年到二〇〇〇年任總參謀部總行動局第一局第一處處長）；少將尤里·庫巴拉茲（Yury Kobaladze，一九九二年到一九九九年任俄羅斯對外情報局發言人）；蘇聯國安會老戰士俱樂部的少校瓦列里·韋利奇科（Valery Velichko）；蘇聯國安會上校亞歷山大·列別捷夫（Aleksandr Lebedev）、米哈伊爾·柳比莫夫（Mikhail Lyubimov）和歐列格·戈傑夫斯基（Oleg Gordievsky），這三位都是蘇聯國安會第一總局駐倫敦的前軍官；對外情報局的少將奧列格·卡盧金（Oleg Kalugin）和上校亞歷山大·克魯勃尼科夫（Aleksandr Klubnikov），他們在阿富汗時保護了我的安全；俄羅斯內務部隊的少校亞歷山大·科謝廖夫（Aleksandr Koshelev），他是我在車臣時的接待主人；還有退休的中將葉夫根尼·布欽斯基（Evgeny Buzhinsky），他對俄羅斯軍事失敗的分析，展現了令人尊敬、對事實堅定的認知，而非任意扭曲。唯一一位因戰爭而辭職的俄羅斯外交官——鮑里斯．邦達列夫，對自己同胞的失誤給出了坦率直白的看法。

許多俄羅斯商人對我提供了慷慨的款待和寶貴的時間，包括以下幾位：俄羅斯天然氣公司的副董事長阿列克謝．米勒（Aleksei Miller）；阿爾法集團（Alfa Group）的彼得．阿文（Pyotr Aven）和米哈伊爾．弗里德曼（Mikhail Fridman）；Russky Standart公司的羅斯坦．塔里科（Rustem Tariko）；俄羅斯網路搜尋引擎Yandex的共同創辦人阿爾卡季．沃洛日（Arkady Volosh）；和曾任五個俄羅斯銀行首席執行官的史都華．勞森（Stuart Lawson）。

許多俄羅斯記者，無論是站在意識形態的哪一邊，都給予了我無價的幫助，並提供了對克里姆林宮高度複雜的宣傳機器內部運作的深刻見解。電視主持人奧爾加．斯卡貝耶娃（Olga Skabeeva）和葉夫根尼．波波夫，曾邀請我作客「俄羅斯-1頻道」收視率最高的《六十分鐘》政治訪談節目，總計達四十次之多。俄羅斯國家電視台NTV《Mesto Vstrechi》節目的安德烈．諾金（Andrei Norkin）和另一位主持人弗拉基米爾．索洛維約夫——此人後來成為克里姆林宮宣傳機器中最卑劣、最歇斯底里的鷹犬之一——都曾安排我出現在他們主持的節目中。儘管這種經歷並不愉快，但是在了解克里姆林宮宣傳機器運作方法、熟悉俄羅斯政治階層的思維模式與痴迷信仰方面，卻有著不可多得的教育意義。從一九九九年起就擔任俄羅斯第一電視台首席執行長的康斯坦丁・恩斯特（Konstantin Ernst）是克里姆林宮媒體機器中最有知識和天賦的人才之一，與他交談的經歷一直讓人印象深刻，不僅讓我了解到宣傳是如何製造的，還揭示了像恩斯特這樣的前自由派人士心態，他們在普丁新政權的核心找到了新的意識形態之家。資深的廣播界人士弗拉基米爾・波茲納（Vladimir Pozner）對普丁精英的想法有著透徹的分析，並且總是能讓人著迷。俄羅斯24電視台（Rossiya-24）的新聞主編葉卡捷琳娜・舍甫琴科（Ekaterina Shevchenko）和前今日俄羅斯電視台的瑪麗亞・巴羅諾娃（Maria Baronova）也向我揭示過對俄羅斯宣傳機器內部事務的重要感受。

還有一些對克里姆林宮充滿熱情的支持者也值得我感謝——儘管在大多數自由派俄羅斯人的眼中，他們已經變成了正如蘇聯時代那句辛辣的話語所說的「不屑於握手之人」（nerukopozhatniye）。奧斯卡最佳外語片獲獎導演尼基塔・米哈爾科夫（Nikita Mikhalkov）是我妻子家族的鄰居，也是老朋友，他女兒是我兒子的教母，我對他那種東正教基本主義、極端民族主義、公開的帝國主義觀點感到反感；但我仍感謝米哈爾科夫的熱情款待以及他的直言不諱，他說話毫不拐彎抹角，讓我意識到有些事情（最糟糕的事情）需要被直接聽到。極端民族主義思想家亞歷山大・杜金——他是我曾採訪過的少數幾個將「法西斯分子」這個詞用來表達贊同的人之一——也屬於這一類人；和已故的民族布爾什維克黨領袖愛德華・利莫諾夫一樣，都是言行舉止肆無忌憚。當然，還有作家札哈爾・普里列平，他讓我窺見了俄羅斯某種可能的未來。

在自由派方面，我要感謝克謝尼婭・索布恰克，這位電視名人以及普丁的乾女兒。阿列克謝・韋內迪克托夫，莫斯科回聲廣播電台的創始總編輯，是俄羅斯最具人脈的政治記者。獨立的雨電視創始人娜塔莉亞・辛德耶娃（Natalia Sindeyeva）、前總編輯米哈伊爾・齊格爾、主持人安娜・蒙蓋特（Anna Mongayt）以及前該電視台駐克里姆林宮記者團記者安東・澤列諾夫（Anton Zhelnov）也給予了我極大的幫助。米哈伊爾・費什曼（Mikhail Fishman）是我在《新聞周刊》的前同事，一直在特拉維夫的流亡生活中，出色地報導了這場戰爭。獨立記者葉夫根尼雅・奧爾巴茨和安德烈・索爾達托夫（Andrei Soldatov）對俄羅斯安全機構的了解，這些年來一直是我的指標。莫斯科《工商日報》前總編輯安德列・瓦西里耶夫（Andrei Vasiliyev）和莫斯科《獨立報》的前主編康斯坦丁・雷姆舒科夫（Konstantin Remchukov），他們總是消息靈通且樂於提供八卦。來自《工商日報》的亞歷山大・切爾尼赫，是俄羅斯最勇敢、眼光最犀利的戰地記者之一，他友善地分享了他在頓涅茨克和馬里烏波爾的私人觀察。

在烏克蘭，我要感謝尤利婭·孟德爾，她曾是澤倫斯基總統的新聞祕書，直到二〇二一年十二月；以及總統辦公室主任安德里·葉爾馬克的顧問謝爾蓋·列先科對我的坦率幫助。也包括曾經是莫斯科最著名的電視新聞主播、如今在基輔的葉夫根尼·科斯列夫（Evgeny Kisilev）；我的老友兼政治分析家歐蕾西亞·亞赫諾（Olesya Yakhno）；《鏡周刊》的總編輯尤利婭·莫斯托娃雅（Yulia Mostovaya）。無與倫比的才華人物弗拉德·特羅伊茨基（Vlad Troitsky），還有烏克蘭樂團「穹頂下的女兒」（Dakh Daughters）成員，以及藝術家伊利亞·尤蘇波夫（Ilya Yusupov）、伊利亞·奇奇坎（Ilya Chichkan）和他的妻子瑪莎·舒比納（Masha Shubina），他們以不同的方式向我展示了基輔令人驚歎的精神力量，並且在後來表現出令人振奮的韌性。

波利斯拉夫·貝列札，儘管為自己猶太血統感到驕傲的同時，卻也是烏克蘭極端民族主義、右區黨（Right Sector）政治運動和軍事組織的副主席，他打破了許多刻板印象。阿納托利·伊萬諾夫（Anatoly Ivanov）也是如此，他是一位來自奧穆爾（Omul）的溫文爾雅的法官，同時也是右區黨志願軍官，他與俄羅斯宣傳中所描繪的「法西斯分子」形象相去甚遠。

在頓涅茨克人民共和國的前線，費奧多爾·貝雷津——一位轉行的奇幻小說作家，成為國防部副部長——提供了對頓涅茨克人民共和國領導階層浪漫民族主義派別心態的最佳見解。頓涅茨克人民共和國最高蘇維埃主席伯里斯·利特維諾夫與頓涅茨克人民共和國副總理亞歷山大·庫爾亞斯基（Aleksandr Kalyusskiy），則分別展示了這個反叛共和國領導階層的蘇聯官僚體系，以及（禮貌地說）商業管理方面的運行實踐。

我已盡可能基於俄羅斯和烏克蘭的資料與輿論來撰寫本書；儘管如此，許多西方專家——包括學者、政治人物、外交官和記者——在不同時間和方式上提供了巨大幫助。我想感謝前波蘭外交與國防部長拉多斯瓦夫·西科爾斯基、前美國駐莫斯科大使邁克爾·麥克福爾教授與參議員洪博培（John Huntsman）、前英國駐俄羅斯大使羅德里克·布萊斯維特爵士（Sir Rodric Braithwaite）與安德魯·伍德爵士（Sir Andrew Wood），以及前美國副國務卿羅絲·戈特莫勒（Rose Gottemoeller）與退役美軍中將本·霍奇斯。提摩西·加頓·艾許（Timothy Garton Ash）教授並不認同我對戰爭結果的悲觀論點，我希望他是對的，而我錯了。

若沒有許多傑出同事的辛勤工作，我無法講述如此複雜的歷史和故事。他們在俄羅斯、烏克蘭兩地追蹤資訊來源的努力，為本書的許多個人故事提供了支持。這些包括《觀點周刊》的安妮·尼瓦特在被占領的頓巴斯地區的報導、BBC俄羅斯分部的記者斯維亞托斯拉夫·卡霍門科和尼娜·納札羅瓦對中士瓦迪姆·西西馬林故事進行的兩個月調查、[1]《紐約時報》的尤舍·艾爾修（Yousur Al-Hiou）、瑪莎·夫羅里亞克（Masha Froliak）、伊凡·希爾（Evan Hill）、馬拉基·布朗恩（Malachy Browne）與大衛·波蒂（David Botti）對布查事件的仔細重建，以及《華爾街日報》雅羅斯拉夫·特羅菲莫夫對戰爭初期沃茲涅先斯克之戰的重建，[2]還有《泰晤士報》的曼文·拉娜（Manveen Rana）對瓦格納集團內部的聯繫等，這些都是我在寫作過程中借鑑的精彩報導範例。

註釋

前言

1 《時間將會證明》（Vremya Pokazhet）社會和政治專題節目，俄羅斯NTV電視台，二〇一四年四月十四日。

序曲　戰爭邊緣

1 聯邦安全會議的會議紀錄，網站：Kremlin.ru，二〇二二年二月二十一日。

2 與作者的談話，莫斯科，二〇二二年四月。

3 網站：Kremlin.ru，二〇二二年四月二十一日。

4 網站：Kremlin.ru，二〇二二年四月二十三日。

5 網站：Kremlin.ru，二〇二二年四月二十三日。

6 與作者的談話，伊斯坦堡，二〇二二年三月。

7 尤里·布圖索夫（Yuriy Butusov），「俄羅斯軍隊未從烏克蘭邊界撤退，發現新的敵軍活動」（No retreat of Russian forces from the Ukrainian border, new enemy activity sighted），網站：Censor.net，二〇二二年二月十八日。

8 與作者的談話，基輔，二〇二二年七月。

9 烏克蘭國會議員莉希亞．瓦西連科（Lesia Vasylenko），推特@lesiavasylenko，二〇二二年二月十四日。

10 與作者的談話，基輔，二〇二二年七月。

11 與弗拉基米爾．謝夫里諾夫斯基（Vladimir Sevrinovsky）的談話，俄羅斯媒體《*Meduza*》網站，二〇二二年五月十九日。

12 斯維亞托斯拉夫．卡霍門科（Svyatoslav Khomenko）、尼娜．納札羅瓦（Nina Nazarova）著，「『事情就是這樣發展的』：俄羅斯士兵瓦迪姆．西西馬林從烏克蘭邊界到終生監禁的經歷」（"Things just turned out that way": the journey of Russian soldier Vadim Shishimarin from the Ukrainian border to a Life Sentence），BBC俄羅斯分部，二〇二二年五月二十八日。

13 與作者的談話，莫斯科，二〇二二年三月。為了保護她的身分，某些細節有所刪改。

14 與作者的談話，莫斯科，二〇二二年三月。為了保護她的身分，某些細節有所刪改。

15 與作者的談話，基輔，二〇二二年七月。為了保護她的身分，某些細節有所刪改。

16 與作者的談話，基輔，二〇二二年七月。為了保護他的身分，某些細節有所刪改。

17 伊琳娜．菲爾金娜（Irina Filkina）追悼網頁，藝皮參佐K（Epitsentr K）網站，二〇二二年三月六日。

18 藝皮參佐K網站，二〇二二年三月六日。

第一章｜毒化的根基

1 米科拉．里亞布丘克（Mykola Riabchuk）著，「烏克蘭人作為俄羅斯的負面『他者』」（Ukrainians as

Russia's negative "other"），《共產主義與後共產主義研究》（*Communist and Post-Communist Studies*）第四十九卷，第一期，《特刊：在俄羅斯的民族主義、威權主義與法西斯主義之間：探索弗拉迪米爾・普丁的政權》，第七十五至八十五頁，二〇一六年三月。

2 普丁著，「俄羅斯和烏克蘭的歷史統一性」（On the historical unity of Russians and Ukrainians），網站：Kremlin.ru，二〇二一年七月十二日。

3 「在烏克蘭的戰爭將改變一切」（The war in Ukraine could change everything），TED Membership 演說，二〇二二年三月一日。

4 與作者的談話，羅馬，二〇二二年三月。

5 謝爾蓋・普洛希（Serhii Plokhy）著，《歐洲的大門：烏克蘭的歷史》（*The Gates of Europe: A History of Ukraine*）第一章「世界邊緣」，企鵝出版集團，二〇一六年。

6 珍妮特・馬丁（Janet Martin）著，《中世紀的俄羅斯，九八〇年至一五八四年》（*Medieval Russia, 980-1584*）「前言」，劍橋大學出版社，二〇〇七年。

7 謝爾蓋・普洛希著，《歐洲的大門》第四章「拜占庭北方」。

8 謝爾蓋・普洛希著，《歐洲的大門》第八章「哥薩克」。

9 諾曼・戴維斯（Norman Davies）著，「波蘭和烏克蘭被遺忘的歷史」，《旁觀者》（*The Spectator*）雜誌，二〇二二年七月三日。

10 亞歷山大・米卡貝利澤（Alexander Mikaberidze）著，《革命和拿破崙戰爭時期的俄羅斯軍官團》（*The

Russian Offi cer Corps of the Revolutionary and Napoleonic Wars），The History Press出版社，二〇〇五年，第三十八頁。

11 謝爾蓋．普洛希著，《歐洲的大門》第十三章「新邊疆」。

12 謝爾蓋．普洛希著，《歐洲的大門》第十四章「創世紀的書籍」。

13 謝爾蓋．普洛希著，《歐洲的大門》第十六章「遷徙之中」。

14 安愛波邦（Anne Applebaum）著，《紅色饑荒：史達林對烏克蘭的戰爭》（*Red Famine: Stalin's War on Ukraine*）第一章「烏克蘭革命，一九一七年」，企鵝出版集團，二〇一七年。

15 謝爾蓋．普洛希著，「戰爭的理由：是列寧創造了現代烏克蘭嗎？」（Casus belli: did Lenin create modern Ukraine?），哈佛大學烏克蘭研究所，二〇二二年二月二十七日。

16 謝爾蓋．普洛希著，「戰爭的理由」。

17 安愛波邦著，《紅色饑荒》第六章「反叛，一九三〇年」。

18 安愛波邦著，《紅色饑荒》第七章「集團化的失敗，一九三一年至一九三二年」。

19 安愛波邦著，《紅色饑荒》第十一章「饑餓：春夏之間，一九三三年」。

20 安愛波邦著，《紅色饑荒》第十三章「災難之後」。

21 安愛波邦著，《紅色饑荒》第十一章「饑餓：春夏之間，一九三三年」。

22 安愛波邦著，《紅色饑荒》「前言」。

23 安愛波邦著，《紅色饑荒》第十五章「歷史和記憶中的烏克蘭大饑荒」。

24 「六月二十二日，凌晨四點準時」，網站：Spasstower.ru，二〇二〇年六月二十二日。

25 謝爾蓋．普洛希著，《歐洲的大門》第二十二章「希特勒的生存空間」。

26 謝爾蓋．普洛希著，《歐洲的大門》第二十二章「希特勒的生存空間」。

27 普丁著，「俄羅斯和烏克蘭的歷史統一性」。

28 謝爾蓋．普洛希著，《歐洲的大門》第二十四章「第二蘇維埃共和國」。

29 瑪麗．艾麗斯．薩羅特（M. E. Sarotte）著，《不退讓一寸：美國、俄羅斯與後冷戰僵局的形成》（*Not One Inch: America, Russia and the Making of Post-Cold War Stalemate*），耶魯大學出版社，二〇二一年。

第二章 「莫斯科現在靜悄悄」

1 賽門．薩拉吉揚（Simon Saradzhyan）著，「俄羅斯真的需要烏克蘭嗎？」（Does Russia really need Ukraine?），《國家利益》（*The National Interest*）雜誌，二〇一四年二月二十五日。

2 雷伊．費朗（Ray Furlong）著，「德勒斯登對決：史塔西占領與普丁神話」（Showdown in Dresden: the Stasi occupation and the Putin myth），自由歐洲電台／自由電台，二〇一九年十二月二日。

3 克里斯．鮑爾貝（Chris Bowlby）著，「弗拉迪米爾．普丁在德國的成型歲月」（Vladimir Putin's formative German years），BBC News，二〇一五年三月二十七日。

4 克里斯．鮑爾貝著，「弗拉迪米爾．普丁在德國的成型歲月」。

5 謝爾蓋．普洛希著，《歐洲的大門》第二十五章「再見了，列寧」。

6 普丁著，「俄羅斯和烏克蘭的歷史統一性」，網站：Kremlin.ru，二〇二一年七月十二日。

7 謝爾蓋·普洛希著，《歐洲的大門》第二十五章「再見了，列寧」。

8 謝爾蓋·普洛希著，《歐洲的大門》第二十五章「再見了，列寧」。

9 歐文·馬修斯（Owen Matthews）著，《史達林的孩子們》（*Stalin's Children*）「尾聲」，布盧姆斯伯里出版社（Bloomsbury），二〇〇八年。

10 普丁著，「俄羅斯和烏克蘭的歷史統一性」。

11 「普丁：蘇聯解體是『真正的悲劇』」（Putin: Soviet collapse a "genuine tragedy"），美聯社，二〇〇五年四月二十五日。

12 普丁著，「俄羅斯和烏克蘭的歷史統一性」。

13 奧列格·謝德羅夫（Oleg Shchedrov）著，「普丁在恐怖事件七十年後悼念史達林的受害者」（Putin honours Stalin victims 70 years after terror），路透社，二〇〇七年十月三十日。

14 安德魯·羅斯（Andrew Roth）著，「弗拉迪米爾·普丁表示蘇聯解體後曾開計程車為生」，《衛報》，二〇二一年十二月十三日。

15 與作者的談話，基輔，二〇一四年七月。

16 「對公共機構的信任」（Trust in public institutions），網站：Levada.ru，二〇二一年十月六日。

17 與作者的談話，莫斯科，二〇〇八年。

18 與作者的談話，倫敦，二〇〇六年十一月。

19 拉娜・艾斯捷米羅娃（Lana Estemirova），「普丁的恐怖策略：如果你想看到烏克蘭的未來，請看看我的家鄉」（Putin's terror playbook: if you want a picture of Ukraine's future, look to my home），《衛報》，二〇二二年四月十三日。

20 與作者的談話，莫斯科，二〇二二年四月。

21 謝爾蓋・普洛希著，《歐洲的大門》第二十六章「獨立廣場」。

22 「關於烏克蘭加入《不擴散核武器條約》安全保障的備忘錄」（Memorandum on security assurances in connection with Ukraine's accession to the Treaty on the Non-Proliferation of Nuclear Weapons），網站：Treaties.un.org，一九九四年十二月五日。

23 「北約擴張：葉爾欽聽到了什麼」（NATO expansion: What Yeltsin heard），國家安全檔案，華盛頓特區，二〇一八年三月十六日。

24 傑米・德特默（Jamie Dettmer）著，「俄羅斯普丁說西方領袖違背了承諾，但他們真的食言了嗎？」（Russia's Putin says Western leaders broke promises, but did they?），美國之音新聞（VOA News），二〇二二年一月十一日。

25 詹姆斯・戈德吉爾（James Goldgeier）著，「不是『是否』，而是『何時』」，American University出版社，一九九九年。

26 瑪麗・艾麗斯・薩羅特著，《不退讓一寸：美國、俄羅斯與後冷戰僵局的形成》，耶魯大學出版社，二〇二一年。

27 與作者的談話，莫斯科，二〇一九年七月。

28 米哈伊爾．菲什曼（Mikhail Fishman）主持的《Fishman》YouTube頻道，二〇二二年四月四日。

29 頓巴斯新聞（DonPress），二〇一八年十月三十一日。

30 馬爾科姆．哈斯雷特（Malcolm Haslett）著，「尤申科與奧斯維辛的關聯」（Yushchenko's Auschwitz connection），BBC新聞，二〇〇五年一月二十八日。

31 《Fishman》YouTube頻道，二〇二二年四月十七日。

32 喬納森．惠特利（Jonathan Wheatley）著，《喬治亞：從民族覺醒到玫瑰革命》（*Georgia from National Awakening to Rose Revolution*），Burlington出版社，二〇〇五年。

33 查爾斯．費爾班克斯（Charles Fairbanks）著，「喬治亞的玫瑰革命」（Georgia's Rose Revolution），《民主期刊》（*Journal of Democracy*），第十五卷，第二期，第一百一十三頁，二〇〇四年。

34 伊戈爾．洛帕特諾克（Igor Lopatonok）著，《揭祕烏克蘭——一部電影》（*Revealing Ukraine – A Film*），執行製片人奧利佛．史東，二〇一九年。

35 「尤申科面對俄羅斯：交出目擊者」（Yushchenko to Russia: Hand over witnesses），《基輔郵報》（*Kyiv Post*），二〇〇九年九月二十八日。

36 謝爾蓋．普洛希著，《歐洲的大門》第二十六章「獨立廣場」。

37 「維克托．梅德韋丘克被烏克蘭安全局傳訊」（Viktor Medvedchuk questioned by SBU），網站：tsenzor.net，二〇〇八年九月二十五日。

38 納撒尼爾・科普西（Nathaniel Copsey）著，《前蘇聯加盟共和國中的顏色革命》（*The Colour Revolutions in the Former Soviet Republics*），Routledge出版社，第三十至四十頁，二〇一二年。

39 與作者的談話，莫斯科，二〇二二年四月。

40 威廉・約瑟夫・伯恩斯（William J. Burns）著，《後門管道—美國外交的記憶》（*The Back Channel–A Memoir of American Diplomacy*），企鵝蘭登書屋（Penguin Random House）出版社，二〇二〇年。

41 歐文・馬修斯、安娜・內姆特索娃（Anna Nemtsova）著，「克里姆林宮有了新武器，可以打擊真實或想像中的敵人，無論是國內反叛者還是外國革命者」（The Kremlin has a new weapon in its war on real or imagined enemies, from opponents at home to foreign revolutionaries），《新聞周刊》國際版，二〇〇七年五月二十七日。

42 伯里斯・賴特奧斯特（Boris Reitschuster）著，「普丁的打手團隊」（Putin's beat down squad），《焦點雜誌》（*Focus Magazine*），慕尼克，二〇〇七年四月二日。

43 維克托・尤申科（Viktor Yushchenko）著，「我以前與普丁打過交道：我知道要怎麼做才能戰勝這個殘酷的暴君」（I've dealt with Putin before: I know what it will take to defeat this brutal despot），《衛報》，二〇二二年四月二十四日。

44 安愛波邦著，《紅色饑荒》「尾聲：烏克蘭問題的重新審視」。

45 與拉多斯瓦夫・西科爾斯基、歐文・馬修斯的才智對決辯論（Intelligence Squared debate with Rados aw Sikorski and Owen Matthews），二〇二二年三月九日。

46 「美國顧問在亞努科維奇統治下的烏克蘭扮演著令人不安的角色」（Disturbing role of American consultants in Yanukovych's Ukraine），自由之家人權組織（Freedom House），二〇一四年二月二十八日。

47 克里斯托弗・米勒（Christopher Miller）、邁克・艾克爾（Mike Eckel）著，「在他受審的前夜，深刻探討保羅・馬納福特如何幫助烏克蘭總統選舉成功」（On the eve of his trial, a deeper look into how Paul Manafort elected Ukraine's president），自由歐洲電台／自由電台，二〇一八年七月二十七日。

48 塔斯社，二〇二一年十月四日。

49 與作者的談話，莫斯科，二〇二一年十二月。

50 葉卡捷琳娜・戈蒂耶娃（Ekaterina Gordeeva）訪問阿列克謝・韋內迪克托夫（Aleksei Venediktov），《Tell Gordeeva》YouTube頻道，二〇二三年三月十日。

51 史蒂文・派佛（Steven Pifer）著，「克里姆林宮是否理解烏克蘭？顯然沒有」（Does the Kremlin understand Ukraine? Apparently not），《莫斯科時報》，二〇二一年十二月二十一日。

52 《Fishman》YouTube頻道，二〇二二年四月十七日。

53 謝爾蓋・普洛希著，《歐洲的大門》第二十六章「獨立廣場」。

54 《爭議與事實》（*Argumenty i Fakty*）雜誌，二〇一三年八月十七日。

55 索尼婭・科什金娜（Sonia Koshkina）著，《獨立運動：鮮為人知的故事》（*Maidan: The Untold Story*），Bright Star出版社，二〇一五年。

56 米哈伊爾・齊格爾（Mikhail Zygar）著，《克里姆林宮的所有人：弗拉迪米爾・普丁的宮廷內幕》（*All the*

Kremlin's Men: Inside the Court of Vladimir Putin）第十六章，Public Affairs出版社，二〇一六年。

57 「亞努科維奇告訴安格拉．梅克爾驚人祕密的整體事實」（The whole truth about the terrible secret Yanukovych told Angela Merkel），網站：YouTube，二〇一三年十二月一日。

58 「約翰．馬侃告訴烏克蘭示威者：『我們來到這裡支持你們的正義事業』」（John McCain tells Ukraine protesters: "We are here to support your just cause"），《衛報》，二〇一三年十二月十五日。

59 米哈伊爾．齊格爾著，《克里姆林宮的所有人》第十六章。

60 米哈伊爾．齊格爾著，《克里姆林宮的所有人》第十六章。

61 「對記者提問的回答」，網站：Kremlin.ru，二〇一四年二月十七日。

62 《Fishman》YouTube頻道，二〇二二年四月十七日。

63 謝爾蓋．普洛希著，《歐洲的大門》第二十六章「獨立廣場」。

64 米哈伊爾．齊格爾著，《克里姆林宮的所有人》第十六章。

65 米哈伊爾．齊格爾著，《克里姆林宮的所有人》第十六章。

66 米哈伊爾．齊格爾著，《克里姆林宮的所有人》第十六章。

67 「一千五百名空降兵和四百名海軍陸戰隊已派往基輔」，網站：LV.ua，二〇一四年二月二十日。

68 與作者的談話，基輔，二〇二二年七月。

69 索尼婭．科什金娜著，《獨立運動》。

第三章 流血的神像

1 普丁著，「俄羅斯和烏克蘭的歷史統一性」，網站：Kremlin.ru，二〇二一年七月十二日。
2 歐文．馬修斯著，「用血思考」（Thinking with the blood），《新聞周刊》電子書，二〇一五年。
3 米哈伊爾．齊格爾著，《克里姆林宮的所有人》第十六章。
4 索尼婭．科什金娜著，《獨立運動》。
5 與作者的談話，莫斯科，二〇二二年四月。
6 米哈伊爾．齊格爾著，《克里姆林宮的所有人》第十七章。
7 米哈伊爾．齊格爾著，《克里姆林宮的所有人》第十七章。
8 安德烈．利普斯基（Andrey Lipsky）著，「啟動烏克蘭東部地區併入俄羅斯的計畫似乎是正確的」，《新報》（*Novaya Gazeta*）第十九期，二〇一五年二月二十四日。
9 丹尼爾．特瑞斯曼（Daniel Treisman）著，「為什麼普丁要占領克里米亞：克里姆林宮的賭徒」，《外交事務》（*Foreign Affairs*）雜誌，第九十五卷，第三期，二〇一六年五月至六月。
10 丹尼爾．特瑞斯曼著，「為什麼普丁要占領克里米亞」。
11 丹尼爾．特瑞斯曼著，「為什麼普丁要占領克里米亞」。
12 米哈伊爾．齊格爾著，《克里姆林宮的所有人》第十六章。
13 與作者的談話，伊斯坦堡，二〇二二年三月。
14 「普丁提問與回答：全紀錄稿」，《時代》雜誌「年度風雲人物」，二〇〇七年十二月十九日。

15 葉卡捷琳娜．戈蒂耶娃訪問阿列克謝．韋內迪克托夫，《Tell Gordeeva》YouTube頻道，二〇二二年三月十日。

16 米哈伊爾．齊格爾著，《克里姆林宮的所有人》第十六章。

17 羅曼．阿寧（Roman Anin）、奧莉莎．史瑪根（Oleysa Shmagun）、葉蓮娜．瓦西奇（Jelena Vasic）著，「由前間諜轉變為人道主義活動家的自我救贖」（Ex-spy turned humanitarian helps himself），組織犯罪與貪腐報導計畫（Organized Crime and Corruption Reporting Project），二〇一五年十一月四日。

18 米哈伊爾．齊格爾著，《克里姆林宮的所有人》第十七章。

19 「歐巴馬總統和納坦雅胡總理在雙邊會談前的發言」（Remarks by President Obama and Prime Minister Netanyahu before bilateral meeting），白宮新聞祕書辦公室，二〇一四年三月三日。

20 米哈伊爾．齊格爾著，《克里姆林宮的所有人》第十七章。

21 《Fishman》YouTube頻道，二〇二二年五月一日。

22 與作者的談話，頓涅茨克，二〇一四年八月。

23 與作者的談話，基輔，二〇二二年七月。

24 「關於格拉濟耶夫電話竊聽人員之一發聲：『這是編纂的內容和設下的圈套』」（One of the people in Glazyev's wiretapped conversations: "This is a compilation and a set up"），網站：bfm.ru（俄羅斯商業廣播網），二〇一六年八月二十三日。

25 「普丁顧問格拉濟耶夫和其他俄羅斯政客，介入烏克蘭內部戰爭語音證據的英文翻譯稿」，《UA立場：

關注烏克蘭》（*UaPosition: Focus on Ukraine*），二〇一六年八月二十九日。

26 「普丁顧問格拉濟耶夫和其他俄羅斯政客，介入烏克蘭內部戰爭語音證據的英文翻譯稿」。

27 「與『謝爾蓋·格拉濟耶夫』討論克里米亞和烏克蘭東部動亂的文字稿」，俄羅斯媒體《*Meduza*》網站，二〇一六年八月二十二日。

28 與作者的談話，基輔，二〇一四年八月。

29 與作者的談話，頓涅茨克，二〇一四年八月。

30 與作者的談話，頓涅茨克，二〇一四年八月。

第四章｜屬於我的明天

1 推特@visegrad24，二〇二二年八月二十一日。

2 查爾斯·克洛弗（Charles Clover）著，「俄羅斯天定命運的不可思議起源」（The unlikely origins of Russia's manifest destiny），《外交政策》（*Foreign Policy*）雜誌，二〇一六年七月二十七日。

3 安東·謝霍夫佐夫（Anton Shekhovtsov）著，「亞歷山大·杜金的新歐亞主義：俄羅斯方式的新右派」（Aleksandr Dugin's Neo-Eurasianism: The New Right à la Russe），《宗教指南：政治宗教》（*Religion Compass: Political Religions*），第三卷，第四期，第六百九十七至七百一十六頁，二〇〇九年。

4 亞歷山大·杜金（Aleksandr Dugin）著，「我們必須從自由派手中奪取至少一半的媒體陣地」（We must take at least half of the media fi eld from the liberals!），網站：Nakanune.ru，二〇二二年九月二十八日。

5 維亞切斯拉夫・戈利亞諾夫（Vyacheslav Golyanov）著，「普丁是指引民眾擺脫邪惡西方的救星」（Vladimir Putin as a saviour from the"satanic"West），網站：Baltinfo.ru，二〇一二年六月十三日。

6 與作者的談話，莫斯科，二〇〇七年。

7 瑪莎・蓋森（Masha Gessen）著，《未來就是歷史：專制主義如何重返俄羅斯》（*The Future Is History: How Totalitarianism Reclaimed Russia*），Riverhead Books出版社，第三百八十八至三百八十九頁，二〇一七年。

8 「政治思想家和哲學家亞歷山大・杜金：這是一場洲際之間的偉大戰爭」（Politologist and philosopher Aleksandr Dugin: This is a great war of continents），《共青團真理報》，二〇一四年二月二十日。

9 亞歷山大・杜金著，「第六欄目」，《觀點報》（*Vzglyad*），二〇一四年四月二十九日。

10 「俄羅斯民族主義者的女兒被擁戴為英雄」（Daughter of Russian nationalist hailed as martyr），路透社，二〇二二年八月二十三日。

11 寇特妮・韋弗（Courtney Weaver）著，「馬洛費耶夫：將莫斯科與反叛者連接的億萬富翁」（Malofeev: The Russian billionaire linking Moscow to the rebels），《金融時報》（*Financial Times*），二〇一四年七月二十四日。

12 歐文・馬修斯著，「弗拉迪米爾・普丁統治世界的新計畫：索契和克里米亞之後，走向世界」（Vladimir Putin's new plan for world domination: After Sochi and Crimea, the world），《旁觀者》雜誌，二〇一四年二月二十二日。

13 寇特妮・韋弗著，「馬洛費耶夫」。

14 寇特妮・韋弗著，「馬洛費耶夫」。

15 「總統的錯誤」（Oshybka Prezidenta），《富比士》（俄羅斯）第一期，二〇一五年一月。

16 查爾斯・克洛弗著，「普丁與僧侶」（Putin and the monk），《金融時報》，二〇一三年一月二十五日。

17 提摩希・史奈德（Timothy Snyder）著，「普丁對入侵烏克蘭的辯解扭曲了歷史」（Putin's rationale for Ukraine invasion gets the history wrong），《華盛頓郵報》，二〇二二年二月二十五日。

18 亞歷克・魯恩（Alec Luhn）著，「俄羅斯東正教會認為沙皇的死是猶太人實行的『儀式化謀殺』」（Russian Orthodox Church suggests tsar's death was a Jewish "ritual murder"），《每日電訊報》（*Daily Telegraph*），二〇一七年十一月二十八日。

19 塞西爾・尚布勞（Cécile Chambraud）著，「俄羅斯東正教會團結一致，站在普丁身後支持對烏克蘭的戰爭」（The Russian Orthodox Church closes ranks behind Putin over Ukraine war），《世界報》（*Le Monde*），二〇二二年四月二十日。

20 鮑里斯・卡加利茨基（Boris Kagarlitsky）著，「格拉濟耶夫面對『切腹自殺』的選擇」（Glazyev opts for hara-kiri），《莫斯科時報》，二〇〇三年九月二日。

21 與作者的談話，莫斯科，二〇一八年。

22 「普丁顧問格拉濟耶夫和其他俄羅斯政客，介入烏克蘭內部戰爭語音證據的英文翻譯稿」（English translation of audio evidence of Putin's adviser Glazyev and other Russian politicians），《UA立場：關注烏克蘭》，二〇一六年八月二十九日。

23 弗拉季斯拉夫・蘇爾科夫（Vladislav Surkov）著，《幾乎為零》（*Almost Zero*），Inpatient Press出版社，二〇一七年。

24 「離職後首次訪談，俄羅斯的『灰衣主教』質疑烏克蘭的存在」（In fi rst interview since departure, Russia's former"gray cardinal"questions existence of Ukraine），自由歐洲電台／自由電台，二〇二〇年二月二十六日。

25 「評估俄羅斯在近期美國選舉中的活動和意圖」（Assessing Russian activities and intentions in recent US elections），美國國家情報總監辦公室，二〇一七年一月六日。

26 與作者的談話，莫斯科，二〇一七年。

27 瑪麗恩・塔奇（Marine Turchi）著，「一家俄羅斯銀行是如何向法國極右翼民族陣線黨資助九百萬歐元」（How a Russian bank gave France's far-right Front National party 9mln euros），法國獨立新聞網《*Mediapart*》，二〇一四年十一月二十四日。

28 美國司法部公共事務辦公室新聞發布，二〇二二年三月三日。

29 與作者的談話，莫斯科，二〇一六年十一月。

30 與作者的談話，莫斯科，二〇一五年。

31 「薩卡什維利辭去敖德薩地區國家行政負責人職位」（Saakashvili resigning from post of Odesa Regional State Administration head），烏克蘭國際文傳電訊社（Interfax-Ukraine），二〇一六年十一月七日。

32 與作者的談話，莫斯科，二〇一五年。

33 尤利婭·孟德爾（Iuliia Mendel）著，《為我們的生命而戰：我與澤倫斯基在一起的時光》（*The Fight of Our Lives: My Time with Zelenskyy*），Signal Books出版社，二〇二二年。

34 與作者的談話，莫斯科，二〇二一年八月。

35 梅琳達·哈林（Melinda Haring）著，「為什麼澤倫斯基現在需要一個新的總統辦公室主任」（Why Zelensky needs a new Chief of Staff right now），美國大西洋理事會，二〇一九年九月二十七日。

36 「八位烏克蘭人躋身《富比士》雜誌全球億萬富翁榜」（Eight Ukrainians make Forbes magazine's list of world billionaires），《基輔郵報》，二〇一二年三月八日。

37 與作者的談話，基輔，二〇二二年七月。

38 「總統對決寡頭」（President v oligarch）《經濟學人》，二〇一五年三月二十八日。

39 與作者的談話，基輔，二〇二二年七月。

40 謝爾蓋·魯登科（Serhii Rudenko）著，《澤倫斯基：傳記》（*Zelensky: A Biography*），Polity Books出版社，二〇二二年。

41 謝爾蓋·魯登科著，《澤倫斯基》。

42 尤利婭·孟德爾著，《為我們的生命而戰》。

43 伊戈爾·洛帕特諾克著，《揭祕烏克蘭——一部電影》，執行製片人奧利佛·史東，二〇一九年。

44 尤利婭·孟德爾著，《為我們的生命而戰》。

45 謝爾蓋·魯登科著，《澤倫斯基》。

46 與作者的談話，莫斯科，二〇一九年。

47 與作者的談話，莫斯科，二〇一九年八月。

48 澤倫斯基與《時代》雜誌訪談，二〇一九年十二月二日。

49 謝爾蓋・魯登科著，《澤倫斯基》。

50 謝爾蓋・魯登科著，《澤倫斯基》。

51 安德烈・索爾達托夫（Andrei Soldatov）、伊琳娜・博羅甘（Irina Borogan）著，「戰俘交換，普丁的風格」（Prison swaps, Putin style），《莫斯科時報》，二〇二一年八月十六日。

52 與作者的談話，基輔，二〇二一年六月。

53 「烏克蘭衝突：對澤倫斯基同意東部公投的憤怒」（Ukraine conflict: anger as Zelensky agrees vote deal in east），BBC新聞，二〇一九年十月二日。

54 「莫斯科的重大成功：在烏克蘭同意《史坦麥爾方案》時，俄羅斯欣喜若狂」（A serious success for Moscow”: Russia rejoices at Ukraine’s agreement to the “Steinmeier Formula”），網站：TSN.ua，二〇一九年十月一日。

55 「數千人抗議烏克蘭領袖的和平計畫」（Thousands protest Ukraine leader’s peace plan），法國24電視台（France 24），二〇一九年十月六日。

56 「極右團體抗議烏克蘭總統的和平計畫」（Far-right groups protest Ukrainian president’s peace plan），美聯社，二〇一九年十月十四日。

57 與作者的談話，基輔，二〇二二年六月。

58 謝爾蓋・魯登科著，《澤倫斯基》。

59 尤利婭・孟德爾著，《為我們的生命而戰》。

60 尤利婭・孟德爾著，《為我們的生命而戰》。

第五章｜開戰途徑

1 史蒂芬・考特金（Stephen Kotkin）著，「與彼得・羅賓森一起了解不尋常的知識，胡佛研究所」（Uncommon Knowledge with Peter Robinson, Hoover Institution），網站：YouTube，二〇二二年三月四日。

2 與作者的談話，莫斯科，二〇一九年八月。

3 訪談德米特里・貝科夫（Dmitry Bykov），節目《Vkhod-Vykhod》與斯坦尼斯拉夫・克留奇科夫對話，克留奇科夫斯基直播（Khodorkovsky Live），二〇二二年五月九日。

4 訪談德米特里・貝科夫，節目《Vkhod-Vykhod》。

5 與作者的談話，莫斯科，二〇二二年六月。

6 《第一人稱：俄羅斯總統弗拉迪米爾・普丁驚人坦率地自我刻畫》（*First Person: An Astonishingly Frank Self-Portrait by Russia's President Vladimir Putin*），Public Affairs出版社，二〇〇〇年。

7 與作者的談話，倫敦，二〇〇一年。

8 《第一人稱》。

9 邁克爾・霍達科夫斯基（Michael Khodarkovsky）著，《俄羅斯的第二十世紀：百年歷史之旅》（*Russia's 20th Century: A Journey in 100 Histories*），布盧姆斯伯里出版社，二〇一九年。

10 「聯邦安全局局長尼古拉・帕特魯舍夫：如果我們分裂並拋棄高加索，整個國家將開始崩解」（FSB Director Nikolai Patrushev: If we break and abandon the Caucasus the country will begin to fall apart），《共青團真理報》，二〇〇〇年十二月十九日。

11 奧列格・卡申（Oleg Kashin）著，「蘇聯國安會古怪通靈者的幻覺如何影響了俄羅斯政策」（How hallucinations of eccentric KGB psychic infl uence Russian policy），《衛報》，二〇一五年七月十五日。

12 「訪談尼古拉・帕特魯舍夫」（Interview with Nikolai Patrushev），《俄羅斯報》（*Rossiskaya Gazeta*），二〇二二年四月二十六日。

13 維塔利・采普列耶夫（Vitaliy Tseplyaev）著，「木偶的操縱者在行動：尼古拉・帕特魯舍夫談顏色革命的慣用手法」（Puppet mastery in action: Nikolai Patrushev on the methodology of coloured revolutions），《爭議與事實》，二〇二〇年六月十日。

14 「誰是利特維年科，他為何被殺？」（Who and why was Litvinenko killed?），《新時代》雜誌，第一期，二〇〇七年二月五日。

15 與作者的談話，莫斯科，二〇一八年七月。

16 與作者的談話，莫斯科，二〇二二年七月。

17 與作者的談話，莫斯科，二〇一七年一月。

18 馬克·加萊奧蒂（Mark Galeotti）著，「蘇爾科夫的末日和腐敗政客的獲勝」（Surkov's end and the kleptocrats' triumph），《莫斯科時報》，二〇二〇年二月二十一日。

19 馬克·加萊奧蒂著，「蘇爾科夫暗示普丁本身對保留體制並非必不可少」（Surkov hints Putin himself no longer essential for the system to persevere），《莫斯科時報》，二〇二〇年二月十二日。

20 馬克·加萊奧蒂著，「蘇爾科夫的末日和腐敗政客的獲勝」。

21 「我創造了這個體系：克里姆林宮開除的『灰衣主教』蘇爾科夫如此講述」（I created the system': Kremlin's ousted "Grey Cardinal" Surkov, in quotes），《莫斯科時報》，二〇二〇年二月二十七日。

22 與作者的談話，莫斯科，二〇二二年六月。

23 BBC俄羅斯，二〇二一年十月二日。

24 「感謝新冠疫情，弗拉迪米爾·普丁現在幾乎不見身影」（Thanks to Covid-19, Vladimir Putin has become almost invisible），《經濟學人》，二〇二一年十月二日。

25 米歇爾·羅斯（Michel Rose）著，「馬克宏在會見普丁中拒絕新冠病毒測試，擔心DNA被盜風險」（Macron refused Russian COVID test in Putin trip over DNA theft fears），路透社，二〇二二年二月十一日。

26 米哈伊爾·魯賓（Mikhail Rubin）、德米特里·蘇卡列夫（Dmitry Sukharev）、米哈伊爾·馬格洛夫（Mikhail Maglov）、羅曼·巴達寧（Roman Badanin）著，俄羅斯媒體《*Meduza*》的斯維特蘭娜·魯特爾（Svetlana Reuter）參與，「對普丁七十歲生日的調查」（Investigation for Vladimir Putin's 70th

birthday）」，網站：Proyet.media，二〇二二年四月一日。

27 薩姆・塔巴赫里提（Sam Tabahriti）著，「奧利佛・史東宣稱，弗拉迪米爾・普丁患上了『這種癌症』」（Oliver Stone claims Vladimir Putin has "had this cancer"），俄羅斯的新聞和調查性報導平台《*The Insider*》，二〇二二年五月二十二日。

28 與作者的談話，莫斯科，二〇二一年十二月。

29 娜哈・圖西（Nahal Toosi）著，「中情局局長：普丁『太過健康』」（CIA director: Putin "too healthy"），《政客》（*Politico*，美國政治新聞網），二〇二二年七月二十日。

30 米哈伊爾・齊格爾著，「弗拉迪米爾・普丁如何喪失了對現實的興趣」（How Vladimir Putin lost interest in the present），《紐約時報》，二〇二二年三月十日。

31 威廉・伯恩斯（William Burns）在喬治亞理工學院的演講，二〇二二年四月十四日。

32 與作者的談話，莫斯科，二〇二二年六月。

33 羅曼・巴達寧、米哈伊爾・魯賓和the Projekt Media團隊著，「對尤里・科瓦爾丘克的描述：俄羅斯的第二強人」（A portrait of Yury Kovalchuk, the second man in Russia），網站：Proyet.media，二〇二〇年十二月九日。

34 娜塔莉亞・格沃爾基揚（Nataliya Gevorkyan）、娜塔莉亞・季瑪科娃（Natalya Timakova）、安德烈・科列斯尼科夫（Andrei Kolesnikov）著，《第一人稱：與弗拉迪米爾・普丁對話》（*First Person: Conversations with Vladimir Putin*）第四章「年輕的專家」，Public Affairs出版社，二〇〇〇年。

35 羅曼・巴達寧等著，「對尤里・科瓦爾丘克的描述」。

36 羅曼・巴達寧等著，「對尤里・科瓦爾丘克的描述」。

37 安娜斯塔西亞・基里連科（Anastasia Kirilenko）著，「普丁與黑手黨，為什麼亞歷山大・利特維年科被殺」（Putin and the mafia. Why Alexander Litvinenko was killed），《*The Insider*》，二〇一六年一月二十一日。

38 加布里埃爾・羅內（Gabriel Ronay）著，「俄羅斯黑手黨，一位保加利亞女商人和十億歐元的傳說」（A tale of Russian mafi a, a Bulgarian businesswoman and 1bn），《星期日先驅報》（*The Sunday Herald*），二〇〇九年二月二十二日。

39 「保加利亞調查當局懷疑愛沙尼亞公司介入大規模洗錢活動」（Investigative authorities in Bulgaria suspect the Estonian company AS "Tavid" of large-scale money laundering），SKY Radio，二〇〇九年一月五日。

40 羅曼・巴達寧等著，「對尤里・科瓦爾丘克的描述」。

41 羅曼・巴達寧等著，「對尤里・科瓦爾丘克的描述」。

42 羅曼・巴達寧等著，「對尤里・科瓦爾丘克的描述」。

43 羅曼・巴達寧等著，「對尤里・科瓦爾丘克的描述」。

44 盧克・哈定（Luke Harding）著，「揭祕：二十億美元離岸轉移蹤跡，牽連到弗拉迪米爾・普丁」（Revealed: the $2bn off shore trail that leads to Vladimir Putin），《衛報》，二〇一六年四月三日。

45 盧克・哈定著，「揭祕」。

46 米哈伊爾・齊格爾著，「弗拉迪米爾・普丁如何喪失了對現實的興趣」。

47 米哈伊爾・齊格爾著，「弗拉迪米爾・普丁如何喪失了對現實的興趣」。

第六章　真實意圖還是虛張聲勢？

1 與作者的談話，莫斯科，二〇二二年六月。

2 「澤倫斯基：俄羅斯護照在頓巴斯將更進一步走向『併吞』」（Zelenskiy: Russian passports in Donbas are a step towards"annexation"），路透社，二〇二一年五月二十日。

3 「哈夫里什：烏克蘭與北約的合作並不排除與俄羅斯的戰略夥伴關係」，《基輔郵報》，二〇一〇年五月二十六日。

4 「烏克蘭放棄了加入北約成員國」（Ukraine drops NATO membership bid），獨立新聞網《*EU Observer*》，二〇一〇年六月六日。

5 溫斯頓・邱吉爾著，《讀者文摘》，一九五四年十二月。

6 「傑希察表示烏克蘭新政府不打算加入北約」（Deschytsia states new government of Ukraine has no intention to join NATO），烏克蘭國際文傳電訊社，二〇一四年三月二十九日。

7 「烏克蘭危機：總理亞采紐克尋求加入北約」（Ukraine crisis: PM Yatsenyuk to seek Nato membership），BBC新聞，二〇一四年八月二十九日。

8 「烏克蘭議會支持修改憲法，確定了烏克蘭加入北約和歐盟的方向」（Ukraine's parliament backs changes

to Constitution confi rming Ukraine's path toward EU, NATO），烏克蘭獨立新聞社（Ukrainian Independent Information Agency），二〇一九年二月七日。

9 「俄羅斯是侵略者，北約是目標：烏克蘭的新國家安全戰略」（Russia as aggressor, NATO as objective: Ukraine's new National Security Strategy），美國大西洋理事會，二〇二〇年九月三十日。

10 「澤倫斯基在英國表示，烏克蘭需要加入北約的路線圖」（Zelensky said in Britain that Ukraine needs a MAP in NATO），UNN Agency，二〇二〇年十月八日。

11 與作者的談話，倫敦，二〇二一年十二月。

12 與作者的談話，倫敦，二〇二一年十二月。

13 葉卡捷琳娜·戈蒂耶娃訪問阿列克謝·韋內迪克托夫，《Tell Gordeeva》YouTube頻道，二〇二二年三月十日。

14 莉茲·斯羅塞爾（Liz Throssell，聯合國人權事務高級專員發言人）在日內瓦舉行的記者會，二〇二〇年八月二十一日。

15 尤利婭·孟德爾著，《為我們的生命而戰》。

16 與作者的談話，基輔，二〇二三年七月。

17 尤利婭·孟德爾著，《為我們的生命而戰》。

18 基拉·拉圖希娜（Kira Latukhina）著，「普丁談到在頓巴斯的種族滅絕」（Putin spoke about the genocide in the Donbas），《俄羅斯報》，二〇二一年十二月九日。

19 尤利婭・孟德爾著，《為我們的生命而戰》。

20 與作者的談話，基輔，二〇二二年七月。

21 與作者的談話，莫斯科，二〇二一年十二月。

22 安東・斯特普拉（Anton Stepura）著，「頓涅茨克人民共和國武裝分子宣稱獲批准，實行『先發制人的摧毀性火力』」（DNR militants declare permission to conduct"preemptive fi re for destruction"），Suspilne（烏克蘭公共廣播公司），二〇二一年三月三日。

23 「烏克蘭：即將到來的『歐洲守衛者二〇二一』演習就是為了演練將來與俄羅斯開戰」（Ukraine: Purpose of upcoming Defender Europe 2021 exercise is to practice for war with Russia），烏克蘭新聞網站《*UAWire*》，二〇二一年四月四日。

24 葉夫根尼・基茲洛夫（Evgeny Kizilov）著，「俄羅斯軍隊集結於烏克蘭邊境—霍姆恰克大將披露」（Russia draws troops to the border with Ukraine–Khomchak），《烏克蘭真理報》（*Ukrainska Pravda*），二〇二一年三月三十日。

25 「俄羅斯從裡海向黑海轉移軍艦」（Russia transfers ships from the Caspian Sea to the Black Sea），網站：mil.in.ua，二〇二一年一月十九日。

26 「俄羅斯對烏克蘭沒有威脅，俄羅斯軍隊的調動不應引起擔憂」（Russia is not a threat to Ukraine, the movement of Russia's army should not be a concern），自由歐洲電台／自由電台，二〇二一年四月五日。

27 「北約祕書長：是否讓烏克蘭成為聯盟成員並非由俄羅斯決定」（NATO Secretary General: It is not up to

Russia to decide whether Ukraine will be a member of the Alliance），《歐洲真理報》（*Evropeiskaya Pravda*），二〇二一年六月十四日。

28 沙恩·哈里斯（Shane Harris）、凱倫·迪楊（Karen DeYoung）、伊莎貝爾·庫爾舒德揚（Isabelle Khurshudyan）、阿什利·帕克（Ashley Parker）、莉斯·斯萊（Liz Sly）著，「通向戰爭之路：美國設法說服盟友和澤倫斯基，注意入侵的危險」（Road to war: U.S.struggled to convince allies, and Zelensky, of risk of invasion），《華盛頓郵報》，二〇二二年八月十六日。

29 與作者的談話，莫斯科，二〇二二年六月。

30 與作者的談話，莫斯科，二〇二二年二月。

31 與作者的談話，莫斯科，二〇二二年六月。

32 與作者的談話，倫敦，二〇二二年二月。

33 沙恩·哈里斯等著，「通向戰爭之路」。

34 沙恩·哈里斯等著，「通向戰爭之路」。

35 沙恩·哈里斯等著，「通向戰爭之路」。

36 與作者的談話，莫斯科，二〇〇八年。

37 沙恩·哈里斯等著，「通向戰爭之路」。

38 與作者的談話，倫敦，二〇二二年二月。

39 沙恩·哈里斯等著，「通向戰爭之路」。

40 沙恩·哈里斯等著，「通向戰爭之路」。

41 與作者的談話，基輔，二〇二二年六月。

42 沙恩·哈里斯等著，「通向戰爭之路」。

43 弗拉基米爾·索洛維約夫（Vladimir Solovyov）、瑪麗娜·科瓦連科（Marina Kovalenko）著，「關於我們的鄰國」（For our neighbouring country），《工商日報》（*Kommersant*），二〇二一年十二月三日。

44 與作者的談話，倫敦，二〇二一年二月。

45 與作者的談話，莫斯科，二〇二二年六月。

46 大衛·巴塔什維利（David Batashvili）著，「地緣戰略行動」（Geostrategic activities），《隆代利俄羅斯軍事文摘》（*Rondeli Russian Military Digest*）第一百一十八期，二〇二二年一月三十日。

47 葉卡捷琳娜·戈蒂耶娃訪問阿列克謝·韋內迪克托夫。

48 與作者的談話，伊斯坦堡，二〇二二年三月。

49 格雷格·米勒（Greg Miller）、凱瑟琳·貝爾頓（Catherine Belton）著，「俄羅斯間諜在戰爭到來前，誤解了烏克蘭和誤導了克里姆林宮」（Russia's spies misread Ukraine and misled Kremlin as war loomed），《華盛頓郵報》，二〇二二年八月十九日。

50 亞歷山大·維爾庫爾（Oleksandr Vilkul）與《烏克蘭真理報》的訪談，二〇二二年五月十日。

51 《Fishman》YouTube頻道，二〇二二年五月十日。

52 格雷格·米勒、凱瑟琳·貝爾頓著，「俄羅斯間諜在戰爭到來前，誤解了烏克蘭和誤導了克里姆林宮」。

53 與作者的談話，莫斯科，二〇二一年一月。
54 與作者的談話，莫斯科，二〇二二年五月。
55 與作者的談話，倫敦，二〇二二年五月。
56 與作者的談話，倫敦，二〇二二年五月。
57 與作者的談話，伊斯坦堡，二〇二二年三月。
58 與作者的談話，伊斯坦堡，二〇二二年三月。
59 沙恩．哈里斯等著，「通向戰爭之路」。
60 沙恩．哈里斯等著，「通向戰爭之路」。
61 沙恩．哈里斯等著，「通向戰爭之路」。
62 與作者的談話，倫敦，二〇二二年二月。
63 與作者的談話，倫敦，二〇二二年二月。
64 沙恩．哈里斯等著，「通向戰爭之路」。
65 米婭．揚科維茨（Mia Jankowicz）著，「罕見影片顯示法國總統馬克宏試圖說服普丁放棄入侵烏克蘭，四天後他還是照舊進攻」（Rare video shows France's Macron trying to talk Putin down from invading Ukraine），《*The Insider*》，二〇二二年七月四日。
66 與作者的談話，伊斯坦堡，二〇二二年三月。
67 馬克．加萊奧蒂著，「普丁聯邦安全會議中的私人政治」（The personal politics of Putin's Security Council

meeting），《莫斯科時報》，二〇二二年二月二十二日。

第七章｜災難警訊

1 「普丁決定展開行動對烏克蘭去納粹化和去軍事化」（Putin decided to conduct an operation to de-Nazify and demilitarise Ukraine），塔斯社，二〇二二年二月二十四日。

2 與作者的談話，基輔，二〇二二年六月。

3 大衛・赫森霍恩（David M. Herszenhorn）、保羅・麥克利里（Paul McLeary）著，「烏克蘭的『鐵血將軍』是英雄但不是明星」（Ukraine's "iron general" is a hero, but he's no star），《政客》，二〇二二年四月八日。

4 與作者的談話，基輔，二〇二二年六月。

5 謝爾蓋・努日年科（Serhiy Nuzhnenko）著，「解鎖基輔的蘇聯時代防空洞」（Unlocking Kyiv's Soviet-era bomb shelters），自由歐洲電台／自由電台，二〇二一年十二月二十一日。

6 格倫・凱斯勒（Glenn Kessler）著，「澤倫斯基的名言『需要彈藥，而不是搭便車』並不容易證實」（Zelensky's famous quote of "need ammo, not a ride" not easily confirmed），《華盛頓郵報》，二〇二二年三月六日。

7 莉維亞・格爾斯特（Livia Gerster）著，「他們不想聽他的話」（Sie wollen seine Worte nicht hören），《法蘭克福彙報》（*Frankfurter Allgemeine Zeitung*），二〇二二年三月二十八日。

8 與作者的談話，基輔，二〇二二年六月。

9 「澤倫斯基簽署法令，宣布進行戰爭總動員」（Zelensky signs decree declaring general mobilization），烏克蘭國際文傳電訊社，二〇二二年二月二十五日。

10 盧克・莫格森（Luke Mogelson）著，「烏克蘭人如何拯救他們的首都」（How Ukrainians saved their capital），《紐約客》（*The New Yorker*），二〇二二年五月九日。

11 「當俄羅斯逼近時，基輔居民拿起了武器」（Kyiv residents take up arms as Russia advances），BBC新聞，二〇二二年二月二十五日。

12 與作者的談話，基輔，二〇二二年六月。

13 與作者的談話，基輔，二〇二二年六月。

14 與作者的談話，基輔，二〇二二年六月。

15 山姆・丹比（Sam Denby）、特里斯坦・普爾迪（Tristan Purdy）著，「俄羅斯入侵烏克蘭的後勤保障失敗」（The failed logistics of Russia's invasion of Ukraine），《Wendover Productions》YouTube頻道，二〇二二年三月五日。

16 「澤倫斯基匆忙逃離基輔，俄羅斯國家杜馬發言人聲稱」（Zelensky hastily fled Kiev, Russian State Duma Speaker claims），塔斯社，二〇二二年二月二十六日。

17 尤利婭・孟德爾著，《為我們的生命而戰》。

18 曼文・拉娜（Manveen Rana）著，「弗拉迪米爾・澤倫斯基：俄羅斯傭兵受命暗殺烏克蘭總統」

（Volodymyr Zelensky: Russian mercenaries ordered to kill Ukraine’s president），《時代》雜誌，二〇二二年二月二十八日。

19 盧克・莫格森著，「烏克蘭人如何拯救他們的首都」。

20 詹姆斯・比爾茲沃思（James Beardsworth）、伊琳娜・謝爾巴科娃（Irina Shcherbakova）著，「『還有人生存嗎？』俄羅斯精英部隊在烏克蘭戰爭的一百天」（"Are there even any left?" 100 days of war in Ukraine for an elite Russian unit），《莫斯科時報》，二〇二二年六月四日。

21 詹姆斯・比爾茲沃思、伊琳娜・謝爾巴科娃著，「『還有人生存嗎？』俄羅斯精英部隊在烏克蘭戰爭的一百天」。

22 提姆・羅賓森（Tim Robinson）著，「烏克蘭上空的空戰：最初幾天」（Air war over Ukraine – the first days），網站：www.aerosociety.com，二〇二二年三月一日。

23 克雷格・霍伊爾（Craig Hoyle）著，「烏克蘭聲稱俄羅斯飛機在入侵開始時受損」（Ukraine claims Russian aircraft losses as invasion begins），美國防務新聞《*Defence News*》，二〇二二年二月二十四日。

24 詹姆斯・比爾茲沃思、伊琳娜・謝爾巴科娃著，「『還有人生存嗎？』俄羅斯精英部隊在烏克蘭戰爭的一百天」。

25 詹姆斯・比爾茲沃思、伊琳娜・謝爾巴科娃著，「『還有人生存嗎？』俄羅斯精英部隊在烏克蘭戰爭的一百天」。

26 高加索戰爭報告，網站：CaucasusWarReport@caucasuswar推特影片，二〇二二年六月一日。

27 與作者的談話，基輔，二〇二二年六月。

28 與作者的談話，基輔，二〇二二年六月。

29 與作者的談話，基輔，二〇二二年六月。

30 與作者的談話，基輔，二〇二二年六月。

31 與作者的談話，基輔，二〇二二年六月。

32 與作者的談話，基輔，二〇二二年六月。

33 斯維亞托斯拉夫．卡霍門科、尼娜．納札羅瓦著，「『事情就是這樣發展的』：俄羅斯士兵瓦迪姆．西西馬林從烏克蘭邊界到終生監禁的經歷」，BBC俄羅斯分部，二〇二二年五月二十八日。

34 斯維亞托斯拉夫．卡霍門科、尼娜．納札羅瓦著，「『事情就是這樣發展的』」。

35 米哈伊洛．特卡奇（Mykhailo Tkach）著，「他們更加經常對著鏡子自我審視實在重要」（It is important that they look at themselves in the mirror more often），《*Meduza*》，二〇二二年五月十八日。

36 米哈伊洛．特卡奇著，「他們更加經常對著鏡子自我審視實在重要」。

37 米哈伊洛．特卡奇著，「他們更加經常對著鏡子自我審視實在重要」。

38 斯維亞托斯拉夫．卡霍門科、尼娜．納札羅瓦著，「『事情就是這樣發展的』」。

39 斯維亞托斯拉夫．卡霍門科、尼娜．納札羅瓦著，「『事情就是這樣發展的』」。

40 斯維亞托斯拉夫．卡霍門科、尼娜．納札羅瓦著，「『事情就是這樣發展的』」。

41 斯維亞托斯拉夫．卡霍門科、尼娜．納札羅瓦著，「『事情就是這樣發展的』」。

42 斯維亞托斯拉夫・卡霍門科、尼娜・納札羅瓦著，「『事情就是這樣發展的』」。
43 斯維亞托斯拉夫・卡霍門科、尼娜・納札羅瓦著，「『事情就是這樣發展的』」。
44 斯維亞托斯拉夫・卡霍門科、尼娜・納札羅瓦著，「『事情就是這樣發展的』」。
45 斯維亞托斯拉夫・卡霍門科、尼娜・納札羅瓦著，「『事情就是這樣發展的』」。
46 斯維亞托斯拉夫・卡霍門科、尼娜・納札羅瓦著，「『事情就是這樣發展的』」。
47 斯維亞托斯拉夫・卡霍門科、尼娜・納札羅瓦著，「『事情就是這樣發展的』」。
48 與作者的談話，波蘭普熱梅希爾，二〇二三年六月。
49 與作者的談話，波蘭普熱梅希爾，二〇二三年六月。
50 格雷格・米勒、凱瑟琳・貝爾頓著，「俄羅斯間諜在戰爭到來前，誤解了烏克蘭和誤導了克里姆林宮」，《華盛頓郵報》，二〇二二年八月十九日。
51 與作者的談話，波蘭普熱梅希爾，二〇二三年六月。
52 雅羅斯拉夫・特羅菲莫夫（Yaroslav Trofimov）著，「一座烏克蘭城鎮涉及了俄羅斯戰爭中最具決定性意義的路徑之一」（A Ukrainian town deals Russia one of the war's most decisive routs），《華爾街日報》，二〇二二年三月十六日。
53 雅羅斯拉夫・特羅菲莫夫著，「一座烏克蘭城鎮涉及了俄羅斯戰爭中最具決定性意義的路徑之一」。
54 雅羅斯拉夫・特羅菲莫夫著，「一座烏克蘭城鎮涉及了俄羅斯戰爭中最具決定性意義的路徑之一」。
55 雅羅斯拉夫・特羅菲莫夫著，「一座烏克蘭城鎮涉及了俄羅斯戰爭中最具決定性意義的路徑之一」。

第八章 局勢崩潰

1 與作者的談話，莫斯科，二〇二二年三月。
2 與作者的談話，莫斯科，二〇二二年三月。
3 與作者的談話，莫斯科，二〇二二年三月。
4 與作者的談話，莫斯科，二〇二二年三月。
5 與作者的談話，莫斯科，二〇二二年三月。
6 「流放、罰款或監禁：輿論審查的法律對反戰的俄羅斯人造成重創」（Exile, fi nes or jail: censorship laws take heavy toll on anti-war Russians），《莫斯科時報》，二〇二二年八月二十六日。
7 推特@vkaramurza，二〇二二年八月二十六日。
8 與作者的談話，莫斯科，二〇二二年二月。
9 「民調顯示八一%的俄羅斯人信任普丁」（Poll shows 81 per cent of Russians trust Putin），塔斯社，二〇二二年八月二十六日。
10 與作者的談話，莫斯科，二〇二二年二月。
11 朱莉婭．卡博納羅（Giulia Carbonaro）著，「在報導烏克蘭入侵事件時，俄羅斯電視收視率下降」（Russian TV viewing fi gures falling amid coverage of Ukraine invasion），《新聞周刊》，二〇二二年八月二十四日。
12 「流放、罰款或監禁」，《莫斯科時報》。

13 「流放、罰款或監禁」，《莫斯科時報》。

14 邁克爾・華倫・戴維斯（Michael Warren Davis）著，「為什麼普丁的宣傳人員如此無能？」（Why are Putin's propagandists so bad at their jobs?），《旁觀者》雜誌，二〇二二年五月十三日。

15 彼得・博蒙特（Peter Beaumont）著，「支持克里姆林宮的英國部落客被列入英國政府的俄羅斯制裁名單」（British pro-Kremlin video blogger added to UK government Russia sanctions list），《衛報》，二〇二二年七月二十六日。

16 索妮亞・史密斯（Sonia Smith）著，「口水戰：見見為普丁發難的德州人」（War of Words: Meet the Texan Trolling for Putin），《德州月刊》（*Texas Monthly*），二〇一八年四月。

17 推特@GonzaloLira1968，二〇二二年八月二十六日。

18 邁克爾・華倫・戴維斯著，「為什麼普丁的宣傳人員如此無能？」

19 與作者的談話，莫斯科，二〇二二年三月。

20 與作者的談話，莫斯科，二〇二二年三月。

21 與作者的談話，莫斯科，二〇二二年三月。

22 節目《Vkhod-Vykhod》與斯坦尼斯拉夫・克留奇科夫對話，克留奇科夫斯基直播（Khodorkovsky Live），二〇二二年五月九日。

23 葉卡捷琳娜・戈蒂耶娃訪問阿列克謝・韋內迪克托夫，《Tell Gordeeva》YouTube頻道，二〇二二年三月十日。

24 與作者的談話，莫斯科，二〇二二年三月。

25 傑佛瑞・索南菲爾德（Jeffrey Sonnenfeld）等人著，「企業撤退和制裁正在癱瘓俄羅斯的經濟」（Business retreats and sanctions are crippling the Russian economy），耶魯大學主執行長領導力學院（Yale Chief Executive Leadership Institute），二〇二二年八月。

26 馬丁・法雷爾（Martin Farrer）、安德魯・羅斯（Andrew Roth）、朱利安・博格（Julian Borger）著，「烏克蘭戰爭：受制裁影響的俄羅斯盧布暴跌，澤倫斯基稱這是『關鍵的』二十四小時」（Ukraine war: sanctions-hit Russian rouble crashes as Zelenskiy speaks of "crucial" 24 hours），《衛報》，二〇二二年二月二十八日。

27 葉卡捷琳娜・戈蒂耶娃訪問阿列克謝・韋內迪克托夫，《Tell Gordeeva》YouTube頻道。

28 與作者的談話，莫斯科，二〇二二年三月。

29 與作者的談話，莫斯科，二〇二二年三月。

30 與作者的談話，莫斯科，二〇二二年三月。

31 與作者的談話，莫斯科，二〇二二年三月。

32 與作者的談話，莫斯科，二〇二二年三月。

33 與作者的談話，莫斯科，二〇二二年三月。

34 與作者的談話，莫斯科，二〇二二年三月。

35 與作者的談話，莫斯科，二〇二二年三月。

36 與作者的談話，莫斯科，二〇二二年三月。

37 與作者的談話，莫斯科，二〇二二年三月。

38 關於歐洲聯盟邊境和海岸警衛隊（Frontex）過境人員資料的報告，德新社（DPA），二〇二二年八月二十五日。

39 「塔斯社：超過一百萬烏克蘭人被帶往俄羅斯」（TASS: more than 1M Ukrainians taken to Russia），美聯社，二〇二二年五月三日。

40 與作者透過電話談話，二〇二二年三月。

41 與作者的談話，羅馬，二〇二二年四月。

第九章｜超限較量

1 保羅·索內（Paul Sonne）、伊莎貝爾·庫爾舒德揚、瑟希·莫古諾夫（Serhiy Morgunov）、科斯蒂安丁·胡多夫（Kostiantyn Khudov）著，「基輔之戰：烏克蘭的英勇與俄羅斯的失誤共同拯救了首都」（Battle for Kyiv: Ukrainian valor, Russian blunders combined to save the capital），《華盛頓郵報》，二〇二二年八月二十四日。

2 尤利婭·孟德爾著，《為我們的生命而戰》。

3 保羅·索內等著，「基輔之戰：烏克蘭的英勇與俄羅斯的失誤共同拯救了首都」。

4 「德國將向烏克蘭運送防空導彈—報告」（Germany to ship anti-aircraft missiles to Ukraine – reports），德

國之聲，二〇二二年三月三日。

5 詹姆斯・馬森（James Marson）著，「澤倫斯基表示俄羅斯正在打擊軍事和民用目標」（Zelensky says Russia is striking military and civilian targets），《華爾街日報》，二〇二二年二月二十六日。

6 「普丁告訴習近平，俄羅斯願意與烏克蘭舉行高層會談——中國中央電視台」（Putin tells Xi that Russia willing to hold high-level talks with Ukraine – China's CCTV），《金融郵報》（*Financial Post*），二〇二二年二月二十五日。

7 「普丁說，烏克蘭的中立是任何結局的關鍵前提」（Putin says Ukrainian neutrality key to any settlement），路透社，二〇二二年二月二十八日。

8 「『沒有進展』，當俄羅斯、烏克蘭的高級外交官在土耳其會談時」（"No progress" as top Russia, Ukraine diplomats talk in Turkey），半島電視台，二〇二二年三月十日。

9 「弗拉迪米爾・澤倫斯基表示，他接受對於烏克蘭加入北約並沒有『大門敞開』的現實」（Volodymyr Zelensky says he accepts there is "not an open door" to Ukraine joining Nato），英國《獨立報》（*Independent*），二〇二二年三月十五日。

10 馬克斯・塞登（Max Seddon）、羅曼・奧萊爾奇克（Roman Olearchyk）、阿拉什・馬蘇迪（Arash Massoudi）著，「烏克蘭與俄羅斯起草中立方案來結束戰爭」（Ukraine and Russia draw up neutrality plan to end war），英國《金融時報》（*Financial Time*），二〇二二年三月十六日。

11 與作者的談話，基輔，二〇二二年六月。

12 與作者的談話，倫敦，二〇二二年三月。

13 與作者的談話，倫敦，二〇二二年三月。

14 魏玲靈（Lingling Wei）著，「中國宣稱與俄羅斯友誼『無上限』，讓我們對此重新思考」（China declared its Russia friendship had "no limits." It's having second thoughts），《華爾街日報》，二〇二二年三月三日。

15 與作者的談話，倫敦，二〇二二年三月。

16 布萊克．赫辛格（Blake Herzinger）著，「將舊型戰鬥機送往烏克蘭是一個糟糕的主意」（Sending old fighter jets to Ukraine is a terrible idea），美國《外交政策》雜誌，二〇二二年三月十四日。

17 克里斯多福．內林（Christopher Nehring）著，「關於波蘭向烏克蘭提供戰鬥機的爭論引起了分歧，而且分散了注意力」（Debate about Polish fi ghter jets for Ukraine was divisive – and distracting），德國之聲電台，二〇二二年三月十一日。

18 與作者的談話，倫敦，二〇二二年三月。

19 「國防大臣表示，英國在全球採購蘇聯、俄羅斯武器送往烏克蘭」（Defence Secretary says UK buys Soviet, Russian weapons across globe to send to Ukraine），Fans News Agency（通訊社），二〇二二年五月十三日。

20 瑪莎．蓋森（Masha Gessen）著，「俄羅斯戰爭罪犯在烏克蘭被審判」（The prosecution of Russian war crimes in Ukraine），《紐約客》，二〇二二年八月一日。

21 伊琳娜．菲爾金娜追悼網頁，藝皮參佐K網站，二〇二二年三月六日。

22 與作者的談話，布查，二〇二二年六月。

23 瑪莎・蓋森著，「俄羅斯戰爭罪犯在烏克蘭被審判」。

24 塔拉・約翰（Tara John）、奧克桑德拉・奧克曼（Oleksandra Ochman）、埃恩・麥克斯威尼（Eoin McSweeney）、詹盧卡・梅佐菲奧雷（Gianluca Mezzofiore）著，「一位烏克蘭母親今年計畫改變自己的生活，俄羅斯軍人卻在她騎自行車回家路上將她槍殺」（A Ukrainian mother had plans to change her life this year. Russian forces shot her as she cycled home），CNN電視台，二〇二二年四月七日。

25 瑪莎・蓋森著，「俄羅斯戰爭罪犯在烏克蘭被審判」。

26 塔拉・約翰等著，「一位烏克蘭母親今年計畫改變自己的生活，俄羅斯軍人卻在她騎自行車回家路上將她槍殺」。

27 塔拉・約翰等著，「一位烏克蘭母親今年計畫改變自己的生活，俄羅斯軍人卻在她騎自行車回家路上將她槍殺」。

28 「五角大樓：俄羅斯軍隊在基輔區域調動更像是『重新部署而非真正撤退』」（Pentagon: Russian troop movement near Kyiv area likely “a repositioning, not a real withdrawal”），CNN電視台，二〇二二年三月二十九日。

29 塔拉・約翰等著，「一位烏克蘭母親今年計畫改變自己的生活，俄羅斯軍人卻在她騎自行車回家路上將她槍殺」。

30 「烏克蘭：在俄羅斯控制區域的明顯戰爭罪行」（Ukraine: apparent war crimes in Russia-controlled

areas），人權觀察組織（Human Rights Watch），二〇二二年四月三日。

31 「拜登説，普丁應該就傳説中的布查慘案面對戰爭罪行審判」（Biden says Putin should face war-crimes trial for alleged Bucha atrocities），彭博新聞網（Bloomberg），二〇二二年四月四日。

32 與作者的談話，基輔，二〇二二年六月。

33 安德烈．索爾達托夫、伊琳娜．博羅甘著，「情況越來越糟。據報導，普丁指責俄羅斯聯邦安全局搞砸了俄羅斯的烏克蘭準備工作」（From bad intel to worse. Putin reportedly turns on FSB agency that botched Russia's Ukraine prep）《*Meduza*》，二〇二二年三月十一日。

34 與作者的談話，莫斯科，二〇二二年五月。

35 「十二名國民近衛軍因拒絕入侵烏克蘭而被解職。他們稍後將決定從國民近衛軍辭職或選擇留任」（12 National Guards Appeal Dismissal For Refusing To Invade Ukraine. They will later decide to resign from the National Guards or stay），《莫斯科時報》，二〇二二年三月二十五日。

36 「特別軍事行動進展如何？」（How is the Special Operation progressing?），網站：OSN.ru，二〇二二年三月二十六日。

37 與作者的談話，莫斯科，二〇二二年五月。

38 與作者的談話，莫斯科，二〇二二年五月。

39 與作者的談話，莫斯科，二〇二二年五月。

40 與作者的談話，基輔，二〇二二年六月。

41 「哈爾科夫市長說，在這個烏克蘭第二大城市，沒有任何地方是『安全的』」（Mayor of Kharkiv says nowhere in Ukraine's second city "safe"），法國24電視台，二〇二二年七月二十八日。

42 「甚至在他們摘下頭罩之前，我立即說出—就是他」（Even before they took the bag off his head I said straight away – it's him），《*Meduza*》，二〇二三年六月十六日。

43 「甚至在他們摘下頭罩之前，我立即說出—就是他」。

44 「發布的影片顯示，烏克蘭士兵向戰俘腿部開槍。巴斯特雷金下令展開調查」（Video published showing alleged Ukrainian soldiers shooting prisoners in the legs. Bastrykhin orders investigation），《*Meduza*》，二〇二二年三月二十七日。

45 「甚至在他們摘下頭罩之前，我立即說出—就是他」。

46 伊莎貝爾．范．布魯根（Isabel van Brugen）著，「俄羅斯扶植的赫爾松領袖已經逃往俄羅斯，影片分析揭示」（Russia-installed Kherson leader has fled to Russia, video analysis suggests），《新聞周刊》，二〇二二年八月三十日。

47 與作者的談話，波蘭普熱梅希爾，二〇二三年六月。

第十章｜僵持

1 葉夫根尼．塔爾列（Yevgeny Tarle）著，《克里米亞戰爭》（*Krymskaia voina*），莫斯科和列寧格勒，一九五〇年。

2 伊恩‧特雷諾（Ian Traynor）著，「普丁宣稱俄羅斯軍隊『可以在兩周內攻占烏克蘭首都』」（Putin claims Russian forces "could conquer Ukraine capital in two weeks"），《衛報》，二〇一四年九月二日。

3 與作者的談話，倫敦，二〇二二年四月。

4 《Fishman》YouTube頻道，二〇二二年四月十七日。

5 《Feigin Live》YouTube頻道，與阿列克謝‧阿列斯托維奇（Oleksiy Arestovych）對談，二〇二二年二月十八日。

6 彼得‧索爾（Pjotr Sauer）著，「『我不能成為這種犯罪的同夥』：為烏克蘭而戰的俄羅斯人」（"I could not be part of this crime": the Russians fighting for Ukraine），《莫斯科時報》，二〇二二年六月十四日。

7 「普丁向俄羅斯士兵的母親致詞」（Putin addresses mothers of Russian soldiers），網站：YouTube，二〇二二年三月八日。

8 「俄羅斯國防部首次確認徵兵參與烏克蘭戰爭」（Russian Defense Ministry confirms presence of conscripts in Ukraine war for first time），自由歐洲電台／自由電台俄羅斯分社，二〇二二年三月九日。

9 與作者的談話，倫敦，二〇二二年三月。

10 保羅‧伍德（Paul Wood）著，「逼進牆角：普丁可能動用核武嗎？」（Cornered: could Putin go nuclear?），《旁觀者》雜誌，二〇二二年九月二十四日。

11 「俄羅斯在烏克蘭的傷亡」（Russian casualties in Ukraine），俄羅斯獨立網站Mediazona的統計，更新至六月十六日，二〇二三年。

12 「在俄羅斯烏斯季伊利姆斯克軍事徵兵辦公室的指揮官遭到槍擊」（Commander shot at military enlistment office in Ust-Ilimsk, Russia），網站：News.az，二〇二二年九月二十六日。

13 「車臣立法機構成員說，馬里烏波爾根據普丁的命令被『摧毀』」（Chechen lawmaker says Mariupol “destroyed” on Putin’s orders），《莫斯科時報》，二〇二二年四月二十二日。

14 「車臣指揮官由於攻陷馬里烏波爾，被授予『俄羅斯英雄』稱號」（Chechen commander awarded “Hero of Russia” for Mariupol siege），《莫斯科時報》，二〇二二年四月二十六日。

15 愛瑪·格雷厄姆—哈里森（Emma Graham-Harrison）、薇拉·米諾諾娃（Vera Mironova）著，「車臣人在烏克蘭的損失將可能導致拉姆贊·卡德羅夫政權的毀滅」（Chechnya’s losses in Ukraine may be leader Ramzan Kadyrov’s undoing），《衛報》，二〇二二年三月二十二日。

16 伊戈爾·吉爾金（Igor Girkin），Telegram，二〇二二年七月十六日。

17 「來自頓巴斯的義務兵在烏克蘭接近蘇梅地區時發出影片，宣稱他們不為俄羅斯而戰」（Conscripts from Donbas launch a video declare [sic] that they won’t fight for Russia in Ukraine near Sumy），網站：YouTube，二〇二二年三月二十八日。

18 歐文·馬修斯著，「普丁的祕密軍隊在敘利亞捲入戰爭—他們的下一個戰場在哪裡？」（Putin’s secret armies waged war in Syria – where will they fight next?），《新聞周刊》，二〇一八年一月十七日。

19 彼得·索爾著，「『我們的小偷和謀殺犯正在烏克蘭戰爭中作戰』：莫斯科如何從它的囚犯中招募士兵」（“We thieves and killers are now fighting Russia’s war”: how Moscow recruits from its prisons），《衛報》，

二〇二二年九月二十日。

20 「俄羅斯的瓦格納說，已將沾有血跡的木柄鐵錘寄往歐洲議會」（Russia's Wagner group says sending blood-stained sledgehammer to EU Parliament），《莫斯科時報》，二〇二二年十一月二十四日。

21 英國國防部情報更新，二〇二三年二月十七日。

22 安東．特羅亞諾夫斯基（Anton Troianovski）、伊凡．涅切普連科（Ivan Nechepurenko）、理查德．佩雷斯—佩納（Richard Pérez-Peña）著，「下令停止進攻鋼鐵工廠，普丁過早宣布了在馬里烏波爾的勝利」（Calling off steel plant assault, Putin prematurely claims victory in Mariupol），《紐約時報》，二〇二二年四月二十一日。

23 「血腥的渡河戰鬥是三天以來的第三次—烏克蘭官方報告」（Bloody river battle was third in three days – Ukraine official），ＢＢＣ新聞，二〇二二年五月十三日。

24 與作者的談話，莫斯科，二〇二二年六月。

25 「北頓涅茨克：烏克蘭軍隊被告知從關鍵的東部城市撤退」（Severodonetsk: Ukrainian forces told to retreat from key eastern city），ＢＢＣ新聞，二〇二二年六月二十四日。

26 伊德里斯．阿里（Idrees Ali）著，「自從烏克蘭入侵以來，五角大樓負責人首次與自己的俄羅斯同行通話」（In first since Ukraine invasion, Pentagon chief speaks with Russian counterpart），路透社，二〇二二年五月十三日。

27 與作者的談話，倫敦，二〇二二年六月。

28 伊德里斯·阿里著，「自從烏克蘭入侵以來，五角大樓負責人首次與自己的俄羅斯同行通話」。

29 「任務和目標：美國大炮可以停止俄羅斯的戰爭嗎？」（Task and purpose – Can US artillery stop the Russian war?），網站：YouTube，二〇二二年六月七日。

第十一章｜幻覺的代價

1 「好夥伴論壇：來自胡佛研究所的對話」（GoodFellows: Conversations from the Hoover Institution），網站：YouTube，二〇二二年四月五日。

2 聖彼得堡國際經濟論壇全體會議報告，網站：Kremlin.ru，二〇二二年六月十七日。

3 阿納托利·庫爾馬納耶夫（Anatoly Kurmanaev）、史丹利·里德（Stanley Reed）著，「俄羅斯如何面對石油收入的嚴密擠壓而生存」（How Russia is surviving the tightening grip on its oil revenue），《紐約時報》，二〇二三年二月七日。

4 法里德·札卡利亞（Fareed Zakaria）著，「西方的烏克蘭戰略存在失敗的風險」（The West's Ukraine strategy is in danger of failing），《華盛頓郵報》，二〇二二年七月二日。

5 與作者的談話，羅馬，二〇二二年五月。

6 傑佛瑞·索南菲爾德等人著，「企業撤退和制裁正在癱瘓俄羅斯的經濟」。

7 「俄羅斯版本的星巴克以新名稱和新商標重新開張」（Russia's version of Starbucks reopens with a new name and logo），路透社，二〇二二年八月十九日。

8 傑佛瑞·索南菲爾德等人著，「企業撤退和制裁正在癱瘓俄羅斯的經濟」。

9 克里斯蒂安·赫茲納（Christiaan Hetzner）著，「俄羅斯最大的坦克製造商可能用盡了零件」（Russia's largest tank manufacturer may have run out of parts），《富比士》雜誌，二〇二二年三月二十二日。

10 珍妮·瓦倫（Jeanne Whalen）著，「制裁迫使俄羅斯在軍事生產中使用家電零件」（Sanctions forcing Russia to use appliance parts in military），《華盛頓郵報》，二〇二二年五月十一日。

11 葉夫根尼雅·奧爾巴茨（Yevgenia Albats）著，「戰爭過去了六個月：普丁想要什麼；普丁獲得了什麼」（Six months of war: what Putin wanted; what Putin got），《莫斯科時報》，二〇二二年九月一日。

12 傑佛瑞·索南菲爾德等人著，「企業撤退和制裁正在癱瘓俄羅斯的經濟」。

13 「俄羅斯需要巨大的財政資源來支持軍事行動—財政部長說」（Russia needs huge financial resources for military operation – finance minister），路透社，二〇二二年五月二十七日。

14 亞歷山大·沃德（Alexander Ward）、約瑟夫·蓋迪恩（Joseph Gedeon）著，「拜登所說的『制裁永遠不會阻止』是什麼意思？」（What Biden means by "sanctions never deter"），《政客》，二〇二二年三月二十五日。

15 與作者的談話，透過電話，五月，二〇二二年。

16 傑佛瑞·索南菲爾德等人著，「企業撤退和制裁正在癱瘓俄羅斯的經濟」。

17 與作者的談話，倫敦，二〇二三年一月。

18 與作者的談話，莫斯科，二〇二二年九月。

19 「在俄羅斯從一九九八年到二〇二一年的平均正常工資」，網站：Statista.com（俄羅斯聯邦統計局網站），二〇二二年九月一日。

20 詹姆斯・比爾茲沃思著，「俄羅斯學童返回被戰爭改變的課堂」（Russian schoolchildren return to classrooms changed by war），《莫斯科時報》，二〇二二年九月二日。

21 瓦列里・凱札洛夫（Valery Kizilov）著，「並沒有崩潰，只是衰敗。為什麼俄羅斯沒有意識到經濟危機，以及將來局勢將如何發展」（Not collapse, but decay Why Russians don't notice the economic crisis and how it will develop），《*The Insider*》，二〇二二年七月十九日。

22 傑夫・梅森（Jeff Mason）著，「川普責怪德國的天然氣管道交易，稱他們已成為俄羅斯的『俘虜』」（Trump lashes Germany over gas pipeline deal, calls it Russia's "captive"），路透社，二〇一八年七月十一日。

23 「加拿大在歐洲能源危機之際，將俄羅斯天然氣渦輪機設備從制裁名單中刪除」（Canada exempts Russian gas turbine from sanctions amid Europe energy crisis），《衛報》，二〇二二年七月十日。

24 凱特・康諾利（Kate Connolly）著，「德國將俄羅斯關閉天然氣的『噩夢』轉化為有利結局」（Germany braces for "nightmare" of Russia turning off gas for good），《衛報》，二〇二二年七月十日。

25 帕特里克・溫圖爾（Patrick Wintour）著，「烏克蘭戰爭的成本費用測試歐洲領袖的決心—局勢可能進一步惡化」（Costs of Ukraine war pose tests for European leaders – and things may get worse），《衛報》，二〇二二年七月十八日。

26 German Foreign Affairs Minister，推特@Abaerbock，二〇二二年八月二十八日。

27 亞歷克斯．勞森（Alex Lawson）著，「當歐洲扭轉冬季能源危機計畫初見成效時，天然氣批發價格開始下降」（Wholesale gas prices fall as Europe's plan to avert winter energy crisis takes shape），《衛報》，二〇二二年九月一日。

28 艾略特．史密斯（Elliot Smith）著，「歐洲天然氣價格回到烏克蘭戰前水準」（European natural gas prices return to pre-Ukraine war levels），全國廣播公司商業頻道（CNBC），二〇二二年十二月二十九日。

29 安娜．林斯特羅姆（Anna Ringstrom）、特耶．索爾斯維克（Terje Solsvik）著，「北溪管道洩漏被證實是人為破壞，瑞典指出」（Nord Stream leaks confi rmed as sabotage, Sweden says），路透社，二〇二二年十一月十八日。

30 「俄羅斯想要摧毀歐洲人的正常生活，澤倫斯基警告說」（Russia wants to destroy Europeans' normal life, Zelensky warns），BBC News，二〇二二年九月四日。

31 「關於石油與天然氣行業目前局勢的會議」（Meeting on current situation in oil and gas sector），網站：Kremlin.ru，二〇二二年四月十四日。

32 米哈伊爾．克魯季欣（Mikhail Krutikhin）著，「西伯利亞的力量，或是中國的力量？」（Power of Siberia or power of China?），半島電視台，二〇一九年九月十九日。

33 傑佛瑞．索南菲爾德等人著，「企業撤退和制裁正在癱瘓俄羅斯的經濟」。

34 與作者的談話，羅馬，二〇二二年九月。

35 「銀聯卡在俄羅斯境內限制使用其海外發行卡的付款功能」（UnionPay restricts use of their cards issued abroad in Russia），俄羅斯RBK商業新聞電視頻道，二〇二二年九月二日。

36 馬克・阿蒙德（Mark Almond）著，「弗拉迪米爾・普丁正在打造受鄙視國家的新聯盟，這將給西方帶來比老的蘇聯集團更加嚴重的威脅」（Vladimir Putin is forging a new alliance of pariah states that'll be a graver threat to the West than the old Soviet bloc），英國《每日郵報》，二〇二二年七月十九日。

37 「自烏克蘭戰爭以來，普丁首次離開前蘇聯領土前往伊朗訪問」（Putin visits Iran for first trip outside former USSR since Ukraine war），路透社，二〇二二年七月十九日。

38 帕特里克・溫圖爾著，「拉夫羅夫在否認俄羅斯造成糧食短缺後，離開G20峰會會場」（Lavrov walks out of G20 talks after denying Russia is causing food crisis），《衛報》，二〇二二年七月八日。

39 香儂・蒂茲（Shannon Tiezzi）著，「王毅的G20峰會突顯中國對烏克蘭議題的訊息傳遞」（Wang's G20 meetings highlight China's Ukraine messaging），《外交家》（*The Diplomat*）雜誌，二〇二二年七月八日。

40 「普丁在德黑蘭舉行了與伊朗、土耳其領袖的會談」（Putin holds meetings in Tehran with Iranian, Turkish Leaders），自由歐洲電台／自由電台，二〇二二年七月十九日。

41 「聯合國反對入侵烏克蘭的決議：全文」（UN resolution against Ukraine invasion: full text），半島電視台，二〇二二年三月五日。

42 「在電視上抗議烏克蘭戰爭的俄羅斯記者被逮捕和搜查住處」（Russia journalist who made TV Ukraine war

protest arrested and has home raided），歐洲新聞台（Euronews），二〇二二年八月十一日。

43 葉夫根尼雅．奧爾巴茨著，「戰爭過去了六個月：普丁想要什麼；普丁獲得了什麼」，《莫斯科時報》，二〇二二年九月一日。

44 葉夫根尼雅．奧爾巴茨著，「戰爭過去了六個月：普丁想要什麼；普丁獲得了什麼」。

45 葉夫根尼雅．奧爾巴茨著，「戰爭過去了六個月：普丁想要什麼；普丁獲得了什麼」。

46 葉夫根尼雅．奧爾巴茨著，「戰爭過去了六個月：普丁想要什麼；普丁獲得了什麼」。

47 葉夫根尼雅．奧爾巴茨著，「戰爭過去了六個月：普丁想要什麼；普丁獲得了什麼」。

48 「米哈伊爾．菲什曼解釋，為什麼伊利亞．亞辛拒絕離開，寧願去坐牢」（Mikhail Fishman on why Ilya Yashin refused to leave and went to prison），雨電視，網站：YouTube，二〇二二年七月二十二日。

49 葉夫根尼雅．奧爾巴茨著，「戰爭過去了六個月：普丁想要什麼；普丁獲得了什麼」。

50 與作者的談話，莫斯科，二〇二二年三月。

51 弗朗西斯卡．埃貝爾（Francesca Ebel）、瑪麗．伊柳希娜（Mary Ilyushina）著，「俄羅斯人在歷史性的大撤離中拋棄了戰時的俄羅斯」（Russians abandon wartime Russia in historic exodus），《華盛頓郵報》，二〇二三年二月二十三日。

52 與作者的談話，二〇二二年。

53 葉夫根尼雅．奧爾巴茨著，「戰爭過去了六個月：普丁想要什麼；普丁獲得了什麼」。

54 與作者的談話，莫斯科，二〇二二年六月。

55 安德烈·科列斯尼科夫（Andrei Kolesnikov）著，「弗拉迪米爾·普丁獨一無二的陳腔濫調」（The unique banality of Vladimir Putin），《莫斯科時報》，二〇二二年七月十三日。

56 與作者的談話，羅馬，二〇二二年五月。

第十二章｜躋身先聖之殿

1 節目《Vkhod-Vykhod》與斯坦尼斯拉夫·克留奇科夫對話，克留奇科夫斯基直播（Khodorkovsky Live），二〇二二年五月九日。

2 法里德·札卡利亞著，「是時候開始思考烏克蘭的終場結局了」（It's time to start thinking about the endgame in Ukraine），《華盛頓郵報》，二〇二三年六月十六日。

3 彼得·阿奈特（Peter Arnett）著，「檳椥戰役報告」（Report on Battle of Ben Tre），美聯社，一九六八年二月八日。

4 「普丁說如果西方想在戰場上擊敗俄羅斯，『讓他們嘗試好了』」（Putin says if West wants to defeat Russia on battlefi eld, "Let them try"），法新社（AFP），二〇二二年七月七日。

5 尚恩·沃克（Shaun Walker）著，「普丁的併吞演講：更像是怨聲載道的計程車司機，而不像國家元首」（Putin's annexation speech: more angry taxi driver than head of state），《衛報》，二〇二二年九月三十日。

6 傑森·勒蒙（Jason Lemon）著，「CIA：普丁認為美國的『注意力缺陷症』會幫助他贏得戰爭」（Putin

thinks U.S. "attention defi cit disorder" will help him win war: CIA），《新聞周刊》，二〇二二年七月二十一日。

7 弗拉迪米爾．普丁對聯邦議會的總統演說，網站：Kremlin.ru，二〇二三年二月二十一日。

8 推特@mfa_russia，二〇二二年七月十八日。

9 「與國家杜馬領袖和黨派領導人的會議」（Meeting with State Duma leaders and party faction heads），網站：Kremlin.ru，二〇二二年七月七日。

10 與作者的談話，莫斯科，二〇二二年六月。

11 安德烈．科列斯尼科夫著，「弗拉迪米爾．普丁獨一無二的陳腔濫調」，《莫斯科時報》，二〇二二年七月十三日。

12 阿道夫．希特勒：「我在二十五歲時參加了戰爭，三十一歲時回來；今天，四十二歲的我，背後有數百萬人支持。」在德國達姆斯塔特的演說，一九三一年十一月十三日。

13 尼古拉斯．法雷爾（Nicholas Farrell）著，「俄羅斯人支持普丁的戰爭嗎？」（Do Russians support Putin's war?），《旁觀者》雜誌，二〇二二年三月五日。

14 提摩西．弗萊（Timothy Frye）著，《弱勢強人：普丁俄羅斯的權力極限》（*Weak Strongman: The Limits of Power in Putin's Russia*），普林斯頓大學出版社（Princeton University Press），二〇二一年。

15 提摩西．弗萊著，《弱勢強人：普丁俄羅斯的權力極限》。

16 瑪麗．切斯納特（Mary Chesnut）著，「五項民調揭示了俄羅斯與烏克蘭危機的背景」（5 Polls that

contextualize the Russia-Ukraine crisis），Russiamatters.org（哈佛大學甘迺迪學院貝爾弗國際事務中心），二〇二二年二月十七日。

17 歐文・馬修斯著，「弗拉迪米爾・普丁的祕密武器」（Vladimir Putin's Secret Weapon），《新聞周刊》，二〇一六年六月十五日。

18 尼古拉斯・法雷爾著，「俄羅斯人支持普丁的戰爭嗎？」

19 卡塔琳娜・巴克霍爾茨（Katharina Buchholz）著，「列瓦達觀察到七五%的俄羅斯人支持戰爭」（Levada see 75 percent of Russians supporting war），網站：Statista.com（俄羅斯聯邦統計局網站），二〇二三年三月二十三日。

20 艾琳・多爾蒂（Erin Doherty）著，「拜登說普丁『不能繼續掌權』」（Biden says Putin "cannot remain in power"），美國新聞網站《*Axios*》，二〇二二年三月二十六日。

21 與作者的談話，莫斯科，二〇二二年五月。

22 與作者的談話，羅馬，二〇二二年五月。

23 與作者的談話，基輔，二〇二二年六月。

24 與作者的談話，莫斯科，二〇二二年六月。

25 「烏克蘭將贏得戰爭」（Ukraine will win the war），前美國中央情報局局長大衛・裴卓斯（David Petraeus）與CNN記者吉姆・沙托（Jim Sciutto）進行訪談，CNN，二〇二二年九月十八日。

26 與作者的談話，莫斯科，二〇二二年三月。

27 NextaTV，二〇二二年七月二十七日。

28 與作者的談話，倫敦，二〇二二年八月。

29 「馬克宏發誓要阻止俄羅斯在烏克蘭贏得戰爭」（Macron vows to prevent Russia from winning war in Ukraine），美聯社，二〇二二年九月一日。

30 與作者的談話，倫敦，二〇二二年八月。

31 丹．沙巴格（Dan Sabbagh）著，「俄羅斯軍隊已經損失了高達半數的主戰坦克，分析人士估算」（Russian army has lost up to half of key battle tanks, analysts estimate），《衛報》，二〇二三年二月十五日。

32 喬恩．亨利（Jon Henley）著，「對烏克蘭的『正義』被生活成本問題所掩蓋，民調顯示」（"Justice" for Ukraine overshadowed by cost of living concerns, polling shows），《衛報》，二〇二二年六月十五日。

33 「一年之內，全球對於烏克蘭戰爭的公眾意見保持了驚人的穩定」（One year in, global public opinion about the war in Ukraine has remained remarkably stable），益普索（Ipsos），二〇二三年二月二十日。

34 歐文．馬修斯著，「中國的烏克蘭外交」（China's Ukraine Diplomacy），《旁觀者》雜誌，二〇二三年二月十九日。

35 與作者的談話，倫敦，二〇二二年八月。

36 邁克爾．麥克福爾（Michael McFaul ）著，「好夥伴論壇：來自胡佛研究所的對話」，網站：YouTube，二〇二二年四月五日。

37 與作者的談話，二〇二三年一月。

38 與作者的談話，二〇二三年一月。

39 與作者的談話，基輔，二〇二二年五月。

40 「拜登總統關於自由世界聯手支持烏克蘭人民的演講」（Remarks by President Biden on the united efforts of the Free World to support the people of Ukraine），網站：Whitehouse.gov，二〇二二年三月二十六日。

41 「烏克蘭將贏得戰爭」，大衛・裴卓斯與CNN進行訪談。

42 與作者的談話，二〇二三年一月。

43 「我們知道」：北約祕書長回顧俄羅斯入侵烏克蘭，法國24電視台，二〇二三年二月十六日。

44 與作者的談話，二〇二三年一月。

45 《金融時報》記者夏尚・喬希（Shashank Joshi），推特@shashj，二〇二二年八月二十六日。

46 與作者的談話，基輔，二〇二二年五月。

47 推特@nexta_tv，二〇二二年九月四日。

48 與作者的談話，羅馬，二〇二二年八月。

49 賈斯汀・布朗克（Justin Bronk）著，「西方不應該低估俄羅斯在烏克蘭的能力」（The West shouldn’t underestimate Russia in Ukraine），《旁觀者》雜誌，二〇二三年二月十九日。

致謝

1 斯維亞托斯拉夫．卡霍門科、尼娜．納札羅瓦著，「『事情就是這樣發展的』：俄羅斯士兵瓦迪姆．西西馬林從烏克蘭邊界到終生監禁的經歷」，BBC俄羅斯分部，二〇二二年五月二十八日。

2 雅羅斯拉夫．特羅菲莫夫著，「一座烏克蘭城鎮涉及了俄羅斯戰爭中最具決定性意義的路徑之一」，《華爾街日報》，二〇二二年三月十六日。

國家圖書館出版品預行編目(CIP)資料

超限較量：俄烏戰爭的內幕故事 / 歐文. 馬修斯（Owen Matthews）著；Zhou Jian譯. -- 初版. -- 臺北市：今周刊出版社股份有限公司，2025.04
576 面；14.8×21 公分. --（焦點系列；31）
譯自：Overreach : the inside story of Putin's war against Ukraine
ISBN 978-626-7589-22-9（平裝）

1.CST: 外交史 2.CST: 俄烏戰爭 3.CST: 國際衝突 4.CST: 俄國 5.CST: 烏克蘭

574.48 114002728

焦點系列 031

超限較量

俄烏戰爭的內幕故事

Overreach: The Inside Story of Putin's War Against Ukraine

作　　者　歐文．馬修斯 Owen Matthews
譯　　者　Zhou Jian
總 編 輯　蔣榮玉
資深主編　李志威
特約編輯　鍾瑩貞
校　　對　呂佳真、鍾瑩貞、李志威
封面設計　兒日設計
內文排版　菩薩蠻數位文化有限公司

企畫副理　朱安棋
行銷專員　江品潔
業務專員　孫唯瑄
印　　務　詹夏深

出 版 者　今周刊出版社股份有限公司
發 行 人　梁永煌
地　　址　台北市中山區南京東路一段 96 號 8 樓
電　　話　886-2-2581-6196
傳　　真　886-2-2531-6438
讀者專線　886-2-2581-6196 轉 1
劃撥帳號　19865054
戶　　名　今周刊出版社股份有限公司
網　　址　http://www.businesstoday.com.tw

總 經 銷　大和書報股份有限公司
製版印刷　緯峰印刷股份有限公司
初版一刷　2025 年 4 月
定　　價　630 元